U1076974

上海出版资金项目
Shanghai Publishing Funds

袁牧之全集

论 著 卷

杨新宇 编　　上海文化出版社

图书在版编目(CIP)数据

袁牧之全集·论著卷/袁牧之著；杨新宇编. —上海：上海文化出版社，2019. 8
ISBN 978-7-5535-1570-0

Ⅰ. ①袁… Ⅱ. ①袁…②杨… Ⅲ. ①袁牧之(1909-1978)—全集 Ⅳ. ①C52

中国版本图书馆 CIP 数据核字(2019)第 088521 号

出 版 人：姜逸青
责任编辑：黄慧鸣
装帧设计：王 伟

书　　名：袁牧之全集·论著卷
作　　者：袁牧之
编　　者：杨新宇
出　　版：上海世纪出版集团　上海文化出版社
地　　址：上海市绍兴路 7 号　200020
发　　行：上海文艺出版社发行中心
上海市绍兴路 50 号　200020　www. ewen. co
印　　刷：苏州市越洋印刷有限公司
开　　本：787×1092　1/16
印　　张：25
版　　次：2019 年 10 月第一版　2019 年 10 月第一次印刷
书　　号：ISBN 978-7-5535-1570-0/J·396
定　　价：128.00 元
告 读 者：如发现本书有质量问题请与印刷厂质量科联系 T：0512-68180628

袁牧之君化裝之種種

M. T. Yuan's Different Make Up.

范朋克

As Douglas Fairbanks

郎却乃

As Lon Chany

袁牧之君之本來面目

Mr. Yuan's natural self.

As Lione Barrymore.

As Harold Lloyd. 羅克

As John Barrymore

約翰巴里摩

賴安那巴里摩

As Charley Chaplin 卓别麟

As. John Gilbert.

約翰吉爾勃

Adolf Menjo

阿杜夫孟喬

As Ronald Colman

康勒韋特

As Conrad Veidt

倫諾考門

化裝用之百寶箱

His make up box

袁牧之的各种化装造型（刊于《良友》1932年第67期）

澄衷学校小学部第二次演讲优胜者合影，后排中间为袁牧之（刊于《澄衷》1923 年第 4 期）

袁牧之（左一）、应云卫（左二）、王彬在延安合影（刊于《中华》1940 年第 91 期）

袁牧之和妻子朱心在杭州留影

全家福

出版说明

袁牧之(1909—1978)，原名袁家莱，浙江宁波人，是中国电影史上最重要的电影艺术家之一，他自20世纪30年代开始在影坛崭露头角，无论在电影表演、编剧、化妆造型，还是导演，乃至电影事业管理等方面均做出过开拓性的重要贡献。

袁牧之不仅是中国电影史上不可多得的天才，又是中国早期话剧舞台上重要的表演艺术家，也是风格独特的剧作家。

袁牧之从童年起即对戏剧感兴趣，五四运动后，他在宁波老家，受到学生演讲与演剧的影响，曾与小亲戚们组织了家庭剧社，对家庭剧社不再感兴趣后，也曾参加过学校里的戏剧活动。袁牧之自1922年后到上海跟随同父异母的姐姐生活，先后在澄衷学校和东吴二中读中学，在积极参加校园演剧的同时，他也加入了洪深等主持的上海戏剧协社。戏剧协社是当时爱美剧运动中有名的上海剧团，据袁牧之自述，在戏剧协社“我虽然连参加演出的高度都不够，但因为我是社员，每场帮着招呼以及其他的杂干”，虽未正式参加演出，但也渐渐地“已懂得这些戏之不同于文明戏和化装演讲，至少在形式上”。由于他就读的东吴二中是东吴法科的附中，为了造就将来律师人才起见，二中的教程很注意于演讲，袁牧之“对于演讲很下过一翻[番]苦功”，并多次在演讲比赛中获得过优胜，当时他的人生志愿就是做一个演说家，但这些演讲也确实为他后来的演剧生涯打下了基础。1926年袁牧之又加入了朱穰丞领导的辛酉剧社，辛酉剧社时期是袁牧之一生重要的发展阶段，他的人生志愿正式开始由演讲转向戏剧。袁牧之在辛酉剧社主演过《酒后》《桃花源》《狗的跳舞》《文舅舅》等剧，从一个戏剧新人迅速成长为辛酉剧社的台柱子，也成为当时话剧舞台上一时无两的耀眼明星。袁牧之刻苦钻研演技，成为外形演技的代表性人物，后来胡导称之为中国第一个性格演员，并且深刻地影响了更年轻一代的赵丹等演员。

袁牧之在演剧的同时也开始努力写作，不仅创作独幕剧，也写作随笔记录演剧的经验与教训。1928年11月，刊登在商务印书馆出版的《学生杂志》上的《演讲的研究》，是他发表的第一篇文章，袁牧之自述这件事对他以后的生活产生了很大的影响，对于他以后敢于卖文度日，有勇气脱离家庭有密切关系。1930年，辛酉剧社无形解散，袁牧之也中学毕业，在姐姐安排下，他考入东吴大学法律系，但不久离校。袁牧之自述：“等我越想越错，自认是错尽错绝的时候，我情愿牺牲家庭以及遗产，由学校里偷偷地搬了出来，隔绝了一切亲戚，开始努力于写作生活了。这样经过了一年之久而没有饿死，家庭方面当然也不能再有什么威权，于是我现在的名字也不再在亲戚间秘密，演剧也可以公开了。”由此，袁牧之开始了一边写作一边演剧的“波希米亚式”的都市流浪生活。或许是卖文度日的原因，他的创作中，开始出现了小说，而在时代的深刻感召下，他也逐渐走向了左翼的道路。1933年复旦剧社《五奎桥》的公演和同年为纪念“九一八事变”两周年上海戏剧协社《怒吼吧！中国》的大型公演，他都积极参与，虽非主演，但却以其精湛的演技获得了观众的赞誉，这两次演出鲜明地体现出了袁牧之艺术道路的转向。

1934年，袁牧之等一批著名的舞台人，加入左翼电通影片公司，电通公司原是电影录音器材制造公司，是在中国共产党电影小组的直接领导下，转为制片公司的。从舞台转向银幕，袁牧之也由此开创了自己人生的辉煌。

袁牧之共主演过《桃李劫》《风云儿女》《生死同心》《八百壮士》四部影片，编导过《都市风光》《马路天使》两部故事片，其中《桃李劫》《风云儿女》《都市风光》由电通出品，《生死同心》《马路天使》则是电通结束后，袁牧之转入明星二厂后完成的作品，《八百壮士》则是全面抗战爆发后由汉口的中国电影制片厂完成的抗日影片。这几部影片在中国电影史上均有着重要的地位，《桃李劫》虽非中国第一部有声片，但却真正使得声音成为电影的艺术元素，可谓是中国第一部真正意义上的有声片；《都市风光》则更进一步，是中国第一部音乐喜剧片，前无古人，且罕有来者；作为中国现实主义影片的经典之作，《马路天使》一经问世就获得了高度赞誉，它是上世纪30年代中国电影艺术发展最高峰的标志，获得了乔治·萨杜尔等著名电影史学家的高度评价，其新现实主义的创作方法，更被意大利影评家达西达奇认为早出意大利享誉世界影坛的新现实主义电影许多年；《风云儿女》对于国人来说更具有特殊的意义，其主题歌《义勇军进行曲》后来成为中华人民共和国的国歌，袁牧之是银幕上唱响国歌的第一人。

《都市风光》《马路天使》中显现出的天才，宣告了一位世界级电影大师的诞生，然而袁牧之的故事片创作，竟然就止于这两部作品，这让无数电影史学家扼腕叹息。袁牧之当然并未中断工作，而是投入了更广阔的、实际的革命工作。淞沪抗战爆发后，袁牧之先是去武汉，因为认识到新闻纪录电影的重要作用，完成《八百壮士》后不久即奔赴延安，着手延安纪录片的创作。1938年9月初，八路军总政治部电影团在延安宣告成立，团长由总政治部副主任谭政兼任，袁牧之则任艺术及编导负责人，它是中国共产党的第一个电影机构，标志着党领导的革命根据地电影事业的开端。在袁牧之领导下，当年10月1日，电影团开始拍摄由他担任编导的纪录片《延安与八路军》，这部影片不仅在延安拍摄，而且还深入到华北敌后去拍摄，历尽千辛万苦，直到1940年3月才最终完成。然而受条件所限，延安无法洗印，受党的委派，袁牧之与负责影片音乐的冼星海秘密前往苏联，不幸的是，这部中国共产党的重要文献纪录片虽然洗印出来了，但1941年6月苏德战争爆发后，莫斯科电影制片厂在向阿拉木图撤退过程中遗失了《延安与八路军》的全部拷贝。

由于战争的阻隔，袁牧之战时一直滞留在苏联，其间曾在莫斯科电影制片厂，担任著名导演爱森斯坦的助手，参加了《恐怖的伊凡》(现通译《伊凡雷帝》，但译名有误)的拍摄，后在爱森斯坦推荐下，执导了表现哈萨克吟唱诗人江布尔生平的纪录片《江布尔》。直到战争结束，袁牧之才于1946年回到祖国，并立即投入了接收伪“满映”的工作。在舒群、袁牧之的领导下，由伪“满映”改组的东北电影公司将全部电影器材及电影职工圆满迁移到哈尔滨，最后又撤退到兴山。1946年10月1日，东北电影公司正式更名为东北电影制片厂，舒群任厂长，袁牧之任顾问。12月，舒群调离，袁牧之接任厂长。东北电影制片厂(即长春电影制片厂的前身，后又迁回长春)是解放区人民电影的第一个创作基地，袁牧之作为主要的奠基人和创建者，筚路蓝缕，大力推进电影队伍建设，培育电影人才，并提出“七片生产”的口号，在重点拍摄新闻纪录片的基础上，积极进行故事片、美术片、翻译片等其他片种的试制。在袁牧之的领导下，东影在极其艰苦的条件下取得了惊人的成绩，有力地配合了人民解放战争的进展，为新中国电影事业打下了坚实的基础。

随着战争形势的明朗，中央电影事业管理局于1949年4月5日在北平正式成立，袁牧之出任第一任局长，成为新中国电影事业的开拓者。袁牧之不仅对电影事业的发展有全局的把握，从宏观上提出了一系列的电影发展规划，如每年制订年度制片计划、提出三年计划设想等，并且在队伍建设、剧本创作、制片发行乃至胶片、机器的供应与制造等实际工作中提出了一整套具体方针、政策、计划和措施，短时间内建立起了党对电影事业的坚强领导。从制片方面来讲，重点抓北影、上影及东影三大国营厂的生产，并适当扶助当时仍然存在的私营制片业的再生产，使国产进步新片迅速占领市场，肃清美英片和旧中国消极影片的影响。为了集中展示国产新片的成绩，袁牧之提出举办“新片展览月”，自1951年3月8日开始，在全国二十一个大城市举行了未曾上映的二十六部新片的展映，这在中国电影史上是前所未有的，取得了空前的胜利，检阅了人民电影的力量。在发行放映方面，建立了全国电影发行放映网。在东北、华北、华东、西南、西北、中南六个大区成立了六大影片经理公司，在北京成立了中国影片经理公司，并开始建立国外的发行代理关系。为了扩充电影放映队，1950年袁牧之亲自主持，在南京举办了规模宏大的“中央电影局放映训练班”，一次性增加了六百个电影放映队，充实了两千名专业放映员。袁牧之还将企业化管理作为目标，在制片和发行有所保障的前提下，国产电影实现了利润上交。电影不仅成为党的宣传事业，而且支援了经济建设。在袁牧之的规划下，1951 年后相继成立了电影局表演艺术研究所（即北京电影学院前身）、电影剧本创作所、中国电影器材公司、新影厂、解放军电影制片厂（八一厂前身）等，袁牧之甚至颇具前瞻性地提出了“首都电影村”的设想……可以说，新中国电影事业的辉煌与袁牧之的不懈努力和艰苦创业的精神是分不开的。

在袁牧之的领导下，新中国的社会主义电影事业蒸蒸日上。遗憾的是，历史留给袁牧之的时间并不多，从 1952 年年底开始，组织上对袁牧之提出的“电影村”的设想展开了批评，此前他已被安排去“休养”，到 1954 年，袁牧之见工作已完全为别人接替，被迫辞职，正式离开了中央电影局局长岗位。此后，他不仅离开了电影事业管理工作，而且更远离了他曾无比热爱的电影创作，除去 1953 年为吕班剪辑《六号门》，1958 年支持第二任妻子朱心写作电影剧本《鲁班的传说》外，他与实际的电影创作几乎再无关系，到了晚年，他甚至不再看任何电影。然而，袁牧之并没有真正忘记电影，也没有停止工作，他后半生的心血几乎全部倾注在了电影剧本《小小环球》的创作上，或许这也是袁牧之在离职以后继续为党工作的唯一方式。这里不能不提及袁牧之的第二任妻子朱心（原名朱世藕，昆曲演员，婚后由袁牧之为之改名朱心，取“红心”之意），朱心女士与袁牧之结婚时，袁牧之已是“一介平民”，然而朱心却无怨无悔地将自己的青春奉献给了丈夫，全力支持袁牧之的创作，甚至放弃了自己大有前途的表演生涯。她不仅陪伴袁牧之到少数民族地区搜集材料，而且担任了他工作中的助手，誊抄了大量稿件。“文革”中，没有任何职务的袁牧之也受到冲击，被下放到干校，在妻子的扶持下，才得以度过九死一生的艰难岁月。

尽管袁牧之后半生的坎坷经历令人唏嘘，他未能再创辉煌，但仅以他已取得的成就来看，不用说他创造了中国电影史上的诸多“第一”，仅仅《都市风光》和《马路天使》两部影片就足以彪炳千秋；同时在话剧领域，袁牧之也是一位风格独特的剧作家，他的“两个角色的戏剧”颇有特色；袁牧之甚至还是一位长期不为人知的小说家，他的连载小说《三个大学生》在诸多文学史著作中被误当作剧本提及，但其小说同样独具风味，具有鲜明的都市感，早在 1934 年，茅盾已称其《名师与高徒》为“难得的作品”，而且其某些小说与他的电影剧作也有重大渊源；袁牧之还非常注意理论总结，不仅出版有专著，还发表过不少单篇论文。袁牧之作为世界级的电影艺术家、风格独特的剧作家、被遗忘的新感觉风的海派小说家，其作品是重要的民族文化遗产，但目前其著作的整理还不够完整和全面，这与他的历史地位是极不相称的。袁牧之生前出版的著作仅有剧作集《爱神的箭》《两个角色演底戏》和《钟楼怪人》，以及专著《演剧漫谈》和《戏剧化装术》，此外小说《三个大学生》和剧本《玲玲》，当年曾有过出版预告，但未详是否真正出版。长期以来，经过整理的袁牧之著作仅有一部《袁牧之文集》行世，此书1984年由中国电影出版社出版，但其容量非常有限，除以上五部著作外，所收录的袁牧之集外文字很不完整，比如集外话剧剧本仅收录了一部知名度较高的《一个女人和一条狗》，小说更是仅收录了一篇《理发师小胡子》。

因而全面搜集整理他的著作，编辑出版《袁牧之全集》是极其必要的。袁牧之在诸多方面取得了重要成就，其人本身就是值得后人瞻仰和研究的，袁牧之又是时代的绝佳象征，他的人生历程是民国时期追求进步的知识分子群体的典型缩影，但长期以来资料的欠缺，极大地制约了袁牧之研究的深入，袁牧之的重要地位只是部分地被学界认识；同时，他的一系列论著，也是重要的历史文献，具有极强的史料价值。因此，《袁牧之全集》作为学术资料，它的出版，可以说，对于全面认识袁牧之的创作成就，呈现他的完整形象，以及深化中国话剧史、电影史的研究，均具有重要的学术意义。

上海文化出版社继《郑君里全集》后，又欣然接受《袁牧之全集》的出版，彰显了文化抱负，祝愿这一系列戏剧电影家的文献能够成为上海文化出版社的品牌，并能持续坚持下去，为发掘和弘扬上海文化传统，发扬民族文化和民族精神作出贡献。《袁牧之全集》的出版曾得到袁牧之女儿袁牧女、袁小牧的大力支持，在编纂过程中又有幸得到陈明、冯骎、朱天纬、解治秀、陈子善、薛昭慧、庄君等专家的帮助，特此致谢。

《袁牧之全集》按照袁牧之的创作实际，共分四卷："电影卷""话剧卷""小说卷""论著卷"各一卷，编排上尊重作者生前自己结集出版的作品集，将其置于每卷卷首，然后依发表的时间排列集外文字。好在袁牧之的创作历程有明显的阶段性，其后期更因实际的革命工作，除相关工作报告外，基本放弃了写作，直到离职后才开始了《小小环球》的创作，因此，袁牧之著述的搜集工作相对还是比较容易的，然而文献的查找毕竟是很难穷尽的，与诸多作家全集一样，《袁牧之全集》仍有不可避免的遗漏，已知《东影通讯》1949年第23期上的《袁局长在东影欢送会上的讲话》和《业务通讯》1950年第1期上的《新年献辞》，就因没有寻获而未能收入。尤为遗憾的是，因袁牧女导演的遽然辞世(袁牧之的资料主要由长女袁牧女保管)，袁牧之的遗稿一时难以查找，《袁牧之全集》仅收入了袁小牧提供的《创作随记(草稿)》及一些曾公开过的遗稿片断(令人欣慰的是，为创作《小小环球》而写就的《创作随记(草稿)》，虽带有明显的时代印痕，但却是一篇有关电影民族化的重要文献)；袁牧之的家信也尊重家属的意愿未予收录；袁牧之的其他书信也未能征集。期待学界同仁在《袁牧之全集》出版后，不吝赐教，开展补遗工作，进一步丰富袁牧之的文献，以冀将来有机会做更完善的增补。

2019年是袁牧之先生诞辰一百一十周年，《袁牧之全集》第一次全面地汇集了这位杰出的话剧、电影艺术家留给我们的宝贵艺术遗产，它的出版是对袁牧之最好的纪念。有心的读者一定能够在这些文献资料的基础上，作出进一步的探索和思考。

编者

2019年6月

编辑说明

1.《袁牧之全集》共分四卷，分别为“电影卷”“话剧卷”“小说卷”“论著卷”。每卷收入相关内容，编排时以作者生前出版过的书在前，单篇作品在后，两部分原则上以时间为序。如原文的出版或写作时间不详，则排在所在卷或所在专辑之末。

2. 原文均注明版本出处，便于读者查询。

3. 原据版本中的繁体字、异体字、俗体字在排版时均转为规范的简体字。

4. 原作中出现的外国人名、地名、著作名等专有名词，若其译法与现在不同，在不影响读者理解的前提下，均保持原作的译法，如：卓别麟（卓别林），契可夫、柴霍夫（契诃夫），沙士比亚（莎士比亚），史大林（斯大林），《文舅舅》（《万尼亚舅舅》）等。原稿中明显的外语拼写错误，则直接加以修改。

5. 原稿中出现的旧时用字和旧语法，在不影响读者阅读的情况下，均保留原貌；根据现代汉语规范作修改处，以及原刊明显错误修改处，均作页下校注。

6. 部分原稿中的标点符号用法与现行标准有很大不同，如书名号均作引号等，为便于读者阅读，按照现行标准进行统一，为简洁起见，不再一一作注。

7. 正文中表示时间、数量、刊物期数等的数字，保持原貌；注释则按现行标准。

编者

2019 年 1 月

分卷说明

本卷收入袁牧之的两部专著《戏剧化装术》和《演剧漫谈》，以及单篇文论、杂著等，包括袁牧之主编《戏》月刊和《中华日报·戏周刊》时的编者按语、说明等，此外还附录有袁牧之参与署名、多人合写的文章以及访谈等。

其中《戏剧化装术》1931 年 12 月由世界书局出版；《演剧漫谈》1933 年 11 月由现代书局出版，微明出版社 1940 年将之改名为《牧之随笔》再版，恐系盗印。

目录

戏剧化装术

据 1931 年 12 月上海世界书局出版本。

編著者 袁牧之

戲劇化裝術

世界書局印行

绪论

戏剧是一种综合的艺术，所以它的创造者和别的艺术底创造者不同，是必得有组织的，那种有组织的创造者就是：

编剧者，导演者，辅佐者，和演员。

在这四个戏剧艺术底创造者中：

编剧者是构成戏剧的；导演者是统一戏剧的；辅佐者是助长戏剧的；而演员是实现戏剧的。

戏剧没有了编剧者，就无从产生剧本；没有了导演者，就难免有不统一的毛病；没有了辅佐者，就保不定有许多缺陷；这三者是不可少的，但是演员是更不可少的，戏剧要没有了演员就根本不能实现，到底编剧者，导演者，和辅佐者，都不过是为演员设的，原初的戏剧就是没有编剧者，导演者，和辅佐者，而只有演员的，所以戏剧艺术中最重要的份子还是演员。

演员既是戏剧艺术中底最重要的份子，那末演员的艺术是有特别提出研究底价值和必要的。

演员的艺术可以分为：

化装术，动作术，和发音术三部分。

本书因限于篇幅，[①] 仅讨论化装，关于动作和发音之研究，请待来时。

① 此处逗号为编者所加。

第一章　关于化装底人体研究

第一节　关于化装底人体解剖

研究化装从人体底解剖说起，也许以为离题太远而不耐烦了，其实那确是一步不可少的根基。

这里所说底人体底解剖：是骨骼底解剖，并不是消化器，循环器，呼吸器，神经系等底解剖，因为那些和化装没有关系。

研究化装须先研究骨骼底解剖是因为人体不像一张平面的画布，可以任意绘画，使用显著或深陷的方法，人体底内部有着凹凸，长短，扁圆，和其他各式各样的骨骼，假如不明白这些骨骼底结构，就有把不该深陷底部分深陷了下去，把不该显著底部分显著了出来底危险。

骨骼底解剖分骷髅骨，躯干骨，上肢骨，和下肢骨四部。

第一项：骷髅骨　骷髅骨分头骨和面骨两部。

A 头骨　头骨为八片平骨藉骨缝衔合而成的，都是不随意运动底骨骼，不能随意运动。那八片平骨是：

1. 额骨　额骨是从眼眶边到发脚上底一块半圆形的平骨。

2. 顶骨　顶骨两片，也是半圆形的，覆在额骨后方头顶左右。

3. 枕骨　枕骨一片，在顶骨以后。

4. 太阳穴骨　在眼眶左右，耳门上底两对骨片，形状与前三种骨不同，稍微陷入，陷度各人异殊，但可用手摸得，化装时不难辨别。

另外头骨尚有两片，但与化装无关，不详。

B 面骨　面骨是从额骨以下直到下颔骨间底十四块骨片，但不都是平骨。那十四块骨片是：

1. 鼻骨　鼻子上大部都是肌肉，只有不到一吋长的并列着底两片短骨，接在额骨之下，两眼眶中间，肌肉腐烂后即在此骨下现成一个三角形的鼻洞。

2. 颌骨　颌骨在眼眶之下，与鼻骨相接，左右颊各一片，在人中处会合，形状可用手摸得个大概。

3. 颧骨　颧骨在太阳穴，眼眶和颌骨之间，为一三叉形的圆骨，特别高出面部，左右各一块。

4. 下颔骨　下颔骨是钩在耳门前太阳穴下底一块弓形的骨。

其余和化装没有关系的骨七片。

骷髅骨总计二十八片：八片头骨；十四片面骨；另有和化装无关的耳骨六片。

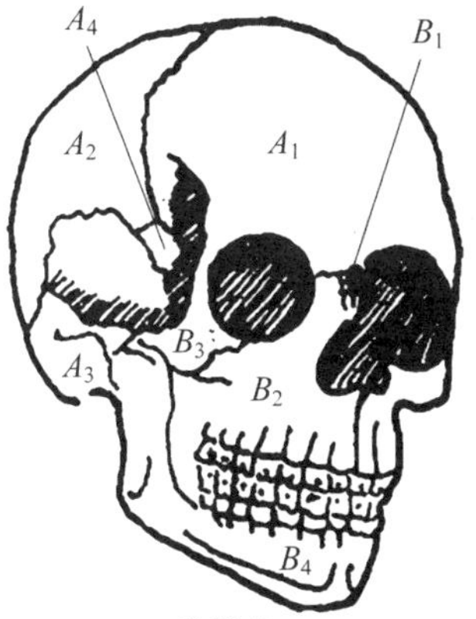

骷髅骨

A 头骨	B 面骨
A_1 额骨	B_1 鼻骨
A_2 顶骨	B_2 颔骨
A_3 枕骨	B_3 颧骨
A_4 太阳穴骨	B_4 下颔骨

C 牙齿　牙齿不是骨，只是一种消化器底附属物，不过因为与化装极有关系，又因为生在骷髅上，所以就附在骷髅骨后面而同时研究之。

人在七八岁以前大约已有二十左右的乳齿；七八岁以后乳齿渐渐脱落，更换恒齿。

恒齿分门齿，犬齿，和臼齿三种，共三十二枚：

1. 门齿　门齿在口腔外部，扁平形，上下各四枚。

2. 犬齿　犬齿在门牙左右，尖锥①形，上下各两枚。

3. 臼齿　臼齿在犬齿左右，臼穴形，上下各十枚。

第二项：躯干骨　躯干骨底构造较头骨简单。躯干骨分胸骨，脊柱，和肋骨三部。

A 胸骨　胸骨是胸前垂直底一根扁平的短骨，上方与锁骨相连，左右与七对肋骨相接。

B 脊柱　脊柱是从枕骨以下至臀骨底二十四节互叠底椎骨，分颈椎，胸椎，和腰椎三段，颈椎七节，胸椎十二节，腰椎五节，全部像蜈蚣形，在背部中间，可用手摸得个大概。

---

① 锥：原文作“椎”。

C肋骨　肋骨为弯形的长骨，共十二对，后方均与十二节胸椎接连，前方七对接着胸椎，三对附着第七对肋骨，最下两对游离着。

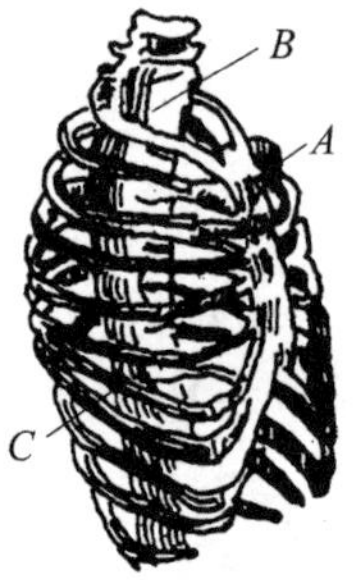

躯干骨
A 胸骨
B 脊柱
C 肋骨

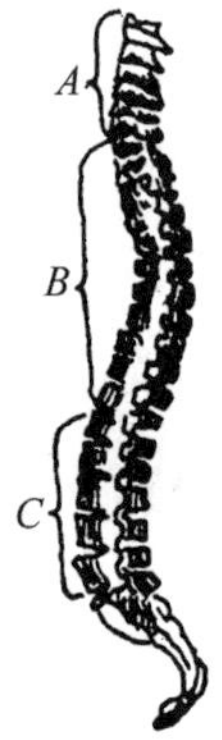

脊柱
A 颈椎
B 胸椎
C 腰椎

第三项：上肢骨　上肢骨分肩头骨，臂骨和手骨三部。

A肩头骨　肩头骨由锁骨和肩骨合成：锁骨为两根平放在胸前上部之骨，一端与胸骨相连，一端与上臂骨相连；肩骨为两片斧形的平骨，贴在背后肋骨上，也与上臂骨相接。

B臂骨　臂骨分上臂骨和下臂骨：上臂骨是一根一呎左右底长骨，接在肩头骨下；下臂骨是两根骨构成的，因为能左右旋转。

C手骨　手骨底结构很复杂，但化装时可以以手按摸，凡软的是肌肉，可以深陷，凡硬的是手骨，可以显著。

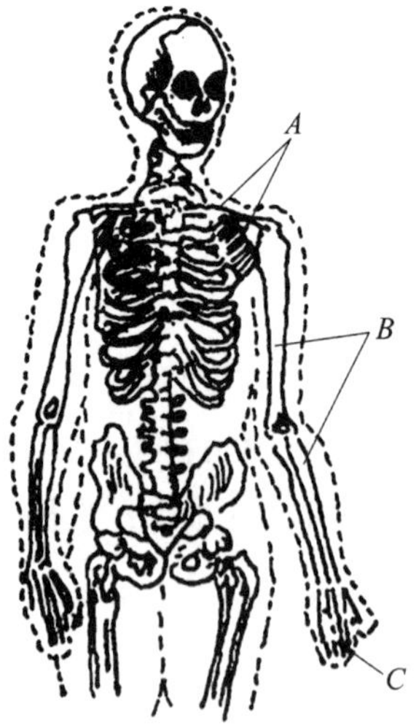

上肢骨
A 肩头骨
B 臂骨
C 手骨

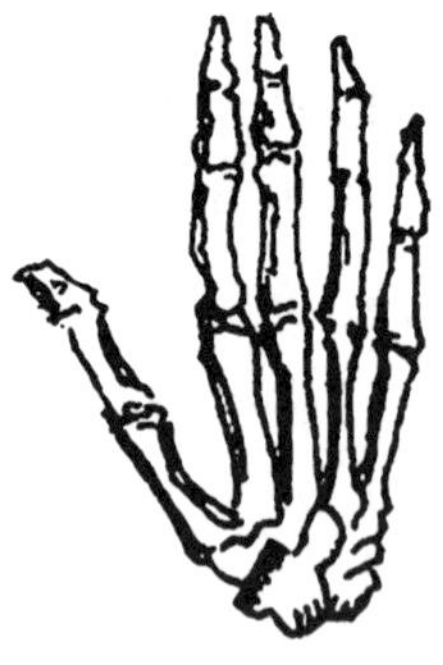

手骨

第四项：下肢骨　下肢骨底解剖似乎对于化装研究离题更远，可是当演起古时代底戏来，下肢也就不得不需要化装了。下肢骨分臀骨，股骨，膝盖骨，小腿骨和足骨五部。

A 臀骨　臀骨与化装关系远，[①] 故略。

B 股骨　股骨每腿只有一根，构造和上臂骨同。

C 膝盖骨　膝盖骨每腿一块，盖在股骨和小腿骨之间。

D 小腿骨　小腿骨也和下臂骨一样。

E 足骨　足骨也和手骨一样。

以上是关于化装底人体骨骼解剖，这里把无关化装的都已略去，有几点看去似乎还是关系很少，不过有时直接没有关系，间接会有关系的，所以这里不能够省。

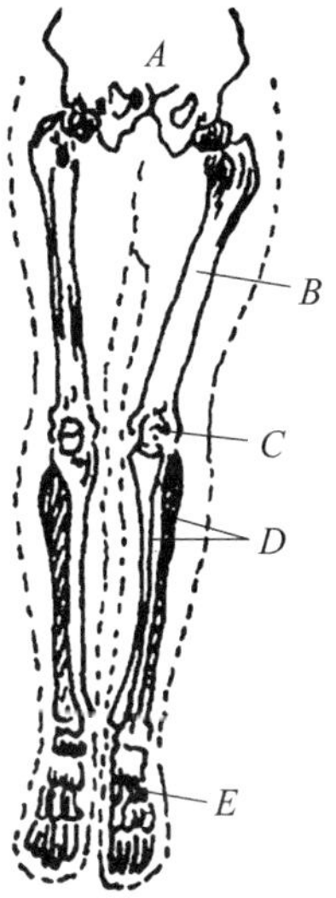

下肢骨
A 臀骨
B 股骨
C 膝盖骨
D 小腿骨
E 足骨

第二节　关于化装底人体生理

演员既已研究了骨骼底解剖，就须更进一步研究人体底生理。

人体底生理也和人体底解剖一样，甚为复杂，有呼吸器，排泄器，消化器，神经

① 此处逗号为编者所加。

系等底生理；但是关于化装应知道底人体生理无须这般繁多，只要研究肌肉底生理，皮肤底生理，皮肤附属物底生理，和血液底生理四项。

第一项：肌肉底生理　研究化装要先研究骨骼底解剖是怕演员把人体不该深陷底部分深陷了下去，把不该显著底部分显著了出来，但是肌肉和骨骼两样，骨骼就是人体腐烂后还是不变形的，肌肉却时时有着变化，所以肌肉不像骨骼样地固定不变可以作机械的研究。

肌肉底百分之七十左右是水分，其余主要的成分是蛋白质，因为水分多底缘故，所以热天水分蒸发得多，肌肉就较瘦，因为蛋白质是主要的成分，所以营养好底肌肉细肥，营养不好底肌肉粗瘦。

第二项：皮肤底生理　骨骼底外面贴着肌肉，肌肉底外面又包着皮肤。皮肤虽是极薄，可还分着真皮和表皮两层。

A 真皮　真皮是紧接在肌肉上底皮层，下面有许多脂肪，这些脂肪就会使人肥胖。真皮内有许多神经和血管，这种神经与动作很有关系，与化装却没有关系，所以不提，但那些血管能影响皮肤底颜色，与化装很有关系，所以在本节第四项专门研究之。

B 表皮　表皮是真皮外接触空气底部分，比真皮更薄，没有神经和血管，不过深层底细胞含有一种色素，这种色素能吸收有害的光线，不致伤害到真皮以下底部分，但是表皮却时常受伤，因为色素在表皮深部底缘故。这种表皮底受伤现象就是焦熇，使皮肤成红赭色，譬如，乡村人和劳动者底皮色常比城市人和闲逸者底皮色红黑，就是前者比后者多晒太阳底缘故。平常研究皮肤底色别的，除了表皮受日光底影响外，还有种族遗传底关系，人种学家也就把人种分为红，黄，棕，白，黑五种。其实追源起来，这些也还是接近日光与不接近日光底关系，譬如，白种是高加索族(Caucasus)，原居于寒带，黄种是蒙古族(Mongolia)，原居于温带，棕种是马来族(Malay①)，红种是美洲印度族(American Indian)，黑种是尼格罗族(Negro)，都是原居于热带的。

第三项：皮肤附属物底生理　皮肤附属物是毛发，和皮脂腺。

A 毛发　毛发底名称有汗毛，头发，眉毛，睫毛，腋毛，和耻毛。男子则又有上唇底髭，下唇底须，沿着下颔骨丛生底胡，和肺部发达者剑骨上底毛。

毛发底色别大概可分为黑色，黄色，和棕色三种，但是严格地分起来还只是黄色和黑色两种，因为棕色原是黑色和黄色底中间色。无论棕色，黄色，或黑色的毛发一到老来都会变成白色，这是一种病态，当在本章第三节研究之。

毛发底生理很简单，毛发分毛干和毛根两部分，毛干从表皮伸出皮外，就是人目

① Malay：原文作 Molay。

所能见底部分，毛根在真皮部分，有毛囊包着，下端有乳头，有许多血管营养着，为毛发底生长点，若是这乳头受伤，毛发就无从再生。

B 皮脂腺　皮脂腺也是皮肤底附属物，在毛囊内，能分泌皮脂以润泽皮肤和毛发，皮脂腺底丰富与否，是营养品优劣底关系，平常富人的皮肤和毛发常比贫人的滋润，光泽，就是前者比后者多有优美营养底缘故。

第四项：血液底生理　人体除毛发，爪甲外，各部分都有着血液。

血液底总汇是心脏，血液由心脏出来经动脉管到全身微血管，由全身微血管带着血液中底废物化成底碳①酸气经静脉管到肺脏微血管，经肺脏微血管底气体交换作用把血液滤清，再回到心脏，这就叫做血液循环。

在血液循环中专输干净血底叫做动脉管，显现红色，除面部外其余大都分布在身体底深部；血液循环中专输龌龊血底叫静脉管，现紫青色，除分布在人体深部外，还有许多分布在表皮下，由皮肤外可以看出，消瘦，劳动，羸弱的人更其显明，化装时可依之绘画，至于过肥的人则可效西医打针法，把血管上部用绳扎住，使之膨②大。

上面说底气体交换作用就是将静脉管内底碳③酸气放入肺泡④，将肺泡⑤内底氧气吸入动脉管，使静脉血变成动脉血，所以肺脏和心脏是有密切关系的，人体上各种内症没有不关涉心脏或肺脏的，所以人体上底一切内症在外表上着眼，都可归诸血液变态，中医把一切内症都从脉搏上辨别，就是一个很好的例证。

第三节　人体上底各种病态

人体上底各种病态可分内体的和外形的两种：

第一项：内体的病态　内体的病态就是医士们所谓内症，一切内症在外表上着眼都可归诸血液底变态，这是前节已经说过了。这种血液底变态有两种现象：一种使循环力加速，动脉管因之特显，面部底动脉管分布在表层，所以更显现红色，这就是平常所谓虚火；一种是使循环力减弱，静脉管因之特显，静脉管多分布在表层，所以皮肤现青色，这就是平常所谓无血色。

第二项：外形的病态　外形的病态有骨骼的，肌肉的，皮肤的，皮肤附属物的，和血液的。

A 骨骼底病态　骨骼底病态有：

---

①③ 碳：原文作“炭”。
② 膨：原文作“澎”。
④⑤ 泡：原文作“胞”。

1. 驼背　驼背就是脊柱弯曲症，有两种：一种曲在腰椎部分，是假驼背，很容易纠正，大概的成因是躯干太长；一种曲在胸椎部分，是真驼背，很难复原，大概的成因是少运动，多弯曲，或老年肌肉底紧张太衰弱——因为全身底重量前重于后，平常所以能直立，全靠背部底僧帽，三棱，阔背等肌底紧涨力。

2. 脱臼，曲骨，和折骨　平常跷脚，坏手等大概都是这种毛病。

3. 牙齿底病态　本章第一节把牙齿附入骨骼里，这里不妨再附带说起。牙齿受着重击也会像折骨一样折断，平常殴打时折断牙齿是常见底事。牙齿又会在年老时自然脱落。牙齿底产生以门牙最先，但是脱落却常最后。不讲卫生者底牙齿常由污垢积成黄色或棕色。

B 肌肉底病态　肌肉底病态有大体的和局部的。

1. 大体的　大体的是讲人体全部肌肉底病态，就是过度的肥胖或消瘦。

2. 局部的　局部的是讲肌肉一部分底病态，像不运动人底大肚子，花柳病者底烂鼻子，和其他刀枪疮伤等。

C 皮肤底病态　皮肤底病态有皮肤病和皱纹①。

1. 皮肤病　皮肤病底成因大概有四种：一种是垢积而成的，像痣，疣等，一种是硬伤，像火伤刀伤等所致底痕疤等；一种是由菌类寄生而成的，像癣疥等；另外还有由特别原因所致底皮肤病，像天花后底麻面等。

2. 皱纹　皱纹平常只认为是一种自然状态，其实那也是一种病态。皮肤产生皱纹底原因有三种：一种是因为依着肌肉底折纹多折皱底缘故，譬如，多哭或多笑者底鼻旁皱纹，近视眼底外眼角皱纹，和多皱②眉者底眉间皱纹都是；一种是多思想多劳力皮脂腺不够营养底缘故；还有一种是人体衰老后肌肉消瘦或骨缝收缩使皮肤宽弛底缘故，这种皱纹全身各处都有，因为肌肉底消瘦也是大体的不是局部的。

D 皮肤附属物底病态　这里所提起底皮肤附属物底病态，只是毛发底病态。毛发底病态有脱落和变白两种。

1. 脱落　毛发脱落底原因大概有两种：一种是毛乳头受伤使之不能再生，像疮疤等处光滑无毛就是这个原因，癞头等症也是；一种是毛乳头缺少营养，像多思索者和年老者底秃顶。

须胡底生长与头发底脱落成正比例。

2. 变白　毛发变白底原因是皮脂腺枯涸，皮脂腺枯涸底原因是多思索，少营养，

① 皱纹：原文均作“绉纹”，本书统改为“皱纹”。后文不另出校注。
② 皱：原文作“绉”。

或年老新陈代谢衰弱。

毛发变白底次序大概最先是鬓，次之发，次之髭或须，再次之胡，最后眉。

E 血液底病态　上面曾说过，血液底病态不外动脉管过旺或静脉管过旺两种现象，这种现象又有大体的和局部的底分别，大体的已在本节第一项提及，至于局部的，像平时常见底脸上底青疕，和饮酒过度者底红鼻，前者就是局部的静脉管底特显，后者就是局部的动脉管底特显。

以上把人体上底各种病态大概说及了，至于更精密更详细的研究，常由演员随时随地加以观察。不过有一件事须留意，不要把畸形误认为病态，病态是有生理根据的，而畸形是偶然的现象，没有生理根据，病态和畸形底分别，例如，骨骼病态底手指断折，和没有生理根据底六指。

第四节　新陈代谢

有时某剧中某角色在第一幕里患着某种病态，而第二幕里忽然痊愈了，因此演员许要惊异而怀疑了，其实这也是有生理根据的，是由于生理上底新陈代谢作用。

无论内体的或外体的病态都会因了新陈代谢作用而渐渐痊愈。

新陈代谢作用就是把营养品同化作用了成为身体的成分，把身体内部底废物异化作用了成为排泄物排泄体外，这两种作用继续不断地进行着就是新陈代谢作用。

新陈代谢每七年全身完全变换一次，大概三个七年成为一个时期，从一岁到二十一岁为幼年期，从二十二岁到四十二岁为青年期，从四十三岁到六十三岁为老年期。

幼年期收入赢于支出，所以发育旺盛；青年期则收支相等；老年期支出过于收入，所以衰羸萎缩。

第五节　传染和遗传

在研究化装前先要知道人体上底各种病态是易于演员在化装方面应用而去适合剧中人底个性，但是有时在剧本上注着某角色患有某种病态，而在剧本底个性研究中又[1]找不出他那种病态底由来，那大概不是传染便是遗传所致，这里附带说起，[2] 以免在研究个性时有所误会。

---

① 又：原文作“有”。

② 此处逗号为编者所加。

第二章　人相底研究

人相学上底说头虽有许多荒谬，但也不是完全没有根据的，有时从一个人的相上确乎可以看出他的过去，现在，或未来的。

演员在化装时所要表现底是一个角色已由过去所酿成底现在，要暗示底是一个角色将由现在所酿成底未来，所以演员除了人体生理底研究外，还应当对于人相有一种观察和研究。

人相虽然和人心一样的复杂，但是在研究底时候，可以总括起来分为美丑，善恶，和苦乐三大别。

第一节　人相底美丑

在普通现象中观众是常常同情美的，憎厌丑的，所以要得观众同情底角色应当偏近于美的方面，除非像《钟楼怪人》(*Hunchback of Nortre Dame*)或《西哈诺》(*Cyrano*)那种特别因丑得人同情底角色。

人相底美丑分骨骼，肌肉，皮色，毛发，和其他五项来研究。

第一项：骨骼底美丑

A 美相底骨骼　头盖圆正，并不歪斜不等；额骨勿过于突出，也勿过于陷后；鼻骨平接在额骨上；颧骨不露；下颌骨并不横阔；牙齿整齐，洁白，不露。

骷髅骨底标准美分正面和侧相：

1. 正面　正面的长宽以三与二之比为美。长的量法以发脚为始点，以下巴为终点；在这长度中又可分为三段，自发脚到额骨鼻骨相接处为上段，鼻之长短为中段，鼻尖到下巴尖为下段，以三段等长者为美。宽的量法则只能以目力辨其最宽处是否等于二鼻之长。

2. 侧相　侧相底标准美先从额骨最突处到下巴尖做一直线，再从耳底到鼻尖做一直线，以二线愈近垂直愈美。

B 丑相底骨骼　丑相底骨骼只要生理上是可能的，可以尽量不规。

第二项：肌肉底美丑

A 美相底肌肉　美相底太阳穴和面颊都很丰满；鼻子竖直；鼻孔小巧；耳朵紧贴枕骨，嘴唇小巧，上唇弓形。

B 丑相底肌肉　丑相底肌肉也只要是生理上可能的，可以尽量不规。过分消瘦和过分肥胖都是丑相。

第三项：皮色底美丑

A 美相底皮色　美相底皮色洁白；两颊微红；嘴唇鲜红；全身皮色与面部皮色调和。

B 丑相底皮色　与美相相反。

第四项：毛发底美丑

A 美相底毛发　美相头发细柔光泽；白肤宜黄发，黄肤宜黑发；发脚勿太参差，也勿太整齐；眉毛乌黑细长而微弯，女子更细更长更弯；睫毛黑而长；鬓脚狭脸宜尖的，因为尖的不过大，不会使脸更狭，恰合二三之比底脸可用卷的，因为卷的鬓脚不会影响标准比例，宽过二三之比底脸宜用方的或脚刀形的，因为脚刀形的鬓脚会帮助使脸狭；胡宜于比用脚刀形鬓脚更宽的脸；髭宜于上唇凹陷之侧相；须宜于正面下段太短，或侧相额骨垂线不与①耳鼻横线垂直者。

B 丑相底毛发　不合上列之规定。

第五项：其他　美相少皱纹；眼球黑白分明；眼角平直；眼眶微陷；长眼宜于长脸，圆眼宜于圆险；酒靥，桃花尖，和 Beauty spot，都是美相底点缀品。

第二节　人相底善恶

观众同情善的和同情美的一样，厌憎恶的也和厌憎丑的一样，所以旧时的戏剧善人和恶人都有一定的脸谱，那当然是太死板固滞了，但是他们要得观众底同情却常是胜利的。

也许有人说，善相和恶相底分别在旧时的戏剧是用得着的，因为旧时的戏剧是分派别的，这在现代剧里已是打倒了；可是现代剧也是同样要研究个性的善恶的，像 Stephen Philips 的《未完成的杰作》一剧里就需要有善恶对照得很厉②害底化装，并且是一个角色的。

照艺术底眼光看来，一切美的东西就都是善的，照科学的眼光看来，一切美的东西不一定都是善的，不过戏剧是艺术，而且是要得观众同情的，所以非特别情形之下以善的近美的，恶的近丑的为妥，这里所要提起的也就是这样。

---

① 与：原文作“于”。
② 厉：原文作“利”。

第一项：骨骼底善恶

A善相底骨骼　头盖圆正；颧骨暗藏；牙齿规则；左右脸平均；正面和侧相均合美相底标准。

B恶相底骨骼　可尽量凹凸歪斜。

第二项：肌肉底善恶

A善相底肌肉　与美相肌肉相仿。

B恶相底肌肉　与丑相肌肉相仿。

第三项：皮色底善恶　皮色本与善恶无关，不过要得观众同情起见，可使善的近美的，使恶的近丑的。

第四项：毛发底善恶

A善相底毛发　发脚整齐；眉毛平整；鬓脚整齐，且合美相标准；髭须胡短少整齐，且合美相标准。

B恶相底毛发　发脚参差；眉毛浓黑不齐，倒竖或向上弯曲！鬓脚须胡均杂乱蓬松，且不合美相标准。

第五项：其他

A善相　眼角平直！外眼角皱纹平直；额上皱纹平直；眉间皱纹只一条或两条直的；鼻旁皱纹浅而弛[①]缓；嘴角平直。

B恶相　眼圆大；眼角向上；外眼角皱纹直而向上；额上皱纹与倒竖眉平行；眉间皱纹横直均有，且杂乱；鼻旁皱纹深而紧涨，嘴角下拖或歪斜。

第三节　人相底苦乐

观众对于苦相和乐相同样都有同情底时候，大概在喜剧和笑剧里他们是同情乐相的，在悲剧里他们是同情苦相的，所以演员饰喜剧或笑剧中需人同情底角色时应偏近乐相，饰悲剧中需人同情底角色时应偏近苦相。

第一项：骨骼底苦乐

A苦相底骨骼　苦相底脸长常过三与二之比，这就是平常所谓的Long face。

B乐相底骨骼　乐相底脸宽常过二与三之比，这就是平常所谓的Short face。

第二项：肌肉底苦乐

A苦相底肌肉　苦相底肌肉大概消瘦。

---

① 弛：原文作“驰”。

B 乐相底肌肉　乐相底肌肉大概较苦相肥胖。

第三项：皮色底苦乐　皮色与苦乐无甚关系，但需要观众同情底角色，无论苦或乐，都可趋近美相。

第四项：毛发底苦乐

A 苦相底毛发　苦相底眉毛向左右外眼角下拖，形成中国八字式。

B 乐相底毛发　乐相底眉毛轻松而弯，与上眼圈底弯度平行。

第五项：其他

A 苦相　外眼角皱纹直而下拖；眼下皱纹与眉平行；眉间和额上皱纹深明；鼻旁皱纹深而直；嘴角下拖。

B 乐相　外眼角皱纹弯而向上；没有眉间皱纹；额上皱纹弯曲而长；眼下皱纹与下眼圈平行；鼻旁皱纹弧形；嘴角向上。

上述六种脸相——美丑善恶苦乐——是预备演员在研究个性时斟酌采用的，可以尽管使美的眉毛配上丑的嘴唇，善的皱纹配上恶的肌肉，或是苦的眼角配上乐的嘴角，并不是说某部依了美的标准就一切都要化成美相，这原需要着许多变化，才能把实际人生中各种繁复的脸相表现出来，不然和规定六张脸谱同样地死板固滞了。

第三章 化装底目的

“为什么每个演员都要化装呢?”

要回答这个问题就得先把上面两章所讲底总括一下：上面第一章里曾说，人体有健全的和病态的底分别；第二章里曾说，人相有美的，丑的，善的，恶的，苦的，和乐的底分别。

现在假定：健全的，美的，善的，乐的，都算是正面的；病态的，丑的，恶的，苦的，都算是负面的，那末为什么每个演员都要化装底问题就可以很明了地解答出来了。

所以每个演员都要化装底目的有三种：

第一节 正面的化装

正面的化装是演员本身底某部分原是病态的，丑的，恶的，或苦的，而要化成健全的，美的，善的，或乐的。

这种化装是三者中最麻烦的一种，有时有绝对不可能的地方，就是可能底时候也得费很多手续，关于怎样施用各种手续当在本书第六章中研究之。

第二节 反面的化装

负面的化装是演员本身底某部分原是健全的，美的，善的，或乐的，而要化成病态的，丑的，恶的，或苦的。

这一种化装比较正面的化装稍为容易，但也不是最容易的一种。

第三节 夸张的化装

夸张的化装是三种化装中底最简便的一种，就是演员本身底部分都恰合剧中人底个性，无须向正，也无须向负，只要把本来的脸相夸张加重一下就[①]够了。

---

①“就”字为编者所加。

夸张不一定限于这第三种化装，有时正面的或负面的化装也需要着过火的夸张。

化装需要夸张有两个原因：第一个很简单浅近，可以用一句话说明，就是要使剧场最后底观众也看得清演员的脸相，并且帮助表情；第二个是光底影响，这不是一两句话可以说明的，当在下章光与色里详细研究之。

第四章　光与色

前章既已说明了化装底目的，这章本应当就开始研究化装切身底技术，不过还有一个根本的学识须得在先讨论的，那就是光与色，因为大部分的化装都是色底运用，而所有色的源泉又是光。

第一节　色光与色彩

用目力看来日光只是白的，可是用三棱镜来分析，日光却有赤，橙，黄，绿，青，蓝，紫七色，这七种不同颜色底光就叫做色光，色光可综合成三种原色光，即橙，紫，和绿，因为这三种色光与前七种色光同样地可以配合出一切色光，或混合成白光。

物体在黑暗中是没有颜色的，一到光下，就有的吸收色光，有的反射色光，将色光完全吸收底就成黑色，将色光完全反射底就成白色，某种吸收某种反射底就生出种种和色光同样繁多的颜色，这种繁多颜色就叫做色彩，色彩也可综合成三种原色，可不是橙，绿，和紫，却是赤，黄，和蓝。

有一点常使人误会而应得注意的是：原色光或七种色光底混合是能成白光的；原色或任何色彩底混合是只能成黑色而不能成白色的。

无论色光或色彩都有冷色和暖色底分别：在光带上部底赤，橙，和黄是暖色；在光带下部底青和蓝是冷色；黄青底中间色绿色和赤蓝底中间色紫色，都是冷暖中和色。

第二节　色彩底三要素

要把繁多的变化的色彩来纸面上研究，务必先立定一种标准，那就是色彩的三要素说，所谓三要素者，就是色相(Hue)，饱和度(Saturation)，和明度(Brightness)。

第一项：色相　色相就是色彩底种类：最简单的分法是赤，黄，和蓝三原色；普通的分法再加上赤黄合成底橙，黄蓝合成底青和绿，和赤蓝合成底紫；再繁的分法再加上七色合成底黑，黑白合成底灰，黑赤合成底赭，和黑黄合成底棕等，是平常绘画所应用底色相，也是演员化装时所需要底色相；至于更繁的分法则可有粉红，湖色，金黄，青莲等数百种以上的色相。

第二项：饱和度　用过多的染料加在较少的水里会有一种沉淀留下，那就是饱和的现象；反过来说，用过多的水加在较少的染料里就会把色相冲淡，那就是不饱和的缘故。

每一种染料都有一定的饱和度，正和糖的饱和度不同于盐的一样。

在同样情形中，每种色相也有它一定的饱和度，像粉红，灰色，和湖色等色，就是赤，黑，和绿等色不饱和时所变化出来的；甚至，这粉红，灰色和湖色等色都也有一定的饱和度，能从饱和与不饱和中再变化出深粉红，淡粉红，深灰色，淡灰色，深湖色，和淡湖色等色。

总之，既规定为色相底一种，就有它一定的饱和度。

第三项：明度　各色相同是在饱和度中，还有明度的比较。

明度可以分成九种等级，立表明之：

明　　　　　　　　　　　　　　　　　　　　　　暗

White	High Light	Light	Low Light	Middle	High Dark	Dark	Low Dark	Black
白	黄	绿黄 橙黄	绿 橙	赤	青	蓝	紫	黑

上表是各色相在饱和度中底明度底比较；另外每种色相因了色调(Tone)关系也有明度底比较。

色调分为两种：用白光，白色或水使色相底饱和度冲淡底叫明色调(Tint)；用暗光，或黑色使色相向黑而消灭底叫暗色调(Shade)。

下面立表明之：

明　　　　　　　　　　　　　　　　　　　　　　暗

White	High Light	Light	Low Light	Middle (饱和度)	High Dark	Dark	Low Dark	Black
白	淡粉红	粉红	深粉红	赤	淡赭	赭	深赭	黑
白	淡柠檬	柠檬	深柠檬	黄	淡棕	棕	深棕	黑
白	淡湖色	湖色	深湖色	绿	淡墨绿	墨绿	深墨绿	黑

综观以上两表可知道白是明底极端，黑是暗底极端，Middle在明暗中间。

从Middle向白底各色常易感于人的网膜，所以化装时常拿这些色来运用于要显著底部分；从Middle向黑底各色常后感于人的网膜，所以化装时常拿这些色来运用于要深陷底部分。

关于显著和深陷本章第四节人目对于色彩底感觉中底第二项对比里将再提及。

第三节 色光与色彩底配合

本节可分色光与色光底配合，色彩与色彩底配合，和色光与色彩底配合三项来研究。

第一项：色光与色光底配合 色光与色光底配合叫做增添法，因为合色光愈多则愈增光辉而近于白。

原色光橙，绿，和紫，或光带分析出来底七色光配合起来能成为白光，这是本章第一节里已经说过了，下表是两种色光配合而成白光的：

赤＋青绿
橙＋绿青
黄＋青
绿＋红紫
青＋橙黄
紫＋黄绿
} ＝白光

上面是指两色光配合而成白光的，下表是两色光配合而不成白光的：

	赤	橙	黄	绿	青	紫
赤	赤	红橙	橙	淡黄	近白	紫红
橙	红橙	橙	橙黄	黄	近白	淡紫红
黄	橙	橙黄	黄	黄绿	（白）	近白
绿	淡黄	黄	黄绿	绿	青绿	近白
青	近白	近白	（白）	青绿	青	蓝
紫	紫红	淡紫红	近白	近白	蓝	紫

以上两表是演员须记熟来参考的，因为化装前应先知道舞台灯光底配合，假如配合底是某一表公式里底色光，那末结果是白光，与化装时所运用底色彩不会有什么影响，假如配合底是第二表里底色光，那末结果不一定是白光，那就与化装时所运用底色彩含有很大的影响，应当设法在化装时加以补救。

至于有什么影响，看了本节第三项色光与色彩底配合表自然会明白的；至于怎样补救，[①] 当在本章第五节里讲及。

第二项：色彩与色彩底配合　色彩与色彩底配合正和色光与色光底配合相反，是相减法，因为配合底色彩愈多则愈近于黑。

下表里是普通应用底两色配合：

	白	黄	赤	蓝	黑
白	白	柠檬	粉红	青	灰
黄	柠檬	黄	橙	绿	棕
赤	粉红	橙	赤	紫	赭
蓝	青	绿	紫	蓝	暗蓝
黑	灰	棕	赭	暗蓝	黑

以上这表仅是普通应用底二色配合，此外尚有三色，四色，或更多色底配合，但那在研究绘画时是须知道的，在研究化装时可无须那样繁杂。

有一点化装应与绘画相同：大画家能用少数的色彩来表现一切；大演员也应当能用简单的化装品来表现一切。

第三项：色光与色彩底配合　色光与色彩底配合和色彩与色彩底配合虽然有地方的变化是相同的，像赤合黄成橙是，但是有时许多地方是不同的，像黄光合青光成白光而黄色合青色则成绿色是。

色光和色彩在配合时底变化不同，是性质不同，把不同性质的色光与色彩配合起来，自然又另有一种变化：

色光 / 色彩	白	黄	赤	绿	青	紫
白	白	黄	赤	绿	青	紫
黄	黄	深黄	橙	黄绿	黄灰	红灰
橙	橙	橙黄	红橙	绿橙	淡紫红	紫红
赤	赤	紫红	深红	老黄	紫红	红紫
绿	绿	黄绿	黄橙或灰黄	深绿	暗青	青
青	青	白灰	青紫	暗青	蓝	青紫
紫	紫	淡红	红紫	紫青	紫青	深紫
黑	黑	暗黄	暗红	墨绿	暗青	暗紫

① 此处逗号为编者所加。

上表中列入底色光是普通舞台上应用底色光，色彩是普通化装时应用底色彩，所以从这表里已经可以见到舞台灯光影响化装底一斑了。

第四节　人目对于色彩底感觉

本节可分感情，对比，及调和三项，可是除了第二项对比与人体化装有关系外，其余都是为本书第七章要讨论底服装而讲的。

第一项：感情　色彩因了性质不同，明度不同，色调不同，和历史上，风俗上，宗教上底种种关系，能使人目见了起各种不同的感情，这在研究舞台装置者是须非常详细的，这里只要讲个大概，使演员能辨别某剧本中底某角色在某种舞台装置下应采用某种色彩底服装就够了。

下面把主要的色彩逐一分述之：

A 赤色　暖色中最暖的色，能起势力，热烈，喜悦，或烦恼，残暴，争斗，仇恨等感情，为至诚，博爱底象征。

B 黄色　暖色，饱和的黄色能起庄严，高贵等感情，不饱和的黄色能起柔弱，和平等感情，平常拿黄色用为放恣，嫉妒底象征。

C 蓝色　冷色中最冷的色，能起森严，阴惨等感情，为智慧底象征。

D 青色　冷色，饱和的青色能起深远，寂寞，抑郁等感情，不饱和的青色能起未熟，可怜等感情，平常拿青色用为信仰，神圣底象征。

E 绿色　冷暖中和色，能起永久，胜利，健全等感情，为希望，青春底象征。

F 紫色　冷暖中和色，能起美丽，诚恳，华贵等感情，为希望，爱情底象征。

G 白色　白色无冷暖之感，能起清洁朴素等感情，为光明贞节底象征。

H 黑色　冷色，能起神秘，悲哀，严肃，沉默等感情，为过失，死亡底象征。

I 灰色　冷色，能起凄凉，阴惨等感情，为懊伤，烦恼底象征。

以上这些虽说是专为服装而讲的，但与人体化装也不是完全无关，譬如在演悲剧中底失败者时，就应当减少胭脂，虽然那角色是很康健的。

第二项：对比　这里要提起底对比有两点：一点是两色对比时所起底显陷感觉，这是研究人体化装时须要知道的；一点是两色对比时所起底互相变化，这是研究服装置备时须要知道的。

下面把普通应用底色彩分 AB 两表把这两点说明之：

A表

显著	白	一切色	黄	赤	一切色除黑	青灰
深陷	一切色	黑	一切色除白	一切色除黄白	棕，紫	蓝，绿

B表

与后者对比之色	人目之感觉	与前者对比之色	人目之感觉
黄	似绿	橙	似赤
黄	似橙	绿	似青
赤	似紫	橙	似黄
赤	似橙	青	似绿
赤	似橙	紫	似青
绿	似青绿	橙	似赤
绿	似黄	青	似紫
绿	似黄	紫	似赤
紫	似赤	青	似绿

第三项：调和　无论哪[1]种艺术品，凡需要对比的，同时必需要调和，因为对比底危险常容易趋至极端。

下表是比较调和的色彩：

黄	白	青	黄	绿	紫	白	灰	黑	棕	橙	蓝	红	橙	蓝	蓝	白	棕
|	|	|	|	|	|	|	|	|	|	|	|	|	|	|	|	|	|
蓝	黑	红	紫	橙	白	蓝	红	黄	白	黑	橙	黄	紫	红	黑	红	橙

第五节　舞台灯光与色彩

舞台灯光与色彩有色光的，装置的，和强弱的三种影响。

第一项：色光底影响　舞台灯光因了要适合感情，暗示象征，表明时间，及其他原因常不用白光而应用各种色光，这种色光会使化装方面——不论人体化装或服装——底色彩运用受着影响，这看本章第三节里色光与色彩底配合表已可明白，这里将稍为说起补救底方法。

① 哪：原文作“那”。

要补救色光给色彩底影响是在色彩运用方面的，不是在色光配合方面的，因为色彩运用仅是演员一个人底事，而色光配合却是全戏剧全部分底事。

普通的补救方法是把色彩底色调加明或减暗。譬如，红光打在红色上变为深红，那末在红的舞台灯光下要保存红色时就得将红色底色调加明，变为粉红，然后到红光下正好是红色。又如，黄光打在青色上变为白灰，那末在黄的舞台灯光下要保存青色时就得将青色底色调减暗，变为暗青，然后到黄光下正好是青色。

还有一种方法，不是仅仅应用色调底明暗，是须有别的色彩来补救的。譬如，青光灯在紫色上变为紫青色，那末在青的舞台灯光下要保存紫色时就得加红来抵抗青光。

第二项：装置底影响　现在还在应用底普通舞台灯光装置是用顶光(Toplight)，足光(Footlight)，和边光(Boardlight)来使人脸形成平面的，在这种舞台灯光装置下化装(单是人体化装，服装与舞台灯光底装置没有关系)很容易，像在平面的画布上绘画一样，每部都能表现出使观众见到，所以无需有什么补救。

但是这种舞台灯光装置已快渐渐地淘汰了，许多象征派，表现派的戏剧里底舞台灯光装置已都改从前面，后面，左面，右面，上面，或下面一个光源来底装置法了。这自然是舞台灯光装置方面底改良，不过演员的化装却也因之费事了，因为这种舞台灯光装置会给人相种种奇怪的影响。其中影响最大的是从上面或下面一个光源来底光，其余前后左右来底影响还少，也是没有法子可以补救的。

从上面一个光源来底光所给人相底影响是使额骨，鼻子，和下巴尖等处特别显著，使眼眶，鼻下，唇下，和颈下等处特别深陷或阴①暗；从下面一个光源来底光所给人相底影响是使下颔骨，鼻尖，和颧骨等处特别显著，使两颊，鼻梁，和发脚等处特阴②暗或深陷。

补救底方法是将被显著底地方用深陷法，被深陷底地方用显著法。

第三项：强弱底影响　上面曾说过，物体在黑暗中是没有颜色的，从这再推广开去，就可知道光底强弱与色彩底关系了。

光带中底七色黄与青最易消失，光度由强转弱时，黄消失而近橙，青消失而近蓝，于是成为五色；再转弱时，橙也消失而近赤，蓝也消失而近紫，成为三色；再弱时，赤由暗赤而消失，紫由暗紫而消失，绿变成暗绿；再弱时，绿变成灰色；最后，绿也消失。

所以在较弱的灯光下要保存青和黄，只要带些绿色；在再弱的灯光下要保存橙和

---

①② 阴：原文作“荫”。

蓝，只要使橙带些黄绿，使蓝带些青绿；在再弱的灯光下要保存赤和紫，也只要同样地各偏近于绿，因为绿居光带最中央，是最后消失底色。

至于太强的光所给底影响是使色彩冲淡而不饱和，补救底方法只要加浓色彩。

关于舞台灯光给予[①]色彩底影响底补救，灯光强弱底影响须全靠经验来的；其余可用一种机械的方法来帮助，虽然那似乎很笨，但却能给没有经验的演员以很大的便利，而且比从理论所得到底要准确。

那方法是将舞台上底灯光怎样装置，怎样配色，也把化装室里底灯光怎样装置，怎样配色，这样，色光和装置所给底影响，可以很清楚地见到而给以很准确的补救了。

---

① 予：原文作“于”。

第五章　化装品及其应用

原初的戏剧，演员都用面具，无需化装，所以也无需什么化装品；后来，由面具改用了脸谱，这才起始需要化装和化装品，不过那种化装是简单的，化装品也是粗陋的；现在，脸谱可认为非人生的了，化装都须根据剧本上底指示而变化，这一来，演员的化装就没有先前那么容易，须得有各种神妙的技巧，化装品就是完成这些技巧底工具，所以现代戏剧的化装品须具有一个很重要的条件，就是：

"能完成一切化装底目的——无论夸张的，正面的，或反面的"。

还须具有一个补充的条件：

"不伤害皮肤"。

普通的化装品往往只合了前者而不合后者，或是只合了后者而不合前者，能两个条件全合的只有油彩化装品，它不但能成全一切化装底目的，而且不伤害皮肤(据说纽约有一个卖油彩底老婆子能把它当场吃下去证明没毒)。

所以这里所提起底化装品是只限于油彩化装品。

化装品可以分直接的用品和间接的用品两种：

第一节　直接的用品

直接的用品是化装上直接应用底必需品。

第一项：乳素(Cold cream)　乳素第一个用处，是像油画中底松节油和水彩画中底清水一样，使油彩易于涂抹的，也正为了这样，卸装时也得假助于它；它第二个用处是拿来塞住毛孔，勿使汗液分泌[①]出来损坏化装，或毒质浸入进去伤害皮肤。敷乳素是除了洗脸以外化装的第一步手续，敷底时候务须周到，凡是预备上油彩底部分都不能忽略，也不能吝惜，因为不敷到就失了乳素的第二个用处，太少了就失了乳素的第一个用处；但是也不要过多，过多了会使油彩失去饱和使面粉浮滞的。最好的方法是先敷得多些——自然眼眶，颈下，耳背等处都须敷到，要是身体某部也须上油彩时，也可在这时一同敷上。——然后用干毛巾轻轻抹去厚积或发光底部分。乳素在较大的药房或化装品店里都有出售，要是一时不易得着底时候，凡士林(Vaseline)也可以代

① 泌：原文作"认"。

用，不过凡士林质厚，卸装用没有乳素便当，而且会助长毛发，女子用不大适宜。

第二项：油彩　油彩有两种：一种是底子油彩，是改变演员的肤色用的；一种是皱纹油彩，是描画皱纹及表现深陷和显著用的。

A 底子油彩(Grease paint)　底子油彩又有半液质的，和固质的两种：半液质的是像牙膏样用锡罐装的，容易涂抹，而且干燥的天气也不会凝固，所以涂抹底面积较大底化装，和冬天时底化装，可以用这一种；固质的是像头蜡样用硬纸卷裹的，颜色比液质的多，演员以备这种为佳，虽然它在冬天和较大面积的化装不易涂抹，但也可以借用火来把它烧溶。

各店家所制的底子油彩的号码都不一样，不过他们所配底色彩却大致相同，平常职业的或非职业的剧团所应用底有二十几种颜色，下面把每条底用法逐一述之。

下面所说的应用是指应用于中国人，这是该声明的。

1. Pink　Pink 是底子油彩中最淡的一种颜色，到灯光下常变成灰白，所以可以给病态的女子适用，男子则虽病态也不宜应用。

2. Very pale juvenile 和 Pale juvenile　Very pale juvenile 比 Pink 深些，Pale juvenile 更深些。这两色用于女子是最能得观众同情的，男子则除非故意表示其带女性美的，[1] 以不用为妙。

3. Juvenile hero flesh，Juvenile deeper shade 和 Juvenile robust　这三色用于男子是最能得观众同情的，前者比 Pale juvenile 红些，中者更红些，后者比中者更红，少见太阳者和贵族可用淡的，多见太阳者和平民可用深的。

4. Light sun burnt 和 Dark sun burnt　这两色比 Juvenile robust 要深红得多，尤其是后者，凡多晒太阳而皮肤已被焦熇的，都可用这两色。

5. Sallow young man 和 Sallow old man　这两色中前者多带些红，后者多带些黄，在西洋是给憔悴的青年人和憔悴的老人用的，但是中国人的肤色本来就是很黄，憔悴的更没有那么样红，所以这两色可以给康健的中国老年人用，前者在五十左右，后者在六十左右。

6. Flesh middle age　这是给康健的中年人用的，在三十至四十五之间都可适用，只要用面粉稍示区别，年青些的上红些的面粉，年老些的上淡些的面粉。

7. Gypsy　这是比 Dark sun burnt 还要红黑的色，是专给日夜在烈日风雨中度活底江湖人用的。

8. 为几个民族特制的肤色：

---

① 此处逗号为编者所加。

一　为黄种特制的有 Chinese 和 Japanese 两色，前者多带些黄色，后者多带些棕色，都不与中国人和日本人的肤色恰合，那是因为在西洋剧里用着黄种人底机会少，所以研究得忽略了，不过黄种人自己用底时候，自然不能这样简便，这只能有一小部分[①]的应用，最适宜是拿前者给憔悴的老年人用，后者给憔悴的中年人用。

二　为棕种特制的有 East Indian，这是专给马来族的东印度人用的。

三　为红种特制的有 American Indian，这是专给美洲土人用的。

四　为黑种特制的有 Negro，这是专给 Negro 族用的。

9. Orange 和 Olive　Orange 是在 Pale juvenile 和 Juvenile hero flesh 中间的色，与普通黄种人的肤色最为相似，中年的妇人，青年的男子，都可适用，这种底子又很容易施用皱纹油彩，所以要多运用皱纹油彩底化装，打这种底子最为相宜。Olive 比 Flesh middle age 少带些红色，但是多带些棕色，少见太阳底中年，或常见太阳底青年，可以适用这色，这种底子也是很容易施用皱纹油彩，不过没有 Orange 那么容易，因为这比 Orange 要深。

10. Black，Yellow，Brown，White，Vermilion 和 Carmine　这些色是预备上述各色不能恰适时，拿来参入调和的。另外这些色还可以代皱纹油彩用，用法参看下面皱纹油彩。

B 皱纹油彩(Lining Paint)　皱纹油彩只有固质的一种，装法也和固质的底子油彩一样用硬纸卷裹的。

底子油彩底功用只是改变演员的皮色，此外大半的化装技巧都在于皱纹油彩，所以演员对于皱纹油彩底运用应当特别纯熟。

平常职业的或非职业的剧团里所用底皱纹油彩大概有二十来条，下面也把每条底用处逐一分述之。

1. White　这是调子最明的色，加在任何底子上都有使显著底功用，但是常常因为对照得太厉[②]害而失却调和，所以以少用为是，只有 Very pale juvenile 和 Pale juvenile 两种底子上还可应用。

2. Pink 和 Flesh　这两色与底子油彩的 Pink 和 Very pale juvenile 一样深浅，加在 Juvenile hero flesh，Juvenile deeper shade，Juvenile robust 和 Orange，或 Flesh middle age 和 Olive 等底子上，能得很调和的显著，加在 Sun burnt 和 Gypsy 等底子上，显著更厉[③]害，只是很难调和。

---

① 分：原文作“份”。

②③ 厉：原文作“利”。

3. Gary　这是深陷用底色，有 Light，Medium，和 Dark 三种，可以看需要深陷底程度分别用之。Gary 用在 Very pale juvenile，Pale juvenile，Juvenile hero flesh，Juvenile deeper shade，Juvenile robust 和 Orange 等底子上最为完美；用在 Flesh middle age 和 Olive 等底子上还能勉强；用在 Sun burnt 和 Gypsy 等底子上则太淡而没有深陷的可能了。

4. Blue　这也是深陷用底色，也有 Light，Medium 和 Dark 三种，也可看需要深陷底程度分别用之。普通把淡的用在 Juvenile hero flesh，Juvenile deeper shade，Juvenile robust 和 Orange 等底子上，把深的用在 Flesh middle age 和 Olive 等底子上最为完美；Very pale juvenile 和 Pale juvenile 的底子上也可应用，不过须在强度的灯光之下才行，否则会太深的；Sallow old man 和 Sallow young man 等的底子上也可应用。

5. Green　虽然 Green 的明度居在"low light"，而 Blue 居在"dark"，但是在灯光下面 Green 倒比 Blue 深陷，这是因为舞台上底灯光常带黄色，黄色光打在 Green 上变为黄绿，打在 Blue 上变为白灰，黄绿比白灰深陷，所以 Green 倒比 Blue 深陷。

Green 最完美是用在 Sun burnt 和 Gypsy 等底子上；East Indian 或 American Indian 上也可勉强适用；几种 Juvenile 的底子上也要适用时，须在多含红色底灯光下面，因为红光是能把绿色冲淡成为灰黄的。

6. Brown　这是表深陷最自然的色，有 Light 和 Dark 两种，Light Brown 可以代 Gary，Blue 和 Green 用，还可以用在 Sallow young man 和 Sallow old man，或 Chinese 和 Japanese 等底子上得到很完美的深陷；Dark brown 可以用在 Eest Indian 和 American Indian 等深的底子上得着很完美的深陷。Brown 还可以画白种人的眉，鬓，髭等。

7. Black　这是没有明度的色，用在一切底子上都可以深陷，但是除 Negro，East India 和 American India 等底子外，其余都容易因对照过度而失却调和，和 White 一样，所以也以少用为是。Black 可以画眉、鬓、髭等。

8. Purple　Purple 可以代 Blue 用，假如 Blue 觉得太冷底时候。一个康健的老人的皱纹用这色画最为相宜，用这色画静脉管比用 Blue 更完美。

9. Yellow　这色可以和在 Sallow young man，Sallow old man，Chinese 或 Japanese 等底子里给更病态的角色用；也可以加在这些底子上使显著。

10. 红色　红色有 Carmine，Vermilion，Crimson，和 Dark Crimson 四种，前两种色是显红色，涂在眼皮上，颧骨上，下巴尖等处能高凸，这是因为红色易感于盲目底缘故，青年人面颊上底红色，和女子的嘴唇，都可用这两色；后两色是暗红色，男子的嘴唇，和中年人的皱纹，都可用这两色。新鲜的伤痕可以用前两色画；较久的可以用后两色画。

第三项：面粉(Face Powder) 面粉底用处是使油彩固定不易揩去；且能除去油光使近自然人肤。

面粉用得适当时可以使观众看不出是化装的，用得不适当时常会破坏全部的化装，譬如用得太淡了就使深的底子变成淡色，或失去皱纹油彩的显著功用，又如用得太深了就使淡的底子油彩变成深色，或减少皱纹油彩的深陷功用，所以演员对于面粉的选择，也应当特别谨慎。平常职业的或非职业的剧团里所应用的面粉大概有十多种，下面把每种的用处逐一分述之。

A White 这一种粉除了演丑角外，平常不宜用的，因为那会使面色近青色的；但是用这种粉代染发水来染灰发却很相宜。

B Pink Pink的粉有Light pink，Pink，Dak pink和Darker Pink四种：前两种用在Very pale juvenile和Pale juvenile的底子上可表示一个女子是敷过粉的；Dark pink用在Pale juvenile的底子上，和Darker pink用在Very palejuvenile的底子上都可表示一个女子的自然肤色。

C Cream Cream粉比Pink粉缺红，带些病态的女子可以用此。

D Brunnette和Dark brunnette 这两种粉很近于中国女子的肤色。

E Flesh和Juvenile flesh 这两种粉可以给青年的男子应用。

F Olive 把Olive粉用在Olive底子上自然是最完美的，但是用在Sallow young man和Sallow old man的底子上也很完美。

G Sunburnt 这色粉可以用在Light与Dark sunburnt，和Gypsy等底子上。

H Healthy old age和Sallow old age 前面已经说过，中国人的肤色常比西方人黄，西方人的肤色常比中国人红，所以西方人预备给Healthy old age用底粉，中国人可以给一个康健的中年人用，可以用在Flesh middle age和Olive的底子上，西方人预备给Sallow old age用底粉，中国人可以给一个憔悴的中年人用，可以用在Japanese的底子上。

I Othello 这是为Shakespear的Othello一剧特制的面粉，深棕色，可以用在Negro的底子上，也可以代染发水染棕色发。

J Chinese，Japanese，和Indian 这三色粉可以用在为这三种民族特制的底子油彩上。

第四项：油灰(Putty) 油灰是正面的和负面的化装中最重要的用品，是黏[1]土样

① 黏：原文作“粘”。

底东西，出售油彩底店家有特制底油灰出售，但如一时不易购得，那末玻璃店里底油灰也不妨代用，不过那说不定是有害皮肤的。油灰最普通的用处是加高鼻梁，颧骨，下巴，加厚面颊，或化装瘤，毒肿，疙瘩等。油灰的施用应在敷涂乳素以前，因为油灰碰到了乳素就要失去粘力，不能胶住在皮肤上，也正因了这个缘故，在施用油灰底时候，手指上常搽[①]些乳素，便可随意搓捏不致粘手。油灰用底时候须先在火上烘软，但不要过久，过久了会完全溶化液质，也不要碰到火焰，不然会把油灰烧黑的，只要到能够随意搓捏底程度就够了。烘软了以后，就可把它捏成所需要底形状胶在人体上，或者先胶上了然后捏成所需要底形状。假如怕油灰直接胶在皮肤上不牢，那末可以拿一块薄而粗毛的棉布用酒精胶先胶在皮肤上，然后再把油灰胶在棉布上，这样比较安全些。油灰施用完毕后，须等其冷硬，然后抹上乳素，油灰上要涂底子油彩时须先把底子油彩溶成液质，然后像乳素一样涂上，不然很辛苦捏成底一个形状会被坚硬的底子油彩碰坏的。上油灰底部分肌肉常常不能运动，所以须多运动底肥肉上应少用油灰。

第五项：牙膏(Enamel)　牙膏是用来化装牙齿的，有黑白两种。白色牙膏是用来盖没脏的牙齿或金牙齿用的，是一种装在瓶里底半流质，用底时候先把牙齿上底口唾抹干，然后把这液质涂上，遇冷就变为珐琅质似底固体，而且胶在齿上不会掉下，卸装时也很简便，只要把它剥下就得了。黑的牙膏是用来胶在牙齿上使观众看来似乎是脱去底缺洞，是一种固质的药膏，用时先像油灰样地烘软，胶在已抹去口唾底牙齿上，卸装时若不能剥得干净，可以用些乳素搽上，用干毛巾把它揩去。这两种特制的牙膏假如不易买得，那末可以用白油彩或黑油彩来代，用法也是先[②]揩干了口液，然后涂上，黄的或棕色的油彩还可以化装脏的牙齿。中国药材店里底膏药心也很可代用。

第六项：绉纱发(Crepe hair)　绉纱发是一种结成小辫底假发，有各种颜色，较普通的黑，白，灰，棕，和黄。绉纱发的施用在上面粉以后，用时第一步先将辫结解开，用梳子将它浮的短的部分梳去，再照所需要底长短，厚薄从原条上剪下，形成所需要底式样；第二步用布和乳素擦去要胶绉纱发底部分底面粉和油彩，在揩去油彩底部分涂上酒精胶，把绉纱发胶上；第三步是用剪子把它修齐。绉纱发无论是用来化装假发，假鬓，假须，假髭，或假胡等，都须同时顾到正相和侧相。卸装时可先用酒精把绉纱发和皮肤相胶处透湿，然后把它拉下，不然会把皮肤拉伤的，拉下后皮肤上所剩底短发和粘胶，也可用酒精擦净。这种特制的绉纱发可以在大些的理发所购得，要是

① 搽：原文作“揸”。
② 先：原文作“洗”。

一时不易办到，那末黑的可用黄种人的头发代，棕或黄的可用白种人的头发代，白的可用细麻或马鬃代，灰的可用白和黑的杂配着，不过这些都非常粗硬，没有绉纱发那么细软而且容易伸缩。

第七项：头套(wig)　头套是像帽子样一顶顶的，只要很轻便地套在头上就能改变原来的发样，颜色有黄的，棕的，白的，灰的和黑的种种，式样有男用的，女用的，长发的，剪发的，秃顶的和瘌子的种种，较大的理发所和专做头套底店有现成的出售，也可以照着头样定做。戴头套以前须先把原来发脚底周围染成头套一样的颜色，那末就是头套稍微移动也不会露出破绽。要是头套的前面太宽，容易翘起，那末可用酒精胶把它胶在额上，或是先用一条薄的缎带扎在额上，再把头套胶在缎带上就更牢了。头套和皮肤相接底边上，应当用底子油彩化去破绽，使近自然；秃顶的头套更须用底子油彩涂上它秃着底部分，平常这部分所用底底子油彩可比面色淡些，因为少晒太阳底缘故。

第八项：染发水(Mascaro)　染发水是预备绉纱发，头套或原来头发底颜色不适用底时候用来暂染的，只要用水一洗马上就会退去。用法只要拿牙刷把它刷在发上就得了，不过不要弄到眼睛里去，那是很危险的。特制的染发水一时不易买得时，可拿面粉扑上代用，不过黑的须借用墨炭沫，白的用玉蜀黍粉，因为面粉没有黑的，白的虽有，但也只能把发变灰，不能变白。

第二节　间接的用品

间按的用品是化装上间接应用底附属品。

牙签　牙签是拿来画皱纹用的，画法先把它在皱纹油彩上拖过，再把它粘着底颜色画在皮肤上，要粗的用牙签阔的一边，要细的用牙签狭的一边。

酒精胶(spirit gum)　酒精胶有为戏剧特制的，可以从专售油彩底店家购得；不然自己也可以配合，只要买几个铜子松香，磨细了，放在上等的酒精里，稍为用火烧一烧，等松香溶化了就可应用。

粉扑　粉扑是上粉用的，虽然似乎不是一件重要的东西，可是平常每因为粉扑的不干净把很辛苦化成底装完全毁坏，所以最好是每一种面粉有一个粉扑，不让混错，更不让弄脏了的或用过深色粉的再放到浅色粉里去。

刷子　每个演员应当备两种刷子：一种是硬的，像平常的鞋刷等都可以用，是刷服装用的，因为演员的服装常易被面粉等化装品弄脏的；一种是软的，理发店里刷短发的或新的排笔都可以用，是刷匀面粉用的，因[①]为粉扑没有它那么轻便，拿粉扑来刷匀面粉常会把皱纹油彩所做下底工作损坏。

软纸　软纸是卸装时用来揩去油彩的。

毛巾　每个演员应当备着三条毛巾：一条大的是预备上粉时围在肩上可以不弄脏衣服用的；一条湿的是洗脸用的；一条干的，小些的是预备结在身边以便时时揩手用的。

镜子　一个演员至少有两面镜子，以便时时对照侧相或后影。

火酒灯　火酒灯是烘软油灰，黑牙膏，或烧溶油彩用的。

火酒　火酒灯里自然要用着火酒，但是火酒还有一个用处是揩去酒精胶。

肥皂　在化装前先用肥皂擦清皮肤是很好的，也是必须的；但是在卸装时须先用乳素和软纸擦净了油彩，再用干毛巾擦净了乳素，才可使用肥皂，否则会擦破皮肤的。

梳子　理发师用底一面稀的，一面密的梳子备做化装用品最为适宜。

剪刀　剪刀是剪绉纱发或修头套时必须用的东西，非职业的演员常会疏忽忘掉。

纸笔　纸笔(Stump)是画皱纹，眉毛和眼圈用的。

发钗和别针　发钗是补救发样有不适宜时用的，别针是补救服装有不适宜时用的，这两样东西虽不每次化装都要用着，不过每个演员都应当备着。

其他　上面所提起的都是普通应用的物品，要是在某种角色须用着一种特别的用品时，那末每个演员都应当在进化装室前自己备好。

---

① 因：原文作“用”。

第六章 化装的研究

西洋有些谈化装底书，常是分着派别来研究，譬如，青年男子怎样化装，青年女子怎样化装，老年男子怎样化装，老年女子怎样化装，这样讲法有时会给初学者很便利，只要把书翻在化装桌上，看一项化一样；但是这种研究法底最大缺点，便是会把世上底繁复的人类分成了极单纯的几个派别。

所以这里并不效法他们，这里只拿人体底各部详细分述之，某角色底某部该怎样化装，当由演员研究了剧本自己斟酌。

第一节 乳素

演员在预备化装前第一步先把有碍化装底衣服——像长袖高领等——脱去，换上轻便短小的。

第二步是洗脸，洗手。

第三步把披在额前底发——如其有的话——用一顶瓜皮帽把它向后压住，或用一条缎带扎住。

第四步是可以开始化装了。

化装底第一件事是敷乳素，凡是预备要打底子底地方都须敷到，敷乳素太少也不好，太多也不好，最好先敷得多些，然后再用毛巾搽去发光和浮积底部分。

敷乳素底时候要留意别让它侵入眼睛，那会引起不适宜的感情，而使全个化装都得不到圆满。

第二节 底子

前章化装品及其应用里已曾把每条底子油彩怎样应用说明过了，这里只把怎样施用再有个说述。

底子油彩是改变皮色的，就是演员本来皮色不恰合剧中人个性，需要有向健全，向美，或向病态，向丑——皮色无善恶苦乐之别——应改变。

还有演员本来的皮色已恰合剧中人个性，而因为到灯光下会起变化，[1] 也须打一层底子。

演员在选择底子底时候常有三种坏心理：

第一种是夸张的化装时所常犯的，有的演员不明白夸张化装底重要，只以为自己的皮色已恰合剧中人的，就打底子也是打差不多的底子，横竖没有多大分别，就懒[2]得打了，以免卸装时底麻烦，然而一上了台他就非常吃亏了。

第二种是正面化装时所常犯的，爱美底心自然每个人都有的，然而有的演员有时因了太爱美了，把自己的装化得太漂亮了，这非但妨害了应该比他美底角色，并且不合剧情。

第三种是负面化装时所常犯的，大概是由于好奇心所致，把底子故意打得丑些，也有不是因了好奇心而是想盖去自己本来面目，这都是错误。

以上三种坏心理不但打底子时候会犯，就是其余各部分化装时候也会常犯的，不过打底子对于全部化装好像旧式婚姻底拿聘，一打下就定了终身了，所以该特别注意。

还有一件事也是要在打底子底时候注意的，就是不要和别的角色有冲突（自然在特别情形之下是例外的）。这事在有化装主任底时候是化装主任底事，没有底时就该是导演底事，要是导演再失职时，就得演员们自己顾到。

现在该讲怎样打法了。

打底子底时候凡要露出在服装外底肉体部分都得打到，特别该注意底是发脚下，眼眶，下颌下，颈后，耳后等处。

底子不要太厚，也不要太薄，这是前章已说过了。

打漂亮角色的底子时，脸上或手上底污垢须洗净，否则会因了底子色淡底缘故使脸上现成灰色。

搽[3]匀底子底时候指印自然要留心，还有纵横的纹路也须留心。

第三节　眼

这里所说底眼不是指眼底内部，是指眼底外部，因为内部是不能化装的。

然而内部有时正好因外部底化装而给以补救，譬如，演一个明眸的漂亮角色，而演员本身底眼白偏是带病态底黄色，这时就得应用两色对比所起底变化理来补救，那

---

① 此处逗号为编者所加。
② 懒：原文作“赖”。
③ 搽：原文作“搓”。

方法就是以眼皮上搽[①]紫色或蓝色，因为紫或蓝和黄对比，会使黄显明，会使黄的眼白与黑的眼珠有很明显底界别，于是观众会信以为明眸了。

眼皮需要化装还有一个普通的原因，是要使眼眶深陷。

眼眶需要深陷底原因：一则是美；二则[②]演西方人；三则表示老。

这样似乎老和美是一样需要深陷底眼眶，然而为美而深陷底眼眶是怕脸部太平，使微有凹凸，但为老而深陷底眼眶是因为眼球干缩，这中间底区别可以借用色彩。

画眼眶底颜色，可用皱纹油彩中底蓝，绿，紫，棕等色：因美而画的最宜用紫，带红底灯光之下蓝绿也可；因西方人而画的可用蓝绿；因老而画的可用棕。

中国女子常惯在眼皮上搽[③]以红色，这在舞台上底感觉恰巧是把眼眶显著，是深陷底反面，因为红色是易感于网膜底色，所以这是不宜效法的。

眼眶底画法是将油彩涂在内眼角上，然后把它沿着眼眶骨渐渐向外方涂去，愈向外愈淡，下眼皮也是同样涂法，只是色较淡，圈子较小。

因美而画的下眼眶和因西方人而画的下眼眶都不必过深；但因老而画的下眼眶须较深陷，下眼眶过深是老，纵[④]欲，不幸的表示。

很老的角色，在用棕色把上眼皮深陷以后，再可用灰色依着眼球画个半圆形，表示眼眶底突出。

眉毛底描画常是很困难，画坏揩去重画底时候又常弄污底子，可是这可以在画眼眶底时候给以帮助，在上眼眶底边沿上预先涂好所需眉毛底曲度，然后再画上就较易得多。

漂亮底角色在里眼角上点以一小点胭脂。

双眼皮底人在画眼眶底时候常感到一种困难，很辛苦画好底眼眶，因眼皮几次折皱失了调匀，这要补救可在上粉前再修一下，然后不让折皱就把面粉扑上，上粉后就一切都安全了。

眼眶底工作完成，就该画眼圈了。

画眼圈底用意有两种：一种是因老而画的；一种因演员底眼圈太小，用以加大，容易表情。

因老而画的眼圈是在上下眼皮底睫毛边上各画上一条红色，表示老来眼球干缩，眼皮宽弛向外反出，这是很老的角色适用的；因加大眼圈而画的，可用蓝，绿或黑等色，应该稍较眼眶底色深陷，画法与因老而画底眼圈同。

---

①③ 搽：原文作“揸”。

② “二则”两字为编者所加。

④ 纵：原文作“怂”。

画完眼圈就得画眼角了。

眼角以平直为美，向上恶相，向下苦相。

眼角就是把眼圈底两条伸长，在外眼角上会合，色也同眼圈。

眼圈眼角都用牙签来画。

眼底化装底最后一步是染睫毛，染睫毛是只限于趋美底化装，因为长而乌黑的睫毛是能增添眼睛底美的。

睫毛要长自然没有法子，可是要黑是很简便的，只要染一染就得了。

睫毛底染法有两种：一种是把黑油彩烘溶了，用毛笔轻轻地涂上，这种法子不但能使睫毛黑，且能使粗；一种是在睫毛上先涂以乳素，然后用画眉刷刷上些煤粉，这种方法简便。

染睫毛须在扑粉以后，不然会全功尽弃的。

眼底化装

第四节　眉

眼底化装完成，接着因便利起见就可化眉。

眉对于表情有很大的帮助，又因为一个角色底个性常表现于眉上，所以眉底化装应该很留神。

女子底眉以狭，长而弯为美，狭度大概在二分[①]左右，长度至多到外眼角水平线之上，弯度可与上眼皮开张时底半圆形平行。

青年美男子底眉可比上述底稍阔，稍短稍直。

老年底眉差次纷乱而淡。

若差次纷乱而浓则是凶恶之相。

乐相底眉弯度很大；恶相底眉倒竖，眉头在下，眉毛向上；苦相底眉紧张而直，眉头在上，眉尾下拖，形成中国八字；过长，过厚，过阔，左右不等或通眉都是丑相的。

① 分：原文作“吩”。

二眉头底距离大概乐相比苦相较远。

眉底画法用画眉铅笔——白种用棕色，黄，黑，红或棕种用黑色——先在左眉上画个很细的样子，要是觉得弯度恰合所需的，那末就把它加粗，然后右眉就可依之描画，画眉所以要先画左眉，是因为左眉难画。

美的眉

画眉铅笔所画底眉常不像自然的眉，这可以在上粉后用眉刷刷上些煤粉。

假如画眉笔没有底时候，可用皱纹油彩代。

有时化丑相底眉或美相底眉时还有别种手续。譬如，化丑相底眉时候，因了本来的眉毛太狭小，而需要底眉毛太阔大，显然见得出是画的，于是就得借用绉纱发来补救。又如，化美相底眉时候，因①了本来的眉毛太阔大，而需要底眉毛太狭小，无法描画，于是就得借用肥皂来补救。

绉纱发底用法已详前章，肥皂盖去本来眉毛底方法是先将肥皂浸②软了，把眉上底底子油彩揩去，把它逆毛粘上，待干后就可描画所需之眉样。

第五节　鼻

观众在演员脸上最先注意到的大概是鼻骨上两眉间底部分，在这部分上演漂亮角色时可以在上粉后搽③上些淡淡的干胭脂。

整个的鼻应当是脸部最白之处，除非是丑相故意在鼻尖上搽④上些红色。

鼻子太低有三个补救方法：第一个是用深陷色——灰，蓝，紫或棕——涂在鼻之两旁，使中间显高；第二个是在鼻底中央，自鼻骨到鼻尖画一条白的；第三个是第一第二都不果时用的，法是借用油灰。

油灰还有一个用处是补救朝天鼻和鹰爪鼻。

油灰底装法已详前章，不过用油灰装鼻子底时候有一点须注意，就是使鼻孔自然。

---

① 因：原文作“用”。
② 浸：原文作“进”。
③④ 搽：原文作“揸”。

鼻子要长可在鼻尖下涂以显色；要短可在鼻尖上涂以暗色。

鼻孔要小在鼻孔内涂以显色；鼻孔要大在鼻孔内涂以暗色。

第六节 颊

颊上底化装最主要的是搽[①]胭脂。

搽[②]胭脂是有两种用意：一种是表示康健，有血色；还有一种是表示化过装的。

所以前者须与底子调和，使近自然；后者可看角色底个性而别，就是红白对照得很厉[③]害有时也不妨。

男子需要搽[④]胭脂，大概是前一个用意，除非是在特别情形之下。

搽[⑤]胭脂除了以上两种用意外，还能对于脸底长宽比例有一种补救。

因了红是易感于网膜底色，所以太狭的脸，把胭脂涂得近耳些，看去似乎较宽；太宽的脸，把胭脂涂得近鼻些，看去似乎较狭。

近耳处底胭脂涂法是在近耳处先画上竖的一条，然后将它向前涂匀；近鼻处底反之。

表示康健而搽[⑥]底胭脂，男子可用 Crimson 或 Vermilion，女子可用 Vermilion 或 Carmine，表示化过装而搽[⑦]底胭脂可用 Carmine。

颊上底化装除了搽[⑧]胭脂外，还有表示深陷和显著底化装。

颊上除了颧骨上以外，别处可以深陷，深陷底方法可视下图。

胭脂搽在
近鼻处

胭脂搽在
近耳处

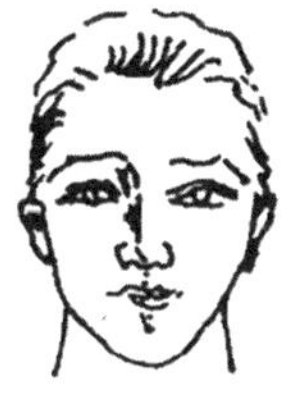

头部的
深陷

正面

①②④⑤⑥⑦⑧ 搽：原文作“揸”。

③ 厉：原文作“利”。

头部的
深陷

反面

第七节 唇

在完成颊底化装后，接着就化装唇，是很便利的，因为颊和唇同时是红色，可以不必揩去手指上染着底颜色。

唇以小巧为美，上唇弓形，英文叫做 Cupid's bow，一个很美的形容。

美的唇底画法是将底子油彩盖去本来嘴唇，然后用小指染以红色在人中下分向左右画成两个半圆形，结果是在上唇底中央产生一个鹰嘴形底白色之缺。下唇底画法很简单，只要依上唇底比例画一个半圆。

若要更完美些则可在人中上用灰色或蓝色画一条深陷。

颜色，男子宜 Crimson，女子表示化装过的可以用 Carmine，Vermilion 则均可适用。

美的嘴唇

过厚的唇和唇皮宽弛失弹力的，还是执中不必过于画小求美为妙，否则一开口反会不美。

丑相底唇可任意歪缺不全，不过画时须注意开口时有否破绽。

老年底唇不必化装，要是本来嘴唇太红，可涂以底子油彩。

极老者底唇可用红色或紫色画上折皱，画法如图。

苦相底嘴角与极老者同，也是向下；乐相底嘴角则向上。

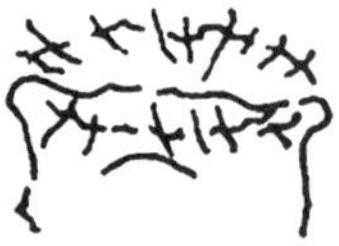

极老者底嘴唇

苦相底嘴角

乐相底嘴角

第八节 牙

牙所以要化装大概有三种原因，第一种是因为要演底角色是漂亮的，而演员本身的牙齿不洁白，或是要演底角色是贫苦的，而演员本身有着金牙齿，需要用白色来补救；第二种是借黑来表示老来牙齿脱落；第三种是因为要演底角色是不卫生者，而自己的牙齿太洁白，需要借黄或棕色来染污。

白和黑是有专门为戏剧特制底牙膏的，要是没有也可以用白和黑的油彩代，棕和黄是只能用油彩，没有特制的。

黑的牙膏底施用法是将它烘软，捏成需要底大小，把牙齿上底口涎抹去后粘上。

白的牙膏是半液质底东西，不必有烘底手续，只要把牙齿上底口涎抹去，把专门预备着底刷子刷上就得了。

牙膏要除去时，只要轻便地一剥就行了。

油彩涂上牙齿时，也是先把口涎抹去；除去时只要用些乳素一揩就得。

无论牙膏或油彩，只要把口涎揩得干，粘上后就不会在中途脱落，所以无须过分顾忌。

第九节 耳

耳底化装是常被忽略遗忘的，有时还因为耳内底油彩不容易揩净就不高兴化装；可是在上台底时候常因为耳底肤色和脸底肤色底异殊，[①] 看去像是戴[②]了个虎脸子。

耳底肤色若与脸底肤色附合后，它底大小形状都没有多大关系，对美相也没有什么影响，因为它是不常被人注意的。

不过，有一种耳不紧贴在枕骨上，则正面看去好像两个翅膀，不甚雅观。补救底方法可用酒精胶，棉布把它胶住在枕骨外底皮上。

耳带红色是康健底现象；带白色是病血底现象。

演漂亮角色时可以在扑粉后，搽[③]些干胭脂在耳上。

耳上要有什么病态底化装可借用酒精胶，棉布和油灰。

---

① 此处逗号原文作句号。

② 戴：原文作“带”。

③ 搽：原文作“揸”。

第十节 下巴

善相底下巴可微尖，但过尖则成奸相，近恶。

阔下巴和双层下巴是平常所谓福相，大概由于生活圆满，营养充足，① 肌肉因之发达。

老来，下颔骨毕露，下唇下有阴②影。

下巴要尖可以用显色——白或灰——涂在下巴尖上，再用暗色——灰，蓝或紫——涂在两旁底颔骨上。

下巴要平可将下巴尖上底显色涂得阔些。

下巴要厚可将下巴尖上底显色向颔下涂，双层下巴就在这块显色底中间画一条阴③影。

要下颔骨毕露可用显色在下颔骨上涂上一条，再在颈间涂上阴④影。

要下唇下有阴⑤影，只要用暗色画上半圆形，圆肚向上，把它涂匀就得了。

假如下巴不合美相标准，超过了脸长底三分之一，那末有两个补救方法：第一个用须把所长底部分盖去；第二个是在下巴尖上涂暗色。

假如下巴太短不到脸长底三分之一，那末有三个补救的方法：第一个也是用须把来接长；第二个也是用色，用显色从下巴尖向下涂；第三个是用油灰。

第十一节 颈

颈是常露在衣服外的，所以也必须化装，不然会和不化耳有同样的毛病。

颈底化装有两种方法，一种叫干化装，很简便，只搽⑥一下乳素就扑上所需要颜色底面粉；一种是和面部一样也要打上底子。

假如本来的颈色和化装过底脸色相去不远，就不妨用第一法化装；要是相去太远面粉底色彩不能盖没，则可用第二法。

在打底子底时候，颈后常易不匀，则可由演员们大家互相帮助。

老年者，病态者，或劳动者底颈该画上阴⑦影。画法是用暗色从颔骨向下涂，再

---

① 此处逗号为编者所加。

②③④⑤⑦ 阴：原文作“荫”。

⑥ 搽：原文作“揸”。

从剑骨上底深穴向上涂，再把头向左旋转画上右面锁骨上底深穴，再把头向右旋转画上左面锁骨上底深穴。

为要使暗色更深陷，可以在喉头上，锁骨上，和锁骨上及剑骨上底两深穴之间底肋上画以显色。

第十二节 皱纹

人体所以有皱纹已在第一章说过了，这里不再重复。

依据生理学上说，人在笑底时候脸上肌肉只动十三种，而哭底时候则须动六十五种，有五倍之多，可见笑时底肌肉是轻松的，而哭时底肌肉是紧张的，皱纹底线条也该同样。

绘画皱纹时须依着自己脸部肌肉底折纹，否则先是任意绘画，肌肉动时会有可笑的破绽。

苦相底额上皱纹因为两眉尾下拖，把额底左右底肌肉也下拖，于是只有中间几条。

乐相底额上皱纹因为眉毛轻松而上涌，把额部肌肉都折皱了起来，于是弯曲而深长。

老年底额上皱纹因为头盖底骨髓收缩，使头皮宽而下垂，于是多而深。

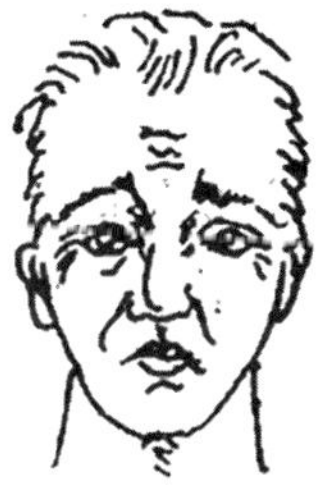

苦相底皱纹

乐相底皱纹

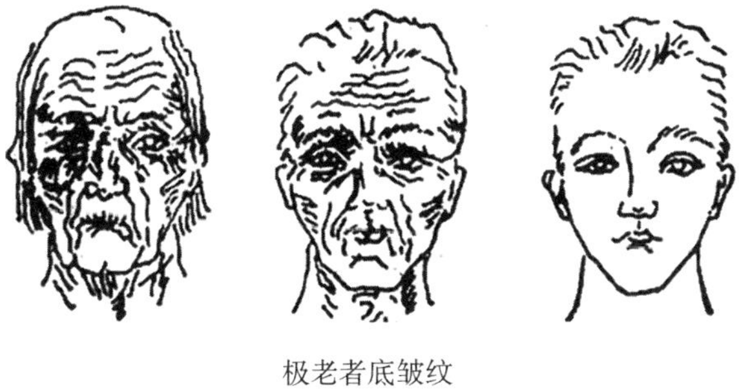

极老者底皱纹

乐相无眉间皱纹。

苦相有竖的两条。

老年或多思索者鼻骨上有横的琐碎的皱纹。

乐相底外眼角皱纹弯曲。

苦相底外眼角皱纹直而下拖。

外眼角皱纹向上是奸相。

老年或纵欲过度者眼眶下有一条半圆形的皱纹，圆肚向下。

苦相底鼻旁皱纹直而紧张。

乐相底鼻旁皱纹弯而弛缓。

苦相底嘴角下拖。

乐相底嘴角向上。

老年，流浪者底皱纹断续不连，可任意绘画，只要是可能的。

皱纹底距离最近在二分[①]以上，否则会模糊不清的。

皱纹底末端须淡化。

皱纹底画法是用牙签在油彩上拖过，然后将牙签上所染之色画在肤上。

画皱纹也像画眉毛一样，左面先画为便。

皱纹底颜色在淡的底子可用红，深的底子可用紫，更深的底子可用棕，蓝和绿在红的灯光下也不会出毛病。

年老者底皱纹可在红，紫或棕色之旁再衬以白，则更为显明。

扑粉常会把皱纹工作全行毁坏，所以皱纹也可以在上粉以后画，至少衬白是必须在上粉以后的，否则白会不白的。

第十三节　胸

胸底化装在男子大概是演苦力，英雄等需要赤膊底角色，在女子大概是演西洋人或是穿西装底角色。自然，女子所露底部分不会像男子那么多。

平常胸部底皮色比脸部为白，但是常露底胸反比脸部为红。

女子底胸底化装很简单，可以用干化装法，不必用油彩。

至于男子胸部底化装则不像女子那么简单，有时也须打底子。

演苦力，劳动者等角，表示胸部常曝于日下而变色，则只要把色改变就够了。

演英雄，大力士等角则还须在两肺中底剑骨上涂以暗色，或装上些绉纱发，使深陷，两乳部涂以显色，使高凸，乳下再衬以暗色，这样看去两肺部和两乳上肌肉似乎

---

① 分：原文作“吩”。

特别发达。

一个病态消瘦者底胸可先用显色画出肋骨，再在两条肋骨之间衬以暗色。

第十四节　足和腿

无论男角女角都不免有要赤脚露腿底时候，这种时候就也需要化装了，而且不可忽略。

平常穿鞋袜底人的脚必白于脸或手；但是，常曝露于太阳下底，一定反而红黑。

足和腿底化装可用干化装法。

演英雄底时候太瘦的腿还是不露为妙。

腿上底肌肉需要绘画时，可先将腿伸直，然后把膝盖四围显著和深陷底部分都加强一下。

第十五节　手和臂

手和臂底化装该是化装底最后一步，手若早化装了会被弄污或弄污别的。

手和臂底颜色也不一致，手常比臂红黑。

漂亮的手底化装也可用干化装法。

漂亮的手底化装法是先在手上涂以乳素，再扑上面粉，要是手指太粗需要细长底时候可用胭脂涂在指缝①间。

指甲上涂以胭脂也是帮助美的。

劳动者底指需要扁平时可借用油灰。

年老者底手近白色，深陷处灰色，静脉管蓝色。

静脉管底画法可先将臂底上部用绳扎住，阻止血液流通，少顷②后被扎着底手臂上底静脉管毕露，于是可以依之绘画。

病态底手除画上静脉管外，手背无骨处皆须涂以暗色，有骨处皆涂以显色，指缝③间涂以暗色，指甲和指端涂以灰白色。

第十六节　面粉

在一切化装都完成以后，还须再每部分仔细观察一下，有否遗忘什么，假如没有

①③ 缝：原文作“逢”。
② 顷：原文作“倾”。

就可上粉了。

上粉以后油彩就被固定不再可以随意涂搽[①]，所以千万不要在上粉前忽略哪[②]一部分。

要是万一忘了什么，必须添上底话，那末也有一个法子，把油彩和了乳素补上。

扑粉时将不重要底部分先扑可以看看颜色合不合。

脸上底粉不妨多扑些，然后用刷子刷去。

脸上若有汗珠须先[③]轻轻地抹干，否则会使粉不调匀的。

上粉后眉毛须重新用眉刷刷过；颊上，眉间，下巴等处再用干胭脂涂上；皱纹也须重修，老者底皱纹就在这时候衬白；显著和深陷底部分若被破坏则也须重修。

舞台灯光底影响可以用色来补救，譬如，太红的灯光，用较白的粉。

假如在慌乱底时候，打错了底子，太深了或是太淡了，那末用粉来补救也是一个很好的方法。

第十七节　毛发

关于毛发这里先讲头发底化装。

假如演员底头发太短而角色头发务须要长，这是没有办法的，只有借用头套。

假如演员底头发太长而角色底头发务须要短，自然剪是唯一的好法，否则长头发外用短发的头套会有破绽的。

长的头发把它剪短自然可以任意，无须讲得；不过头套那东西，有时是会很合适，有时却会不合适，所以在制备和施用底时候应该留神的。

头套有五处地方常易露出破绽，该特别注意的：前额自然是最要当心；有时太顾全前额，把头套拉得太前，后发脚会露了出来；左右两额角常不易伏贴；太阳穴上底角常易翘[④]起；鬓脚处常少一块。

补救底方法是先用一条缎带扎在额上，再用酒精胶把头套胶在缎带上。那末前额，左右额角，太阳穴角等处底破绽，都可避免了。鬓脚处可用绉纱发补上。

秃顶底头套须用油灰烘溶了涂在秃处，勿使真发透出，等油灰冷后，戴在头上，涂上和脸色一样的底子，或较淡的底子，再扑上面粉，再在额上画上横的皱纹，把头

① 搽：原文作“揸”。
② 哪：原文作“那”。
③ 原文“先”字后有“把”字。
④ 翘：原文作“挠”。

套边混在中间，使观众也误认为皱纹。

装头套前先把本来发脚染以同样颜色，以免万一头套移动有所破绽。

头套与脸皮相接处须用底子油彩涂上，再用碎发粘上，然后像真。

女子底头套可用头饰——像缎带等——遮去破绽。

装头套时须留意侧相。

身长体高者，头套向前低些为宜，强度 Top light 之下也是以低为宜。

假如头套不适用，戴了会引起恶感，那么还是以自己头发为妙。

头发染色有一种专门戏剧用底染色水，假如没有，可用面粉来代，黑色可用煤粉，白色可用玉蜀黍粉。用法先把粉扑上，再把梳子浸油后梳直。

绉纱发底用法已详前章。

胡子除用绉纱发外可用雪茄灰粘上。

髭须须较发色淡些，大概是稀薄的原因。

髭须底侧相须特别注意。

髭不可太高而近于鼻，也不可太低而接触唇。

人中处普通不生毛发，应当留下空缝。

画底髭在静止时固很好，可是动时就不宜了。还有侧相也看得出是假的。

耳前约半吋之处无毛发，装鬓脚时须留意。

无论髭，须或鬓底边缘上须修薄。

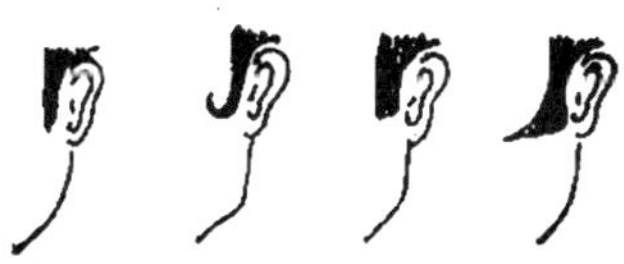

鬓脚四种

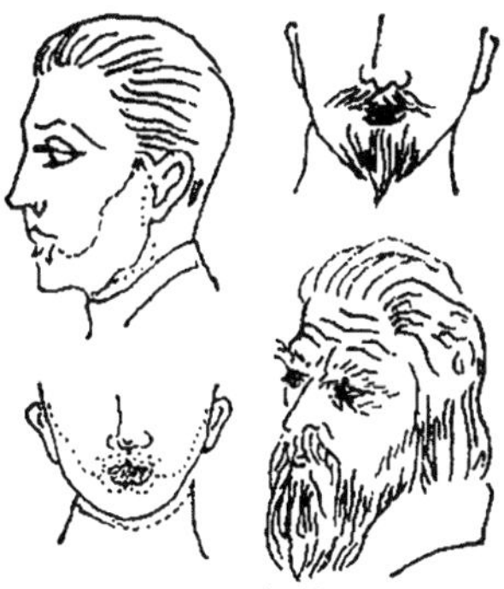

髭须底装法

第十八节　卸装

卸装似乎是不必讲的，可是演员们常因为忽略而吃到了苦头。

油彩若用肥皂来擦是把皮肤擦破也擦不净的，油彩是一定要用乳素来除去的。

除去底法子是先把乳素涂上，再用软纸揩去，乳素在这时候底作用好像是擦铜油或去垢粉一样。

卸装时用底乳素当然要比上装时用底要多，所以要当心别弄入眼睛。

卸装时当先揩去眉，髭须或鬓脚等处用黑来画底地方，次再揩较深的，最后揩去底子。

第一次粗揩后，再敷上乳素，再有一次细揩。

卸装后尽可不必洗脸，因为油和水是不能和的，常常因之擦破皮肤。

牙齿上底化装底除去法已详于前。

酒精胶可用酒精揩净。

油灰可先用线割下，再用乳素揩净。

第七章 服装

服装虽是穿在演员底身上，但是每个演员身上底服装只是戏剧服装底一小部分，戏剧服装是该有个整个的设计的，所以服装该是服装主任底事，像布景是布景主任底事一样。

不过，服装主任对于服装只能有一个整个的设计，细碎的地方还是要演员自己设计的。还有，服装是化装底大部分，因为人体底大部分是被服装遮着，所以在可能范围内，演员最好向服装主任要个大概的计划，然后由自己置备。

第一节 服装上底几个问题

“为什么每个演员都得穿上服装?”这个问题似乎太滑稽了，无须得解答的。

“这个角色该采用怎样的服装?”这个问题是成立的，而且在事前必须有的，不过普通这该是服装主任所解答底问题。

“这服装哪①里来呢?”这问题在职业的剧团里是很容易解答的，这是“做”；不过在非职业的剧团里就得还要设计设计。这问题本来也该是服装主任解答，但是非职业的剧团力量不足，演员也该负一部分职，关于这点本章第三节里将讨论之。

“用什么料？配什么色？怎样剪裁?”假如定当要“做”的话，这三个问题就得接着而来了，这是可以代表整个的化装置备底三个问题，关于这点本章第四节将讨论之。

除了上面几个问题以外，还有几个问题也须解答的。

第一项：关于角色环境的

A 时代　这是无须说谁都知道服装和时代有些什么关系。普通服装底更变在西方是以世纪来别的，譬如二十世纪是怎样的服装，十九世纪是怎样的服装；在中国则是以朝代来别的，譬如清朝是怎样的服装，明朝是怎样的服装。因此可见这是与历史有密切关系的，所以专门研究服装底人，得下一翻考古功②夫。

B 国籍　这是比较容易的问题，譬如日本人和中国人底服装就有显然的区别。

---

① 哪：原文作“那”。
② 功：原文作“工”。

C时季　除了南极和北极以外随便哪①个地方都会因了地球底转动而改变气候，因此服装也就随之改变，譬如在中国冬季是穿皮或棉的，春，秋季是穿棉或夹的，夏季是穿单的。

D时间　在中国服装是没有什么时间分别的，在西洋有 Morning coat，Evening coat，白天用什么结，晚上用什么结底种种变化。

E特别情形下底服装　这是像婚服，浴衣，和睡衣等。

第二项：关于角色自身的

A性别　这是无论古今中外都是一样的，男女底服装是显然异殊的。

B年龄　服装底年龄区别其实就是时代底区别，譬如祖和子相去二十五年，子和孙又相去二十五年，二十五年是四分之一底世纪，其间服装一定有所改变，祖和父因了保守性底关系各还穿着自己年轻时代惯穿底服装，于是祖，父和子底服装就完全不同了。

C身份②　拿军队来作比，将，校，尉和士③底服装都各异不同的，并且上将，中将和少将也有分别，甚至同是少将，有功无功，多年初年也有分别。自然军队是有特种用意，故意这样分别，然而仔细观察这个社会，也是同样有这样分别的，只是更为繁复。

D特别个性　有一种角色因为有一种特别的个性会打破一切的界限，譬如有许多文人或诗人爱穿前世纪底服装，中国人爱穿西装，老年人爱穿时装等。

第二节　服装底另一任务

服装除了前节所说的区别时代，国籍，时季，时间，性别，年龄，身份④，个性等以外，另还有个任务，那就是帮助完成化装底目的。譬如：

夸张的化装——夸张的化装原是本来一切都已恰合剧中人所需要的，只要夸张一下就够了，这种化装底服装只要不使破坏恰合的部分就得了。

负面的化装——人体化装有时对于由正趋反底负面的化装有绝对不可能的地方，譬如驼背，断臂，折腿等都非借助于服装不可。

正面的化装——正面的化装也和负面的化装一样，有时须借助于服装，譬如男子

---

① 哪：原文作“那”。
②④ 份：原文作“分”。
③ 士：原文作“仕”。

西装上底假肩，女子底假胸，太瘦的人多衬衣服，太矮的人就穿高底鞋等。

第三节　服装底三个来源

服装底第一个来源是“借”——能够有恰合的服装，无须出钱只要借一借底时候，自然不妨借用，不过借底服装难以配身，这有一个方法，就是借用别针来补救。

服装底第二个来源是“改”——要是借也借不到，做又做不起底时候，那末只有拿旧的服装——无论平常穿的或专为戏剧用的——来改一下。改底服装对于质底补救可以用“镶”底方法，譬如觉得太朴素底时候就配些绸缎镶上，使没有太朴素之感；对于色底补救是“染”，这有一个制限，就是只能从明色调趋向暗色调，反之是不可能的；对于“式”底补救自然是重新裁缝。

服装底第三个来源是“做”——假如无处借，无物改，或有物而无从改底时候，那末只有做新的了，这是可以随心任意，无须什么补救的。

第四节　服装底三个要素

服装底三个要素就是质，色和式。

第一项：质　质对于时代要留意发明底迟早；对于国籍须留意其国产和人民之爱好；对于时季在西方是没有多大分别的，在中国则很显然地有区别，譬如冬天就决不会穿夏布；对于时间质是完全没有关系的；对于性别在中国没有什么区别，在西方则大概女子穿绸缎男子多穿毛织物；对于年龄质也是没有多大分别；对于身份①则质是最重要的一个显示。

质分织，量和光。

织又有粗细之别。

量有重轻之别。

光有暗亮之别。

在明度灯光之下，织稍粗劣也不要紧。

太肥胖的妇人不宜服缎，因为缎看上去似乎太肉感，又因缎的光暗对照得太厉②害，能使一部分亮一部分暗。

---

① 份：原文作“分”。
② 厉：原文作“利”。

这也是个不好的现象，假如几个角色穿好的料，而几个角色穿坏的料。

第二项：色　服装颜色底选择并不是由服装主任或演员个人底爱好，是须合于一切服装上底问题的，并且还要暗示象征和避免灯光底影响。

历史剧中服装底颜色须注意颜色发明底迟早，譬如[①]古代印度只有几种植物染料。

服装底颜色也有国籍底关系，这是因为国民性底不同，或是地域不同底关系。

服装底颜色因时季底分别大概有两种：一种是在热天用冷色，冷天用热色；一种是冷天用吸收光底色，热天用反射光底色。

服装颜色底时间区别只有西方上等社会里有的，在白天里男子可以穿任何什么色，女子只穿黑色，在晚上正好相反，女子可以穿任何什么色，男子只穿黑白装。

服装底颜色在性别上底区分，大概男子用色底范围狭些，女子则任何色都可穿。

服装底颜色在年龄方面没有什么区别。

服装底颜色对于身份[②]也没有多大关系。

至于服装底颜色暗示象征，避免灯光影响则已详本书第四章光与色。

第三项：式　式底裁法有两种：一种是宽大的；一种是贴身的。前者像中国男子底长衫，后者像时行底女子旗袍。前者不能把人体底曲线显示出来，所以在舞台上凡是可能均以后者裁法为佳。

裁剪时宽大的可以稍为随便，贴身的须注意下列各项底尺寸。

颈围

颈长

肩阔

背阔

胸阔

胸围——常态和扩张

背后自颈至腰底长度

胸前自颈至腰底长度

腰围

跨肩

自腋至腰底长度

自腰至尾骨底长度

---

① 如：原文作“时”。

② 份：原文作“分”。

臀围

外臂——弯曲时自肩至腕底长度

内臂——自腋至腕

肘围

腕围

自腰至脚踝

内腿长

踝围

小腿围

膝围

股围

以上各项每个演员须自己测量准确——最好是裸体测量——并且要知道自己哪[1]一部分底缺点，然后在演角色时应该显露缺点的，就显露之，不应该的再加以补救。

第五节 饰品

平常提起饰品谁都知道是什么东西，可是在戏剧里有时倒会弄不清楚的。

饰品在戏剧中有三种不同的意义：

第一种是作为道具底饰品 作为道具底饰品就是某件饰品是剧本所必需的，动作上有关的，或剧词上提及的，这种饰品是无论如何不能疏忽，必得预备的，这种饰品可以由道具主任(Property man)负责的。

第二种是补助服装底饰品 补助服装底饰品是服装对于时代，国籍等等底显示还不够时再加以帮助的，这种饰品该由服装主任或演员自己负责。

第三种是为增加美底饰品 饰品原是为增加美的，所以叫饰品，到戏剧中应用时才借之显示某[2]种意义，假如某件饰品对于戏剧什么意义也没有时，自然也可适用，不过要留神，不要美倒没有增加，反损害了什么。

---

① 哪：原文作“那”。
② 某：原文作“或”。

第八章　化装底准备

第一节　认识自己

演员准备化装底第一步是认识自己，认识自己有外相底认识，和个性底分析两种。

外相底认识是很简便的，在服装式底剪裁时底测量便是身躯底准确底认识，至于面部则可用镜子仔细观察。

个性底分析对于动作和发音底关系大，对于化装底关系小，和化装有关底是忧郁，快乐，严正，轻快等所给脸部底影响。个性是时时改变的，演员自己的个性应当拿上演前底最近时期间底分析为标准。

第二节　认识角色

化装准备底第一步是认识角色。

当演员要认识角色底时候就该这样问：

“他是不是我？”

这个问题底意思就是说：

“我在这出戏里演这个角色只施用夸张的化装行不行？”

假如演员已经研究出了自己，然后这个问题是较易了。

至于怎样从剧本中认识角色拿来和自己比较大概有两条路：

一条是由作家注定在剧本上的，譬如：“他是个瘦长条子，再戴[①]上一顶大礼帽更显得他高了，他的皮色黝黑，眉毛乌浓”……

还有一条路是从剧词中获得的，这又有直接和间接两方面。

直接方面像：“他穿了西装……”

“你的脸色怎么这样难看？”

“她憔悴得多了……”

---

① 戴：原文作“带”。

“啊，你留了髭须了？”

间接方面像：“……正讲得起劲底时候，听见他的咳嗽，于是都藏了起来了……”这一定是一个严正的脸。

“六呎高底门给他进出还得弯下腰”，① 那角色一定高过六呎。

第三节 自己和角色底调和

自己和角色底调和就是把自己变成角色，这是要看上面那个问题底解答怎样。

假如说：“他就是我。”那末只要应用夸张的化装行了。

假如说：“他并不完全就是我。”那末还得有一种比较，这种比较须是局部的，愈细碎愈好，比较底结果是比自己健全，美，善或乐底部分就可采用正面的化装，要是比自己病态，丑，恶或苦底时候就可采用负面的化装。

到底演员自己被盖没多底好还是被显露多底好，是一个很难解答底问题，假如每出戏里都被观众认识是演员自己自然不佳，但是要是没有剧本根据底任意盖没自己则更不佳，最好是每演一出戏都有变化，而这种变化都有剧本根据，要是引起责问时，能有充分的理由来说明或辩论的。

① 此处逗号为编者所加。

演剧漫谈

据 1933 年 11 月上海现代书局出版本。

演劇漫談
袁牧之　著
現代書局印行

序

自我演剧以来，也有五六年了，我演的戏不多，可是每次演戏都给了我不少关于演员的心得，这四十篇东西也就是我陆续积下的随笔，原是不止这些的，至少还应该有一半以上的零[①]碎东西，但因为这几年中生活的不安定，被我东丢西抛，少了不少去，加之沪战时候江北司令把我许多存稿都包了碗和花瓶拿走了，于是又损失了许多。

这些东西大部都是关于演员的，那因为我自己仅是个演员，不能有更广的所知。

原先我有个心愿，想完成化装，动作和发音三部关于演员技巧的东西，当作我几年来努力于演员工作的清算，现在化装术虽然已出版，但那后二者，在这一年来的戏剧空气沉寂中就写了也不会有销路，不能换饭吃的稿子，像我现在的环境也不会有心去写它，于是这个心愿就至今没有了。

不过，我还是要完成我预定的工作的，决不因没有销路就折了我的勇气，我计划中的《以演剧的方法研究演讲》的长稿，便是这两部东西的融合，虽然那里是以演讲为主而以演剧居宾，但我也不会失了我的原意的，我还希望以后的演讲人才都能为演员，那末戏剧运动也许可以进展得快些。

至于这里的四十篇东西，不过是拾遗，是随笔，是漫谈，还请读者的希望不要太高了。

一九三三，二，十四

① 零：原文作“另”。

一　四演《酒后》而未得成功

《酒后》是丁西林编的独幕短剧，原先是蒐集在《一只马蜂及其他》的集子里，现在该书绝版，又蒐集在《西林独幕剧集》中。

《酒后》这剧本曾受象牙之塔里的雅士们极力地欢迎；也曾受十字街头上的同志们极力地唾骂。

然而，在喜剧的编著技巧上讲，中国的剧作者中是没有再能胜过西林的了，尤其是他的《酒后》，他对于词句的周密简直不容增减一个字，而且上演的舞台性又十分丰富，虽然他不是个舞台出身的人。

在理，像《酒后》这样的戏，仅十五分钟至二十分钟的场面，已够便利演员了；角色又少，[①] 仅三个角色，极便于演习；剧词又生动紧凑，不致使观众厌烦；动作表情又处处合理毫无牵强，易于表演；像这样的戏，照理是再便宜了演员没有了，然而我真惭愧，我七年中先后和四个不同的女角演了四次，竟没有一次我自认是成功的，若把我这四次出演《酒后》来加以自判，我想多少是可以证实：[②]

1. 《酒后》虽是一出小戏，然而要演它成功却也有不少难处。

2. 观众的说好是不确的，有时会害了演员的上进。

3. 演员的生活经验与演剧之密切关系。

同时，因了以上三点的证实，可给一般拿演戏看作轻易的演员们一个很好的警告。

我且把那几次的出演前后分述于下：

第一次，是民国十五年，在上海，共演六场，和顾震女士合演。

第二次，是民国十七年，也在上海，共演两场，和李璎女士合演。

第三次，是民国十九年，在南京，共演三场，和王莹女士合演。

第四次，是民国二十一年，在宁波，共演四场，和黄耐霜女士合演。

第一次的出演，是辛酉第三次公演，那时我还只十八岁，从未与女性们交接过，竟连和女性一同配戏，也还是第一次，虽然经了几次排演以后，和顾女士已渐渐地熟了，然而总有些羞怯；而且，那是我很清楚地记着的，我那时还这么想，只要彼此把

---

① 此处逗号为编者所加。

② 原文冒号后还有破折号。

戏排练得熟，彼此的感情是无需得连络的，竟还害怕男女间一有感情便要发生什么不幸似的。

因了这样，我是拼命地只着重于技巧，我记得从开始排演到上演，中间有三个多月的距离，在那三个月中，我竟没有隔两天离开剧本过，不但把自己的剧词念得烂熟，连别人的也能倒背过来，对于动作的预备更其琐碎得要命，连眼睛怎样看，手指怎样动，也都注在书上，那本书竟折得比秀才先生的《论语》《孟子》还要烂，注上的字比蚂蚁还要多。

结果，在出演以后，人家也看出了我的用功，说我是演得成功了，我呢，糊糊涂涂也以为是真的成功了。

第二次出演是我二十岁那年的八月中秋，那年我在三月里死了母亲，自我母亲死后，我只有一个姊姊和一个妹妹是我最亲爱的人了。可是姊姊的年龄大我一倍又半，妹妹又因自小少读了书也和我像不是一时代的人似的，我因了孤单，便想到了伴侣，果然在暑假里的一个际遇，相识了李璎，一个二十岁的热情青年，和一个十六岁的早熟姑娘，又加彼此都是零丁孤单，所以不到两月，已打得火热了。

李璎是辛酉一般同志自小所认识的，但我们的相识却瞒了他们众人，可是在他们看了戏以后，他们到后台来跟我们俩握手说，“祝你们俩成功”，从他们的脸上，我看出了他们的话不是光指我们的戏说的，他们的话是一句双关语(Pun)，他们是还祝我们别的成功于未来。

在后，我便自己这么想，“他们怎会看破我俩的秘密的?”对，我确信了那一定是我们在台上，不知不觉地露出了真爱了；同时，我又回忆起第一次的出演，虽然在技巧上把戏维持了过去，但是我竟连一点爱的表示都没有，简直不像一对互相热爱着的小夫妇。我想起了真觉得又抱憾，又惭愧，可是为什么第一次的观众看不出我们中间没有爱而骗我说是成功了呢?

因此我不信任了观众的批评，就连第二次的观众的批评我也不再信任了，我重复把《酒后》的剧本细细地研究了一下，毕竟是被我找出了第二次观众也没有告诉我的东西。

我那次研究的结果，看出了《酒后》要演得成功，在内心须有两把火：[①]

第一把火是爱火——如其彼此不是这般爱，就不会有这一场的戏发生。

第二把火是酒火——如其彼此不喝这些酒，也不会发生了这场戏。

所以我自认第二次的《酒后》我是成功了一半。我那时极想有第三次出演的机会，

① 原文冒号后还有破折号。

再烧一把酒火在我的胸中。

第三次的出演，是联合剧社旅京的公演，那时李瓔已和人结了婚，虽然我是很了解她环境的不得已，然而当时却非常的痛苦，曾大大地醉倒[①]了一次，醉后的味儿那便是生平第一次尝到。

爱的经历，酒的味儿，我都已有了，我自以为这第三次的出演是准可完全成功了。

结果，第二次出演成功了的爱火，在第三次的出演中依旧还有着。可是第二把酒火怎样呢？因为要维持剧中人的潇洒，尊严，不能像一个水手样地东斜西倒，酒意只能蓄在内心，于是表演就比较困难。当时我是存着这么个心，假如我一见王莹女士的头发，便当想到一个酒字，假如内心有了个酒字，自然会暗暗地流露酒意的。可是结果如何呢？结果观众们说：

“酒后确乎有酒意。”

谁知观众又欺骗了我，倒是朱之倬先生在他的评文里说：

“酒后开始有酒意，到后不知怎地不见了……”

“呀！多毒的眼呀！”我读后惊讶地自语着，我在开始也不过自己心内存一个酒字，并无怎样在外表上表出，后来我确是不知何时忘了那个酒字，于是心内便没有了酒字。虽然这仅是我内心少了一个字的存在，然而多毒的朱先生的眼，直看到了我的心。

所以这第三次的结果，我自认是成功了四分之三弱。

第四次的出演，是今年春末夏初，我在宁波青年会搅[②]有声电影院，因为买卖不行，请了电影明星黄耐霜等来登台表演《啼笑因[③]缘》，在两天四场的演出以后，我看出了耐霜女士的天才了，同时我突的想成功《酒后》的余下的四分之一，便要求她的同意，承她答应后，我们便连夜地排练起来了。

在上演前，我喝了玻璃杯的四半杯高粱酒，而在上台的时候我反竭力抑止不让露出酒意来，这样，我以为正合剧中人的醉了还不肯认账的个性。

演后的结果，观众中有人说我和黄女士配戏是醉翁之意不在《酒后》，是另有目的的，怪，我认识她只有两天，哪[④]有这么快？宁波的观众似乎太不了解爱了[⑤]，但他们能打戏里看出这一点，他们倒又不是不了解爱的。

反正，这可以证实我第一把火还依旧成功是无疑的。

---

① 倒：原文作“到”。
② 搅：意为“搞”。“搞”字为20世纪40年代后才出现。
③ 因：原文作“姻”。
④ 哪：原文作“那”。
⑤ 爱了：原文作“了爱”。

对于第一把火，我敢夸口说，在现在，无论任何戏中，只要剧本需要，无论哪[1]个女角，只要不丑得使观众不同情，我都可以演得使观众怀疑我对她是另有着目的，关于这一点我在《舞台情人》那篇文章里讲得很详细。

然而，第二把火呢？第四次是否成功了？酒后中的酒意是较《狗的跳舞》及别的戏的酒意要难演，因为这里不是单纯地表演醉，是要表演体外不露形迹的体内的醉。

这次，以我狭小的酒量喝这些酒，实在是醉了，可是因为要合乎剧中人的个性，虽然两脚腾云般地轻，我反格外当心地维持潇洒的态度，使外形不露出酒态；那末，既如此，第四次该完全成功了？

是的，这次即使是朱之倬先生也会被我骗过了，可是他没有在，要是他在了而真的说我声成功，那我真要愧得无地自容了。

这也算是成功了么？这只能算观众累次欺骗了我，是我欺骗观众的报复。

对于戏，可以说这次没有演坏；对于我个人，我可太对不住我的心了，要是表现酒意得借助真的酒，那末表演自杀得借助真的刀和枪呢？

这样还是个演员吗？真真的成功要不借助于酒而表现这一点——内心的醉而绝对不流于体外的。

惭愧！七年，四次，十五场，还依旧不能得到自己的良心说一声成功，惭愧！

一九三二，七

最近(民国二十一年秋)应道路协会之请，我又演了一次《酒后》，这应该是一个很好的机会使我完成我的愿望了，但是结果我却一点没有加以工夫，敷衍了事，那因为我对于这一类茶余酒后的戏剧已没有了那样浓厚的兴趣，而且这次出演也完全是因为时间匆促不及排练新戏拿来凑个数的。

一九三三，二

① 哪：原文作“那”。

二　不同的角色和不同的自己

曾见一本书上说：

“意大利的杜丝（Duse）在不同的戏中是不同的自己，俄国的契可夫夫人（Mrs. Chekhof）在不同的戏中是不同的角色。”

这句话使我怎样也不能懂，怎样叫“不同的角色”？又怎样叫“不同的自己”？

如其是化学的疑问，早被我滚他妈的丢开了，因为是戏剧的，更其是关于演员的，所以死也要知道到底这两点是怎样的分别，而且是哪[①]一点好。

我研究很久，还是不能有解答。

后来，那还是有声片未曾开演以前，一位朋友问我对于外国的明星我最喜欢哪[②]几个，我回答说：

“John Barrymore是我所最佩服的，次之是Emil Jannings和Ronald Colman。”

“你的意思是Barrymore比他们好？”他问。

“对。”我说。

“那么那两[③]个是哪[④]一个好呢？”他又问。

为了要回答他这个问，我便把他俩作一度地比较，突的我在那个朋友肩上很重地拍了一下说：

“有了！”

“什么事？”他摸着他被我打痛的肩膀，莫名[⑤]其妙地问。

我说我是解答了我很久不能解答的疑问了；我知道了契可夫夫人的表演定和Jannings一个样，在不同的戏里是不同的角色；杜丝的表演定和Colman一个样，在不同的戏里是不同的自己。

如其我这解答是对的话，那末我愿效法契可夫夫人的一派，我最喜欢在台上把化装，发音，动作都脱了自己而变成剧中的角色。

一次，在喜酒席上有一个人把我当怪物似地[⑥]仔细端详地看，原来他曾看过《文舅舅》，而有人告诉他我是演文舅舅的演员，所以他像个侦探似地在我身上想找文舅舅的痕迹，其实是早已没有了。

---

①②④　哪：原文作“那”。

③　两：原文作“俩”。

⑤　名：原文作“明”。

⑥　似地：按现代汉语规范用法，此处应作“似的”。原文修饰动作状态的均用“似地”，本书未改，以保持原来风格。

三 制造皱纹

皱纹可以制造似乎太新鲜，然而有事实证明这不是句戏言，而的确是可能的。

是五卅惨案以后，每次搭电车总遇见了外国兵，我无意识地老呆呆地向他们脸部作种种观察和研究，我发现了他们笑起来，每人的左颊或右颊都有一条深深的皱纹，从面颊的中部延长到下巴的边上，看去很增加了他们笑时的可爱。

在家中，镜子是我唯一的伴侣，我每天几次地对着它笑，对着它哭，对着它做种种的怪脸，若是被我发现了别人脸上的特点——不问是美的或丑的——我都要问一问镜子，我自己有没有这一点。

我这一种怪癖多少有些类似女子爱照镜子的心理；然而多半，却因为我是个演员，为要练习我脸部的变化。

自从发现了外国兵笑时大半都有着那一条皱纹，我又照例地去问我的镜子，我脸上有没有？

我对着镜子笑，用种种的方式笑，结果是怎样也没有这一条皱纹。

后来我发傻似的在我左颊上捏，散步的时候也捏，和人谈话的时候也捏，躺着思索的时候也捏，这样地捏了一天，第二天成了习惯。不期然地并没有脑子的命令手自己会到脸上去捏，像一个长胡子的人摸胡子成了习惯一个样。

第三天，我又在镜中看见了我自己的笑，笑时我的左颊上已和外国兵同样地有了一条皱纹了。

我把这件奇事告诉了朋友们，朋友们的表情都没有我一般兴奋，我引为很失望。

一星期后，唐远藩君(辛酉剧团的演员兼灯光)对我说，他也捏出了一条来，我听了不但不妒忌我有的东西也给他有了去，反高兴得和他握手叫同志。

远藩的一条不知现在有没有消失，我的一条是至今还在着，并且我还任人参观很公开。

在生理学上，皮肤呈现皱纹的原因大概有三点：

1. 多思想多劳力皮脂腺不够营养，使皮肤失了常态的缘故。

例如思想家劳动者较旁人多皱纹。

2. 老来肌肉消瘦骨缝收缩，使皮肤宽弛而成了折皱。

例如老者多皱纹。

3. 依着肌肉的丝流多折皱，使皮肤习惯地呈现了皱纹。

例如多哭者的鼻旁皱纹，多思索者的眉间皱纹。

观以上的三点，可知我的那条皱纹的酿成是生理上的第三个理由，由此推想，只要顺肌肉的丝流，当可自己制造更多的皱纹。

在演员，皱纹是他面部表演的大部的资产，像：

John Barrymore 两眉间的独条的皱纹(这是至今我还没有见到第二个人有，普通都是两条的)是表演了他的深刻。

Adolphe Menjou 的鹰爪似的外眼角皱纹，下眼圈皱纹，鼻旁皱纹，和嘴角下拖的两条短皱纹，合起来表现了他的老奸巨猾[①]。

Ronald Colman 的眉间两条，和这两条对上的三条横皱纹，帮助了他的眼睛表现了他的深情。

Charley Chaplin 的嘴角上，鼻旁和两个外眼角上的皱纹，帮助了他的眼睛和他的牙齿，成功了惨笑。

既然制造皱纹在生理上是可能的，又加之皱纹是演员面部表演的资产，那么一个演员是该在可能范围内在自己的脸上多制造皱纹。

并且还要有两种的练习：

1. 会运用——Charles Farrel 的脸上有满面的皱纹，然而观众并不说他老，还觉得他 Charming，便是因为他会运用。

2. 会隐藏——Emil Jannings 能从一个三十几岁的中年变到八九十岁满面皱纹的极老的老年，那便是他先能把皱纹全部隐藏，在需要的时候，再一点点显露出来。

---

① 猾：原文作“滑”。

四　舞台情人

导演者有利用一对情人来扮演剧中的情人。

演员们有因了剧中做了一对情人真的成了情人。

但这都不是这里所要谈及的，这里要谈的是舞台的情人。

舞台情人是不管他们先前是不是情人，也不问以后可能不可能成为情人。

舞台情人是一对男女演员，扮演了剧本中的一对男女，而这一对男女在剧情中是一对情人，他们要演成一对情人，使观众相信他们是一对情人。

假如舞台情人定要选择一对本来的情人来扮演，这事未免太过难；定要选一对以后有相爱可能的男女来扮演，也未免太过难。

演员之所以为演员，便是要把假的演成真，所以即使是素不相识的一对，或两相厌恶的一对，若扮演了情人，就得演像是情人。

这事有时似乎非常的困难，我曾几乎和一位麻脸的小姐扮演一对舞台的情人，后来因了她病了，所以换了角色了，但是，若真是她扮演，她的麻脸可以用油彩瞒过了观众，然而可怎样也不能瞒过了我，当我向了她的脸对她说：

“你是多么美丽呀！”

当我这样说时，我许会感到好笑吧？

可是，契可夫有一句剧词说得对，人们常对一个不好看的人说她有好看的头发或别的，对，一个不好看的人许有好看的发，许有小巧的唇，许有玲珑的眼，许有健全的体格，许有丰满的胸膛……

对了，舞台的情人们，抓住你对方身上你所最爱的一点，把这一点渐渐地放大，放大，放大，大到你迷醉了这一点，要想接触这一点，或甚至要有占有这一点的野心。

如其排演的时候是这样，上演的时候就自然地帮助了情感，至于出演的以后，那就可以把对方的缺点来放大，大到厌恶了对方，要是这缺点的大罩不过那美点的大，使你真生了爱，那末不妨就真的爱，结婚？失恋？都随便，只要你把舞台情人演成功，不要失了舞台的恋，因为你是个演员，你将永在舞台的怀抱！

美点每人多少有，缺点也每人多少有，我曾几次在排演期中把对方的美点放大过，又在上演的以后把对方的缺点来罩过她美点。

这是不道德的，也许有人会这样子骂我，然而我可不曾让她们知道过。她们只知道我是演戏的认真。

五　CLIMAX

Climax是顶点，便是全剧紧张的最高点，多幕剧里有顶点，独幕剧里也同样有顶点。

平常多幕剧的顶点，大概在最后一幕或最后的前一幕，不能有一定，不过至少总在全剧一半的以后，不会在一半的以前，这是我敢这样说。

独幕剧的顶点，有在最后将闭幕的时候，也有在全剧出演了四分之三的时候，不过同样是不会在全剧半数的以前。

从剧本中寻找Climax的方法并不难，只要抓住全剧最紧张的Struggle便是Climax。

论剧者要懂得Climax，编剧者要懂得Climax，导演者要懂得Climax，批评者要懂得Climax，并且，演员也要懂得Climax。

对于演员和Climax我要说的话是：

平常所说的Climax，是指全剧的Climax。

而我说演员的表演也有着Climax。

在全剧的Climax中在场的演员我以为是比较主要的角色，所以全剧的Climax也便是这些演员表演的Climax。

在全剧的Climax中不在场的演员，他们表演的Climax便是他们所有表演中最较重要的一点，换句话说便是他们最能给观众以深印象的一点。

如其，演员在他们表演的Climax中不能演好他们的戏，那末他们其余的戏就更难给观众以深印象。

六　我想试一试观众是不是愚蠢的?

有很多人说:“观众是愚蠢的。”

我很有些相信，但是我自己没有证实总不敢确信。

常想用一种方法来证明，可是自己在台上演戏的时候，是根本没法再知道观众怎么样，在台下看别人家演戏的时候自己做了观众之一了，却又觉得自己比演戏的时候更清醒更聪明，一点也不愚蠢，看看同场看戏的观众们也像跟我一个样，并没怎样愚蠢的表现，因此我反更不能明白了。

后来我想，要知道一个人的愚蠢不愚蠢,[①] 只要愚弄他一下，看他知道不知道，同样地我便想愚弄一次观众，试一试他们是不是愚蠢的。[②]

那方法是演一出英文的短剧，先告诉他们这是出悲剧，幕启的时候，便有幽静的梵哑令在演奏，布景是灰色的，道具是深色的，灯光是暗澹的，总之一切舞台的装置都是促成观众动悲感的。

演员只有一个人，他开幕时便伏着哭，后来他自言自语地说话了，他说的满口是英文，又加之哭着说，所以台下一点听不懂他说的是什么，他似乎带一些疯态，他似乎伤极了心，他哭得不成样，他要用真感情来表演，他演得涕泪都直流，再加之梵哑令的悲调陪衬着。

大概十五分钟的模样，闭幕了。

在出演的时候，台下要有人调查观众静不静?是否在竭力想听懂台上的剧词?有没有骚扰?有没有人哭或掉泪?在闭幕以后有没有拍手声?

当闭了幕的不一时，再把幕启开来，演员先告诉观众剧词都是些代数，几何，物理，和化学上的公式，接着在同样的舞台装置下，用同样的音乐,[③] 同样的情感和动作再表演一遍，只是把剧词个个读清楚。

这次的结果，看观众是否当作喜剧看而笑。

由这两次的试验，便可知道观众到底是不是愚蠢。[④]

---

① 此处逗号为编者所加。

②④ 原文此处为问号。

③ 原文此处为句号。

七　演员的目光

当我第一次演《酒后》的时候，每一句，每一字该怎样的动作都注在剧本的边上，尤其详细的是目光。

我觉得一个演员的目光是定得预先有一定的目标的，在剧本的每一句，每一字都得有，而且不能随便地①移动。

演员不能以为眼珠这样小的东西观众不会过分地②留意，谁知观众就最留意演员的眼珠。

假如，不是说笑话，一个演员在某一句上预定把目光望着末一排的第十号位子的，到那时他果真望着那里了，他看见那里坐的是一位年轻的男子，同时，他眼睛中望见那位男子边上第九号位子上坐的是一位年轻的女子，他为了某种的动机想仔细一看这女子，把目光从第十号移到了第九号。假如仅这样，仅移一个位子，而且是末一排上的一个位子，观众便会觉得了，至少，我敢赌咒，那位第十号上的男子他是觉得了。

这不是说笑话，是我有过证明才敢这样说的。

可是，别误会是我在台上那样做，我可从来不这样的，是我曾坐过末一排看别人的戏，有一个演员先是望着我，由我身上把目光移到我隔壁的人(不是女子)身上，被我看出了的。要是是我在台上这样了，我怎能确信那位男子会觉得呢？这一点是我得郑重申明的。

①② 地：原文作“的”。

八　想做爱迪生

爱迪生对于科学有不可言状的兴趣，才使他到死还不倦地钻在试验室里发明种种的东西。

我曾这样想，我对于戏剧也有着不可言状的兴趣，我也应当在舞台技巧上有一些发明，贡献给戏剧界。我这样想后便时时留心而思索，果然，我是有了件发明了：

是沈颂芳（辛酉的道具管理）①请吃饭，邀了朱穰丞（辛酉的导演）②和我，我们一同去赴约，在路上，我突然要小便，就走入一条脏的小弄去，那里的墙脚上都是黄绿色的小便的痕迹，更不堪的是一股冲③鼻的臭味，我几乎将窒息，直等我逃出了弄堂几分钟以后，还没有回复过平静，我的鼻子真受了个莫大的刺激。

但正是从这一个刺激，使我有了件发明，我便对我们的导演说：

“现在的戏剧还只是听觉和视觉的刺激；将来的戏剧定要加上嗅觉的刺激。”

我很得意地把我的发明告诉他，自然这发明是还未完全地④成熟，当然还要计划到怎样利用味来刺激观众的具体的方法，那时不过先告诉他一个纲领，我以为他一定会叹服，谁知他却对我说：

“已经有了，是德国的大导演家莱因哈特（Max Reinhardt），在他的 *Miracle* 戏里，用一种香气来刺激观众。”

啊！我叹服了莱因哈特的聪明，他能想到用香来刺激观众的嗅觉，我可只想到臭，还不曾想到香。

因了利用嗅觉已经被人先我发明了，我便再由此推想到皮肤的感觉，也许在这点上可以有什么发明，我这样想。果然，我又有了发明了，我立刻跑到朋友们面前去商量这是不是可能的，我把我的发明告诉他们说：

“戏剧由听觉，视觉进化到嗅觉还不够，将来的戏剧一定还要进化到皮肤的感觉，在剧场中要装着热气和冷气两种管子，假如第一幕是暑天，就把热气放出来，使观众热得扇扇子，第二幕如其变了幕雪景，便把热气关了去，放出冷气来，令观众冷得要发抖！”

---

①② 原文括号内有句号。
③ 冲：原文作“充”。
④ 地：原文作“的”。

我得意地说着，我知道这次是不会再给莱因哈特抢了去，因为我已看过一本专谈莱因哈特的书，那里把他给戏剧的种种伟大的贡献都详载书里，却没有我这一个发明，我以为这定然是发明得成功了，谁知黄培生(辛酉的演员)[①]会对我这样的说：

“很好，假如出演的时候，请在说明书上赐我一个地位登广告，因为那样一来，我的生意可以大好了!”

他是夏荫堂门生，是一个中医，他这话的意思是说，这么一热一冷使观众都伤了风，他便生意兴隆了。

他真把我挖苦得够了。

又一次，到回力球场玩，见球场和看台的中间张着铁丝网，他们这样设备的用意，是怕球打痛了看客，但由此却又使我应用到戏剧上成了个发明。

我以为舞台也应当装一张这样的网，要和 Fireproof 一样能升上升下，遇到演乡村，花园，郊外等的戏，就把它放下来，可以有真的飞禽，鸡鹅等在台上做点缀，而不致扰乱观众的安宁。

我把这一个意见告诉我朋友，他却对我说：

“那末，演员的表情看不清楚怎样好呢?”

我无有话以对。

是后，我不再做这样的梦想，我觉得还是多读些书，把别人已经贡献的都接受了，再来贡献给人吧。

① 原文括号内有句号。

九　从独角戏，多角戏，谈到两个角色演底戏

这儿所说的独角戏，是指独一个人在场的独白戏；这儿所说的多角戏，是指有三四个人以上在场的对白戏。

在莎士比亚戏中有很多旁白[①]和独白。旁白犹如平戏中用袖子一遮向着台下说："待我问过明白……"，独白犹如平戏中的"小生某某，乃某地人士……"。

旁白和独白在歌剧中是直到现在依旧保留着，可是在话剧中自易卜生以后，以为这是实际人生所很少的现象，尤其是旁白，所以旁白是绝对没有了，只是独白有时依旧还有见到。

独白之所以不能完全去除，是因为独白在实际人生中不是完全没有的，即如我，有时走在路上也会自言自语地说着话，甚至连汽车的喇叭也不会听见。

在安特列夫的《狗的跳舞》里，有四五段的独白，长的竟在十五分钟以上，契可夫的《文舅舅》里，也有几段较短的，这些在出演的时候，因为观众早疏远了莎士比亚，接近了易卜生，所以难免有一种不习惯的感觉，然而呢，这些却都是无法可以省去的。

这里，对于独白的在现代话剧中究竟有无存在的可能这问题，暂不加以讨论，这里要讨论的是独角戏和多角戏在表演上的难易。

多角戏有很多人在场，全场的剧词，动作是由许多人分任负担的，而且人多的戏能吸引观众；独角戏要以一个人的力量来担负全场的空气，要使观众不觉得寂寞，单调，而且独白又是观众所不习惯的了，所以在理，多角戏是应当比独角戏容易演。

然而，事实上，在平常的非职业剧团里，往往独白戏由于一个演员的努力，缺点尚少，多角戏倒往往发生以下的种种缺点：[②]

1. 因为责任不在一个人身上，以致大家松弛了。

2. 抢剧词，把戏跳了一节去，使无法挽回。

3. 忘剧词，把戏冷了下来，使别人的剧词无法接上。

自然，凡是一个真正的演员，就不该使一场戏有以上三种的任何一种缺点，然而非职业剧团里的演员多数是：[③]

---

① 旁白：本文均作"傍白"，后统改，不另作校注。

②③ 原文冒号后还有破折号。

1. 抱着逢场作戏的心，上台一现色相的。

2. 不够人，请求他或她来凑凑数的。

3. 不懂艺术的真义，或甚至于受了文明戏或京戏的影响。

更加之缺少 Team Work，所以多角戏在目前中国的非职业剧团里倒比较的难以有好的收效；可是独角戏吧，又不能单独成立，虽然有过一篇法国戏只用一个女角(《小说月报》上曾有译本)。

所以我个人的意思，以为在目前，就两全的办法，是多上演角色少的戏，尤其适宜的是两个角色演的戏。

我以为两个角色演的戏，比较有好的收效，其理由：①

1. 因了责任完全在两个人身上，能互相督促，不使有懈。

2. 两个人的 Team Work 比较人多的 Team Work 来得容易。

3. 两个人的剧词大多是一对一答，所以不大会有抢词或忘词之弊发生。

4. 因了人少，可以无需再有不懂艺术而抱逢场作戏的凑数角色。

以上四点是说在目前中国缺乏演剧人才的时候，两个角色的戏倒是比较容易成功。

在意义上，两个角色的戏，更有着它的价值：②

1. 独幕剧比多幕剧之可贵，因为独幕剧在编剧技巧上要把人物，时间，地点都集中在一点上，当比编多幕剧有较困难的地方；两个角色的戏比多角的戏在编剧上困难之处，就和独幕剧跟多幕剧相仿。

2. 为了艺术的经济，作者非不得已③的时候总该把一个故事编成独幕剧，不使有无谓的浪费；也为了艺术的经济，作者多用一个不重要的角色，犹如无辜地杀死一条生命一样，而两个角色是省无可省最经济的了。

假如以上两点，和再上的四点都是成立的，那末两个角色的戏在意义上自有它的价值，而且在目前缺乏演剧人才的中国，上演时可获较好的收效。

最后，我得声明，本文并非是在为拙著《两个角色演底戏》做广告，在先，当《两个角色演底戏》那册子在付印的时候，早想作一篇自序，后来不知为了什么忙竟未如愿，待出版以后，曾听得许多口头的批评，似乎把它们认为剧本的畸形，因此姑将此文作为答覆，如其拙作有再版的机会，就以此为序吧。

---

①② 原文冒号后还有破折号。

③ 已：原文作“意”。

十 笑与哭

常听见有许多演员说：

“笑我会笑，哭我哭不来。”

尤其是女演员更多这般说，他们是以为笑在他们日常生活中是常有的，而哭是少有的，所以觉得哭比笑难。

也有是这么想，以为哭像是害羞的，在台上哭似乎更害羞，有这种心理的演员当然是要不得，即是以哭比笑为难的演员，他们也是个错误。

我们且一看哭的种种的方法：

仅流泪的默声哭；鼻发声的哭；耸肩哭；号哭；搥胸哭；掉足哭；或更疯狂的哭。

观以上所举，可以看出是由轻的哭，渐至重的哭，演员的表演也只要把悲的情感一点点加重。

哭的时候是仅有悲的情感而再没有别种的情感，虽然笑得剧烈时也会淌出泪，可是那不叫哭。

至于笑，我们再一看笑的种种的方法：

嘴角笑；鼻笑；耸肩笑；露齿默声笑；发声笑；及其他笑。

上例虽举得不多，可是我们就拿它们当颜色样地调起来，就会变成各种不同意义的笑了。

譬如：

嘴角笑或露齿默声笑，有时都表演潇洒的笑。

鼻笑有时是冷笑，讥笑，轻视的笑；有时却是发声笑的引线。

鼻笑和了嘴角笑，有时便变了苦笑。

嘴角或露齿默声笑和了耸肩笑便是闷笑。

加以眉，眼，和其他各部的表情，就更有：

狂笑；傻笑；强笑；干笑；毒笑；和其他种种复杂的变态心理的笑。

由是可知，笑是不仅在喜的情感之下。在悲的情感中也用到笑，而且有时还常比哭更刺入人的心。

譬如演托尔斯泰的《复活》中下狱后的 Katusha，她要时而哭，时而大笑，在这样的时候，是哭难呢还是笑难呢？

我以为当然是笑难，因为这时的 Katusha 悲是当然的，所以单纯地表演悲的哭是比较地[1]容易。然而，笑却是哭的再进一步，是含有较复杂心理的表演。

关于笑比哭难，还有个证明：在演哭的时候，虽然演员并没有真的情感没有出泪也会感动观众，这只要看不懂得什么是情感的文明戏演员，有时也会表演得叫观众哭；但是笑的时候演员的技巧如其不成熟，便会受到观众的批评说："笑得勉强。"

这因为表演笑要中[2]气足，有时不但用到喉头的气，肺部的气，还用到丹田的气（平常老用"捧腹"代替大笑的意思，便因为大笑的时候，把丹田的气都抽空，以致腹痛要捧了），万一一个气接不上，笑就露了破绽了；但是，哭时的气是可以继续的，所以哭比笑为较易于表演。

我想，说"哭比笑难"的演员们，一定是还未吃过笑的苦吧。

---

① 地：原文作"得"。
② 中：原文作"衷"。

十一　打倒提示人

提示人职位的重要，是懂得戏剧组织的人所没有不知道的。排演的时候他不能有不到，和排演者一样；而上演的时候，排演者倒可以把全责交给了舞台管理休息去了，他却每幕每刻都得藏在幕里尽他的职位，所以提示人的重要实不下于排演者。上演的时候，人总以为演员最吃苦了，然而演员无论如何总有下场休息的时间，提示人却除了闭幕的时间外再无闲暇，所以提示人又比演员较为辛苦。

对于演员的演作，他又有莫大的帮助，这因为人的记忆力总是有限，遇到演幕多词烦的角色不免总有遗忘，其时如没有提示人，全剧就必致失败了。

提示人对于全剧的组织既是如此重要，对于演员的演作既有这大的帮助，提示人怎能被打倒呢？然而提示人确有不能不打倒的两层理由：①

1. 演员们常因为有提示人做后援，就懒读剧词起来，假如把提示人打倒，则犹如兵法上说的“置之死地而后生”，演员就不得不自己拼命读熟。这是谁都知道的，假如剧词要像双簧般由提示人提了而后讲，当然没有演员的脑子指挥自己讲来得神化，所以提示人最好打倒。

2. 提示人的最不可饶赦的大罪，是常要打破演员的情感。当演员在甲种情感之下要转变到乙种情感里去的时候，多少需要些冷场(例如在平静的情感之下突然需要落泪，则务必先经过鼻酸的过程)，而这冷场时间各次长短不同，即演员自己在事前也不能预知，于是往往在这种情形时提示人就以为演员是忘了剧词，拼命提他，这一来常反害了演员，破坏了他的感情。再说得神秘些，演员在演得出神的时候常会忘去是在演剧，台下一个个的人头他会没有看见，仅有一面的布景他会当着真的世界，背熟的剧词他会当作自己所要说的话，该怎样的时候他会自然而然的怎样，然而，多事的提示人又常在如此好的情景时拼命去提演员(因为提示人是看着戏，并不忘去这是演戏)，于是他告诉了演员是在戏中，这时演员所受到的痛苦，只有经验过的人能了解，在外国曾有一个演员因为提示人唤醒了他在演戏，他痛恨得赶到后台打了提示人两个嘴巴。这种的痛苦，我也因为受到过，所以我主张打倒提示人。

---

① 原文冒号后还有破折号。

十二　关于《父归》的长子

演过《父归》长子的人实在不在少数了，而我再把这样烂熟的戏来尝试一下是有我的用意的，我想和别人改变一些演出法，但谁知我是反而弄巧成拙了。

虽然是弄巧成拙，虽然批评者说我把一个理智的角色演成了感情的，但是我还是想声明一下我的用意。这并非是倔强不接受批评，是处于研究态度的，如其说得不对，还是乐意地接受批评的。

原来演舞台戏，演员没有方法看见自己，批评者的话是演员不应当不信任的，然而因为这个戏出演得太多，我怕批评者也因为看得太多已经早有了成见，以为这是应该一个非常理智的角色，不应该是感情的。

也因为有信任我的观众，称许我演这个角色比别人多参以感情的成分是好处，所以才引起我的怀疑，以为说我不理智的是对我没有信任的观众，疑我是一时感情来潮不能自制而至于此的。其实我是准备这么演的。在台上是只有我操纵感情而不会被感情所操纵的，这是可以请观众们信任我的。

现在我且把我的理由写下，以求明者的指教。

1. 第一点，我认定戏剧不是说道式的，若把这个角色演得太理智，会变成说道式而不是戏剧了。

2. 第二点，如其把这个角色演得太理智，会显示不近人情地冷酷而得不到观众的同情了。这个角色是不能失却观众同情的，因为这是一个代表作者中心思想的角色。

3. 第三点，观众中难免有不少做父母的人，我们应当做到的效果是使这些做父母的都同情《父归》的长子，而默认父亲的错，但是旧道德的恶势力究竟还不能铲除，若把长子演得太理智，定会使这些做父母的同情了父亲而说他是不孝。

所以为了不能像说道，为了要得观众的同情，为了要避免旧道德的所谓不孝，这个角色是不能演得单纯的理智的，是应当参以感情的，其方法是：

1. 就是在讲起过去苦经的时候要哭。

2. 要第一个打动观众的感情。

3. 在母亲和妹妹也动了感情了后，他要更感情，要使观众最同情于他身上。

也许有人说，要使观众同情，不一定用哭的方法，理智也能使人同情的，这是不错的，但可不是在这个戏里可能的，因为长子的剧词虽然讲了许多从前所经过的悲苦，然而那都是用的追述法，若不是先自己动了感情，用感情去打动观众的感情，这些追述法是不会见效而观众是不会十分共鸣的。而且单纯的理智演法，是只能表现了恨，而不能表现“因苦够而来的恨”，恨是果，苦是因，固然剧的开场是已经只需要果，而不需要因，然而若不把因表现得使观众同情，观众哪[①]会同情果呢？

不过这角色也不能演得单纯感情的，我上面说，“这角色不能演得单纯的理智，应当参以感情”，那意思就没有说不要理智，理智还是要的。表现他理智的地方是：

1. 虽然哭，但是话里出来的都是切齿的。

2. 许多动作，也已经可以表现了他的理智了，譬如：

A 父亲进来别人都招呼，独他不理睬。

B 父亲叫他斟酒他不斟。

C 阻止兄弟的斟酒。

D 父亲的出走并不劝止。

E 父亲走后所有的人的哀求装得不听见。

3. 还有许多剧词也已经够显示他的理智了。譬如：

A “没有敬酒的道理。”

B “我们没有父亲，我们哪[②]有那种东西。”

C “我们若有父亲，那便是从小就磨折我们的仇敌。”

D 我的脑筋里一点没有留过父亲爱我的印象。”

E “你不要随便地叫父亲父亲，一个不认识的人突然走进屋子来，哪[③]儿会立刻生出父子的感情来？”

F “你说我们有奉养他的义务吗？自己不留余地地[④]图快乐。一旦年纪老了，不能做事了，又跑回来，无论你怎么讲，我决没有父亲。”

G “现在的我，是我自己建造起来的我，我无论什么人的好处都没有受过。”

H “你和胤妹的真正的父亲是我，尽了做父亲的责任的是我。”

I “你若不服，你就跟那个人一块儿出去好了。”

就以上所举的几句剧词，不已很够理智了吗？

我以为理智的成分是依据剧本已经很够的了，而我在演出的时候又参以感情，使感情中夹以理智，理智中夹感情，其理由已如上述，至于是否妥当，还待明者指教。

---

①②③ 哪：原文作“那”。

④ 地：原文作“的”。

十三 Accidents

是联合剧社旅京的公演，连剧场和舞台的职员和两个木匠都在内一起只有十四个人，十四个人要演九出戏，其中还有一个是三幕，一个是五幕。

累，当然是不用说，然而累了还是忙不过来，因了这样曾闹过个笑话：

九出戏中有一出《叛徒》，需要六个开口的角色，还要有不开口的警察，和医院里的许多病人，因此除了一个在右面后台管银笛，管灯光，和一个木匠在左面后台管司幕，把所有的人都拥上了台。

当军官开枪杀死了自己的妻子，牧师和全医院的人都哄进来，牧师吹了警笛喊[①]警察，在吹了警笛的以后本还有一段戏，但是，我们那位司幕的木匠先生他误会了是谁在吹银笛叫闭幕，很快地把幕闭上了。

演员们在幕后面面相觑[②]了没有办法，只得回进了化装室，有的主张重新开幕再演下去，反对的说这像个什么样子？也有说就这样子算了……

最后，是从化装室传出个命令给舞台职员说：

“拆片子，装下一出的布景。”

又一次在宁波和几个从未演过剧本戏的人合演戏，演的是《父归》，我演了剧中的长兄。糟，自然是不用说，但还闹了这样个笑话：

当我说了“妈妈吃饭吧”以后，妈妈下场了，这是谁都知道她去拿饭了。台上留下的是我和弟弟，我们有几句话，当我们说了第一句以后，后台传来一片很响的“叮当[③]”声，是什么？是妈端了菜盘在后台摔跤[④]了，把碗也打摔了几个。

等我们的几句话说完，她还不出来，台下哄堂地笑，因为那“叮当[⑤]”的声音是连末排都听见的。

我正在急着后台不知怎么一回事，她倒端着菜盘出来了，什么东西都可以过得去，只是饭碗碎剩了一个了。然而呢，除了弟弟该吃饭，我和母亲本有两个酒杯预备着喝酒的，所以也不打紧，我们就一个吃饭，两个喝酒，把戏演下去。

---

① 喊：原文作“喝”。
② 觑：原文作“睹”。
③⑤ 当：原文作“啮”。
④ 跤：原文作“交”。

不多回，妹妹上场了，对了几句话，母亲说：

“快吃饭吧。”

接着她便走到摆饭桶的茶几边，预备去盛饭，可是，那儿再没有了饭碗，叫她拿什么盛？

结果，她是拿了个空茶杯走过来，而且坐下了。

演兄弟的轻轻地对她说“喝茶”，意思是叫她装着先喝杯茶再吃饭，不然拿茶杯当饭碗会引起观众的笑。

而她呢？她昏了，她虽知道茶杯不能当饭碗所以并没在茶杯里装上饭，但这时她又模糊得拿起了筷像要把空茶杯当作满饭碗样地吃起来。

《父归》是一出悲剧，而且是非常能感动人的，这时的戏已渐渐地向上在紧张，再不能让观众笑一笑，但若是她真像她预备要做的那样地做了，观众是定把《父归》当作趣剧无疑了，我真急得宁愿马上就闭幕不要听见观众的哄堂笑。

特然我急中生了智，我不问演妹妹的同意不同意，也不问合不合剧中妹妹的身份[①]，为了要免除观众的笑，我拿起身边的酒壶直向她的杯里倒，在她还没有把她的茶杯造成饭碗的以前我先把她的茶杯造成酒杯了。

天，如其演戏碰到这一类的事，真是没有了办法。

司幕虽说不应该不预先关照他。然而谁晓得他这一刹那会不留意台上的动作没有见到是牧师吹的呢？这多少是不能预期的 Accident。

至于摔跤[②]，那更是任何人所不希望的，那更是 Accidents。

为了这些 Accidents 发生了以后是绝对没有了补救，所以戏的出演者得步步留心不要疏忽了。

尤其是演员，在搬一盘菜的时候——不仅上台上，在后台也一样——也要仔细地下有没有香蕉皮！

难，难焉者，演剧！

---

① 份：原文作“分”。

② 跤：原文作“交”。

十四 小聪明

是演《狗的跳舞》的第二幕，仆人阿文送进了一瓶酒和两个高脚杯，我就说：

“阿文，你回家去吧，这儿没有你的事了。”

接着阿文答应了一声下场了，意思是回家去了，台上留了傻大姐和翟汉礼——我。

我们开始喝酒了，同时谈着话，傻大姐向我问：

“你从前不是爱过丽采吗?”

第二幕的翟汉礼不但已不爱了丽采，反恨透了她，他一听见傻大姐的问，满腔的不乐；把拿在手里的高脚杯很重地放回桌上，说一声：

“不曾!”

可是，天晓得，道具主任买的杯子太脆了，我又碰得太重了，高脚杯的底下那块圆玻璃被我碰碎了，杯子便站不住，也不能再拿在手里喝，因为给观众看见免不了要笑，会把严重的空气打破的。

杯，没有了。自己下台去拿？再叫阿文上来？把傻大姐的杯子抢过来？到底怎样好呢？往下是还要喝着酒，这事情不能不马上给解决。

“翟汉礼是一个正确的讲规矩的人，所以第一幕他是烟酒不进口的，但是自从第二幕起他有两重人格了，一方面依旧维持着第一幕里的翟汉礼，另一面他放荡得什么都想来一下。”

我想到了这点，我便拿起了酒瓶凑在嘴上喝，喝了又从瓶里倒一杯给傻大姐，这因为他待傻大姐像下属的样子，从不讲规矩说客气。

这样，不但无损于剧本，且更表现了失恋后的翟汉礼的第二重性格，和第一幕作了个对照，这是我过后也这般地确信的。

Accidents 若碰到前文所举的在南京演《叛徒》的样子，在不应该下幕的时候闭下了幕，那是绝对地没有了补救。

至于像在宁波演《父归》样地，没有饭碗妹妹拿了一只茶杯来，她自己想马马虎虎就当了饭碗，二哥叫她当茶杯，大哥把酒斟在里面强逼她当酒杯，那都不是补救 Accidents 的“小聪明”，因为——

1. 茶杯当饭碗又不是小孩子，已经是个成人的女子是决不会的。

2. 当茶杯喝茶也没有理由，因为母亲已叫了她吃饭，她也预备盛饭样地走了过去，况且观众已知道茶杯是空的并没有茶。

3. 当酒杯也说不通，怎么二哥倒吃饭，三妹倒喝酒？

这三个人虽然都存着要演好戏的存心，而要给戏以补救，然而补救的方法却都是有损于戏的。

像第二幕《狗的跳舞》中所给的碎杯的补救，我自信是可算为小聪明的，因为这是无损于戏的。

由此，我们对于前文“Accidents”有了一点解决的办法，那便是说：

“逢到演员间发生了 Accidents，而这 Accidents 没有舞台职员的责任，那就得演员间自己来补救。”

“演员间补救 Accidents 要用小聪明。”

“所谓小聪明，便是能补救 Accidents 而无损于全剧的各方面。”

十五　对照与调和

我曾认叶灵凤做老师学过半年的油画，我写生过一张静物，是在一块蓝绒毯门前放一个石膏的人像，我画得蓝是蓝，白是白，拿去给他看，得到他的批评是：

“蓝白太过分明了。”

他说，假如这样两种颜色放在一起，蓝的就有白的影响，白的该有蓝的影响。

我捧了那张名画回来又仔细地研究，我明白了，我知道我使用的是对照，他批评的是调和。

三句不离本行，再说到本行来吧，我演的戏不多，辛酉的观众又特别少，而几个看过我戏的人对我能略有些微的印象①是靠着什么呢？

我相信是靠着我演戏的一个诀——对照。

我且把我演过的几个戏中所用的对照来说一下，虽然那是有些傻样，但多少可以见到对于演戏的忠实。

譬如三幕剧《桃花源》里的桃仙：

第一幕是五六十岁的老头子，我用黑的发，脸上稍微②有几根皱纹；第二幕是隔一年，但因为桃花被人砍去，心灰意懒，憔悴，消瘦，我便在脸上画些瘦，加了几条皱纹，发和鬓上带了灰；第三幕是十年之后了，须发全变了白，脸上更加了些皱纹，而且用白衬一衬使皱纹更显著，下眼皮边加了一条红，显示老年眼睛变了远视眼，眼球收缩使眼皮宽弛向外反出来，还用黑的蜡膏胶在两个牙齿上表示牙齿的脱落，手上指缝间涂以棕，指骨上涂以白灰，表示手的瘦——这是我在化装方面用的对照。

第一幕因为他忻喜他的成功，且怀着无穷的希望，所以内心很轻松，我在脸上常现笑，动作都比较快，步子也比较大，不过因为已有相当的老，步子最大没有过一尺，向后转身不用一步转，用两步转，坐下的时候很当心地向后看一看；第二幕因了内心的严重，脸上绝对不现笑，又因要表演心灰意懒，眼睛老凝视一点像出神，腿和背都较为曲了些以表示比前老，动作都沉重而且慢，向后转身用四步转过来；第三幕的腿和背更曲了，回头比穿高硬领的女人还要难，以表示颈骨硬，所以凡遇到回头的时候总把全身转过去，转身若是完全向后转用六步才转过，以示腿骨硬，上山走阶级

---

① 象：原文作“像”。
② 微：原文作“为”。

的时候，把左脚先上了第一级，再把右脚也上第一级，正和小脚女人走楼梯一个样，身子也像她们样地有些斜；坐下的时候先站到了石头前，然后向后退，慢慢地弯①下身，以示膝盖硬，当将坐下的时候又以手向后摸石头，以示小心；走的步子因为桃花重开，弟弟重逢，要显示内心的喜悦，走得很轻快，不过步子特别小，至多不过半呎一步子——这是我在动作方面用的对照。

第一幕用的近于 tenor 的声音(因为我第一次演的时候还只十九岁，我的嗓子绝对不像个老者，于是我曾练了一个月的外国歌，拼命练低音)；第二幕因了内心的不悦稍微②把声音低沉了一点；第三幕用我能力所能低的近于 bass 的声音——这是我在发音方面用的对照。

以上是我演《桃花源》的三幕中的对照，且再看四幕剧《狗的跳舞》里的翟汉礼：

第一幕因为要以后的三幕得人的同情，我尽我能力所能地③化成个年轻的男子，在上唇上画了两片小髭(是剧本上有的)以示角色的年龄(因为汉礼有三十左右的年龄，而我第一次演的时候是二十岁)；第二幕为了剧词中有汉礼很爱正确一句话，不能有乱的头发，长的胡根，不整齐的服装来帮助，梳顺的头发，没有胡根，齐整的服装，依旧一个样，只在眉间画了两条淡的皱纹以示失恋后的忧郁，鼻旁加了两条皱纹以示心理变态后的残酷，脸上的红润改了灰，下眼圈加了一条半圆的皱纹，以示少睡；第三幕把鼻旁，下眼圈和眉间的皱纹都加了深，以示残酷，放荡和悲哀都加深了，两颊涂上些灰，以示消瘦了，额上加了三条横皱纹，以示他对于种种多思索；第四幕因了傻大姐有一句问他的话说，“你的脸色今晚怎么这样黑”，我便把脸化成了灰褐色，这时失恋已有三年了，所以我把皱纹又加重了一些，这又是将死的一晚，而且剧词中是含有将死的预兆，所以我不上粉，让脸带着油光，加深了颊和眼圈，用灰白显著了下巴骨和颧骨，暗示将要变成的骷髅的形象④——这是化装方面的对照。

第一幕前段尽可能轻快，潇洒，脸上满含着将要结婚的人的喜悦，后段在接到信后和兄弟握手中含了残酷，独自一个人的时候带上些疯态；第二幕在用人阿文前维持了第一重人格，在傻大姐前显示了残酷，自傲，有深的悲哀在内心而借某种希望而苟活的态度；第三幕第一场以醉态显示他的放荡生活，第二场以全剧从未有过的冷静态度，以冷眼观看一对醉后的男女动作，以示用旁观态度来观察人生；第四幕前段根据剧本表演乏力和失常态，以示生的疲惫和死的预兆，后段独白的时候更现将死时的错

---

① 弯：原文作“湾”。
② 微：原文作“为”。
③ 地：原文作“的”。
④ 象：原文作“像”。

乱情绪，疯态较第一幕更多带了些——这是动作方面的对照。

第一幕前段有十余次自然的快乐的笑声，每句话里都含着对于自己一切的自满，尤其是讲到结婚的问题，后段对朋友以沉痛的语调，对粉刷匠以残暴的语调，独自的时候，忽高忽沉用完全失常态的语调；第二幕第三幕把声调压低；第四幕近于比 tenor 低，比 bass 高的声调——这是发音方面的对照。

以上二例是我在《桃花源》和《狗的跳舞》两出戏中用的对照，然而这两出戏是剧本给机会给演员使用对照的，因为《桃花源》前后隔着十一年，《狗的跳舞》前后隔着三年。

但是戏不是每出都有这样好的机会的，譬如《文舅舅》里的文舅舅就是两样了，那虽是一出四幕剧，然而事实的发生仅几天内的事，因此化装是绝对没有使用对照的机会，发音除了在音势(Force)方面还有运用的可能，音度(Pitch)方面也是不可能用对照的。

只有动作是依旧有的，我在第一幕第二幕中因要表示镇静，深刻，抑郁，懒怠，所以动作都稳重而慢；第三幕见了心爱的兰妹和人亲吻，又接着痛恨的教授和自己寻事，便把所有的郁积，忿恨，悲痛，后悔，都同时发了出来，读词和动作都现了暴躁[①]；第四幕是全剧的 Solution，已由 Climax 而往下降，因此我把动作和读词也都往下降，静穆，低沉，比第一幕第二幕更较重。

要是相信“No struggle no drama”这句话，那么在任何戏里至少“动和静”的对照是可能的，因为当 Struggle 的时候戏剧就需要动，在 Struggle 前的 Introduction，和在 Struggle 后的 Solution，都可用静来对照。

即如独幕剧也一样，譬如我演《父归》的长子，在父亲未上场以前我维持静，当父亲上场以后而两相有了 Struggle，我就较前动。

不过，话又说回来，一点不能运用对照的剧本也有的，譬如《酒后》就是一个例。

我之所以把对照说得这么长，且把自己一点小经验分述得这般详，是很善意的，是要演员们，在有机会运用对照的时候不要把这机会错过了，因为如其能对照得不出剧本的范围，对照得好，就能使戏更生色，而使观众能有较深的印象。

以上把前半个题目讲得很多了，也该讲讲后半个题目了。

至于调和，看了我那张名画便知道我是不懂调和的，在绘画里是如此，在演剧里也是如此，对于演剧要用的调和，我只知道一句话：

“只要运用的对照完全有剧本的根据，那就不会不调和，万一有的话，那是剧作者来负责的事，不是我的事，因为我是根据剧本的。”

---

① 躁：原文作“燥”。

十六　接受批评

艺术家要有自信力，要有决断力，不听了批评家之言就说东随东，说西随西，这是不错的；然而也不能掩没了自己的耳朵完全不接受人家的批评，因为那会使你没有进步，走上末路的。

有许多演员听到了批评，喜欢辩论，这倒还不是一个坏现象，可是辩论的结果有时会听见一个演员妒气说，“我是这样演的”，这就未免有些意气了。

电影的演员，可以等片子制就放映时，自己站在旁观者地位来批评自己，但是舞台的演员过后就印象模糊了，当时又没有一面大镜子可照，所以不能不拿批评家的嘴当一张 Copy，或一面镜子。

对于接受批评的态度我以为是这样最好：当人家给批评时，无论对否先完全接受下来；假如当时就觉得是十分对的，那么就对人说，“我下次上演时决意改”，而下次上演时是真的要改去；假如当时对人家所给的批评有些怀疑，或觉得完全不对的，也先接受下来，不过对批评者说，“让我回去想想再给你回复”，如其这样就可以有几种好处——

第一，当时争辩，就算你是完全对的，而批评者不肯屈服时，事情必弄到扫兴。

第二，回去仔细作想，可把剧本细细研究，作有条例之答复。

第三，演员对于自己之表演，当然是觉得如此是对的所以如此表演，其中必已有一种很深的信仰，而批评者以新的改革给演员，演员一时很难去了旧的信仰而去接受新的改革，所以当时辩论，演员难免要有守旧的成见。

第四，假如批评者所批评是对的，当时接受下来，怀疑的不马上和人辩论，错的不当时给以绝望，这样很表示了艺术家的谦虚，使批评者时常乐于给你批评，然后艺术就渐渐会有进步。

不知明者以为善否？

十七　演剧技巧应当适合于外行还是内行?

演剧技巧就是说表演，就是说表演是给内行看的还是给外行看的?

所谓外行就是看戏程度较浅的观众；所谓内行就是看戏程度较高的观众。

为了同一个场里观众的程度有着差别，表演就因之感到困难，有时在某一点表演上，外行会说你不足，内行会说你过火。

然而究竟应当适合于内行呢还是适合于外行呢?

关于这个问题我曾和云卫讨论过，他是主张适合于外行的。而我是主张适合于内行的。

他的理由是:

1. 现在看我们戏的观众到底还是外行多内行少，所以是应当适合于多数的。

2. 如其适合了内行，那末外行不够了解，外行对我们的戏感不到兴趣，往后就不再是我们的观众。

我的理由是:

1. 如其适合了外行，那末一定会流于肤浅幼稚，使内行觉得我们永远不见进步。

2. 况且外行老是盲从着内行的，若是适合了外行，内行一定会说我们浅薄，而外行也会盲从地跟了说我们浅薄的。

我们两个理由是都可以成立的，于是这问题的结论就难下了，然而，为了要增多我们的观众起见，我们彼此融[①]合了一条路，那就是:

“演技既要适合于外行，又要适合于内行。”

可是适合的方法并不是既过火又不足，方法是:

“一切还是依据适合内行的做法，不过多加内行看了不会讨厌而能提起外行兴趣的作料。”

能如此，则内行看了不会说我们肤浅幼稚不见我们的进步，而外行看了也不会感不到兴趣尝试了一次就从此绝了这条门路。

---

① 融：原文作“熔”。

十八 《狗的跳舞》中的翟汉礼

《狗的跳舞》是一出四幕剧，第三幕有两场，一起是五场。

当辛酉第一次出演的时候，××先生也曾枉驾光临，但是看了两场走了。

后来，××先生在对人说：

“这戏朱穰丞和袁牧之都还未了解。”

这批评是由朱穰丞告诉我的，他从谁那里听来我不知道，反正××先生是有过这样批评，不会冤枉吧?

关于说朱穰丞的了解不了解，我不能代以证明，至于说我的未了解，我也不便自己作申辩，申辩了会表示我受不起批评，会使以后别人不再给我批评，而葬送了我自己的上进，不过，我总觉得××先生的话有一些说得奇特。

若是××先生说我没有留过学，我不觉得奇特，因为这是事实；若是说我书架上的书没有他的多，我也不觉得奇特，因为这也是事实；但是××先生看了五分之二的戏而断定我不了解，我觉得很奇特。

也许××先生是不熟悉我的生活，他没有知道我那时已经是个懂得悲哀的二十岁的男子了，说不定他所记得的，还是我给他的 First impression 吧?

我初识××先生是我十五岁那年加入了戏剧协社，那时××先生刚从外国回来，正在导演戏，××先生是高大魁梧，而我是矮小瘦弱，因此我望××先生是用一对牛眼，而××先生望我是用一双鹅眼。想来××先生来看《狗的跳舞》时候还依旧是这双眼睛，那就无怪其然了。

不过没有证据的空辩我觉得是无需的，好在关于翟汉礼的个性我曾有一篇分析的文章，那里有着写成的日期，是在第一次出演的以前，不妨[①]就拿它作为研究，如有明者肯费[②]些功夫，把它和剧本“五分之五”地对照了，而给我以指摘，那真是二十四分的欢迎和感激!

以下且把《狗的跳舞》中翟汉礼的个性来给以逐幕的分析：

第一幕——

1. 第一幕中的汉礼是一个快乐的人，这在他十八次的轻快的笑里已可见到，而且

① 妨：原文作“仿”。
② 费：原文作“废”。

他自己的对话里也说："我现在是快乐得连随便什么悲哀都感觉不到呢。"

2. 第一幕中的汉礼对人很信任，敬重，同情，这看他介绍他的兄弟说"他做事倒还认真"，介绍他的同事说"他们都是我所敬重的"，介绍他的旧同学说"他一生运气不好"，在他这些介绍词里就可见到。

3. 汉礼是爱好准确的(这是他至死还是的，后几幕都有证据)，这只要听他自己的剧词就够了，他说："翟汉礼是爱好准确的，他一生从没有算错过一个铜子儿，从没有加错过一个数目，也从没有弄错过一个圈儿。"

4. 那时的汉礼是不喝酒的，这从他朋友的话里可以证明了："汉礼，这是很值得佩服的，我留心了你八年了，我们常一同上菜馆里去，可是我从没有见你喝过酒的。"

5. 那时汉礼的年纪大概在三十二岁的左右，因为在第三幕里他说："我现在三十四岁了"，第一幕离第三幕大概一二年。

6. 那时的汉礼是一味梦想着婚后的甜蜜，这看他对于那间香巢的琐碎的计划就可见到了，他说："……那饭厅的壁上……那孩儿室里……这里的地毯……窗帘……花瓶……"

7. 他对丽采的爱非常真挚，这只看两点就可知道了，第一点是他每句话里都有丽采的影子，第二点是当他听到邮差送丽采信来的电铃，那种坐立不安的神气。

8. 他那时多少有些夸傲他有像丽采这样的一个爱人，这在他请了许多客人来吃饭而要显示他未来生活的幸福一点上，已可以见到。再如后来受了打击把客人赶走之后，自己也说："我把这屋子租定了三年呢，那不行，那该死，我干不了，三年呢，我好不丢脸，我停当了一间孩儿室，但是那倒并不觉得怎样丢脸……"

9. 汉礼是有一个强健的头脑，就像他朋友说，"他有个强健的头脑，盖世无双的。"

10. 汉礼因了头脑很强健，所以他的头脑很清醒，他就在接到丽采的信后，受了那样的打击，他的神志还是很清醒，他还没有忘掉这晚是请朋友来吃饭的，他对他的兄弟说，"……你领他们到菜馆里好好地去吃一顿吧。"

11. 他的心里有隐藏着的悲哀，不过他自己或者也会不觉得的，我们可以找得些证据：

A 他喜欢阴沉的颜色，这有两个证据：

甲. 剧本里注着：他穿黑色外衣——这是他常穿的衣服。

乙. 他说："在饭厅的壁上我要糊上赭黄色的花纸，以后还要刷一刷赭黄色的油漆呢。"

B 他害怕黑暗，喜欢阳光，他说，"那孩儿室要常有阳光，要常是光明的……"又在接到丽采信后，他第一件怕的就是怎样度过那漫漫而茫茫的黑夜。

C 他能感觉到悲哀，他说："我懂得这个，这叫俄罗斯的悲哀，啊，谁都会感觉到它呀！"

以上是第一幕；第二幕和第三幕全是描写他失恋以后的变态生活的。

第二幕——

1. 在第二幕里汉礼有了两重人格：

A 第一重人格是依旧维持着从前的汉礼，这在他上场以后见兄弟在着，便一本正经讲他怎样在银行里被人尊敬，被人看重，就怕他弟弟知道了他私下的生活会失去了做哥哥的尊严，但等嘉礼一走，他便痴笑起来说，"嘉礼要不是我兄弟的话，我准会说他是一个傻瓜呢！"

B 第二重人格便是他失恋后的变态生活，例如要消磨可怕的夜晚，饮酒，深夜还要出去等。

2. 他失恋以后并不马上就自杀，还能生活是有三点原因：

A 他要做个强者，他觉得失恋已是丢脸了，要是再为了个女人而自杀是更丢脸的事，这见他的第四幕的剧词"那棺材已经来了吗？唉，我曾经生活，生活"这句话，就可见他早就要自杀，是挣[①]扎着而生活的，又见第二幕到第三幕之中，他只一次提起丽采，提起的缘因是告诉立三，丽采来找过他被他赶走了，被他报了仇了，当立三问他有无爱过她，他说"不曾"，这些都够代表他的强个性，和对于丽采的恨。

B 他用工作来安慰自己，他在第四幕将死的以前说："种种的已往都是有的……为什么翟汉礼写过许多号码字，整张整页的号码字，像成千成万蚂蚁似的[②]号码字呢！"那无非是拿工作来安慰而已。

C 他要完成一个希望，如其能完成这个希望，他就可以向女人复仇了，他说："我要偷他们一百万，再到美洲去做生意，五年中可以有一千万，一万万，于是我要造许多高房大厦，买许多姑娘……我要享福了。"

因了有上三点，他才生活的，于是戏就有了第二幕和第三幕。

3. 从失恋以后，他有时[③]以第一重人格自居，来看第二重人格，有时也以第二重人格自居，来看第一重人格，他好像分成了两个人，就像他的话里老是这样旁观者似地问："谁呀？翟汉礼吗？"

4. 他失恋以后，他的性情完全改变了：

---

① 挣：原文作"争"。
② 的：原文作"地"。
③ "时"字为编者所加。

A 他失恋后虽然依旧有着笑，但那些笑都是恶意的，譬如：①

“(笑)那些愚蠢的人在银行里怕着我。”

“哼，你这混蛋……(笑)这没有什么关系。”

B 他从前对银行里的同事很敬重，现在却说“那些银行里的混蛋”了。

C 他从前是不喝酒的，现在却是：“看好，翟汉礼在吞着火呢……”

D 他从前把丽采看得那么高，现在却因了丽采而恨起一切的女人来了，他说：“女人，这世上许多最最美丽的女人要来拜倒在我的脚旁，亲着我脚下的污泥，我要把我的脚踏在她们的雪白的胸口上面，要说，够了。”

第三幕——

第一场——这场是完全写他两重人格的暗的一面。

第二场——这场也是写他暗的一面，这场除他鬼混的对手立三以外，又多了一个妓女，他对于这一类女人并不喜欢，他说，“你发傻了，你以为我真要玩女人吗？花一点子钱就可以荒唐一下，多傻呀”，就是这晚他带她来，也是有几点作用的。

1. 便是可以荒唐一下，所谓荒唐，就是要她来帮助消磨黑夜。

2. 立三要回去，有了女人就可以拖住他。

3. 他要看看那女人和立三的把戏，他说，“你们两个亲嘴呀，我要看看一个男人和一个女人亲起嘴来是怎样的”，这便是他的变态。

4. 他要利用他们的醉眼，试一试他偷了钱逃走的化装，是否他们认得出。

第四幕——

1. 这晚他的希望实现了，但是因此他反不能生活下去了，因为从明天起他再无生活的新希望，加之从失恋以来，为了生活挣②扎得疲劳，他便不能再生活了。

2. 因了第一个原因，他这晚的心里有了种种的变化：

A 他心寒了，他说：“多可惜，这儿没有火炉，我觉得冷呀！”其实是他的心寒而不是屋冷。

B 这晚他也会累了，他说：“我今晚上累死了……”

C 这晚他心地变弱了，他说：“你也哭起来了，奇怪，我今晚不知道什么缘故，会看见这许多人哭。我今天到过火车站，见一个老婆子，她只有一个人，她在哭，奇怪！”

D 这晚他不再把傻大姐当玩物，而且特别同情起他来，他说：“傻大姐，我的老朋

---

① 原文冒号后还有破折号。

② 挣：原文作“争”。

友，你的孩子们都好吗？你穿了雨衣来吗？外面雨下得很大，这钱给你坐车子去，拿了，不用客气。”

E 这晚他惊惶起来了，他说：“我惊惶起来了，一切就可以这样完结了吗？”

F 这晚他会记起丽采来了，而且承认他是爱过她的了，他说：“至于丽采，我现在想不起她了，可是曾经有一个时期我是爱她的，曾经有什么？悲苦伤心，我的天呀。”

G 这晚他还像结账似地，把失恋以后的种种过去，都回忆了一遍，他觉得他是变得不可设想了，而且默认他的变，是为了丽采，他的强个性也会哭起来了，他哭着说：“种种的已往都是有的，但种种的已往可都是空的。”

最后他想前想后，都觉得自己是在黑暗里，他说，“现在是十一点了，太阳大约要七点钟才升起来，还有多少时候的黑暗呀？还有许多，还有许多黑暗”，黑暗是他那种惨澹生活的象征，要七点钟才升起来的太阳是离他很远的光明的象征，他等不及他的太阳了，他等不及他的光明了，他就在这晚上自杀了。

一九二九，五，十五。

（附注：现代书局有朱穰丞译的《狗底跳舞》单行本。）

十九 Center of stage

“他导演连 Center of stage 都不懂的!”

“他导演总吃亏,他[①]不让我站 Center of stage!”

“你站在 Center of stage,你是个要角呀!”

平常老听见演员们把 Center of stage 看得这么重,在初我也很迷信这是一个好地位,然而,当我演了《文舅舅》以后,我可证实了这话不尽然了。

在《文舅舅》的四幕里,导演老叫我站在舞台的边上,不是左面的边上,便是右面的边上,然而呢,观众却依旧能够注意到。

所以我相信,要是你在着舞台上,就不会给观众所遗忘,只要晓得观众的心理是多么贪,便可相信这话了,我们也做过观众,便该知道观众的心理。

观众不但不肯放过台上的一切,并且常偷偷地留心幕缝,门后,窗外的东西,有时还希望布景倒下来让他们看看后台的情形。

观众既是这般贪,那末只要不站在布景的后面,这么大的一个人便不会不被注意的。

如其太信了 Center of stage,大家无形地趋向 Center of stage,那像苍蝇哄在咸肉上反不会雅观了。

① 他:原文作“我”。

二〇 加作料

我的叔父没有死以前，他的头无时不在微微地点动，有一位老太太亲戚见了便对我说：

“怕他快死了。”

我奇怪地问了为什么这是将死的现象，她便说：

“假如一个老年人的头动，就要看他怎样动，假如是摇头，那就不会死，因为阎王叫他去他不肯去，假如是点头，那就要死了，因为阎王叫他去他答应了。”

我听了发笑了起来，但不久我叔父却果真地死了，于是那老太太便又对我说：

“是吧，我知道他快死了吧？”

我听了更发笑，也便记住了这回事。

后来，我演《桃花源》的第三幕，曾学过我叔父的样子，但不知观众有没有见了我的头联[①]想到阎王？

再后，[②] 看了 Emil Jannings 的老头子，见他的头也是这般动，觉得很帮助了他所要表演的老，我以观众的地位这样地感到，同时相信了当时也一定帮助了我演的桃仙。

Jannjngs 的摇头是不是剧本上注定的或是导演指示的，我不知道，但我却不是，我是自己给“加”上的“作料”。

所谓加，便是剧本上所没有，而要演员自己加上的。

所谓作料，是用来帮助演员的表演，使更像角色的碎杂的小动作（当然，反而使表演破坏的不能算）。

作料要预早有大批的进货，然后派到角色的时候才可选择而应用，进货的来路是随时随地的观察。

---

① 联：原文作“连”。

② 此处逗号原文作句号。

二一　读词与标点

我自己知道我是一个极笨的人，什么事都不能一教就会，总是要机械地死学了才会的，就像演戏，我们的戏不像京戏般有老师一板一眼地[1]教，没有办法，只有在暗中摸索。

关于动作的转变，虽然那也不能尽善，在我已略可作则了，但是读词方面似乎比动作更难捉摸，不过也有个机械练习的方法，就是从标点方面着手来研究。

标点在标点学上虽有一定的规定，然而剧作者在戏本上的用法却有各人不同，所以这里所说并不是完全根据剧作者，当由演员自己从新给审查。

演员把剧本上的标点审查过以后，凡是作者用得对的，照旧保留，如其作者用得不对的，把他改正，并且，为读词的便利起见，可以有特别的用法，或另外杜造几种标点出来，都是不妨。

以下略举几句剧词及加了标点的读法：[2]

"……"和"——"在文章中是相仿的意义，但在戏剧中要两样。

"——"是转念或往下说不出的表示，例如：

你说的是不错的，但是——

此类读法就是把"——"前的字音拖长。

"——"又是自动地[3]把话停顿，例如：

甲问：那是谁？

乙答：那是——（意思是不能说出，怕有干系。）此类读法先要理会"那是"之后是哪[4]几个字，假定是"那是我的妻子"，那么"那是我"三个字在心里要读得快慢调匀，不过前两字出口，到第三字将出口时突然停住，这是一种情形的读法；又如在开口说"那是"前已想到是有干涉而不能说，那么就和上面转念或往下说不出的表示一样的读法，把"——"前的字拉长。

"……"是话未了而被动停顿的，例如：

甲：我昨天碰到十个人；一个十岁；一个十五岁；一个二十岁；一个……

乙：得了，别噜苏了！

---

①③ 地：原文作"的"。

② 原文冒号后还有破折号。

④ 哪：原文作"那"。

此类停顿，因为是被对方听着讨厌而阻止的，所以须得要对方帮忙，接得凑巧，不过自己也得要有准备，要体会“……”是代表几个什么字，万一对方接慢，就从嘴里再带几个字出来，不然先停顿了再等对方来阻止就出了毛病了。

“……”也可作为自己讨厌而停顿，就如同样的句子：我昨天碰到十个人；一个十岁；一个十五岁；一个……

此类情形读词无法表现，惟借助于表情了。

“!”和“?”是谁都会读的。

Quotation mark，就是“和”这两个记号，例如：

他说：“我肚子痛了!”

这种标点的最好读法是把标点中的句子读得和平常自己的语调不同些，以示是仿人的口气，假如其人(即“他”)①也出场是角色的话，那末最好是学他的语气，使观众一听就想象②到是谁的语调，不过不能过火，否则会引观众发笑。

“,”是全意未完的标点，“。”是全意已完的标点，“：”是往后要说的一个总帽，“;”是几层意思或两层相对意思的分隔，这数种标点的读法虽然很难，但只要引一句句子作例，就可很明显地看出其不同，而且读之自有分别，例如：

“这太不公平了。”

“这太不公平了，你让他舒舒服服地睡在那儿。”

“这太不公平了：你让他舒舒服服地③睡在那儿；却要我辛辛苦苦地坐在这儿等他。”

以上第一句意思已全，所以“了”字读得着实，以表停顿，第二句“了”字后尚有余意，所以“了”④ 字要读得稍浮，第三句的“这太不公平了”要读得使人听了起“为什么不公平”的疑问，然后用以下解释，“;”前后的两句是对照句，读的时候要留意对照字眼，如“让他”对“要我”，“舒舒服服”对“辛辛苦苦”，“睡”对“坐”，“那儿”对“这儿”，最后的“等他”是单独的，却也正好是在句末，很可另外读开，读得着实，表示出“。”来。

上面所举仅是个大概，如拿全篇剧本来看，困难不知有着多少，真不知将费多少时间才能研究完全呢!

---

① 原文括号内有句号。
② 象：原文作“像”。
③ 地：原文作“的”。
④“了”字外引号为编者所加。

二二　过火与不足

过与不及同病也。

过火是毛病，是说表演得太过夸张。平常自以为会做戏的演员，和受了平剧和文明戏的影响的演员常会犯这个毛病的。

不足也是毛病，是说表演得还不够所需要的。平常胆小的演员，和受了电影的影响(电影因为要放大的缘故，不能太过夸张，然而舞台是把一切都要送到最后一排观众的眼里和耳里的，所以以电影的动作搬上舞台就会不足了)①的演员常会犯这毛病。

过火与不足不仅指动作和发音，化装也一样有。譬如一条太深的皱纹是化装的过火，② 一条太淡的皱纹是化装的不足。

提起化装，就觉得这是件难事，譬如你把皱纹画得淡一点，最后一排的观众会说你不足；若把皱纹画得深一点，最前一排的观众会说你过火。所以，为两全计，我们只有采取折中的方法，那就是适合最中心的观众，只要最中心的观众不感到过火也不感到不足就算了。

实在不仅化装是如此，动作和发音也一样，有时我们在同一点上会听见两个相反的批评，会听见第一排的观众说过火，也会听见末一排的观众说不足，所以动作和发音也可以和化装一个样——适合最中心的观众。

我平常听见观众们给我关于过火和不足的批评时，老是反问一声批评者坐的第几排，用意也就在于此。

讲技巧的难易，过火倒比不足较容易，因为演员们一上了台就觉得自己是来演戏的，不自知地卖力起来，于是过火了；然而不足倒是要有抑止的修养，多少不足的演员把戏看得严重是真的。因此，在事实上过火的毛病比不足的多见。

讲观众的感觉，那末与其是过火，宁愿是不足，因为不足的感觉是刺激的不够，过火的感觉是厌恶。

自然，不过而足是最好的。

---

① 原文括号内有句号。

② 此处逗号为编者所加。

二三　带戏上场与带戏下场

“带戏上场”与“带戏下场”是两句文明戏的批评词。

带戏上场是说演员上场的时候“便”带着戏。

带戏下场是说演员下场的时候“还”带着戏。

这是批评演员做戏的认真。

认真，本来只有文明戏演员需要这样给夸奖，我们戏里的演员本不该有不认真的现象。

然而事实上，有许多初次上台的演员，尤其是初次上台的女演员，他们上场的时候是知道带着戏的，可是下场的时候，老是还未下场就丢了戏。

这原因是：

1. 上场是他们面向着观众。

2. 上场是他们戏的开始。

因了第一个原因便不敢马虎，因了第二个原因就极想认真；而下场，他们以为是责任已完，而且像鸵①鸟的心理②一样，以为自己看不见人，人也看不见自己，所以丢了戏。

但这是多大的错误，一个演员在没有下场的以前，他并未完了他的责任，观众的眼也决不放过他的呀！

---

① 鸵：原文作“驼”。

② 理：原文作“里”。

二四　俄国大菜馆

辛酉演《文舅舅》的以前，派了我演文舅舅，这使我很有点担心。

这是一出俄国戏，虽然把剧词译成了中文，戏可还要穿着俄国服装演。

文舅舅是一个四十七岁的，未婚的，革命前的俄国农民。该穿怎样的服装？该怎样的化装？该怎样的动作？我真有些茫无头绪。

讲经验，我没有做过俄国的农民，讲模仿我没有见过俄国的农民，讲想象[1]我又一点不能想象[2]俄国的农民该怎样。[3]

幸亏上海也有着一批俄国人，我想惟有从他们身上去加以观察吧，于是就每星期六和星期日上俄国大菜馆里去吃饭，三个多月的排演中，很少有间断。

在那里我见了许多各色各样的俄国人，他们有的喝醉了 Vodka 趴在桌上睡着了，有的拿了一份报或一本书会看上几小时不走，有的呆呆地望着一处在出神……

从他们的身上我解决了服装的问题，也解决了化装的问题，还看出了他们的沉默，深远，幽静，随时像是在思索，深刻的目光……和种种。

于是在上演以前我就不再胆怯了，我似乎已有了把握；但出演后接到了两点的批评，批评是从导演朱穰丞转告我的，所以不清楚给批评的是谁，好像是孙师毅，不知是师毅的朋友？

批评的第一点是裤子上多了两个像马裤样的袋，说俄国革命前的农民不穿这样的裤。批评的第二点是说太低头，说革命前的俄国农民不这样低头。

对于这两点批评我都相信是对的，因为：

第一点，有了这样一个袋就像是马裤，马裤是骑马的人才穿的。

第二点，革命前的农民便是被压迫的阶级，他们不会这样低头，一则因为他们有未来的理想和希望在他们的心头，二则他们要都这样子低头俄国便不会有革命。

我承认这两点的批评有相当的理由，因此我便自责我观察的疏忽了；但是，这也是有着原因的。

第一点，裤子，我确乎在俄国大菜馆里看见很多穿这样裤子的穷俄国人，所以我这样的效法；然而过后想来，我才觉得这些穷俄国人的服装，也许是吴淞路或是北京

---

[1][2] 象：原文作“像”。

[3] 此处句号原文作问号。

路买来的旧货，他们的服装是已经不能代表俄国的了。

第二点，低头，我也确乎在俄国大菜馆看见很多的俄国人是这样，所以我也这样效法，然而过后才想到，这些是白俄，是革命前的统治阶级，他们是被逐出境来的，他们现在虽然穿得像个告化子，很带着悲哀，然而他们的悲哀是小资产阶级恋旧的悲哀，拿他们做范本来模仿一个革命前的俄国农民确乎是一种错误。

在我受到这两种批评之后，我更觉得演戏之难了，然而呢，我却更感到演戏的兴味了。

二五　演剧的先生

当我最近在陈英士堂演了《妒》以后，听见槐秋兄的批评说：

“在《妒》里，演剧的先生太多，而不是他自己。”

演剧而有先生，好像很奇特，因为我们的戏既不是平剧，又不是昆曲，哪①里也用得着先生呢？然而不是这个意思，我是很了解批评者的意思的，他的意思是说：

“模仿太多，而没有自己的创造。”

所谓模仿，无非是指我模仿欧美电影。

关于这一点，我有几点意见要提出讨论的：

第一点是关于“是自己和不是自己”，批评者是说我演剧的先生太多，模仿得太多，而失了我自己了，这是我所承认的事实，但是我不承认这是一种劣点。演剧的方法原有两种：一种是在不同的戏里是不同的自己；一种是在不同的戏里是不同的角色。我是始终采用后者的(请参阅《不同的角色和不同的自己》那篇短文)，但我也不因为自己是爱好以后者的演出方法来反对以前者作演出方法的人；不过我觉得演剧见自己也好，不见自己也好，只要演出的角色是合乎剧中人的个性。

第二点是关于“创造和模仿”，槐秋兄后来又当面地②对我说，“模仿太多就失了创造”，这意思就是说无论哪③一件艺术是不能没有创造的，否则就不能成为艺术，这是我所了解的，我那篇《Artist 与 Artisan》的短文里就有这个意思；不过呢，我觉得一个演员和其他的艺术家不同，我自己虽然也是一个演员，但是我从来不把演员的地位看得太高，我以为演员是不能像其他的艺术家一样可以尽量地④创造的，为顾全整个戏剧的存在，演员是不能有尽量的创造的。戈登格雷之所以要提倡用傀儡当演员，就因为以人当的演员常不能恰合剧本的规⑤定和导演的安排，因为人是太有了灵魂了，心血来潮时会无形中流露了他个人的创造，破坏了整个戏剧的进展。所以为全戏剧计，演员别把自己看得太了不得，要明白演员仅是个傀儡，演员所要尽的责任仅是成就剧作者和导演者所指定要描摹的个性，所谓描摹就是借经验所历，观察所见，想象⑥所得来模仿，演员的重要工作是模仿，演员把各种模仿所得的成分综合起来成了

---

①③ 哪：原文作“那”。

②④ 地：原文作“的”。

⑤ 规：原文作“归”。

⑥ 象：原文作“像”。

剧中所需要的角色就是演员的创造，这是我的见解。

第三点是关于“以电影为先生”，有很多人都以为我演戏是专以欧美电影为蓝本的，以为我是专以学像哪[1]一个人为得意的，这是一种误会，我想我还不至于这般地傻；不过我采取他们的成分来模仿则有之。我觉得演员若光靠自己的经验，观察，想象[2]来表演是不够的，因为每人的生活是有限的。为了要增加表演的材料，我就向欧美电影作批发，我批发的方法是研究他们各人所扮演的个性，和他们的特长，再研究他们的个性和特长的表演方法，我研究他们各人的脸部轮廓，研究他们眼神的注视，研究他们肌肉和皱纹的运用，我过去曾拍过的十张化装照便是为我所研究的做一个记录，也并非光是显示化装技巧的。我把他们加以研究了以后是把他们当作许多材料，譬如 Colman 的眼神我当他是一种材料，Chaplin 的苦笑我也当他是一种材料，说不定在哪[3]一个戏的角色同时需要这两种材料时，我就把这两种材料同时模仿了作为一种新的创造。譬如我演《酒后》，就有几处采用了 Menjou 的高低眉毛，眼角看人，鼻旁皱纹，咬下嘴唇，虽然这些成分会显示了老，但同时也会显示了生活的经验。我之敢大胆地在一个年轻的化装上运用这些肌肉和皱纹是有理由的：一则是剧本上有三十岁的男子这样一句话；二则我认定丁西林的作品是近于王尔德的一派的，Menjou 是再好也没有的王尔德代表，就个性讲，酒后中的男子是俏皮而非常熟悉女子心理的，所以我在几处地方把 Menjou 的成分运用了进去。我以为采取他们的成分不是坏的，只要不是没有剧本根据，胡[4]乱地活吞就是了。

---

①③ 哪：原文作“那”。
② 象：原文作“像”。
④ 胡：原文作“糊”。

二六　再论没有自己

关于“有没有自己”的问题，又有人对我这样地说：“你有你自己的东西，为什么要模仿欧美电影呢?”

这一点，在前文“以电影为先生”的那节里已经讲起了，不妨在这里再补充地解释一下。

我承认在我的表演中有模仿欧美电影的地方，但是我却不能承认我每出戏里都是模仿欧美电影的。假如说我在《炭矿夫》,《文舅舅》,《狗的跳舞》这些戏里有模仿于欧美电影，我承认，但是我可怎样也不能承认在《桃花源》或《父归》中有模仿欧美电影的，我想观众也不能指点出我在这两出戏中有模仿欧美电影的地方吧?

故然，我不是《父归》中的长子，也不是《桃花源》中的桃仙，我演这两个角色也还是靠模仿，那是因为演员要演像一个角色就根本要模仿(在前文也已经说过了)，否则就除非是一出专为这个演员所写的戏，而且戏中的事实是与演员本身所经的事实完全没两样。这一层，我相信观众们也能同意的。

那末，为什么我在《桃花源》和《父归》中从别的方面得来的模仿观众不反对，而要反对我在《炭矿夫》,《文舅舅》和《狗的跳舞》中从欧美电影中得来的模仿呢?

是不是误会我把欧美的明星当作了偶像所以模仿他们的?

如其是起了这样的误会，那我得声明了：我在《桃花源》和《父归》中的所以不模仿他们是因为这两个是中国人；而在《炭矿夫》,《文舅舅》，和《狗的跳舞》中要模仿他们是因为那几个角色都是外国人，因为我的环境中所接触的外国人太少，不能不借助于他们。

也许又有人会责问我，问我在《炉》和《酒后》中间都是演的中国人，为什么也有模仿电影的动作呢?

在《炉》和《酒后》中我有模仿他们是我承认的，但是那是另外一个理由的，那因为这两个是代表现在所谓摩登青年的，据我的观察，现在的一般青年，他们的一切举止早有了电影动作的影响，这只要一看摩登的大学生就可明白了。所以我在这两出戏里是因为要模仿像摩登青年而模仿电影的。

再一点，像《大饭店》影片中 Wallace Berry 的暴躁[①]动作，活像从前 *Great Garbo*

---

① 躁：原文作“燥”。

影片中 Von Strohein，但是为什么大家不说他是模仿呢？我也相信那不会是 Wallace Berry 模仿 Von Strohein，而是各人相同地模仿了一个暴躁[1]动作的个性。

同样的情形，我演西方人的角色，也不是完全模仿电影的，有时也从亲眼所见的西方人那里得来的，譬如我演《文舅舅》，有地方我直认不讳是模仿 Volga，Volga 里的侠盗雷森，而有地方是从二三十次的俄国大菜馆的拜访得来的（可请参阅《俄国大菜馆》一文），但是，因为在化装上和侠盗雷森像，观众也不问心情的完全相反就说我是模仿他了，其实，就化装的一点说，我也不过是模仿一个俄国人，他也不过是模仿一个俄国人，和 Wallace Berry 和 Von Strohein 还不是同样？

所以，我还是这样说，我演戏是主张“在不同的戏里是不同的角色”的，如其角色的个性需要变，变得一点不见我自己，我就愿意变。

---

① 躁：原文作“燥”。

二七　粗线条与细线条

在绘画中有粗线条与细线条的分别，那就是指笔触的粗细，粗的笔触 Rough touch 就叫做粗线条，细的笔触 Careful touch 就叫做细线条。

中国的古画中也同样有这样的分别，我记得在中国古画中的细线条是叫做“工笔”，粗线条叫做“泼笔”。细线条是把叶的筋[1]，花瓣的丝流都画上的，恽南田的作品就属于这一类，但是还有比他更细的；粗线条则用一个粗的轮廓来表演的，王一亭的早期东西我没有见，而他近年的作品就是这一类，虽然那也不是顶粗的，顶粗的中画，以我所见，是要算那条墨龙的中堂了。

粗线条与细线条原是绘画中的名字，但是在戏剧中我们也应用了。一次，槐秋兄出于很诚恳地劝我说：

“你以后不要专演细线条的戏，也该演一下粗线条的戏来换一换口味。”

我也同意了他的话，接受了他的劝告；不过仔细地[2]想一下，我觉得这话不能这样含混地听过的，这话里是应当有两层的解释的：

1. 第一层是指剧本线条的粗线。譬如把《酒后》和《未完成的杰作》两个剧本来作比，就谁都可以看出前者是细线条，后者是粗线条。

2. 第二层是指表演线条的粗细。譬如看槐秋兄的戏是要抓住他的全身的，因为他多用他的大动作，他的表演就是粗线条；若看我的戏呢，有时会全身一点无动静，而戏仅在脸部或眼睛，这就是表演的细线条。

如其这样地一分析，那末我对于槐秋兄的劝告只能接受其一半而不能接受其全部了，我接受的是第一层，而不是第二层。

以画论，细线条的工笔有时会近于古典，我是相信的；以一切的艺术论，为时代的关系，都只用粗线条来表现其轮廓，粗线条比细线条要有力量，也是我所承认的。

不过，细线条比粗线条格外地写实，也是不能否认的，而戏剧是比别的艺术更需要写实的。譬如绘画可以把一个人的左手画得非常小而把他的右手画得特别大，但是戏剧中却不能化一个不成人样的装，或是做些非人的动作。

况且戏剧又和别的艺术不一样，譬如雕刻的力是在它轮廓的线条上，绘画的力是

① 筋：原文作“胫”。
② 地：原文作“的”。

在它笔触的线条上，而戏剧的力则不一定全凭着动作之大，在描写内心的戏中，有时只要一瞪眼会得到很大的力量的。

所以，我对于第一层多选粗线条的剧本演一下来换一换口味，是我所接受的，因为我承认剧本是有粗线条和细线条的分别的。

至于第二层，我以为演剧又不和绘画同，绘画在一张画面上用粗线条则用统一的粗线条，用细线条则用统一的细线条，而表演不一定，表演应当依据剧本的个性，该用大动作的时候用大动作，该用小动作的时候用小动作，尽可以在一幕戏中把粗细线条都用上，而决不会有不统一或不调和的毛病，因为到底画面上的粗细线条是见之①于形的，而表演的粗细线条不过一个抽象的代名字。

我以为演员在审定剧本的时候是应当判断该剧是粗线条或细线条，至少该判断该剧的粗细成分哪②一方面多，但在表演的时候，则仅需根据个性而实行其——③

"写大字，用大笔；写小字，用小笔。"就行了。不知槐秋兄以为然否？

---

① 之：原文作"诸"。
② 哪：原文作"那"。
③ 原文破折号前还有冒号。

二八 Hard action 与 Soft action

谈起了粗线条与细线条，使我想起也把 hard action 与 soft action 谈一谈。

Hard action 是一种比较线条直的动作。

Soft action 是一种比较线条曲的动作。

线条直的动作，有力是好处，但是僵硬就是它的坏处。

譬如 John Barrymore 的动作，便有很多地方是用的 hard action，力是很足，可是很僵硬。

线条曲的动作，自然是好处，但是它的坏处是乏力。

譬如 Janet Gaynor 的戏，力虽没有，但是很自然。

Hard action 往往有角的，那就是因为直线条的关系，如其是 soft action，那末从这一点转到那一点的时候会成一个弧形，而 hard action 则成一个三角，这尖锐的角会使观众看了不快感，因此就感僵硬而不自然了。

Hard action 要用得适当，才不令观众感到不自然，而显了他的力，那就要看角色的个性而定了。

譬如 Barrymore 的最近片子中常感到他动作的过火和僵硬，那因为他最近的角色不需要 hard action 而他用了 hard action 了，于是被观众发觉了他动作的角。

他从前的片子也还是同样地使用 hard action，但是观众并不觉得他僵硬而反觉得他有力，那因为他从前演的角色像 Don Jaun 是个性极强的男子，*Sea Beast* 和《军阀末路》和其他的片子中大半是因失恋而变成残酷的角色，有角的，直线条的 hard action 也就是个性所需要。

Gaynor 之为 Gaynor，她的 soft action 帮助了她成功一个柔弱的女子，她的个性也只有适用 soft action 的。

还有东方人的性格，以普遍讲，不及西方人的强，所以东方人以多用 soft action，少用 hard action 为妙。

为了东方人和西方人的性格不同，我在扮演东方人的时候，绝对未曾用过 hard action 过，因为我不敢。

又为了 hard action 的难用和容易露破绽，我演西方人的时候，也只有《狗的跳舞》第二幕以后用过几次，那因为翟汉礼那角色的个性强得很，而且那是他失恋以后，内心含着残酷，大有向人生报复这几点的缘故。

辛酉剧团的同志，也是复旦剧社的演员唐玄凡，很喜欢用 hard action，他很善用，但因为 hard action 实在不容易用的缘故，有时他也难免常露出不自然了，这是他自己也承认的。

二九　动作与读词的难易比较

动作比读词容易是无需有疑义的，因为动作只要生理上没有残缺可以经短时期的训练而做到的，但是发音不成，就以国语讲已经不是短时期所容易训练的，况且发音又得看中①气，口腔，声带，肺量，丹田都得有不断续的操练的，所以这二者是无需比量的。

这里要谈的，是重于动作的戏和重于读词的戏何者较易成功?

最近上海的非职业剧人在陈英士堂联合公演了十二个戏，事前仅十天的筹备，当然手脚慌乱得要命，到上演前的最后两天又突然地发生了两件意外，《母亲》剧中的母亲和《母归》剧中的母亲都因家庭的关系不能就职了，于是只得在最后一天上拖了两位女士来代替。

出演的结果是：《母亲》中的母亲出于意料地②成功；《母归》中的母亲出于不料地③失败。

论过去演剧的记录，论表演的天才，《母归》中的母亲却在《母亲》中的母亲以上，论努力，两个也同样的努力，虽然仅一天的排演，然而结果怎会这样地异殊呢?

那因为《母亲》是重动作的戏，《母归》是重读词的戏，重读词的戏确乎要比重动作戏难演，譬如易卜生，萧伯纳和武者小路实笃的戏不容易演，就因为以全剧的比量讲，他们的戏都是读词重于动作的。

至于重读词的戏要比重动作的戏难演的理由是：④

1. 根本发音比动作难，动作可以由短时期的训练来成就而发音不可能，已经是第一个理由。

2. 戏剧虽然是视觉和听觉二者的刺激，然而观众的爱好是视觉的刺激较重于听觉，所以观众对于听觉无耐性。

3. 戏剧是重动作的，因此剧场的观众和音乐会的观众心理不同，音乐会的观众所带进会场的主要的是耳朵，但是剧场的观众是眼睛。

4. 戏剧中，动作大都是演员们互相联合的，就是一齐静着的时候，观众视线所属也是全舞台面的，不会注视着个人，所以动作还可以少被观众抓破绽；但是发音则不

---

① 中：原文作“衷”。

②③ 地：原文作“的”。

④ 原文冒号后还有破折号。

然，戏剧中很少有同时发言的，大都总是各人各讲的，所以仅连一个错字都不十分容易在观众的耳朵上带过。

由以上几点看来，可以认定重读词的戏要比重动作的戏难于得好的效果。

所以一个演员在平时应该把发音比动作更有深切的修养，因为：①

一则，发音须要修养的项目比动作多。

二则，发音不能像动作一样由短时期的训练可以成功的。

三则，重发音的戏比重动作的戏难演。

① 原文冒号后还有破折号。

三〇 趣剧喜剧与悲剧

普通常以描写死亡离散的戏剧名之为悲剧 Tragedy。

以描写团聚和好的戏剧名之为喜剧 Comedy。

又以喜笑诙谐的戏剧名之为趣剧 Farce。

演员们因为明白了这些，在表演中就无形地也分了方法；还有许多演员更极力地主张，以为表演是绝对地需要随了戏剧的性质而改变方法的。譬如演悲剧的表演就应当严重，不能打破了悲剧的空气；演喜剧就可以比较的轻快；演趣剧就稍微[1]过火些也不要紧。

在理讲，这样地分别方法是不会错的；然而平常戏剧的分类不止于此，此外还有什么 Comedy——Tragedy，Tragedy——Comedy，Comedy——Farce，Farce——Comedy，要是在这一类戏里则表演的方法将如之何呢？

况且，把悲剧用悲剧的表演法，趣剧用趣剧的表演法，那末无形中将酿成了派别，将和文明戏一样有起什么超等悲旦和滑稽名角来。

所以我以为演员们无需这样地弄巧成拙，演员的表演还是根据了剧中人的个性是不会有错的。

① 微：原文作“为”。

三一　正派与反派

我们的戏剧，原没有什么派别的，可是无形中大家常习惯地脱口而出有“正派”和“反派”的命名。

所谓正派和反派就是把所有的角色，无论男女，都分成两派：正派是好人，反派是坏人。

这样的分法原是可笑的，因为人的个性决不是这样单纯的。过去戏剧协社出演的《少奶奶的扇子》中的张亦公和李不鲁，就被这样单纯的分派方法给演糟了，因为这两个个性在享乐主义的王尔德戏中，王尔德笔下，王尔德眼里，是两个超然自得的名士，即使分派也该是正派的；不过在一般社会看来这两个却是反派的角色，于是在出演的时候，便把这两个名士演成了类于上海一般开旅馆吃花酒的大少爷模样，这是一个很大的错误，因为享乐主义的名士和开旅馆吃花酒的大少爷虽然同样是享乐，然而前者多少比后者还了解一些 arts for arts 的艺术，所以把这样两个角色完全演成了反派是很大的错误，那错误的原因就在于分了正派和反派的派别，从当时演李不鲁的陈宪谟的一句话里便可证明了，他说：

“这次洪深不叫我演正派，而叫我演反派了。”

这原是很久以前的事了，原没有再提出的必要，我不过要找一个为正派和反派的分派所误事的证据，就随便地谈起这回事，因为一时想不起别的来。

可是话得说回来，正派和反派的派别虽然不该分，但自己所演的角色要观众同情或是厌憎，做演员的是该弄清楚的。

假如所演的角色是需要观众同情的，那末在表演中该步步留神，不能有使观众厌憎的破绽，失去了观众的同情。

假如所演的角色是需要给观众厌憎的，那末在表演中也该步步留神，不要移动了重心，让观众的同情加到了自己身上。

在表演中要维持观众对自己的同情或厌憎，是需要技巧的，那些技巧又该是根据剧本个性而来的。

有许多角色的个性是要变的；有的先需要观众的同情后又需要观众的厌憎，譬如《黑蝙蝠》中的侦探在先是需要观众的同情的，往后被发觉了他就是大盗黑蝙蝠的化身时就一变而需要观众的厌憎了；又如高尔基《母亲》中的儿子在先当他不顺母意的时候是会令人厌憎的，往后当他认清了出路不再苦闷潦倒的时候是会得人同情的。

假如这样两个角色是算正派呢还是算反派呢？所以我以为还是以个性作表演的南针比较靠得住。

三二　舞台与银幕之难易

曾听见银幕的演员说：

“演话剧的演员不能演电影。”

也听见舞台的演员说：

“演电影的演员不能演话剧。”

然则舞台与银幕的表演到底何者较难，何者较易呢？

我说一句公道话是：

“各有其难，也各有其易。”

譬如以演员的化装，动作和发音的三部分来讲（自然这里的银幕是指有声电影，因为无声的连这三部都不全，自然是较舞台为易了），就各有难易不同的地方，不妨拿来比一下：

1. 以化装论，舞台的可以粗糙是舞台的易，然而银幕有光的变幻和镜头的安置来帮助是银幕的便宜。

2. 以动作论，银幕比舞台更容易过火是银幕的难，然而舞台不像银幕可以有特写（Close up），动作容易有不足，也是舞台的难。

3. 以发音论，银幕的发音被机器把握着是银幕的难，但是银幕不像舞台上那般需中①气，也是银幕的易。

4. 论情感，银幕的情感片段是难处，但是舞台的情感要维久也是难处。

总之，我以为各有其难处，也各有其易处，舞台的演员也不能以舞台所难和银幕所易的来作比，银幕的演员也不能以银幕所难和舞台所易的来作比，这是一句很公道的话。

---

① 中：原文作“衷”。

三三　老太婆是否可以用男人扮？

几年来我们的女同志们也渐渐地增加，因之也再没有男扮女，女扮男的陋习，但是剧中的老太婆用男的来扮演的事实依然还有，其原因何在也难以考据。

最近为了老太婆是否可以由男人扮的问题又引起了两位朋友的辩论。说不可以的理由是：

“用男的扮女的或用女的扮男的不会有男扮男，女扮女那样地自然。”

在认为可以的理由是：

“用男的扮女的不一定会不像，梅兰芳就是一个例。”

这一场辩论我当时没有听见有结论，然而在我以为，也不一定要有辩论的结论，因为辩论究竟还是空谈，倒不如用事实来证明，就是让那位先生来尝试一下，让他扮一次老太婆，如其观众们不发觉那老太婆是一个男人扮的，那末老太婆也不妨用男人扮。

我以为，什么事都是以事实来证明，要比空谈有效得多。

三四　关于说《妒》的不够酸

我在《妒》的说明书上是这样地写着：

“一个字的剧名，

“二个人的角色，

“三场的分幕，

“有甜酸苦辣的味儿：

“甜的是那对男女的爱；

“酸的是嫉妒的醋味儿；

“苦的是黑暗环境中的挣扎；

“辣的是法网的不容情。”

这里我把《妒》的内容都已包括在中间了，当我演的时候，我在第一幕中表现甜和酸，在第二幕中表现苦，在第三幕中是由苦转到辣。

我自信把甜酸苦辣在三幕中这样地分配也不会错，然而当出演后听到一句批评说：

“妒的酸味儿不够。”

这批评我起初不十分了解，我以为酸的成分在第一幕中已经不少了。譬如，一出场的时候男的对女的瞪眼，送茶的时候把口香糖吐在杯里，这一些动作不是技巧地在发言前就显示了酸味了吗？而且不是很明显地告诉了观众是男的在吃女的醋吗？又如后来男的听见女的提起干爹的不高兴，听见电话的炸破气球，看见戒指的追根盘问，这种种不都已表示了妒意吗？为什么还说不够呢？

我起初实在不了解批评者说酸得不够的原因，后来我懂了，我懂得批评者的意思是说那酸的力量不够做杀人的原动力，然而这是一个大错误，那错误之点是在于：

1. 批评者没有看清剧本，他没有清楚第一幕和第二幕是相隔了好些时候了。

2. 批评者误会了杀人的动力就是第一幕的嫉妒。

这两点都是误解了，我可以根据剧本来作一翻解释。

1. 关于第二点，在第二幕中有一句剧词可以证明，那男的说，“自从那天你答应我到西湖去到现在已经一个多月了”，她答应他到西湖去便是第一幕的那晚上。

2. 关于第二点，第一幕和第二幕既然相隔这些时，第二幕的前一夜的杀人就决不会再是第一幕的嫉妒做的原动力。况且第一幕的嫉妒仅是为了一些小事，那只要看第一幕的剧本并不把嫉妒写得怎样严重就可以见到的。剧本上虽然也没有说明是嫉妒些什么，但是由猜度所得，一定是从跳舞场(因为剧本上注着他们是从跳舞场回来)受了一些误会，才回家吵起来的。可是剧本描写嫉妒的线也不是直的，是弯曲的，有好多次因为女的提起了干爹，看见了戒指，及其他的原因，嫉妒的线似乎要向上发展了，但是接着总是被女的几下子温柔一来，写嫉妒的线就曲折了，由酸而变甜了。所以在剧本的范围之内，第一幕中演员只得做一盆糖醋排骨，而没有方法把糖质撇清，成一瓶不搀水的镇江醋的。还有一个证明可以见到第一幕的嫉妒不是杀人的动力，就是第一幕的结束，如其第一幕的嫉妒是杀人的动力的话，那末第一幕的结束决不再是这样平静，剧本描写嫉妒的线应该是向上而不是现在样地向下。

就剧本的范围而讲，酸的成分实在无法再多了，我想批评者一定是误会了剧本才是这样说的，不知是否?

我对于接受批评的态度，在“接受批评”那篇文章里就可以见到，这篇东西并非表示我的倔强，是处于研究的态度，我始终是欢迎批评的，我单怕有一日没有人再给我批评，因为那是我不会再有进步的末日。

三五 观众的注意

演员们常以为 Center of stage 是最容易被观众所注意的，此外的地位都没有这般的优越，然而这是错误的。

观众是很贪的，只要他们目力所能及的他们都不肯放松，这是在 *Center of stage* 里已经谈过了。

这里想根据了观众的心理来研究一下他们的注意力：

1. 在开幕的以前，观众的注意力是散的，但当开幕的铃声，银角或其他的记号发了以后，观众的注意力便渐渐地集中到舞台上了。平常先把剧场的灯熄灭，开亮了台灯，然后再慢慢地开幕就是要用灯光的效果来更快地集中观众的注意力。

2. 开幕后，观众的注意力是落在整个的舞台面上的，观众的心理确乎是很贪，在这一刹那间，他们老想一下子就把所有的一切都印到网膜上去，他们要看灯光，要看布景，要看道具，要看在场的演员，甚至窗外衬景，门缝后的秘密，墙上挂的装饰，桌上摆的零[①]件和演员手上拿的东西他们都注意到，不但如此，他们竟还注意到演员脸上的每一条皱纹。所以在这样情景之下，第一个开口或是第一个动作的演员就不能一拉起幕就立刻开始自己的工作，因为观众注意各件东西的程序，大都是从全部而到局部的，当他们还没有满足他们的观察之前，他们是不大肯牺牲了全部的观察而来注意到你的，所以最好是在开幕后有一点休息以后再开始第一句剧词或第一个动作，那末观众的注意力就会集中到你的身上来。

3. 观众是注意动的，我在《动作与读词的难易比较》那篇东西里已经说过，剧场的观众是以视觉做主体的，所以在一个演员说话的时候，其余的演员绝对应当辅助他，而不能用任何动作来吸引了观众的注意力去，否则，一个无论怎样读词好的演员会被其他演员的一个什么动作来破坏了观众对他集中的注意力。

4. 在动作的大小中，观众是注意大的，譬如两个演员同是坐着的时候，观众会同样注意的，若是一个站起来走的时候，观众的注意力就落在走的一个了；又如左右两门同时走进两个人来的时候，观众也会同样注意两个人，但若是一个改了奔进来，那末观众的注意力就被奔进来的一个夺去了。所以——

---

① 零：原文作“另”。

A 当戏剧在 Struggle 得最厉[①]害的时候，最主要的演员应当用最有力的动作来吸引观众。

B 小动作是平静的时候在戏中应用的，因为只有在平静的戏中，观众才有余暇来鉴赏你的小动作。

5. 以整个舞台面讲，演员和布景道具同样地不过是构成舞台面的一个分子，不过演员是动的分子，戏是靠演员来进展就是了。但若以演员单独讲，那末每个演员都有吸引观众注意力全部的时候，然而，演员的身上又究竟是哪[②]一部分最容易吸引了观众的注意呢？关于这问，是有着两种不同的答覆：

A 演员在动步的时候，演员的全身都是被注意的；在站住的时候，下部就失去了观众的注意；当躯干四肢都没有动作的时候，脸部的肌肉是被注意了；若是脸部的肌肉也没有动静的时候，那末观众的全部注意力都集中到演员的眼神。

B 人目在注意一点的时候，不一定除了这点之外其余的东西都看不见，所以观众视线的尖端常落在演员的眼睛，同时演员全身的其他部分也能够看见，因为演员和观众距离远，演员的全身都在观众视线的范围内，这说法是说观众是没有一个时候放松演员的眼神的，演员的眼神是观众注意的主体，全身的动作是附带的。

我以为这两种说法虽然不同，但都是有理由的，我相信前者是代表看戏程度较浅的观众，因为他们完全被动的大小来支配他们的注意的，后者是代表看戏程度较高的观众，因为他们看戏不仅是看动作，还要看到角色的灵魂，演员的内心。因此在这样情形之下，演员为成全两方面起见，只要始终不松懈了眼神的戏，那末就是看戏程度高的观众一刻不放过你，也不用担心。

最后，有一句很重要的话要声明的，关于观众的注意力的集中和移动，演员们是该研究很清楚的，但可不要因为太清楚了这些，在不需要观众注意自己而应当注意别人的时候也用了某种方法把观众的注意力吸引到自己身上来，那是错的，不但是错，而且做了戏剧的败类了。

---

① 厉：原文作“利”。
② 哪：原文作“那”。

三六　经验与观察

记得小时候在笑舞台看嫖客妓女双服毒吧？秦哈哈扮一个嫖客，在台上洗脚，用开水烫脚气，烫了又抓，那副烫和抓的神气把一个脚气病的人描摩得活像，使我看了印象深到现在还不能忘去他。

我不知道秦哈哈真的有没有湿气；然而我之所以至今还记得他，是因为我自己也有着同病，几乎每晚要抓一次。

因了我自己也有脚气病，所以我相信要是叫我也演这场戏，我也一定演得好，这是为的什么呢？因为演员自身有经验。

我有一个亲戚，他有一副怪样子，他跟人谈话时候，老用右手的食指挖鼻粪，挖了又用食指和拇①指一阵子地搓，搓成个圆弹，然后把食指向内卷起来，“得”的一下把它像子弹一样向前弹出去。

我很想有机会的时候把这副怪样也在台上来一下，这是我从他身上观察得到的。

由这两件的丑相便可推想到：

演员的表演要仗各种的经验。

经验不足仗的时候要靠观察。

这是谁都知道的，然而要补充的是：

演员的经验或观察要用到台上的时候，先要防到观众有没有这一种经验或观察，至少要使观众能了解，否则也许会把俏眉眼做给瞎子看。

更其是，经验和观察都不能帮助时候所运用的想象②。想象是连自己都没有经验过，也没观察到的，那更应当特别地留意，因为也许在这一点上有经验过，或观察到的观众，而你的想象被他们证实了错误，那就是个破绽，倒过来讲也一样，如其所想象的不能合乎观众的理会，也同样是缺点。

---

① 拇：原文作“姆”。

② 想象：此篇原文均作“想像”，后统改，不另作校注。

三七　我们为什么要化装?

这题目我是抄袭来的，是陈大悲先生在光华出版的《现代戏剧》第二期中有这样的题目的一篇文章。

陈先生在他的大作里说：

“我们要化装的第一个原因就是要遮羞。”

然而我自演剧以来，可没有一次是为了怕羞而要化装的，我真觉得有些惶恐，我疑我是个老面皮。

据我所知，化装的目的有三，在解答这三个目的以前，先假定生理上的健全和人相上的美，善，乐，都是正面的(positive)，假定生理上的病态和人相上的丑，恶，苦，都是反面的(negative)，那末，我们为什么要化装便可以很容易解答了。

我们所以要化装的目的有三：

1. 正面的——正面的化装是演员本身的某部分原是病态的，丑的，恶的，或苦的，而要化装健全的，美的，善的，或乐的。

2. 反面的——反面的化装正好和正面的化装相[①]反。

3. 夸张的(exaggerative)——夸张的化装是演员本身的各部都恰合剧中人的个性，无须向正，也无须向反。只把本来的脸夸张一下就够了。

正面和反面的化装是为要适合剧中人的个性，所以要化装，而演员已恰合剧中人个性，还须有夸张的化装是有两个原因：

1. 就是要使剧场最后的观众也看得清演员的脸相，并且帮助表情。

2. 是为避免舞台灯光所给的影响。

(节录世界书局出版的拙作《戏剧化装术》第三章。)

至于说害羞，我想凡是做到演员，不应该再有这种现象，不知陈先生觉得对不对？也许陈先生是特别怕羞一点吧？

---

① 相：原文作“向”。

三八　自己化装与别人化装

在中国的舞台上，演员的化装常借助于别人，这是一件极大的缺憾，不惟偶然登台逢场作戏的演员是如此，就是许多资格很老的演员也如此，其原因不外乎是：①

1. 不信任自己，以为自己总化不好，不如请教化装有研究的人来代自己化装，可以帮助自己化成一个较好的装。

2. 依赖，以为动作和发音是直接表现给观众看的，是无可依赖的，而化装是在幕后的事，不妨借助于人。

3. 每次演完了戏，就和戏剧脱离了关系，平时不加以对各种脸相的观察，也不把自己的脸部作研究，更不拿化装品常常来实验，因此上台的时候自己就不会化装。

4. 误解了化装主任的责任，以为化装主任的责任就是替演员化装的。

然而，这些都是错误的，一个演员的化装是绝对应该自己化而不应该请教人的。

第一个理由，自己也不信任自己，那末还有谁能信任于你？无论如何自己是不能不信任自己的。

第二，依赖只能度过暂时，万一有一天失了依赖将如之何？不化装总不能上台的。

第三，演员不仅是在排演的时间和上演的时候应该对戏剧尽力的，是应该随时随地在观察，研究和实验的，排演的时候不过是把平时所观察，研究和实验得来的做一翻归纳的工作，上演的时候是把归纳所得的在观众前表现。

第四，化装主任这职使在西方是没有的，我们的剧团里多这样一个职使也不是要他代演员化装的，他的责任是管理化装品和统一演员们的化装(譬如不让一个父亲化得比儿子年轻)，否则一出四十个演员的戏而只有一个化装主任的话，那末他就得在开演前十几个小时开始他的工作了，因为每一个化装需时在一刻钟至半小时之间。

第五，化装，动作和发音三者都是演员应有的技巧，如其演员自己不会化装，就是技巧的不完全，应该和哑巴不能审定为演员同论的。

第六，别人化装不是一定化得好，就算一个化装技巧很熟的人，若碰到他疲乏的时候，或是他心不在焉的时候，你的脸就会被他弄糟了。

第七，自己化装可以趁自己的意，自己熟悉自己的脸部，自己明了自己所演的角

① 原文冒号后还有破折号。

色的个性，别人总不会像自己样的周详。

就以上几个理由讲，演员是应该自己化装的，其实研究化装和绘画同样的有浓厚的趣味，也许还过之，演员们的不肯平常多研究，无非偷懒，但是偷懒是不应该的。

三九 Artist 与 Artisan

Artist 是艺术家；Artisan 是艺术匠。

艺术家是要有灵魂的；艺术匠是只有技巧的。

一个演员要是只知道以技巧来表演，无论他的技巧怎样地完好而没有破绽，他至多不过等于一个最优等演文明戏的演员，他只能称为演戏匠，怎样也不配称为演剧家。

一个演剧家是不仅仗他的技巧，他还要体味到剧作者的理想，要在上演的时候，把剧作者在剧本中造成的角色的灵魂放进自己的躯壳里，使自己完全变成了角色。

四十　天才到底是什么?

“天才到底是什么?”

我曾把这个疑问累次自己问自己，然而我总不能有解答，我觉得那似乎是和鬼一般的神秘。

因了我始终不能懂得什么是天才，我便不信有天才，像我不曾见过鬼而不信有鬼一个样。

我不知道什么是天才，我只知道怎样叫努力。

即使，天才是果真有的话，那末有了天才再加以努力，不是可有更丰的收获了?

愿无论哪①个演员都不要听了批评者的胡乱的恭维。信了自己真是个天才，而疏忽了努力。

希望无论谁都不断地努力，共同为我们的戏剧杀出一条血路来!

① 哪：原文作“那”。

单篇文论

演讲的研究[①]

如果我们已读过了植物学，那末对于一株树的分析和它各部的功用[②]，就可以说得很详细：

对于树的分析，我们知道它有三个部分，就是根，枝，叶。

对于树的生理，我们知道：根是最重要的部分，倘然没有了它，树就要不能生存了；其次重要的是枝，因为没有了它，根就只能永远埋没在土中不能成树；最末重要的是叶，因为它虽然能营呼吸作用，光化作用，和蒸发作用，但是它总不能离了枝根而生存。

至于演讲，却正和树的情形一样，它的分析和各项的功用也可以附合树的分析和它各部的功用来解释：

演讲的主要项目，也和树一样有根，枝和叶的三部分，那就是：讲稿（根），声调（枝），和动作（叶）。

这三项的功用的大小，也正和树的根枝叶的功用大小相像：其中最重要的当然是讲稿——因为它在演讲艺术里的地位正和乐谱在音乐艺术里的地位，和剧本在戏剧艺术里的地位一样重要，它也和根的没有枝叶还能独立生存一样，可以离了声调和动作独自在文学的价值上立足，所以讲稿是演讲艺术的一个最重要的原素；其次重要的就是声调了　　虽然演讲里不能没有讲稿，但也不能没有声调，否则讲稿就和根的没有桠枝永远埋没在土中一样地埋没在纸上，不能普及到不识字的人们，也就不成为演讲的艺术品，所以声调是演讲艺术次要的原素；最末重要的是动作——虽然在戏剧里是动作比声调重要，但是在演讲里却是声调比动作重要，因为戏剧可以有哑剧和影戏等不用声调只用动作的表演，而演讲却不能不用声调，倒是动作去做辅助声调底一种附属品，所以我们叫戏剧家为“演员”（Actor）[③],[④] 叫演说家为“讲员”（Speaker），[⑤]前者就是重于“演”（Act）的意思，后者就是重于“讲”（Speak）的意思。

我们既知道了演讲艺术中三种原素的功用底大小，那末在讨论演讲的研究底时

---

① 原载《学生杂志》1928年第15卷第11号。

② 功用：此篇原文均作“工用”，后统改，不另作校注。

③ 英文外面的括号原文均作引号，后统改，不另作校注。

④⑤ 此处逗号为编者所加。

候，就应当先提出最重要的讲稿，次提出次重要的声调，末提出末重要的动作，这样的研究程序和一株树的生长程序——插根，抽芽，生叶——也是恰合的。

第一　讲稿的研究

上面已经说过讲稿是文学品，文学不像艺术那样可以机械地研究，不过我们为便于讨论起见也只好把它分成：a. 性质，b. 名题，c. 结构，d. 措辞，e. 关节，f. 高涨，g. 引申，h. 真实与正直等八节来研究：

a. 性质　讲稿的性质可以分为下列的五种：

1. 事实性质——这是专述一件实事的始末，不加任何见解的。

2. 议论性质——这是专用自己的见解，议论一件事物。

3. 宣传性质——这是专用单方的意见，鼓吹一件事物，或排斥一件事物。

4. 报告性质——这是陈述一种经历。

5. 说明性质——这是解释一种事物，或申辩一种误会。

讲稿的性质大概已都可以包括在这五项里面，不过它还有单纯性质和混合性质的分别，譬如：

1. 万县案的惨状	事实
2. 万县案给我的感想	议论
3. 帝国主义已于万县案露了他的面目	排斥
4. 万县案的调查	报告
5. 万县案发生的原因	说明
6. 万县案	

以上1至5是单纯性质，各有各的用处，而6是混合性质，因为讲这个题目的时候，应当先说它的缘起——说明——，次述惨状——事实——，再说调查结果——报告——，再论感想——议论——，再排斥帝国主义——宣传——。所以单纯性质比混合性质简略；而混合性质比单纯性质详细。初学的时候和短时间的演讲比较用单纯性质为妥；稍有经验的讲员和长时间的演讲比较用混合性质为妙。

b. 名题　性质既已择定，名题就比较容易了，大概性质愈单纯题目字数愈繁杂，性质愈繁杂题目字数愈简单，譬如《万县案》的题目字数只有三个字，而它的性质却比其余的题目繁杂的要繁杂，这还可以用一个名字来证明，像：

人

男人

未婚的男人

中国的未婚的男人

所以可见形容的字愈多，愈见它的狭窄，这在名题的时候很应当注意的。

至于讲题的格式，大概可以分为四种：

1. 相对式	（；）
2. 疑问式	（？）
3. 惊叹式	（！）
4. 普通式	（。）

其中除第 4 种可以应用各项性质外，第 1 种大都用于议论性质，第 2 种大都用于说明性质，第 3 种大都用于宣传性质，譬如：

1. 拒毒；与播毒	议论
2. 何为三民主义?	说明
3. 文化运动不要忘了美育!	宣传
4. 孙中山的一生。	事实
4. 一党专政之不适于中国。	议论
4. 美教育的重要。	宣传
4. 到西藏冒险的经过。	报告
4. 空气与人生。	说明

照上面的例看来似乎惊叹式的宣传性质和普通式的宣传性质很难辨别；相对式的议论性质和普通式的说明性质很难辨别。其实惊叹式的宣传性质是紧张的，激烈的；而普通式的宣传性质是迟缓的，平静的。相对式的议论性质的“与”犹如英文中的“and”，所以是相对的；而普通式的说明性质的“与”就有英文中“for”的意思，所以是不能相对的。

更因为议论文的主旨是专以是非周旋，所以普通式的议论性质又有正面，反面，正反混合，可正可反等四种分别，譬如：

1. 孝	可正可反
2. 非孝	反面
3. 非非孝	正面
4. 孝之存非	正反混合

平常的演说大概可用第 1 种可正可反式，要排斥一件事的时候可用第 2 种反面式，要辩护一件事的时候那末可用第三种正面式，第 4 种正反混合式大都是作为辩论题

目的。

c. 结构　题名既已择定，那末就应当排列结构了——排列结构就是整理和支配材料——结构和人体的骨骼一样，它支撑着一个体形，只要某部有些变化，就能改变人的体形而成为残疾。反过来说：只要骨骼健全，就是肌肉稍瘦也仍旧是一个强壮的身体，所以在讲稿的研究里结构应当格外地注意。

结构虽然有无穷的变化，但是初研究的时候最好是采用最普通的方式，这种最普通的结构方式，我们可以依着性质的不同和题式的不同来分别研究：

1. 事实性质——在小说中的结构很复杂，因为它有日记体，书信体，问答体，追忆法等等的变化；但是在演讲的事实性质里却很简易，因为它虽然很像小说，但不能像小说样的有变化。这种可以变化和不可以变化的原因，就是一个可以颠倒时间，一个不可以颠倒时间。小说可以把事实的结果或中段先提出来，但事实性质的演讲却不能这样自由，须得依着时间的程序排列，从一件事实的产生直到消灭都得逐一叙述，不能稍有颠乱。譬如：我们讲一个事实性质的讲题《孙中山的一生》，那末应当先讲他童年时候家庭的生活，次讲他求学时代的情形，再讲他和社会接触以后所生的革命的动机，再讲他推翻满清的经过，再讲他建设共和的苦心，再讲他得病死亡的情形，再讲他的死后，其中的时间都应当依着年份排列，不能稍有颠乱。演讲的事实性质的结构法，也就是这一点是它最重要的条件。

2. 报告性质——报告是陈述一种经历，可以说就是事实，所以也应当遵守事实性质的条件——不准颠乱时间——不过事实是不准参入意见的；而报告则须参入从经验得来的见解，并且还须申说这一种经历产生的缘由。譬如一位代表在结束使命向大会报告的时候，他的报告文的结构就应当像下面这样排列：

一、叙述从前所以委派代表的缘由

二、叙述调查的经过

三、叙述调查的结果

四、参入自己对于所调查的事的意见

其中二、三，就是事件从开始到结果的过程，所以可以完全依照事实性质的结构法——不乱时间——报告性质比事实性质略难的地方，也就是因为多了一、四两项。

3. 说明性质——说明性质的演讲的目的是在说明一件事物，所以结构应当格外清晰，否则就要使听众模糊不懂。照平常最普通的方法是用六个“W”，就是中文里的六个“何”：

一、何人？　　who?

二、何为？　　what?

三、何地？ where?

四、何时？ when?

五、何故？ why?

六、如何？ how?

这六“何”的排列程序当随讲题而异，普通以范围小，简单的放在前面；范围广，复杂的放在后面，最重要的放在最后。譬如讲题为“蒸汽机”，那末只要有下列的结构就可使听众完全明白了：

一、何谓蒸汽机？ what?

二、发明于何时？ when?

三、何人发明？ who?

四、何故而发明？ why?

五、如何使用？ how?

六、应用何地？ where?

但是有时有一种讲题无须六“何”全用，也有一种讲题六“何”不够用而要重复的，那当然可由聪明的讲员随机应变了。

4. 宣传性质——做议论文有演绎和归纳两种方法，但是做讲稿我们可把演绎法用在议论性质里，把归纳法用在宣传性质里，那末在练习的时候，比较清楚，不致混乱。上面 a. 节 3. 项里已说过：宣传性质的目的是在鼓吹一事；或排斥一事。所以要听众受鼓吹或排斥的影响，必须有充分的理由，这种理由就是用归纳的方法聚集拢来，去证实所要鼓吹或排斥的事。譬如要宣传“制服提倡的必要”，① 那末就可用下面样的归纳法的结构：

一、便服之不庄②严 How? why?

二、便服之不便利 How? why?

三、便服之不经济 How? why?

四、便服之不平等 How? why?

五、便服之不整齐 How? why?

六、制服提倡的必要（反承一、二、三、四、五）

这里一、二、三、四、五都可依照说明性质的讲法，第六就是由这五项归纳的反承，说明性质和宣传性质的分别也就在一点上。

---

① 此处逗号为编者所加。

② 庄：原文作“壮”。

5. 议论性质——议论性质最能使听众明白的是用相对题式的演绎法。譬如讲“利己；与利他”的讲题里，就可分：

一、利己；与利他的解释　　　　说明

二、利己；与利他的谬误　　　　排斥

三、利己；与利他的真价值　　　宣传

从这里可以看出相对式的讲题能每项相对排列，很觉清楚；但是有许多议论性质的讲题是不能相对的，那末就可用普通题式的结构法。前面 b. 节里已经说过：普通题式的议论性质有正面，反面，正反混合，可正可反的四种分别，因此结构也就四种不同了。譬如：

一、孝——甲、孝与家庭

　　　　乙、孝与社会

　　　　丙、孝与国家

　　　　丁、孝与人类

二、非孝——甲、孝与昔日之可存

　　　　　乙、孝与今日之应非

三、非非孝——甲、孝之原理及其重要

　　　　　　乙、非孝之用意及其危险

　　　　　　丙、非孝之应非

四、孝之存非——甲、存孝与家庭，社会，国家，人类。

　　　　　　　乙、非孝与家庭，社会，国家，人类。

照上列四例，可以看出第一题《孝》是可正可反的，随你说孝有益于家庭，社会，国家，人类也好，说有害也好；第二题《非孝》是反面的，先说孝之能行数千年的原因，然后以时代的转变，将它根本推翻；第三题《非非孝》是正面的，它的结构也和第二题一样，由远及近；第四题《孝之存非》是正反混合的，可以说就是第一题的双料，因为第一题是只说利或害单方面的，这是利害兼说而求得它比较的结果。

d. 措辞　措辞好像是人体上的各种肌肉，既然已把骨骼支配妥当了，那末就该把肌肉附合上去，否则还是不能成功各部的器官。措辞可分字，辞，读，句（words，phrase，clause，sentence）四项来研究：

1. 字——字有名字，代名字，形容字，动字，疏状字，介系字，挈合字，惊叹字八种分别。又因为组织方面有一字和多字两种，所以又有简式和复式的两种分别。譬如：

	简式	复式
一、名字	天、地、日、月	桌子、椅子
二、代名字	你、我、他、她	你们、我们
三、形容字	长、短、阔、狭	和气、阴险
四、动字	推、拉、走、坐	跳跃、批评
五、疏状字	快、慢、急、缓	非常、格外
六、介系字	自、于	自从
七、挈合字	同、和、或	倘若、但是
八、惊叹字	唔、唉	啊哟、喔唷

当中国初行白话文的时候，有人极主张把几个合成一个意思的字都写在一起，算为一个字。譬如桌子两个字是代表一件物名的，就把它设法并在一起当作一个单字。现在这种主张虽然没有通行，但是我们也可见到这种复式的字并非是辞，更不是读或句，那只是和简式同样性质的单字。

2. 辞——辞是用单字组成的不完全的句子，因为它没有主词和副词。除了惊叹字外，其余都互相结合成辞：

一、名字可与结合的是：

甲、形容字　　例如：白日

乙、动字　　例如：日出

丙、介系字　　例如：自日到月

丁、挈合字　　例如：日和月

二、代名字可与结合的是：

甲、动字　　例如：她哭

乙、形容字　　例如：美丽的她

丙、介系字　　例如：从她生下

丁、挈合字　　例如：她同他

三、形容字可与结合的是：

甲、名字　　例如：白日

乙、代名字　　例如：美丽的她

丙、疏状字　　例如：很白

丁、挈合字　　例如：白或黑

四、动字可与结合的是：

甲、名字　　例如：日出

乙、代名字　　例如：她哭

丙、疏状字　　例如：跑快

丁、介系字　　例如：讲及

戊、挈合字　　例如：坐或立

五、疏状字可与结合的是：

甲、形容字　　例如：很白

乙、动字　　　例如：跑快

丙、疏状字　　例如：很快

丁、挈合字　　例如：快或慢

六、介系字可与结合的是：

甲、名字　　　例如：自日到月

乙、代名字　　例如：从她生下

丙、动字　　　例如：讲及

七、挈合字可与结合的是：

甲、名字　　　例如：日和月

乙、代名字　　例如：她和他

丙、形容字　　例如：白和黑

丁、动字　　　例如：坐或立

戊、疏状字　　例如：快或慢

3. 读——读是句子的一部分①，有主词和副词。读分可以独立与不可以独立的两种：

一、可以独立的读被挈合字连接起来就是句，分析开来也仍旧是句。譬如：

他很有钱。

他是很不自由。

(他很有钱)但是(他很不自由)。

上面第一句和第二句都是可以独立的句，第三句加上了挈合字“但是”就变了读了，不过这种读再拆开来还是可以独立的。

二、不可以独立的读被挈合字连接起来也就是句，不过它分拆开来不像可以独立的读样的成为句子，它还是不能独立的读。这种不可以独立的读又有呼读和应读的分别。譬如：

---

① 分：原文作“份”。

呼读　　　应读

甲、因为……，所以……。

乙、既然……，何必……。

丙、虽然……，但是……。

…………

有时又有几个呼读求出一个应读的和一个呼读发生几个应读的。譬如：

甲、因为……因为……因为……所以……。

乙、因为……所以……所以……所以……。

4. 句——由字成辞，由辞成读，由读并合起来就是意思完全的句了。句有主词和副词的两部分[①]，普通在动字以前为主词(Subject)，在动字以后的为副词(Predicate)。句的性质有五种不同：

一、直述句——这是表明和申说的语句，于事实，报告，议论，说明和宣传性质里都是不能少的。

二、疑问句——这是发问的语句，最适用于说明性质。

三、命令句——这是命令的语句，普通用于宣传性质。

四、愿望句——这是愿望或请求的语句，也多用于宣传性质。

五、惊叹句——这是惊惶的语句，平常除宣传性质外很少见用。

e. 关节　骨骼或肌肉互相接连的部分都叫关节，这部分有运动的可能，但是也因为如此所以常常有使关节挫折而成为残疾的，譬如像歪头，跛足，反肘等都是好例。措辞是演讲的肌肉，结构是演讲的骨骼，它们也有接连的部分，就是措辞关节，和结构关节，它们也很容易成为残疾，倘若接连的时候稍微忽略，就会变成歪头，跛足，反肘等的畸形，所以研究的时候应当非常小心。

1. 措辞关节——措辞关节就是把分立的读或句成为连贯的意义的。譬如：

他很有钱(但是)他很不自由。

2. 结构关节——结构关节是把分立的章节段落成为连贯的文章的。它最普通的方式就是起，承，转，合四法，譬如要讲的题目是：《三民主义与现在的中国》，[②] 那末就可以照下面样的结构：

一、起——在现在的中国只有三民主义能使它得着较好的国际地位；只有三民主义能使它在政治和经济上得着平等；只有三民主义能使它永存在地球上。

---

① 分：原文作“份”。

② 此处逗号为编者所加。

二、承——所谓三民主义就是孙中山先生所著的：民族主义；民权主义；和民生主义。（逐项解释）

三、转——倘若中国在这样危急的时候还是老大自在，执迷不悟，不能赶快实行孙先生所提倡的三民主义，那末就……

四、合——总而言之……

f[①]. 高涨　倘若性质，名题，结构，措词，关节，五者都已完事，那末讲稿的大体已经完成。但是光是这样还不能操纵观众的情感，一定还须研究高涨的功[②]夫。高涨的性质有三种分别：

1. 情感的高涨——情感高涨就是喜，怒，悲，欢转变的顶点。

2. 事实的高涨——事实高涨就是成，败，得，失转变的顶点。

3. 理论的高涨——理论高涨就是真，假，是，非转变的顶点。

高涨的研究就是听众心理的研究，大概对付听众的方法是：

1. 渐渐由平及涨，最后达于顶点。

2. 每一段落之末有一小顶点。

平常演讲时听众的鼓掌都是在这种高涨的顶点，所以演说家要操纵听众的情感，就得多研究些高涨的功[③]夫，并且它与会场空气的镇压也有着密切的关系。

g. 引申　高涨功[④]夫完成后，已是一篇很完美的讲稿，但是光是直说有许多地方不能使听众明白或相信，一定还要用引申的方法去证实它。引申的方法有三种：

1. 例证法——例证法是用例证来使听众明白或相信的。譬如：

家畜有兽类，禽类，虫类三种分别：兽类如狗，猫等；禽类如鸡，鸭等；虫类如蜜蜂等。

2. 因果法——因果法是用因果来使听众明白或相信的。譬如：

因为人都是自私自利的，又不能离了社会独自生存，所以不能不有伦理，道德，和法律来维系人心。

3. 类推法——类推法是用推理来使听众明白或相信的。譬如：

鱼没有了水，就要死亡，可见人没有了空气，也不能生存的。

h. 真实与正直　最后还得注意“真实”与“正直”两点，我们倘已明白演讲的真意，也就明白这两点是演说家所必具的态度。

1. 真实——“真实”就是真实不假，于事实性质，报告性质，和说明性质的讲稿

---

① f：原文作“b”。

②③④ 功：原文作“工”。

里，应当特别注意。

2. 正直——“正直”就是正直无私，于宣传性质，和议论性质的讲稿里，应当特别注意。

每于稿子完毕后，就得慎重地检阅一遍，把不“真实”或不“正直”的地方，设法除去，否则宁愿不要出席演讲。因为凡是不能在讲稿里保持“真实”和“正直”的，就是他的态度本来就不“真实”不“正直”，这些不“真实”不“正直”的伪演说家，本来就没有上神圣讲台的资格！

第二　声调的研究

研究音乐似乎要比研究绘画难些，因为绘画可以努力而成的，音乐则须有天才。在音乐里弦乐似乎又比管乐和键乐难些，因为管乐和键乐是有固定的地位的，而弦乐却没有一定标准的。我们现在要讨论的声调的研究就比音乐里的弦乐更加难了，因为弦乐虽难，到底还是一件器械，而声调是藏在喉头内的，看不见，摸不着的声带，那是个不甚听指挥的东西。不过我们可用最机械的方法来研究，这种机械的方法也许会被一班聪明人所见笑，可是艺术本来就不是聪明人的玩意儿，那只是呆子的事业。对于声调的研究，我们可以分成：a. 声调的分析，b. 声调的标准，c. 声调的美三项来讨论：

a. 声调的分析　声调有音色，音量，音质，音调，音度，音势，音律等分别，前四者在戏剧里是不可少的，但是于演讲里却没有甚大关系，所以我们只要研究音度，音势，音律三项就够了：

1. 音度(Pitch)　音度就是音的高低，凡稍懂音乐的人，没有不知道的，通常在音乐中有四种音度：

一、最高音(Soprano)

二、高音(Alto)

三、低音(Tenor[①])

四、最低音(Bass)

有许多人因为听见各人说话的声音不同，就怀疑这四种高低不能包括人类的音度，其实那只是音色的不同，不是音度的不同。要知道这四种高低能不能包括人类的音度，只要看礼拜堂里几百人一同唱诗的时候，是不是同钢琴相和合？还是有几百个

① Tenor：原文作“Tennor”，疑为“Tenor”之误。后同，不另作校注。

音度？既相信了这几百个人的音度是可以一致的，那末也就可以相信这四种高低是可以包括人类音度的。不过并不是说世界上有这样四种人，一种是用着最高音的，一种是用着高音的，一种是用着低音的，一种是用着最低音的，平常每一个人就有这四种音度中的三个音度，大概女人用最高音，高音，和低音三个，男人用高音，低音，和最低音三个。倘若再不清楚，就可立出一张表来：

	低音	本音	高音
女人	tenor	alto	soprano
男人	bass	tenor	alto

2. 音势(Force)　音势就是音的轻重。可以分为三种：

一、重音

二、中音(即音势本音)

三、轻音

这三种重轻无论音度的高低都有分别，每一个音度有这三种音势的变化，所以四个音度和三个音势就有了十二个变化了。

3. 音律(Movement)　音律就是音的快慢，和音度，音势一样也可以分为三种：

一、快律

二、中律(即音律本音)

三、慢律

音律也无论音度的高低和音势的轻重都有分别，音度和音势的变化已有了十二种，这十二种再和音律变化就使每一个字有三十六种读法。譬如：

音度 / 音势 / 音律	Soprano	Alto	Tenor	Bass
	重中轻	重中轻	重中轻	重中轻
快	人人人	人人人	人人人	人人人
中	人人人	人人人	人人人	人人人
慢	人人人	人人人	人人人	人人人

b. 声调的标准　刚才已经说过弦乐的难是难在没有一定标准，可是声调所以更难者，就是难在更没有标准，不过倘若肯下苦工去学，当然也可以找到相当的标准的，这种声调的标准当根据声调的分析而定：

1. 音度的标准——音度的标准就是音的高低的标准，可用钢琴上的键来练习，从

bass 到 soprano 共有二十八个高低不同的音键在钢琴的中段，另外虽然还有更高和更低的，但是那些音在平常说话中是不会听见的，正和中国京戏里的旦和净一样，他们不是自然声带发出来的音，所以不能算它是人类的音度。前面已经说过每一个人有三个音度，一个是高音，一个是低音，中间一个是本音——本音就是最自然而没有变化的音——平常女子都用 alto 做本音，男子都用着 tenor 做本音，不过老年的女子，声带破裂，多与男子相同用 tenor 做本音，而未发育的男子，声带未变，多与女子相同用 alto 做本音。也许有人以为这种练习标准太机械板滞，喜欢随意自定一种高低的标准，那当然也可以算为音度的变化，不过我们时常遇到有许多很年青很美丽的姑娘到讲台上用 tenor 做本音，和声带破裂的老太婆一样；也有许多很肥胖，长着白须发的老年人到讲台上用 alto 做本音，和没有发育的小孩子一样。前者很容易使听众听得厌烦，用一股热气来换一股冷气；后者很容易使听众捧腹失笑，把庄严的会场空气打破。诸如此类的毛病都是他们太过聪明，不肯把艺术用机械的方法来练习。

2. 音势的标准　音势的标准不像音度样的可用音键作则，比较稍微空虚一点，须看会场的大小而定。音势的分别有重中轻三个，因此我们也得把会场分作前，中，后三排，以便练习：

一、轻音的标准就是能使后排的听众听得一字无误。

二、中音的标准就是把中排在轻音时所听得的轻重使后排听得。

三、重音的标准就是把前排在中音时所听得的轻重使中排听得。若再要加重则可把它给后排听得。

这种标准的分法在小的会场上是不容易辨出的，至少要在三十丈以上的长方形会场才能练习，至于在三十丈以下的会场则可将它分为前后两排，不要中排，法可按上。

3. 音律的标准　音律的标准对于演讲的时间有密切的关系，倘若音律练习准确了，那末演讲时间的长短也就有了自主的把握，所以音律唯一的标准方法，就是拿时表来计算。从电闪和雷鸣的例给我们知道在距离稍远的声音须隔相当的时间才得听到，因此我们研究音律的时候，也须看会场的长短而稍有分别：

一、二十丈以下的会场可以稍快：

甲、快律　每秒钟讲 4 字每分钟讲 240 字

乙、中律　每秒钟讲 3 字每分钟讲 180 字

丙、慢律　每秒钟讲 2 字每分钟讲 120 字

二、二十丈以上的会场应当稍慢：

甲、快律　每秒钟讲 3 字每分钟讲 180 字

乙、中律　每秒钟讲 2 字每分钟讲 120 字

丙、慢律　每秒钟讲1.5字每分钟讲90字

以上所定的时间并不是叫讲员在每一个字上都像唱歌样的去按拍子，那不过一个大概的标准。因为演讲时虽然音律有快有慢，但是平均可以中律做单位。譬如在二十丈以下的会场里要讲十分钟的演讲，那末就可以预备1800字的讲稿；在二十丈以上的会场里要讲十分钟的演讲，那末就可以预备1200字的讲稿。这样决不致毫没把握而临场慌乱了。

c. 声调的美　在音乐中“对照”和“调和”是必需的要素，同时在演讲的声调的美上也是必需的要素，因为演讲的声调和音乐同样的是人类听觉上的作用，所以它们美的要素也是一样的。

1. 对照(Contrast①)　对照就是说音度的高低；音势的轻重；音律的快慢；都要有相当的对比。譬如我们看画的时候，看见一样红的东西，放在红的背景上就觉得模糊不明，放在绿的背景上就觉得非常清楚，这便是对照的功用。声调也是一样：在应当高的时候，就得高；在应当低的时候，就得低；在应当重的时候，就得重；在应当轻的时候，就得轻；在应当快的时候，就得快；在应当慢的时候，就得慢；要是从头到末都是一样底快慢，一样底轻重，或是一样底高低，那末就和红的东西放在红的背景上只见一片红色一样，不但光是模糊不明，还很使人厌烦。声调的对照和讲稿里的高涨(第一章第f节)很有关系：凡是遇到平凡的，不要紧的讲词，都可用低的音度，轻的音势，快的音律的声调；遇到高涨的顶点——无论情感的高涨，事实的高涨，或理论的高涨——则可用高的音度，重的音势，慢的音律的声调以对照之。

2. 调和(Harmony)　把红的东西放在绿的背景里明显果然明显，但是太觉触目而且机械了，太触目和机械是反而有损于美的，应当使绿的背景上带些红的影响，使红的东西上带些绿的反照，这样才有了调和的意味。声调也是一样，不要以为前一句是重要的，后一句是平凡的，就骤然对照得非常明显，这种毛病在教会化的讲员最容易犯，他们最喜欢在很重很高很慢的声调后面，接着很轻很低很快的声调，这非但不能增加声调的美，反而使人触耳，所以应当渐渐涨落为妙。声调的“对照”可以依据讲稿里的高涨，声调的“调和”也可以依据讲稿里的关节，无论措辞关节，或结构关节，常常就是“重要”和“平凡”的关节，所以要使声调有对照而且调和，就应当多注意于这重要和平凡转变处的关节。

---

① Contrast：原文作“Contrect”。

第三　动作的研究

从生理学和心理学上的研究，人类的动作有两种分别：一种是意志动作；一种是反射动作。意志动作是由大脑发出来的自己意志驱使的动作；反射动作是由外界的感触达于脊髓，再从脊髓反射出来的动作。研究戏剧的动作法和研究演讲的动作法不同的地方也在这一点上：戏剧是两种动作都须研究的；而演讲只要研究意志动作就够了，反射动作不但无须研究，并且应当绝对避去，譬如在讲台上抓痒，打嚏，发抖等都是闹笑话的资料。对于演讲动作的研究可以分 a. 动作的方法，b. 动作的美，两节来研究：

a. 动作的方法　动作的方法我们可以依着上台到下台的次序来逐项研究：

1. 上台——在上台以前将要上台的时候决不要坐在讲员席上默背讲词，一则在背诵思索时候的那种视而不见的神气，给听众看见了很不雅观，也很不大方；二则这样的背诵不但不能增加记忆，反而会加添慌张。走上讲台的时候，最好双手下垂，头稍前俯，目下视，足轻步，以表示谦恭谨慎。

2. 礼节——无论主席坐在台上，或坐在台下，都应当先在相当的距离处站定，很恭敬地[①]叫一声“主席”，等两人的视线相接时，再行一个 135 度以下的鞠躬。

在台上的地位站定以后，就得向听众行一个 135 度以上的鞠躬，同时给一个称呼。倘若场上有几个整个的团体，那末可以给一个团体鞠一个躬，最客气，最尊敬的在先，同时要有相当的称呼，并且不能弄错席位的方向。不过这种礼法只限于三四个团体的会场上适用，否则在市民大会里演讲，不就要鞠几十个躬了吗？讲完以后最好稍微略等，待自己的声浪完全静没了，或者听众的鼓掌声已经接续上来的时候，然后含笑地[②]退后一步，向听众鞠一个正 135 度的躬，再向主席鞠一个 135 度以上的躬，在鼓掌声中走下台去。

3. 立法——讲员站的地位应当在台的中央，和台的前部，听众视线的中心。站的时候腿不准曲，因为那是意志不坚决的表示，但也无须像军队里的立正那样严肃，最好一足稍前，重心放在后足，身体向前的时候可以把重心移至前足，这样比较容易活动。

4. 方向——讲员站的方向要看会场的形式和讲台的形式而定，平常我们见到的会场和讲台有三种：第一种是易卜生式的舞台，听众的坐法正像一个“口”字形，这和

---

①② 地：原文作“的”。

平常人少的会场里台的两旁不坐人，听众都在台的前面一样；第二种是莎士比亚式的舞台，听众的坐法正像一个“凹”字形，这和人挤的会场里台的前面左右都坐人一样；第三种是罗马式的剧场，听众的坐法正像一个“回”字形，这和平常市民大会里的讲台一样，四面都围着听众。会场和讲台既然有这三种不同，所以站的方向当然也不能一样：第一种易卜生式的舞台我们可以直向前面，不顾左右；第二种莎士比亚式的舞台我们就得还要顾全左右，不过也无须过度。最好是六分之四的动作向前方，六分之二的动作向左右，因为前方的听众与左右的听众的比例，一定在六分之四比六分之二以上；第三种罗马式的剧场虽然四面都有听众，但是我们只能顾全三面，把人数最多的三面算为前方和左右，人数最少的一面算为后壁，也和第二种式子的舞台一样，只要顾全三面就够了，不过它的动作多少的比例却不能和第二种一样，应当三面平均，因为在这种会场里不一定前方的听众比左右的多，也许左方或右方的倒比前方的要多。

5. 行走——讲员在台上如要活动的时候，最好只在前，后，左，右四步之间，因为再前是台口，退后和蟹步都是不雅观的。

6. 躯干——躯干须正直，以表示庄严，胸部须挺出，以表示勇敢而且有自信力。耸肩可以成为潇洒，也可以成为下流。

7. 臂——臂的动作可以分为四部分：

一、肩关节的动作——肩关节的动作就是从肩关节以下的臂的全部由肩关节的运用而生的动作。

例如：开会表决时候的举手。

二、肘关节的动作——肘关节的动作就是从肘关节以下的前臂和手由肘关节的运用而生的动作。

例如：仰天祷告时交叉按胸的两手。

三、腕关节的动作——腕关节的动作就是从腕关节以下的掌和指由腕关节的运用而生的动作。

例如：表示反对的摇手。

四、指关节的动作——指关节的动作就是指的运用。

例如：呼唤时的招手。

肩关节的动作我们可以叫它做大动作，肘关节，腕关节，和指关节的动作我们可以叫它做小动作。凡是讲稿里的高涨点大都是重要的，可以多用大动作；不是高涨点大都是平凡的，可以多用小动作。又因大动作比小动作激烈，所以很适用于宣传性质；小动作比大动作细到，所以很适用于说明性质。

8. 指——指有三种用处：

一、指点

二、计数

三、示义（譬如拇[①]指示优，强，大；小指示劣，弱，小。）

9. 下台——从讲员席走上台去这几步路固然已很不容易，但是从台上走回讲员席的那几步路就更不容易，因为上台的时候是背向听众的，而下台的时候却要面向听众和许多视线交战了。在这个时候，最好的方法是仍旧垂下双臂，俯着头，视着地，蹑着足，平心静气地走回，比上台的时候格[②]外谦恭谨慎。

b. 动作的美　声调的美我们依据着歌唱的美的要素“对照”和“调和”来做标准；动作的美就可以依据舞蹈的美的要素“均衡”“变化”和“节奏”来做标准：

1. 均衡（Balance）　均衡就是动作的均匀；和体重的平衡。

譬如：方向只对听众的一部分；行走只朝单方面；手臂只会用右臂；手指专用食指；那都是动作不均匀的毛病。

又如：在讲台上驼背，弯腰，凸肚，斜肩，歪头，那都是身体不平衡的毛病。

2. 变化（Alteration）　摇头风扇的动作可以算是均衡了，但是它太过机械，毫没变化，倘若演讲的动作也只知道左右，左右……那就和摇头风扇同样的机械了。所以演讲的动作不但尽是有了左右的均衡就算了，还得要有：左左右；右右左；左左左右；右右右左等的变化。

3. 节奏（Rythem）　“均衡”和“变化”是指动作的方法而言的；“节奏”是指动作的快慢轻重而言的。节奏是舞蹈的要素，舞蹈所以有节奏，是因为有音乐可以附合，演讲的节奏虽然没有音乐可以附合，但也有着声调可以附合：

一、动作的快慢——动作的快慢可完全附合声调中音律的快慢。

二、动作的轻重——动作的轻重可完全附合声调中音势的轻重。

以上把演讲的要点大概都已包括在这三章里面。第一章第末节所提出的“真实”和“正直”就是“真”和“善”，倘若在讲稿里有了“真”和“善”，再加上声调和动作的“美”，那就是“真”“善”“美”三者俱[③]全的演说家了。我切望着中国在这舌战很急切的时候，能多多产生几个东方的Domesthenes！

十七年的国庆日，于上海。

---

① 拇：原文作“姆”。
② 格：原文作“更”。
③ 俱：原文作“具”。

我演剧生涯中之趣剧①

袁牧之君本来面目

这真是件很奇怪的事，我自小就那般爱好戏剧，是什么原故很不容易说，说起来怕又是太长，就称我跟它是前世有因缘吧。

六岁以前我住在天津，常有跟着大人出去看戏底机会，虽然我不懂，可是使我认识了它；还记得我曾买了许多刀，枪，虎脸子等东西，咿咿啊啊地学唱，唱给我母亲听，我唱的目的是很不高尚的，至多只是个像从前在君主前演戏讨好的伶人。六岁以后我飘流到南京，上海，济南，青岛这些地方，这些年间我做了些什么早已模糊，不过这是我承认的，就是这些年间，在这些地方使我观察到了各种 type 的角色，那与我后来演戏是很有些关系的。十一岁我回了宁波的老家，在那里念了两年书，这两年中有两件事是可以记一下的，很有趣，很有些像 Thomas Bailey Andrich 的小说 *The Boys' Theater* 中底描写。

记得那时正值抵制日货最盛底时候，各处庙里底戏台上都有学生们在演着爱国戏，他们的戏没有鼓起我的爱国心，倒使我更爱上了戏剧，因为他们的戏使我认识了话剧，我觉得那比京戏有意思，所以回家后就筹备组织个家庭剧社，这剧社里底社员是我，我的妹妹，我们的小使，隔壁底我的远房的侄子，一个哑巴，和哑巴的姊姊五个人。我们的剧场就借那哑巴侄子家里底一个厢房，这厢房分隔两间，前间我们做舞台，后间我们做化装室，观众们都坐在窗外看。我们演戏底方法很有些像 Grodon Craig 的主张，不过不是完全傀儡就是了。五个人中有一个是有灵魂的，那自然就是我自己，五个人只有我一个人开口，其余四个只是不声不响地站着，遇到必要底时候，就把他们的衣服换给我，他们的地位让给我站，我就代他们开口说话。这种戏剧能不能使窗外观众们看得懂或是感到兴趣，那我可不知道，不过我是非常专制的，当他们谈起话来我就要骂，并且又不准他们走开，简直像在使行强逼教育，这种教育下我母亲似乎被我训练成一个很好的观众，她不走，也不说话，只拿着数珠念阿弥陀佛。

---

① 原载《中国学生》1930 年第 2 卷第 3 期“学校戏剧运动专号”。本文所插图片及说明文字为原杂志所登。

这家庭剧社使我感不到兴趣，于是就想在学校里活动，正好那时也有人在筹备演戏，我就很高兴地加入了进去。他们计划是演一出爱国戏，一出趣剧，趣剧里需要一个女角，要叫我演，当他们来对我说底时候，我似乎是受到了一种莫大的侮辱，后来费①了他们许多口舌，才答应了下来。当演底那天我问那哑巴的姊姊借了一身衣服，问母亲借了一枝假发，和一片披发，又问我的七十多岁的一位老姑母借了一个假发头，她是一个脱顶，她的头借了给我害她一天没有了头不能出房。上演以前四五个人帮我化装，弄了一个多钟头才装像了个女人，于是上台了。剧场是在一个同学的家里，观众都是他们家里底人，他们是个大家庭，所以足足坐满了一堂，又加之一半都是女人，我上了台自然就身不由主了，话一句也说不出，急坏了后台老班，代我开起口来，这种比提线戏好上不多比双簧还不如的戏，自然腾笑下台了。接着又上来了个男角，使劲冲过来把我一碰，他自己也倒了下去，我也倒了下来，这一倒，竟使我站不起来了，因为费②了一个多钟头装好底女像已狐狸尾巴现了真身，我的头已落得跟我姑母差不多了，于是这出戏也就演不下去，台下都个个捧腹起来，有一位刻薄的观众还大声地嚷着说："这倒是金字招牌的趣剧呢！"

十四岁我来了上海，进了澄衷学校，那里每星期有周会，很有演戏底机遇，不过起初都是胡闹的，后来渐渐的懂些了，演底戏也都有了剧本。一次排演胡适之的《终身大事》，我担任了里面底田亚梅女士，上台前化装得非常好，简直不再像个男人了，将上台底时候，我在台角下小便，我的两个外甥女和她们的两个女友来找我，见了我把她们都惊呆了，因为她们没有知道是我，当了真的女人，③以为那是不可能的。这件事直到现在还被她们引为笑柄，凡是听说我要演戏，她们总笑着提起这事。

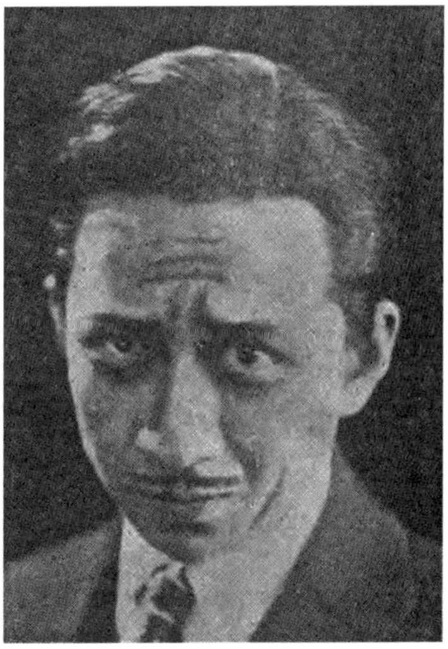

作者化装 Ronald Colmon

从我演了《终身大事》以后，我得到了一个很不雅的绰号，叫什么 SP。以后我很少有机会演男角，差不多总派到我演女的。那时戏剧协社底陈宪谟也在澄衷念书，他就是戏剧部底主任，我和他合演过好几次戏，可是自从演了《孔雀东南飞》以后，我们从戏里的假情感生了真情感，发生起同性爱来了。当然他是属阳的，我是属阴的，因为他什么地方都

①② 费：原文作"废"。
③ 此处逗号为编者所加。

比我强得多。我们的爱全校的人都知道，说了许多坏话，造了许多谣言，其实我们是连一个接吻都没有的，那不是我不肯，是他从来没有要求过，假如他要求，我相信我是会答应的，因为我那时实在爱他。

从前明星影片公司底周履安，那时也在澄衷念书，也曾一同合演过好多次戏，有一次我们合演《爱国贼》，他演那里面底老爷，我演那里面底三姨太太，当在台上演出底时候，履安时时加出了许多动作，那是排演时所没有的，他叫我把手给他，叫我坐近些，叫我把头枕在他的肩上，叫我把烟燃着了给他抽，叫我替他扣马褂上底扣子，我还记得除了剧词以外，他加了许多像：替我扣一扣，我手痛，这种剧词；不过这种剧词台下是听不见的，只有我听见，我因为要使戏成功，所以都照了他说底做去。

从这次演戏后，我知道履安也爱了我了，不幸我们后来没有爱成，因为宪谟还在校里。

后来我离了澄衷，进了东吴，当我做新学生的时候，就遇到了一个演戏机会，也不知他们怎样知道我会演戏，把这事交在我肩上，我就选了侯曜编的《可怜闺里月》，这次我投了个男胎，演那戏里的军官，有一个姓施的，叫施从厚，他后来也入了电影界，他做我的太太，他是一个非常女性化的男子，因为，我和他发生了同性爱，这回却是我做阳的了。我和他爱的时期很短，因为我很笨，常把事情弄巧成拙了！不过我生平底第一封情书却是写给他的，可惜我没有留稿，早已忘了说些什么了。

此外我加入了辛酉剧社，这才使我开始成一个正气的爱美剧家。我加入的时候，正好他们在预备第三次公演，公演三出独幕剧，后来又加入了一出《酒后》叫我演，这是我第一次和女人演戏，所以非常地用功。上演底那天，宪谟来帮我化装，化得我太漂亮了，几乎那时惊呆了几个人。马彦祥就是其中底一个，他演《亲爱的丈夫》里的太太，朱穰丞演他的丈夫，他见我化得像个先施公司橱窗里的蜡[①]人一般，就禁不住说："你太漂亮了！"穰丞听见了就说："不得了，我的太太快逃跑了！"这时大家笑了一阵也就完了，谁知晚上朱夫人也禁不住脱口说了出来，她说："袁先生是实在太漂亮了！"不知这话又给穰丞听见了，他于是大笑着说："啊呀！这可真的不得了，我的真太太也要逃跑了！"这时大家也笑了一阵就完了，而我却受了伤了。自此朱先生的府上就多了一位不速之客，朱夫人实在拿我另眼看待，与其余朱先生的朋友不同，我的去朱府的时候，总有糖，饼干，牛奶，咖啡等东西吃。穰丞是个聪明人，自然很了解，他并不为意，只是常拿他演底《亲爱的丈夫》里底剧词背诵，他说："一个人结了婚后，从来不来的朋友也都来了；他们的来不是来看你的，是来看你的太太的。"不过他这些话起初倒很苦了我，后来也不以为意了。有时我也背些我演底《酒后》里底剧词给他

---

① 蜡：原文作"腊"。

上：作者化装 Adolph Menjou

中：作者化装 Douglas Fairbank

左：作者化装 Charles Chaplin

右：作者化装 John Barrymore

（荣华照相馆摄）

John Gilbert(荣华照相馆摄)

作者化装 Courad Veild 要哭不能只能笑(荣华摄)

Lon Chaney(荣华照相馆摄)

Harold Lloyd(荣华摄)

听，我说："吃醋也有吃醋的味儿，假如一个人完全不吃醋就和一个人完全不喝酒一样地干燥无味……不过难道一个女人结了婚就不能向另外一个男子表示她的意志的自由吗?"朱夫人也是个聪明人，自然她也很了解；不过她没有剧词可背，只是笑着。

前年八月半，一个皓月当空底晚上，我在市政厅重演《酒后》，这次配演底不是顾震，却是李璎，我和李璎认识是在暑期里，已有三四个月，爱情已到了很高的程度，可是我们严守着秘密，什么人也不让他知道，就跟我很接近的穰丞也没有知道，那天我又叮嘱她不要叫我名字，叫我袁先生，我也很客气地叫她李小姐，在后台我们是瞒得很好了，谁知在前台竟会瞒不过人，被他们在演戏底中间看了出来。当剧演完以后很多朋友进来对我们说："祝你们成功!"从他们说话时底表情，我知道他们这句话是Pun，给他们看了出来了。李璎本答应和我一直配戏下去，但是好事多磨，她不久竟为了她的不得已的苦衷，和我分离了。

上述这些片段都是我常常和人提起的，此外我还演过好多戏，而每次演剧，又至少有一二件有趣的事；不过有的太琐碎，有的早忘了，有的又有不能说的苦楚。

所有我演底戏中自然《酒后》我是最满意的，因为那是最甜蜜的，Goethe① 说得好："人生最痛苦的事是过去甜蜜底回忆。"真是不错；不过他又说："甜蜜的是未来甜蜜的幻想。"是的，不久将演一次甜蜜的戏，也许会比《酒后》更甜蜜的，那时我第一个要报告的，自然就是我的朋友中国学生。

自从演了《酒后》，我明白了爱情与艺术底关系，我曾在我的日记簿上有几句似诗非诗的东西写着，现在抄在下面，② 就算是本文底结束吧。

我的心里③老搁着一架天秤，
一个盘子里是艺术，
一个盘子里是爱情。
他们有时像姊妹样地同歇同行；
有时却像仇敌样地相争相竞。
当他们是姊妹时，
那天秤的杠杆保持着平衡；
可是当他们是仇敌时，
那杠杆就摇曳不定!

---

① Goethe：歌德。原文作"Gothe"，疑误排。
② 此处逗号为编者所加。
③ 里：原文作"理"。

我也就很难左右，
到底哪[1]头该重，
哪[2]头该轻？

一九三〇，二，十九

①② 哪：原文作“那”。

给后方的情报[①]

我爱：

我已上了南京了，一切都很好，只是一件事是被骗了，我说给你听，也许你会失望的。

昨天我一到了车站，便有两个团体来欢迎我们。并且照了一张相，据先来底人告诉说一切都顺利，只是改了期，改到了二十三到二十五，那么我是至早到二十六底夜晚才能回了。

多了五天原是不能算什么。不过这次底[②]事是太为难了，你不是三十号要去考底吗？这次你若考不取那会和你我预计底生活方式有莫大的影响！我预定是保你能够考取的；为了排戏把替你补习底时间打去了不少，不过我是以为二十号就能回的，以为十天内还可以拼一下会替你补好的，谁知现在要到二十六号才能回了。你进学校底事怕又会成了空戏了，为这事，我真恼。

这回改期底事是这样，彦祥学易来京后就知道原定公演日期有很多不能上演底困难，他们废了些斟酌就定了现在底日期，他们因为恐怕这事给后方知道了会扰乱，丧失了原有的勇气；于是严守着秘密，把我们骗上了前线了。现在，我们所有的人都挤在两间屋子里，所有的人都是欲逃不得，只得死心一条，预备各拼其命，真混蛋，学易和彦祥，把我们都骗上了前线来。

可华是二十一起便要大考的，汝堂是只请两天假来的，会计处底洋箱钥匙都在他身边，荫恩是二十三要开学的；倬云是正好刚得着职，这一来许又会失了去；凡是正在追求刚得底时候，很有一天难离底神气。庆森更是可怜了，他失业了很久，这次正好将有个机会，但因延了期，这机会又得失去了。总之，什么人都生着问题，就学易彦祥自己也是有着很多问题的。

可是，既这样我们为什么要在这儿逗留呢？这就是我们的精神和组织，我们这儿没有什么领袖，更没有什么章程，职权虽是分划开的，然而不是他职权范围之内，他也可以越责干，只要是对团体有利的。

因此，这会被学易彦祥驱上前线来底十多个人没有个不把私事丢在脑后，而附和

① 原载1931年1月22日《中央日报》，署名“牧之”。

② 底：原文作“祇”。

了他们的欺骗。

现在我们的队伍已到全了，每人都忙着团务，除了写几封信以外，再没有人有闲牵挂着后方。

我爱，你看我们的精神是多么的有力！我相信你会赞同我们的。为了这件事便是使你荒去半年学，你也应当为了我，为了我们，更为了“戏”而说一声愿意。

望你来信给我们些鼓励的话，更祝一声我们这一战底胜利。

请准备接这将凯旋的一队吧。

一，二〇

舞台工人介绍[①]

我们这次演戏底两位木匠——阿华和他的助手麻皮——是值得介绍一下的。

阿华他是复旦大学底木匠，自从复旦剧社成立以后，所有的布景都是他一手制成的，当复旦剧社演《春假》《私生子》《青春的悲哀》《一只马蜂》四出戏底时候，他便担了这个任务，自此他知道了做布景的诀窍，后来复旦演《父归》《白茶》《礼拜六的下午》《女店主》《寄生草》等剧底时候，就有他许多创造在里面，更不容易的是最近复旦上演底《西哈诺》一出大戏，当那戏在新中央将上演底一天我去那儿，见他两眼都血一般红了，他说他那几天不但饭没有好好地吃，连睡都几夜不曾睡了，然而他还没有半句的怨声，他还是精神百倍地提着锤子在打，好像 Viking 时代底摇船底领袖般地在打。

也许他是为金钱而甘愿这般耐苦吗？许是有人会这般地猜想，因为为着金钱不吃饭不睡觉底工匠们是很多见的，但是他不是，因为他知道这不是件有利底事，不惟没有利还是该亏本底事，复旦剧社自从演戏来不知欠了他多少的债了。

所以我敢说，他虽是个职业的木匠，但当他在装置布景底时候，他是和我们一般地感到戏剧底兴趣的，他的肯牺牲，也是为了这兴趣。

因了他这一点，所以不但复旦剧社请教他，就是辛酉最近的难剧运动底三出戏——《文舅舅》《狗底跳舞》和《桃花源》——也是请教他的，更近的劳动大学底江湾戏剧春会也是请教他的，他不但对于复旦剧社有相当的历史，他还是上海各剧团里底很大的助手，人家请教他并不是因他肯亏本，是为了他对于戏剧底兴趣，为了他有创造力。

他对于戏剧有兴趣，而且是很浓厚的兴趣，我是最近才知道的，因为最近我们辛酉难剧运动底时候才有和他合作接近底机会，当我们上演《文舅舅》底时候，他和他的助手麻皮——我不知道他名字，只知道他叫麻皮——拿着剧本在后台对照，在戏演完后他们还指正了我们许多念错底地方，自然，这种指正并不是一种艺术底批评，但因为他们对于我们这种戏剧底欣赏有过相当的训练，他们给我们的指正也不是完全无谓的，有地方也有相当的可以接受的，自从那次后我跟他们便熟了，那麻皮更对于表演感到很浓的兴趣，他要我教他打呵欠和狂笑。结果狂笑他虽学不会，呵欠我可教会了他了。

演《狗底跳舞》那一天，因了某种关系，把麻皮拖上台去充当粉刷匠，我那时正眼

---

① 原载 1931 年 1 月 24 日《中央日报》，署名“牧之”。

泪鼻涕拖满了脸，我很凶地赶着他们走，我以为他会见我那副样子笑出来，谁知他倒比我还严正，我倒还有闲在心中想到这些事，他却在台上演出了剧中所需要底害怕，踌躇，畏缩等情感，因此在演后竟有很多人问起是谁底粉刷匠，说是不但化装像，并还在他的脸上显现了劳工底神圣。

真是，这两位木匠是有些与众不同的，是值得介绍一下的。

看了《城市之光》以后[①]

不知道是否我的偶像崇拜呢还是什么缘故，每次看了卓别麟底影片总是引为非常满意，最近南京开演底 *City Lights*[②]，也赶得去以先睹为快了。

看后感触底几点是：

关于有声无声——自有声电影盛行后，卓氏曾在百劳威各戏院接连观上六阅月，结果他感到有声所失败之处，他就以文字反对有声影片，这本 *City Lights* 便是他欲在有声盛行之时拿这张无声片来互相驱驰，结果，观众并无因他无声认为落伍，其冒险胆大是不能不佩服的。

关于音乐——据说片内所有音乐都是他自己编制的，像开幕时之各个演说员之发音，我认为是无以再佳，在艺术方面讲，若完全哑口无声则未免太不像真；若句句话出则又非全剧之必要。维如此则艺术之经济既合，又助长其滑稽剧之滑稽成分；另外在意义方面讲，卓氏难免含有嘲笑此种仪式演说之无聊！

关于趣剧悲剧——卓氏底戏本是趣剧，但不知道怎地当我看完出来像是看了一出悲剧样地有良久的沉默。雨在头上洒着也不觉得，打跑马厅绕了个大圈子，这也许是我看戏太主观了的缘故，但他的戏实在是太深刻动人。譬如他用在剧中底两个主角，一个是看不见城市之光底盲目女子，一个是享受不着城市幸福底无产男子，因此全剧就无处不叫人有同情之感。开初他虽穷，但快活自在，观众倒对于那女子有无限怜悯，末了那女子双目重明，他由牢狱出来，两人偶然见面时，观众就把[③]全部同情心移在他身上，全剧也就在他哭一般的苦笑中告终。这就是他能把握观众情绪的地方。

关于意义——卓氏的戏所以能受全球各种阶级，有产无产，智识非智[④]识——所欢迎是有他的原因的：——有产阶级和非智识阶级是娱乐；无产阶级爱观他是因为他始终是代表无产的被压迫者；至于智识阶级则喜欢他滑稽中深含的哲学(譬如盲目女子当他是一个富家子，和富翁忽儿和他如至友，忽儿装做不认识都是深刻含情)。全剧之中像跳舞场以纸圈当面，似乎还不脱胡闹，但有人说，假如连这些也去掉，那末卓别麟将不成其为卓别麟了，我觉得这话也对，但是我还希望他去掉这些。

---

① 原载《文艺新闻》1931 年 5 月 18 日第 10 号，署名“牧之”。
② City Lights：原文作“City Jigts”，恐为误植。
③ 原文此处衍一“就”字。
④ 智：原文作“知”。

舞台化装与银幕化装[①]

戏剧必需化装底目的，有拙作《戏剧化装术》(世界书局版)里已经说过，这里不妨再来叙述一遍。

我们要知道戏剧的化装目的之前，先得把生理上的健全和病态，人相上的美丑，善恶，和苦乐，先作一番[②]研究。把体格上的，容貌上的这些区别划分了标准(譬如体格健全的标准已有西方雕刻家评定了；男子是根据 Apollo 的像，女子是根据 Venus 的像，容貌的美丑也有美术家定了长阔的比例和侧相的标准，至于善恶苦乐则也可以拿相学作为参考，虽然相学多少有些无稽之谈，但也不是完全没根据的)，然后把健全，美，善，乐假定为正面的，把病态，丑，恶，苦假定为负面的，那末戏剧的化装目的就很容易解答了。

戏剧的化装目的有三：

第一是正面的(Positive)化装——那就是演员的本身(这自然是局部的比较，并非整个的)是病态的，丑的，恶的或苦的而为要适应剧中人的个性起见，需有趋于健全，美，善或乐的化装。

第二是负面的(Negative)化装——这正好是与第一种相反的化装。

第三[③]是夸张的(Exaggerative)化装——这是演员的各种恰合剧中人的个性，本可以无需化装，但因为要避免灯光的影响，和使最后一排的观众也能看清脸部(所以这一种化装要看剧场的大小，定夺夸张的程度)的两个理由，也需要有把各部加浓的夸张的化装。

上述的三种是舞台化装的目的，至于银幕化装的目的也同样是这三种。假如银幕的演员本身上某点是负面的而剧中人是正面的，那末就需要有正面的化装，倒过来也就同样需要有负面的化装，夸张的化装也是同样地需要。不过银幕化装的夸张目的和舞台化装的夸张目的有些不同，那因为银幕的配光与舞台的配光不同(关于这点往下讨论光的时候再谈)，而且银幕可以用 Close up 的方法将面部放大，不会使末一排观众看不清。然而银幕化装也需要夸张的理由是在于：

第一，也是光的关系，譬如过弱的光会使脸上的各部不明显，所以需要夸张的化

---

① 原载《矛盾》1933 年第 1 卷第 5、6 期分刊“戏剧专号”。
② 番：原文作“翻”。
③ 原文此处误作“二”。

装，又如过强的光会冲淡了眉毛的黑，所以也需要夸张的化装。

第二，是为着下 Film 的感光关系，也需要把脸部夸张一下，譬如上平常的照相馆去拍照，他们有时也会叫你扑些粉以除去脸上的油光，或加浓一点眉毛的黑和嘴唇的红。

我们既弄清了舞台化装与银幕化装的目的，其次是该讨论舞台的光与银幕的光了。

我以为如果没有光就没有了色，没有了色也就没有了化装，所以光和化装师是有着极密切的关系。

舞台的光虽然有时也有用一个 Spot① Light 专跟着一个人打，但是这终究是很少用到的，平常总是死装着的，这些死装着的光因为要照明布景的全面及每个演员的各部分，所以常把光弄得很平均（虽然现在已经有很多人实行废除顶光和脚光，但是也还是不能怎样近于自然），使演员的脸部成了一个平面，失了自然的阴②影的舞台化装要避免光的影响（譬如加深眼圈便是一例）。这便是第一个理由。

舞台的光又常因各种的关系（例如时辰，感情，象征等关系）采用各种色光，以致脸部的色起了变化，舞台化装要避免光的影响（譬如白光底下不要把底子打得太白，黄光底下底子就可以稍白）。这便是第二个理由。

总之，舞台的光是为整个的舞台面而装置而配色的，所以舞台的光有影响演员的脸是得用化装来补救光的影响的。

银幕的光，那正好和舞台不同，银幕是局部的，片段的，它可以一个景有一个景的配光，所以银幕的光不但能够不损害化装，有时还能够帮助化装所不及的地方，譬如一个太狭的脸可以在两耳之前打上两道的光就能使脸儿阔，下巴太短的脸可以把光从下打上就会使下巴见长。（在银幕上有着很多技巧，譬如灯光还不能帮助化装的时候，还可以用镜头帮忙，像一个短下巴的脸可以想法把镜头放低③，一个太阔的脸可以想法多拍侧面。）

至于色光的影响，银幕中是更其没有。

所以银幕的光有时非惟不损害化装，有时倒反可以帮助化装。

上面所说的银幕化装也需要夸张的两层理由中的第一层，也是光的关系，不过这种情形平常很少，普通银幕的光是可以为着一个演员的个人配打的，至少 Close up 就是如此，就是 Long shot 的镜头，人多了不能每个都配光周全，但至少这一景的几个重要者是可以配得周全的，所以舞台的光又是全体的，银幕的光又是个人的。既这

---

① Spot：原文作“Squt”，疑为“Spot”之误。
② 阴：原文作“荫”。
③ 低：原文作“底”。

样，光之于舞台化装是仇敌，于银幕化装却是互助者。

关于舞台化装该怎样避免舞台灯光的影响很复杂，限于篇幅不能多讲，而且我在《戏剧化装术》中已比较的具体讲过了；至于银幕的光能怎样帮助化装，又似乎是司光者及摄影者该专门的学识，并非化装本身的。

顺着次序，在讨论了光的以后，我们该研究一下色的运用了。

依平常的经验，我们打开舞台演员的化装箱和银幕演员的化装箱来比较，我们会觉得银幕演员的化装箱要比舞台演员的简单得多，至少在色的方面。

这因为舞台的化装是直接的色的表现，不但要把人脸上的天然的色(像黑的眉毛，红的嘴唇，青的须根，玫瑰的颊)全都表现出来，并且为夸张化装的关系，还得用着Brown，Gray，Violet，Purple等色的眼圈(虽然天然的人脸上不会有这些颜色的眼圈，但因眼眶深陷的程度在人目的感觉上会呈现了这些颜色，这在一个研究过绘画的人就知道怎样在一件物体上看出各种的颜色来表现于画面)。更因为舞台的色光关系，各种不同的色是更不可少了，譬如我们要画一个Violet的眼圈，在白光之下只要一根Violet的油彩就行了，但在带红的灯光之下，我们要一个Violet的眼圈却不能再用Violet，得多一根Blue的油彩来代替，因为带红的光打在Blue上正好是我们所需要的Violet，打在Violet上就变了Purple了，虽然Violet和Purple都是红蓝的配合色，可是配合的成分不同，Violet是红的成分少，Purple是红的成分多。

银幕演员的化装箱中的色所以比较得少的缘故，大概是因为银幕无需表现色，银幕是只有黑白的(自然这是指素色片，不说是有色片)。这也是实在的，在银幕中，所有的色都变了黑白了，譬如红色在银幕上便变了黑，粉红会变了灰。以先进的演员经验告诉了后进的演员，要脸上的某部消瘦可以用粉红，要脸上的某部深陷可以用红色，因此，银幕的演员拿一根红的油彩来替代了其他的皱纹油彩(Lining Paint)。

这是很经济的，用一根油彩可以替代了其他的油彩，然而是不是为了经济而这样呢？我想不是的，要是为了经济，那末既是银幕都是黑白的，就用了黑来替代一切不更好？深的黑可以深陷，浅的黑就是灰，可以代粉，而且画眉毛点嘴唇也可以用。但是银幕的化装却并不用黑来代替红，却用红来代替黑，其原因当然因为红比黑的好，其所以好的原因就是一点值得研究的问题。

色有三个要素，那就是色相，饱和度及明度。

色相(Hue)就是色的种类，譬如用三棱镜来分析①日光就呈现了赤，橙，黄，绿，青，蓝，紫七种色，如其再由这些色互相配合起来，就有了数百种不同的色相。

① 析：原文作“晰”。

饱和度(Saturation)就是各种色相的最纯粹程度，譬如红色有红色的饱和度，不饱和的红便变了粉红。[平常在绘画中这又叫做调子，譬如一种饱和的色相用水或油冲淡，成了不饱和就叫明调子(Tint)，如其加黑而使其变暗就叫做暗调子(Shade)。]

明度(Luminosity)就是各色相的反光程度，各相色虽然都在饱和程度，而它们的反光程度有着不同，换句话说，就是它们的明暗有着不同，譬如以光带分拆出来的七种色相来比，黄色最明，绿色其次，紫色最暗。

以上是色彩学上的三种要素，那用于绘画是有着极重要的关系，于舞台化装也是有极重要的关系，于银幕化装看来似乎是没有什么关系了，然而不，虽然这三种要素中的色相对银幕化装无甚关系，但是饱和度及明度是很有关系的，因为明调子的色和明度高的色是易于在 Film 上感光的，暗调子的色及明度低的色是不易在 Film 上感光的。白色是明调子也是高明度，是易于感光的，所以平常拍照的时候用快镜头，黑色是暗调子也是低明度，是不易于感光的，所以平常拍照的时候用较慢的镜头。白是化装中用以显著的色，黑是化装中用以深陷的色。由此例，我们在银幕的化装中得用易于感光的色来显著，用不易于感光的色来深陷，换一句话便是用明调子及高明度的色来显著，用暗调子及低①明度的色来深陷。

或者有人说，银幕既是只有黑白，何苦要把许多颜色都加以研究呢，只要随便用哪②一种色相，用它的明调子来显著，用它的暗调子来深陷，不也是一样?

这就回到刚才的题目上去了，银幕化装之所以不用白色来显著用黑色来深陷，而用红代替黑，用一种特制的黄(Cinema)来代替白，这是因为白色的明度太高了，黑色的明度太低了。

对于这点，我曾和一位朋友讨论过，我觉得如其我们研究出了各种色彩在 Film 上感光的软硬，那末所有的色在银幕化装中都会有不同的最适当的而且是非它不可的用处了。我不知道会否已有明者早将许多颜色的硬软存了研究，也得不到相当的参考，自己又正在研究中，尚不敢把各种的色具体地列出一张软硬比较表，但是，用红代替黑，用黄代替白，是因为红黄的色比黑白的色比较软，是我认为不会错误的。

我对于银幕是从未尝试过，不过在两年前为要成就十张照片，曾费过三星期的工夫，下过一翻苦功。以那次的些微经验，及道听途说得，书本上所见，关于各种色彩在 Film 上的变化，可以拉杂地写些在下面：

饱和的红在银幕上变成了黑。

---

① 低：原文作“底”。
② 哪：原文作“那”。

不饱和的红变为灰。

灰有两种：一种是黑灰，是黑白两色配合而成的，一种是青灰，有蓝的成分在里面。青灰比黑灰拍出来较淡。

极淡的蓝拍出来会变成白的。

极淡的黄也会变成白的。

淡黄可以变为一种柔软的白。

棕色，深绿色，紫色，会变成黑色。

要是怕淡黄太白，用很淡的粉红比较好。

棕色，深绿色，紫色，会变成黑色或暗色。

我们第一谈了目的，第二谈了光，第三谈了色，其次该讲一讲用品了。

舞台的化装用品多，银幕的化装用品少，这是平常的现象，但是若把颜色在底片上感光的软硬分别出来以后，那么所有的色也都有用了，舞台和银幕的用品也就应该相仿的多少了。

因了舞台的化装是远看的，银幕有时要拍 Close① up，要近看的，所以舞台的化装可以粗糙(Rough touch)，而银幕化装务必细致(Careful touch②)，由此，各种间接的用品(因为便于分别起见，我们把底子油彩，皱纹油彩，面粉，油灰，绉纱发，牙膏等化装时直接用的东西，都称为直接用品，把酒精炉，火酒，火柴，剪刀，粉扑，刷子，纸笔等间接用的东西，都称为间接用品)，倒是该比舞台化装特别齐备的。

譬如粉扑，在深色的粉缸里用过的再到浅的粉红里去用，会把第二种颜色加深的，倒过来也就会变淡的，这在舞台的灯光之下，相去一点有时或者不甚要紧，但在银幕中，银幕虽没有色，可是深淡就不同了，所以粉扑该特别的多。

粉刷，在舞台上化装有时没有就用粉扑来代，有时不免要把眉毛拖阔或拖长一点，把眼圈的深色弄到了面颊上来，这自然是极些微或极淡的一点，深了自然舞台化装也不允许的，可是在银幕中一个 Close③ up，就把舞台的第一排观众也看不见的东西都放大了出来，所以在银幕化装中粉刷是决不可少的，不但如此，而且也要像粉扑一样地弄得干净。

牙签，在舞台化装画皱纹的时候，没有牙签就可以用火柴来代，但是火柴要比牙签粗，所以舞台化装能允许，银幕化装却不能，银幕化装画皱纹的时候定得用牙签，并且最好是牙签的狭的一面。

---

①③ Close：原文作“Crose”。

② touch：原文作“toues”。

眉刷，舞台化装有时不用画眉膏和眉刷是不要紧的；可以用画眉铅笔或黑油彩画上就得了，但是这样的眉毛常拼在一起而不自然，用Close[①] up放大起来定要看出破绽来，所以务须用眉刷去画顺它，而且不让它粘在皮膏上。

纸笔（Paper stump），是银幕化装最重要的，因为银幕的化装不能让看出边缘来，须得用纸笔细细地修过，譬如眉毛，皱纹等，都不能让它们生硬地在底子上划分出来，定得使它渐渐地淡化而和底子调和。这种纸笔也应当和粉扑一样，每一种颜色用一枝[②]纸笔，最好一种颜色的深淡也分出几支纸笔来，这样在运用的时候才不致有失望。（纸笔在中国是没有得买的，上海画锦里买的画眉膏里有一支这样的东西，我想叫纸扎店里定做也一定可以的，不然多用几支毛笔，把笔头用胶水胶起来，用的时候需要多大的头再把它开了。）

在谈了用品以后，该一谈手术了。

上面已经说过，舞台的化装可以用Rough touch，银幕的化装须用Careful touch，因此手术上也就不同了。

譬如，底子，舞台化装打底子的时候可以把油彩在脸上各部先涂上很粗的几条，然后用手涂开，这样的涂法，底子不会十分地匀，不过舞台上稍微不匀没有关系，观众不会看出破绽，但银幕要拍Close[③] up，要把脸部放大起来，会看出不匀的，所以得将油彩先涂在手心上，然后用另一只手的食指粘一点油彩，淡淡地一层层地点在脸上，这样就比较的匀了。

眼圈也是同样地搽[④]，也是先把油彩涂在手心上，不过可不是用食指来涂到脸上，最好是用小指来涂上。

除了底子用食指，脸颊的胭脂用食指，在银幕化装中涂匀别的地方，都用小指比较好，因为食指太笨大，小指比较灵便些，自然，也有不惯用小指做事的人，不过能够有一番[⑤]训练最好。

皱纹，在舞台化装中可以把脸当一张画布任意绘画，当然有时也有破绽，但终究还好。可是在银幕化装中就不行了，银幕化装的皱纹是得依据本来的皱纹加深的，不然在一块光光的肉上画上生硬的皱纹，在Close[⑥] up中就格外地生硬，所以银幕的演员须得熟练自己脸上的皱纹，平常不需要的时候把这些皱纹藏起，需要的时候再把这

---

① Close：原文作“Crhse”。
② 枝：按现在规范用法量词应为“支”，原文均作“枝”，本书未改。
③ Close：原文作“Crose”。
④ 搽：原文作“揸”。后文统改，不另作校注。
⑤ 番：原文作“翻”。
⑥ Close：原文作“Croe”。

些皱纹用出来，并且用化装品加深一下。

但是，脸部没有皱纹就绝对不能画皱纹了吗？也不然，譬如最近在国泰出演的Scarface便是两条加的，我也是因为知道Paul Nanu的化装本领，专程①去看他这个伤疤的，他是用一条红画一条疤深陷，再用比底子淡一点的油彩在这条痕的边上画一条Highilght，像这样的化装，难的不是那条红的深陷，深陷只要把两端渐渐淡化就不会生硬，这难的倒是那条Highlight，因为那须要用纸笔修成凸起来的样子，并且要一点点底化入底子中。

这一种方法在舞台化装中也有，平常演一个极老的角色，要皱纹更显得明显，就可以用红，紫，或棕先画了深陷，再用白在边上画上一条就显得皱纹的明显，不过那是生硬的，银幕化装得用纸笔修过，并且Highlight的颜色不要和底子相去太远。

这样说，银幕化装的皱纹也可以任意画了？是的，不过除了这些痕疤并不依据肌肉折皱的皱纹可以任意地画外，其余的皱纹还是用真的皱纹加深的好，因为在表情的时候这些痕疤不受影响而牵动是事实上可能的，不会觉得生硬，其余的皱纹则不然，要是在表情的时候也不动，就像痕疤而不像皱纹了，Emil Janning的老角色化装所以成功，因为他的皱纹是真的也是一个原因。

胡子，在舞台上我们把绉纱发剪成了我们所需要的样子，再用酒精胶上就称了事，但银幕上我们常看见西方影片中的老角，他们的胡须是有边缘的，在边缘上我们可以看见它一根根地像生在肉上，自然，有许多角色是真胡子，那我是不会被他们骗过的，不过有几个角色我明知他是做的，但也同样是这个样。

这方法能多费一些工夫我想也不是难事，只要把胡须从下巴起一层层地往脸上胶，最下的浓，渐渐地稀起来，到边缘的时候，多费些工夫一根两根地胶，那就可以有同样的结果了。（这一层，我理想中是可能的，但我这没有试验，所以事实上可能不可能，我还不敢说。）

在最后，我们该研究一下耳目口鼻各部的化装方法②了。

这些部分的舞台化装方法，我已在别处讲过，所以这里不再重复了，现在单讲一讲银幕的方法。

在一面镜子中觉得很好看的脸，上了舞台有时会变丑，银幕是更甚③了，几乎有相反的可能，所以银幕的化装不仅是在镜子中觉得完美就得了，须得熟悉底片的感光作用而化装，尽管在镜子中不美观，在银幕中会是美观的。

---

① 程：原文作“诚”。
② “法”字为编者所加。
③ 甚：原文作“其”。

在新闻片中我们常见人脸都非常的黑，是什么缘故呢？那便是因为不曾上过油彩的关系，红，拍出来变成了黑是已经在讲色的时候讲过了，不上油彩的脸皮下的血球没有给遮住，因此拍出来的时候也就变黑了，这便是务须上底子的理由。

同一个原因，要是底子极小的点没有涂得匀遮住了脸，拍出来就会有一个小黑洞。

要是脸架子太阔，需要弄狭一点儿，那末有两个方法；一个方法是在面颊近鼻处用比底子淡的油彩，这两部分就显得高出，脸就不再显得平阔了，另一个方法是用比底子深一些的油彩涂在耳朵前的颊上，同样地可以使脸见狭。

不过最要紧的，就是那两种深淡底子的相接处，不能有些微破绽，不然会把脸部割开的。

一个太阔的脸要狭，在舞台的化装法是把胭脂搽在近鼻的颊，因为红的易感于人的网膜，这两处就显得高，脸就见狭了。

然而，这样的方法用诸银幕，那末正[①]好相反，脸就格外见阔。

倒过来，一个太狭的脸要阔，舞台上是把胭脂搽在近耳处，那末两腮就突出，脸就见阔了。

但是这是舞台，银幕上就用得以比底子较深的油彩擦在近鼻处，或是用比底子较淡的色彩搽在近耳处。

在银幕中用两种深淡来打的底子，该注意两件事：一件事两种油彩不能相去太[②]远，相接的地方尤其得调和；另一件是两种油彩的比较要在上粉以后也依旧看得出来，因为粉会把它们调和起来的。

假如演员的脸无需加阔，也无需修狭，那么不要用以上的方法，因为淡的油彩比深的油彩有反光，在底片中就会觉得显高了。

假如鼻子太高，可以用极淡的粉红在鼻子从上至下画上一条，使后有反光，那么鼻子就见平了。

要是太平，那末可以用粉红搽在鼻子两旁，使两面瘦削，鼻子就见高了。再不成的时候，鼻子中间再画上一条比底子较淡的 High Light，那就更显得高了。

太长的鼻可以在鼻尖以下搽些粉红。

鹰爪鼻子也可以用同样的方法，并且还可以搽得高些，把那钩子化去。

太短的鼻可用底子较淡的油彩搽在鼻尖以下，鼻就见长了。

---

① 正：原文作“真”。
② 太：原文作“大”。

鼻孔太大，可以把鼻孔边上的鼻毛剃了去，用 High Light 的油彩搽在鼻孔内，那黑洞就见小了。

若要鼻孔大就可以用红，紫，棕或其他的暗色搽在鼻孔内，不过最适当的是紫。

有时两个眼睛离得太开，鼻梁就见得平了。这可在鼻子两旁涂上红或粉红，于是鼻梁的低和眼睛的远都可以同时补救过来了。

这种红或粉红(或其他的色)的涂法，就是眼圈的涂法，用色在鼻梁边上搽个半圆，渐渐的向眉毛淡去，并且在眼皮上向外眼角化去。

要是一个朝天鼻子(就是鼻尖向上的鼻子)也需要用 High Light 加高的时候，那末那条 High Light 就得搽到鼻尖为止，否则，要是把鼻尖也搽了 High Light，那末效果依旧是朝天。

一个双下巴，可以用极淡的胭脂或搽红粉在下巴骨下面，渐渐地向头颈而淡化。

要确定自己没有双下巴，得用两面镜子照一照侧面，如其没有，再试一试说话的时候有没有?

把双下巴用色修去以后，还得用镜子照一照侧面有没有破绽，并且看一看说话的时候见不见破绽?

下巴若太阔，用粉红色涂在左右的下巴骨上，留出下巴尖，下巴就不再太阔了。

下巴若太尖，得用 High Light 搽在左右的下巴骨上面，下巴就见阔。

太长的下巴，在下巴涂粉红。

太短的下巴，在下巴尖上涂 High Light。

有一点得注意，就是用深暗的颜色来修正的鼻子和下巴，只能正面骗得过，侧面是还得借助于油灰的。

嘴唇的颜色最好不要用深红，我们常见电影里女角的嘴唇太黑，便是用色太深的缘故。

在上粉以后用些油搽在嘴上，会觉得嘴唇的滋润有光彩，好像我们用舌头带上的口沫一个样。

美的嘴唇，上下的厚薄要相同，上唇要弓形，人中的底下要留一个白色(即底子)的鹰嘴形。

人中深明可以增加嘴唇的美，要人中明可以用粉红来加深。

上唇太长，加深了人中就会显得短一些。

嘴唇太厚，可以用底子先涂上，然后用红色画上较小的嘴。

眉毛太阔，在舞台上是可以用肥皂浸了胶在眉毛上，待它干了再涂上底子，但银幕中这个方法是否行，我不敢说，银幕最好还是剃狭或钳狭。

完全画的眉毛会在 Close up 里看出破绽来，应当胶上一些碎的绉纱发。

漂亮的眉毛，画后还得用纸笔修一下，并用眉刷刷顺它，使边缘淡化，并且不胶在皮膏上。

上眼皮常搽些深的颜色，目的是对照出眼珠的明亮。

眼皮的画法，是先用较深的颜色搽在内眼角和鼻梁边上，然后渐渐地向眉毛淡去，直至外眼角。

平常画眉毛，最好在画眼皮以后(事实上各人的习惯也是如此)，因为眉毛的色搽太深，画坏了要改会弄脏了底子，所以先把眼皮画上，然后依了边缘的弯[①]度再画眉毛，就比较的可以有个把握。

在从前银幕演员的眼皮都搽得非常深，搽眼皮可以对照出眼珠的明亮是一个理由，是上面已经说过了，其第二个理由便是显示脸部的凸凹，因为太平了不好看，但现在，银幕的演员也把眼皮画得过分的深了。

我以为眼皮是应该搽一下，可不要太深了，尤其是表演东方人，因为东方人的眼眶并不像西方人的那般凹。

搽眼皮的颜色可以用粉红，蓝，紫，棕，或紫罗兰，看角色而定夺。

双眼皮的人在搽眼皮时候，会感到一种特殊的困难，就是搽得很匀的色，因为眼睛一张，在双眼皮的沟里就现了一条深的色，这可以有一个方法来补救，就是在扑粉以前再把它涂一涂匀，然后扑上了粉，就尽管折皱不会再有缺陷了。

外眼角眼皮上的眼圈，该渐渐的淡入底了中。

要是眼睛太大，眉毛又浓而太低，那末眼皮还是不搽为妙，否则在眼眶部分[②]会现出一圈乌黑。

眼睛若是太小，可以在上下眼皮边上用深色画上两条，在外眼角上会合。

眼睛要长，就将外眼角的深色画得长些。

吊眼角(就是向上的眼角)得将那深色在眼角上画平些。

拖眼角(就是向下的眼角)也可以用同样的方法作补救。

太大的眼睛，切忌在眼皮边上画这深色的两条，否则眼睛就格[③]外见大。

在内眼角上用胭脂轻轻地点上一点，眼睛会显得美一些。

睫毛要长而浓美。

---

① 弯：原文作“湾”。
② 分：原文作“份”。
③ 格：原文作“更”。

睫毛要长，可用剪子常修修它，过几天长出来就会比较的[①]长了。

睫毛要浓，可以用化装品来染，还有两个方法，一个方法是用 Cold Cream[②] 先搽在睫毛上，再用画眉膏的黑粉刷上，黑粉就粘上了，另一个方法是用黑油彩在火酒灯上烧熔了，再用尖头的毛笔细心地涂上。

另外也有一种专门染睫毛化装品，那是我所没有用过，我不该说。

平常我们所见的银幕中女角的上层睫毛老往上翻，这是有两个理由的，一个是因为太长的睫毛会匿了眼珠，所以把它翻上，另一个理由是因为下垂着不能显出睫毛的长美，所以翻上。

要眉毛翻上，有一种专门的拑子。但那也是我所不曾试过，不敢武断效果怎样，不过用一个小的挟钳，小心地[③]烫，也同样可以翻上。

睫毛上要有一个个小球，可以在翻上以后，用黑油彩烘熔了，用一支极尖的毛笔，细心地点上。

头颈太粗，可以搽些暗色。

头颈太细，可以搽 High Light 油彩，但明度不能太过高了，定得比底子深些，因为平常的人的头颈总是比脸暗黑些的，否则若明度高过于脸上的底子，那末会不见了下巴，脸会接在头颈上，像一根管子。

一个劳动者，老者，消瘦的颈，可以用 High Light 在喉结[④](自然是指男人，女人是没有这个东西的，不然将成了笑话)上面画个三角(角向下)，再用暗色在底下画一个叉(叉向上)，把这些渐渐地淡化，就会觉得这块东西的特别突出。

假如是女人，那就可把从剑骨(就在两根锁骨的相接处)到两个耳后的两根粗筋显明，显明的方法是在筋上用 High Light，在筋的两面用暗色，再把它们调和且淡化。

平常头颈丰满的人，这两根筋不容易看出，但也有个方法，当画左面的时候将头用力向右面转，画右面的时候将头用力向左面转，这样那根筋就会显了出来，然后照着画[⑤]深或淡。

上粉是得在各部都周全了以后，双眼皮的人不要忘了在上粉以前先修一修眼皮上的深色，修的方法是闭了左眼，用右眼看，左眼修好了，不让睁开就扑上粉，然后左眼再睁就不会现一条沟，于是可以睁了左眼，闭上右眼来修右眼的眼皮。

---

① 的：原文作“得”。
② Cream：原文作“Crcam”，疑误排。
③ 地：原文作“的”。
④ 结：原文作“节”。
⑤ 画：原文作“化”。

粉要在上过油彩的每个部分①都扑到。

上粉的时候用粉扑轻轻地在脸上拍，不要拖，拖了也许会把刚才用的苦工都完全被②破坏。

这样拍的结果自然脸上的粉不会匀，这就得用粉刷来刷了，用粉刷的方法也得轻轻地③来。

用粉刷刷粉的以前，再得细细地④看过脸上有没有那个微小的部分起反光，起反光定是脸粉没有把油光遮了去，还得再上些粉，不然粉刷也会拖开油彩的。

眉毛和嘴唇得在上粉以后再修过。

嘴唇的油也就在这时候搽。

有一件很该注意的事，就是染睫毛千万不能在上粉的以前，定得在上粉的以后，否则枉费心血，依旧得重新染一次。

有许多演员在上粉以后感到脸上不舒服，竟有说比搽水粉还要难过，那便是 Cold Cream 搽得太少的缘故。

有许多演员在上粉以后觉得在脸上化，那不是底子不匀的毛病，便是 Cold Cream 不匀的毛病。

也有许多演员在上粉以后感到脸上浮积的粉太厚，怎样用力将粉刷也刷不去，那便是 Cold Cream 搽得太多的缘故。

种种的缺陷在以后是再也没有办法了，要是舞台，在灯光之下有些微不匀或其他的小毛病还能骗得过，但银幕却不能，除了重化装再没有第二个办法。

所以，在打底子的时候，就该留神底子的匀不匀，不但底子，就 Cold Cream，也不能太少，不能太多，更不能不匀。

并不是替 Max Fact 做广告，他们的像牙膏样的⑤半流质的油彩，要比 Stein 的像搽头的蜡⑥一样的用硬纸里的固质的好，他们可以不必用 Cold Cream，尤其银幕化装用一点一点点起来的。

以我个人的经验，固质的油彩冬天太不适用，因为它们凝固得⑦太结实，半流质的油彩夏天太不适用，因为它熔得太厉⑧害，最好是冬天用半流质，夏天用固质。

---

① 分：原文作“份”。
② 被：原文作“都”。
③④ 地：原文作“的”。
⑤ 的：原文作“地”。
⑥ 蜡：原文作“腊”。
⑦ 得：原文作“的”。
⑧ 厉：原文作“利”。

又从这个经验，我们可以知道两件事，一件就是用固质的油彩 Cold Cream 可以多，用半流质的油 Cold Cream 该少或甚至于不用，另一件是冬天 Cream 可以稍多些，夏天该少些。

上了粉以后，若是还有什么须要修，可以有一个方法，先把 Cream 涂在手心上把油彩调在 Cream 中，再用另一只手指粘一些补在脸面上，然后在这修过的部分再扑一次粉，不过这方法非常不容易，尤其是太厚的粉，会在补过的边上看出裂缝来，像破的墙上补上的新石灰一样。

牙齿也有两种化装品，一种是白色的，另外一种是黑色的。

白的是一种半流质东西，不能多和空气接触，不然会把水分蒸发了变成了固质，变成了固质就没有了用。

黑的是一种膏样的东西。

白的用处是因为演员的牙齿不够白，或是演员有金牙齿要把它遮去而用的。

用法是先把牙齿的口水揩干了，再把它涂上(它瓶子里原有一个小刷子)，待空气一接触着，那东西便变成了固质，像珐琅样的东西，有反光，像牙齿的质一个样，不要的时候，用指甲一剥就剥下了。

黑的用处是显示①老年牙齿的脱落。

用法是把那黑膏烘软了(可不让熔)，把口水揩干粘上就得了，待接触了空气也依旧地②硬了，然后就不会掉下。

黑牙暗没有的时候，黑油彩也可以代，用法也是把口水揩干后再把油彩涂上去，不要的时候，可以用些 Cream 一搽就擦③去了。

但是白的很困难，固然白油彩也同样搽得上，同样在说话时候不会掉，可是白油彩没有反光④，不像真牙齿。

我们要化成一个烟鬼或其他不卫生人的牙齿，也可以把齿上的口水先擦⑤去，用粉红或者其他半暗色涂在齿缝间，牙齿就显得不洁净了。

鬓脚是可以增添脸的美的，但鬓脚还可以修正脸的长宽比例，那也是我在别处已经讲过的了。

脸的长宽(指正面)以三与⑥二之比为美。

长又分三等段，鼻的长度是中段，从鼻梁到发脚是上段，从鼻尖到下巴尖是下

① 示：原文作“是”。
② 地：原文作“的”。
③⑤ 擦：原文作“揸”。
④ 原文“光”字在后文“不”字后，恐为误排。
⑥ 与：原文作“于”。

段，三段以等长为美。

如其脸的长宽正合比例，那么鬓脚还是不用。

要是脸的宽度太宽，那末可以用尖的鬓脚。

要是脸的宽度还太宽，那末可以用方的鬓。

胡子虽然是表现老，但也可以修正脸。

譬如下巴太短的脸，在下巴下装上胡子就不觉得短了。

下巴太长，用胡子把长的部分遮了去也就不觉得长了。

侧脸的下巴太凹(就是平常的所谓的没有下巴)，用了胡子也就不觉得凹了。

侧脸的下巴太超(就是平常所谓的朝天下巴，朱太祖的下巴)，用了胡子也会觉得不超的。

侧脸上唇太凹，可以装上小胡须。

侧脸有缺陷，只有用油灰来补救。

油灰可以用在鼻子上，颧骨上，下巴上，但是面颊和其他的部分[①]，切忌不能用，就是鼻上，下巴上，颧骨上用了也得特别地留神，别让掉下来。

要装油灰的地方先把油彩揩了去，并不让有一点油留下，因为有了油就会胶不牢的。

揩去了油，涂上酒精胶，然后用一块剪好的所需要的大小的棉布胶在上面，这是第二步。

油灰放在火上烘(最好是酒精灯的火，因为蜡[②]烛有火烟，会把油灰弄黑的)，烘软了就用手捏成需要的形状，然后粘到棉布上，把它弄光了。

有一点该注意，就是捏油灰的时候，指上要涂满 Cold Cream，不然会把油灰粘在手指上，怎样也弄不光了。

油灰的颜色若和底子不一样，可以等它干后，把底子油彩烘熔了，用毛笔来涂上。

筋脉的画法，脸部可以先屏[③]住气，等额上的青筋显了出来，用粉红或蓝的来画上，再用纸修一下。

手和臂上，可以用一根绳子把臂部扎紧，便血液不流通，再将手臂下垂，过一会[④]，青筋就涨了起来，就可以依着它画。

手的化装，在舞台上并不是十分重要，假如一个演员的手正好和角色一样，就无须化装，但银幕却不行，就是演员的手正合于角色的手，也[⑤]得化一下装，否则拍出

① 分：原文作“份”。
② 蜡：原文作“腊”。
③ 屏：原文作“拼”。
④ 会：原文作“回”。
⑤ 也：原文作“他”。

来会完全变黑的，因为皮下的血球是红色的关系。

美的手的化装法有两种，一种是用专门的流质手粉，一种是用 Cold Cream 先涂上，再扑上粉。

要手见小，得在指缝间搽以粉红，指骨上搽以 High Light。

以上是拉杂地谈了各部的化装。

电影的摄制时，有时因为感光的关系，摄影师会在镜顶前放一块黄的，红的，或蓝的玻璃，这样因了滤光的作用，脸上的色和底片上所感的光就有了变化，这一层我实在太没有了研究，不敢断定那种颜色的玻璃会起怎样的变化。

总之，舞台化装和银幕化装，在目的是大同小异的，在方法是完全不同的。

若是要问二者孰易孰难，那末就是各有其易，也各有其难。

譬如，在光方面，舞台化装是要避免光的影响，银幕化装可以有光补助，银幕化装在这一点上比舞台化装较为便宜了。

但在手术方面，舞台化装可以用 Rough touch，银幕化装须用 Careful① touch，这一点舞台化装又占了银幕化装的便宜。

不过说一句很公正的话，舞台演员常苦着自己的戏自己看不见，而银幕演员可以在片成以后，自己也和观众一样站在第三者地位来批判自己底表现，这是舞台演员最羡慕银幕演员的。

但是化装呢？正好是倒过来，舞台的化装可以从镜子中自己看得见，就算因舞台的光的影响会使脸和镜中不一样，但也可以在镜子的周围配上和舞台同样的光。

而银幕，则镜中的脸和底片感光出来的会完全不一样，并且，就算一个演员的化装是一点没有了错，但他一半的生命还是操在配光，摄影，导演的手里。

所以有人说，“银幕只有导演和摄影有艺术的表现，演员都不过是傀儡”，这话也有理。

---

① Careful：原文作“Carefal”。

算不得批评

关于《名优之死》的名优[1]

春秋公演的《名优之死》可谓是成功了，这不仅是我个人这样地[2]承认，凡看过的人都一致这样地[3]承认。以个人讲，绝对成功的自然是演名优的魏鹤龄，也因为魏君把这个角色演得十分的动人，很引起了我的兴趣，想提出两点与魏君作研究态度的讨论，算不得批评。

第一点，我觉得魏君的第一二幕是把戏演绝了，但第三幕因为穿着戏装上场，流露了很多平剧的架子，我看的是第一场，竟有观众忘了是看话剧，如平剧场一般，大声叫起好来，这就是魏君流露了平剧架子的证明。以我的陋见，这角色要在穿常服的时候习惯地流露一些平剧的架子，而在穿戏装的时候要设法免去，因为一个平剧的演员总是在一进门常就脱去他的台步的。我们要揣摩的是后台的而不是前台的，不知魏君同意我的话否？

第二点，魏君所演的第一二幕是一个很大方很有气派的北派的名角儿，在揣摩上可以见到他观察之深，模仿的得力。不过我还有一点意见，我以为照田汉的旧作是绝对应该如此演的，现在经修改以后，把刘振声这角色变成一个不是专在板眼儿上用功[4]夫，变成了一个有时代意识而在编些“打倒帝国主义”的新戏的角色了，那倒不如把此角演成一个海派的角儿更妙，不知魏君以为如何？至于北派与海派之别自然又得经一番精细的观察，不是几句话能说了的。

---

① 原载《中外书报新闻》1933年第2期，署名“牧之”。
②③ 地：原文作“的”。
④ 功：原文作“工”。

袁牧之借登广告[①]

演戏与演剧有别乎？

女人与狐狸有别乎？

编者嘱写稿以充篇幅，固借其篇幅以作声明二则。

文艺月刊三卷十一期中有拙作一篇，原名《演剧漫谈》，原交现代付印之《演剧漫谈》四十篇中之一部分，乃历年来之随笔，既无系统又不连贯，除漫谈而外实无可命名，奈何编者平陵兄将之改为《自我演戏以来》，因以引起多方误会，或谓文题不符，或疑故袭予倩之《自我演剧以来》以感人，殊属冤枉，实平陵兄之“拆烂[②]污”（平陵之混号）也，虽平陵兄已将予倩之“演剧”改为“演戏”，然“剧”与“戏”之别究属微微。

南京流露社公演时，少夫兄曾将拙作《一个女人和一条狗》改为《一只狐狸和一条狗》，窃以为不当之甚，以剧中女主人比诸狐狸未免侮辱，且少夫兄仅知其一，而未详其二，少夫兄仅知女人之如狐狸，犹未详女人与狗之关系，少夫兄其少夫兄哉？少夫弟也。

---

① 原载《中外书报新闻》1933年第2期。

② 烂：原文作“澜”，与“烂”之繁体“爛”字形相近，疑误排。

名优演出法之再商榷[①]

在第二期的本刊上曾写过一篇关于《名优之死》中名优的讨论，声明是研究态度的讨论，算不得批评的。

今见《新地》第二期上有某君（因未署名，故未详姓氏）之质疑，如下文：

《名优之死》之名优——向袁牧之君质疑：对袁牧之君评名优之死的名优，有相反之意见，第一点，无论下装与上装名优均应有名优“派头”，我觉得魏君并没有演错。

第二点，海派与京派大有差别，因海派有些“拆烂[②]污”，《名优之死》的名优，虽排新戏，但对艺术却甚严谨，绝非海派角色，况马连良梅兰芳辈，不亦编排新戏耶。

某君对我的讨论“有相反之意见”，我对某君的质疑也有“相反之相反”的意见。素来他人对我之演剧批评，不论然否，概不答覆，恐疑固执，这里是居第三者地位，不妨提出研究，以求真实，也依旧是研究态度。

第一点，我所提出讨论的是魏君在第三幕中因穿着戏装上场，不自知地用京戏的架子演起话剧来（我早已声明是看的第一场，我觉得关于话剧的讨论文章应当声明这点，因为话剧不如电影，会每场有变动的），这是站在话剧地位上所应当除去的，至于“派头”不“派头”，在我第一点上是并未讨论到的。

第二点，某君也承认平剧角色有海派与京派之别，而且从某君的口吻中可见到某君也承认魏君确乎演成了京派，那末在这两点之上，我已得了某君的共鸣，所不同的是某君觉得此角应当演成京派，而我觉得此角应当演成海派，关于这点我们不妨较详地研究一下：

第一，先让我们举出几个两派的代表，京派的代表已由某君举出梅兰芳，马连良之人，海派的则可举夏月珊，麒麟童，赵如泉等。

第二，我们再查考一下两派演过的所谓“新戏”，这自然多得不胜其查，不过，我们可以断言，京派的角色不曾排过时装的戏，而海派的角色有之，如《阎瑞生》之类。

第三，我们再推测剧本上刘振声所排之“打倒帝国主义”的新戏是穿着时装演的，还是穿着古装演的？

由以上三点我们可以得到结论，我们可以推测到“打倒帝国主义”的新戏一定是

---

① 原载《中外书报新闻》1933年第3期。

② 烂：原文作“澜”。

穿时装演的，而时装戏是京派角色所不曾排过的，所以刘振声应该归入海派。

否则，刘振声一角变了不伦不类的，不现实的角色，其罪将归到作者田汉身上去了，然而这是不当的，剧本既经修改，演员该设法补救，只要演成海派，就是一个现实的角色了。

至于，如某君所言，“海派有些‘拆烂[①]污’”，这是某君在□□□□□□□□□[②]旧剧剧评家的坏影响□□□□□□□□□[③]采用“海派”“京派”两名称的意义，只是属于无成见的历史的观点的。但即使就旧剧剧评家所谓的“海派”说，也未能一概而言，如麒麟童就是一个演剧严谨的人。

---

① 烂：原文作“澜”。

②③ 原文漫漶不清，无法辨识。

中国剧作家及其作品(1)[①]

中国的剧作家是指以写剧本为重心的作家；其作品则限于说他的剧创作。

由上两个解释，立刻就感到对于中国戏剧运动的悲观。

第一是悲观于剧作家的少。

第二是悲观于剧创作的少。

凡是戏剧圈子里的人，谁都是同样地嚷着“剧本荒!”这原因是在于：

1. 戏剧运动的不努力，使戏剧书籍没有销路。

2. 出版界的不景气，使杂志的寿命短促。

由此，剧作家们困于生活不能专事在这方面努力，剧本的产量也就渐渐地少了。

鼓吹新的剧作出现固然是一件重要的工作；但是把旧的所有作品下一番[②]整理也是需要的。

本文不能算为是批评，只把中国剧作家们已有的作品做一番[③]总巡礼。主要在于研究每一篇作品的技巧和内容之是否合于舞台和时代?

作品的内容我们是只有希望作者自身来补救的

作品的技巧则可借助演出者的手

所以，·篇合于舞台而不合时代的作品和一篇合于时代而不合舞台的作品，我们是舍前而取后的。

至于所提出的作家的顺序完全以笔者的便利为先后。

(1) 丁西林

丁西林是一个研究科学的人；又是一个和舞台实际工作始终没有发生过关系的人。这两点是足以[④]使不熟悉作者的读者和观众们所惊异的。

所以，虽然他十年来只发表了六个戏，我们也不能责难他不努力，因为他根本就不曾是戏剧运动战士；同时也因为他并不熟悉舞台的缘故，他的技巧能适合于舞台表演倒是该相当钦佩的。

在技巧方面讲，作者特别的优点是：

1. 单纯　他的作品全是一刻钟到半点钟的短剧，就可以见到其简洁。

---

① 原载《戏》1933年创刊号。标题后标注“(1)”，但未见续载。

②③ 番：原文作“翻”。

④ 以：原文作“了”。

2. 用角的经济　他没有用过五个以上的角色，这也和他独幕一般地经济。

3. 词句的美丽　他喜说俏皮话；善用对照句和排句；善于搬弄逻辑；善于修辞学；并且用纯粹的北平话写，更动听。

4. 多动作　他虽然从未和舞台发生过关系，但是他戏中的动作却都是适合舞台的。

由于以上的优点，作者的剧本可归入“演的剧本”，而不仅仅是“看的剧本”。

但是，假如问到这几个剧本的上演会给与观众任何的影响，那就得看其内容了。

作者的六个剧本是：

《一只马蜂》

《亲爱的丈夫》

《酒后》

《北京的空气》

《瞎了一只眼》

《压迫》

把它们逐一地研究一下。

《一只马蜂》

这出戏的故事是抓住男女关系刚由父母之命转到自身自由时期中的一片段。旧的老太太在新的余小姐面前充着新；新的余小姐在旧的老太太面前装着旧；介乎那二人之间的吉先生，一方面借旧的口吻讽着新，一方面又居于新的地位斥着旧，形成一个俏皮的角色。当老太太不在的时候，这一对新的新起来，男的抱住了女的，正其时却被老太太闯见了，于是为了旧的体面，只说是替女的捉马蜂。

作者就用《一只马蜂》做了题名，无疑地暗含着男子的象征。

在戏中，作者并不同情新或旧的任何一方面，只是写出这样一个片段。

作者第一次在《现代评论》上发表这出戏是在十年前，剧中的情形就是当时正开始维新的社会。所以，不必问其他的意义，仅这一片段的故事已不是现在的社会，现在若再给老太太闯见也不必再撒谎，就要撒的话，大可以说是练跳舞，何必再捉马蜂呢？

无疑地这出戏是已经过去了。

《亲爱的丈夫》

这是一个非常浪漫蒂克(Romantic)的故事。一个文人在提倡旧剧用男女合演的讨论会中反对了旧剧有男女合演的必要，保全了一个男扮女装的旦角的饭碗，这个旦角因为报恩就来做了他的太太和他同居，到被发现的一天又不能不分离。

作者是借这个题材来讽刺旧剧男扮女装的旦角的；但是作者只成功了一半，后半被识破而将离别的时候，却写得严重起来了。所以，这出戏只能说前半是喜剧，后半是悲剧。作者的目的是想越写得严重，可以越显得可笑；可是作者没有成功这一点。如其作者相信人们不把许仙和蛇的恋爱当作滑稽讽刺而认《白蛇传》是悲的故事，那末用这一种方法是不会得到成功的，况且这变态的社会里还多着变态的同性爱呢！

这出戏的后半破坏了作者写喜剧的手腕；但是也可以从这后半上，看出作者并不是只能写喜剧的。从那位假太太的叙述，交代，叮嘱种种看来，作者很可以写悲剧的。假如他有心骗起观众的眼泪来，也许不在田汉下。不过我们也没有理由一定要作者换口味，一位幽默(humor)的剧作家也是我们所需要的，我们只要求他有比较充实的内容。

辛酉剧团曾把这戏试验过，无论是从剧本或演出来看，这出戏都是失败的。

第一，又像喜剧，又像悲剧，失了统一。

第二，故事太不现实。虽然男角是一个不平凡的文人，但也不至于同居了两个月还不知道自己的老婆是男人扮的吧？

如其以社会情形看，当作者写这篇剧本的时候，也许真是青年们受了《少年维特之烦恼》的影响，在高唱着全灵的爱；但是自从张竞生的《性史》风行以后，其中又变更了。

所以，就以题材讲，这戏也不能再出演了。

《酒后》

这也是抓住男女间一片断的故事。三个喝了酒的人物，夫，妻，和客。客睡着了，妻由酒的怂恿，把平时对客的好感和同情说了出来，要求夫答应她和客去亲个嘴，正当将亲未亲的时候，客醒了。

这戏又取材于男女间不可公开的事而把它在舞台上公开了出来。这戏中用角的经济是无可再经济了。修辞的精密也是他六个戏中最精密的一个。

当这出戏初发表时，谁都认为不成一个上演的剧本的；直到辛酉剧团把它搬上舞台以后，才发现这短得异乎寻常的剧本是开了编剧技巧的一种新的形式。

自辛酉演出以后，南京，和其他地方都出演过，很受到与剧中角色同阶级人们的欢迎；但是它的内容的不和社会发生关系，也正如一般批评者所说的：

是茶余“酒后”的欣赏品。

《北京的空气》

这是六个戏中没有女角的一个戏。那故事是《现代评论》四卷九十四期中的一篇小说改编过来的。一个上海的客人上北京去吸北京的空气，戏的开场就是主人和客人在外面吃了饭回来，忘了买烟，在北京半夜里铺子都关了，没有地方再买烟，主人就想法在当差的那儿偷了一点儿来。

这出戏的骨骼[①]，从开幕到闭幕只是条直线，虽然略为有些曲折，但没有往上升的 climax。还不仅是没有 climax，也没有 struggle。

故事根本只是一个小说的题材，而不是戏剧的题材，戏的本身也就难以成功了。

这是作者六个戏中最为失败的一个。

《瞎了一只眼》

这出戏和《北京的空气》一样地建立在一点小趣味上。丈夫摔了跤[②]，脑门上摔出了血，老婆吓坏了，即刻写了一封快信给他们异地的朋友，等朋友将到，丈夫的伤口已快痊愈了，为了对朋友的抱歉，做老婆的一定要丈夫装做坏了一只眼。丈夫，老婆，相互地使用欺骗术，上当的是朋友。

这出戏的组织线也是平平的。虽然比《北京的空气》多一点戏剧的成分，但是却和《北京的空气》一样，除了俏皮的字句以外，便不见了别的。

在六个戏中，《北京的空气》和《瞎了一只眼》没有得到上演的机会，也可以证实这两个剧本比其他四个少于舞台性。

《压迫》

以取材讲，六个戏中，比较和社会发生些微关系的，还是这一出。这样的压迫是没有房产的人们所常受到的：没有老婆，就如没有保障一样，租不到房子住。作者就抓住这一个冲突，造成如下的故事：房东小姐讨厌妻儿子女一大群的住家，收了独身汉的定钱；房东太太爱打牌，成天不在家，留女儿和独身男子在家不放心，定要退回那定钱；碰到那房客爱房子的心太切，死要住，由是起了冲突。正在叫警察的时候，来了一个不速客，一个也是找屋住的独身女客，两个没有屋住的房客便连合在一起，假充是夫妇，把屋租了下来了。

戏的前半，用俏皮的方法描写出没有房产没有老婆的人们租屋的困难，很现实。并且创造出一个讲理的不肯收回定钱的男客，也是快于人心的。但是后半上，又钻出了一个女的来，戏的进展，在一般看来，似乎更多了趣味性；作者可也因之又套进了那圈子，男女间趣味片段的圈子。

这一个题材，用喜剧的方法写，本来也可以达到讽刺的目的；但是作者太重于男女关系的趣味，可把重心移动了。

作者在此剧的题前刊着《纪念刘叔和》，因为那位朋友是得不到好的屋子住以致夭

① 骼：原文作“格”。
② 跤：原文作“交”。

折了，由是而名题为《压迫》。但是题名和内容却如把一顶大的头盔戴在一个窈窕的身子上。

以上把六个戏简单地讲过了。

我们从这六个戏中，看出了作者的聪明，作者的幽默，和作者特具的写喜剧的天才。

作者的俏皮语句和两性关系的哲学，很有点像王尔德(Oscar Wilde)的唯美派。同样地作者戏中的布景，都圈在漂亮的客厅中，作者戏中的人物都咬着烟斗埋在舒适的沙发内。

我们所要求于作者的是从唯美而走到唯物，从 Salon 的小圈子走到是 Society① 的大圈子。

想来也是作者所能接受的吧？

作者那六个戏写成的次序原是：《一只马蜂》，《亲爱的丈夫》，《酒后》，《压迫》，《瞎了一只眼》，和《北京的空气》。但在前年重版的《西林独幕集》中的次序却是：《一只马蜂》，《亲爱的丈夫》，《酒后》，《北京的空气》，《瞎了一只眼》，和《压迫》。

如其拿一句京戏的行内话来说，作者把《压迫》压了局，大概作者也自认这出戏的取材是有一步跨出了 Salon 的圈子了吧？

而且，我们还看到作者在文前《纪念刘叔和》的短文中的一段说：

“……因此我想到，你真的找房的时候，如果能和这剧里的主人一样，遇到那样一个富有同情的人，和你‘联合起来’，去抵抗——不但‘有产阶级的压迫’——社会上一切的压迫与欺侮，我相信，你是一定不会死的。”

我们希望作者不再用马“蜂”的“刺”来刺女性；我们期待作者用幽默的笔“锋”来讽“刺”——“社会上一切的压迫与欺侮”。

那六个 Salon 里的六个戏就把它们放在 Salon 中；等作者第七个脱离 Salon 的作品出现，我们再把它搬上舞台和 Salon 外的人们见面吧。

八月二十二日

---

① Society：原文作“Sociaty”。

一九三三之上海剧坛[①]

1. 由一九三二年的预测
2. 过去的三鼎足——南国，协社和辛酉
3. 春秋的替代
4. 新起的骆驼，三三，光光，新地和其他
5. 新旧的学校剧团——复旦和暨南
6. 堂会式的演出
7. 剧坛的沙性
8. 戏剧文字的寂寥
9. 人才的新陈代谢
10. 一九三三下半期的观望

1. 由一九三二年的预测

"一·二八"以后，上海的剧坛也似乎被日本兵的炮火给轰毁了；直到一九三二年的尾梢上，才渐渐地重复振作了起来。

最先推动的是由于道路协会的游艺会。虽然在其间看不到团体的代表，但是可以看到大部上海的剧人。主要的份子是春秋的同人和协社的同人，也可以在□[②]形间窥视到。

其后是东北难民的救济热：除协社和春秋的份子以外，各学校的临时剧团都参加了。并且有复旦剧社的单独公演，和非职业剧人的联合公演(虽然出演已在一九三三的一月，工作是也该归入于一九三二的尾梢的)。

这阶段中，团体的显露虽仅复旦一个；但是上海剧坛上的个人，除洪深与田汉以外，大概都多少参加了一点活动。(田汉在生活不允许他参加的环境之下还供给了相当的剧本，如《战友》，《暴风雨中的七个女性》等；洪深在难产中产生了一个《五奎桥》。)

---

① 原载《戏》1933年创刊号。

② 原文此处空一字距。

缺乏剧本也是一个重大的缘因，使名义上虽为东南问题而筹款，采用的剧本却大部分[1]是无关痛痒的炒冷饭的旧戏，所以有如下的剧目在同场出演的事实：

《咖啡店之一夜》和《战友》。

《蠢货》，《胜利》和《战友》。

也有和东北问题全无联[2]系，而绝对两极的剧本在同场出演，例如：

《妒》和《炭矿夫》。

其间，可以看出没有组织和乌合的临时性来。然而关心于剧坛的人们可并不因此失望，只认为这是倒散了而重新用碎砖暂砌的剧坛，认为是消沉以后另一场面的"跳加官"。

并且，在这短短的一九三二年的尾梢上，还有两件不可遗忘的功绩：非职业剧人联合公演时的一天十二出不同戏目的记录；和春秋同人们在新世界后台一个多月的半职业化的日夜苦干。这都是中国剧坛历史上所空前的。

所以，虽然这"跳加官"的不合台步，不合节拍，一片杂乱，关心剧坛的人们却并未失望，全部的注意都落在一九三三年。谁都是同样预测地认为：

"一九三三年是戏剧的年头"。

2. 过去的三鼎足——南国，协社和辛酉

南国，协社和辛酉——这不是它们历史先后的次序，是它们观众多少的次序。

南国用热情换得了最多的观众。

协社用技巧获得了次多的观众。

辛酉则既想有南国的热情，又想有协社的技巧，结果是双方都赶不上，最落了后，几乎连这个团体的名字也有很多人所不熟悉的。

然而它们都各有其相当的观众，相当的历史，在一九三〇年以前也的确不能否认曾把上海的剧坛鼎足分峙过。但是，从一九三一年以来，十足地沉默了三年了，一点儿声息都没有。

这三年中，留给观众们剩余的印象是：

南国(虽然最后已不同)的一张感伤的脸。

协社的布景，灯光，服装的装潢美。

---

① 分：原文作"份"。

② 联：原文作"连"。

辛酉的一层黄昏似的深灰色。

观众们在这三年的过程中已不再留恋这些印象了；但是对它们过去为戏剧的努力是怀念的。

等待，等待了三年，还不见三个中的任何一个重整旗鼓再为戏剧的前途来奋斗。其间的原因是：

1. 受文艺思潮转变的影响及国难的影响。

2. 剧团之由于个人中心。

关于第二点，想来谁都也不能否认。我们提起南国就想起了田汉，提起协社就想起了应云卫，提起辛酉就想起了朱穰丞，也就是证明的一点。因为人才的集中和经济的支持都由于个人为中心，所以不见了田汉也不见了南国，朱穰丞的出国停顿了辛酉，应云卫的彷徨忘去了一年二度公演的定章。

剧团由个人中心也并不一定是坏的，这里也不是向他们三位起责难，自然他们的苦衷也应该谅解；然而剧运消沉了十足的三年是不由得不痛心的。

观众们也未尝不明白这三年的长期沉默是蚕的藏入茧在过冬，相信有一个春天会重复咬破了头出来，造成一个新的局面，撒[①]下新种子的。

那新的春天，从一九三二年尾梢上看来无疑地是一九三三的上春了；然而一九三三一半等待过去了，终于还没有一个咬破了茧头钻出来。

唯有的一条春蚕在那儿独自吐丝的是春秋社。

3. 春秋的替代

在一九三三的上半期中，唯有春秋社替代了其他的团体作了一次公演(复旦和暨南该归入学校团体的，将在本文第五节谈及)。

名义上春秋这次公演虽是第一次，实际上该社早在一九三二的尾梢上有长时期的连续工作，这已在第一节提到。

春秋同人在一九三二的工作记录开了戏剧史上新的一页，工作精神足以使其他同志们钦佩和惭愧；不过工作的成功，因了经济与匆促关系，尚不能赶上过去其他团体的完善。春秋同志们不把一九三二的工作归入他们团体的历史，而以一九三三的公演作为第一次，想来也是对于一九三二的工作有自我的不满而然吧？

---

① 撒：原文作“散”。

至于第一次公演的结[1]果，确乎是被公认了有长脚的进步。

这次公演的剧本是：

《梅雨》和《名优之死》。

如此的一张秩序单，与一九三二尾梢上的几次演出没有多大区别。不调和，炒[2]冷饭，也同样。虽然《名优之死》之上标[3]着“一九三三”的字样，剧词中加了几句“打倒帝国主义”的对话，但是给与观众还是旧面目的成分[4]多。以剧本本身而讲，就是作者自已也不一定承认这一九三三的改作能比旧的好过多少吧？

然而，依营业政策论，《名优之死》是一出热过一时而冷了很久的戏，和影片的Second run一样，因了上海是一个“活码头”的大商埠，几年中观众已作了新陈代谢，照样可以得第二次的哄动。春秋这次公演之所以选入《名优之死》，据说就为营业计，想赚些钱以作团体的开支，这是关心戏剧运动前途的人所没有不同情的。结果，得了相当的观众，得了相当的进款，这也是关心戏剧运动前途的人所共同欣喜的。

但据说依然是亏本。亏本的原因概由于没有预算，或是支出超过预算，或是特别加大了不重要的用途。

中国剧团之不能连续为戏剧运动奋斗，其最重大的问题就困于经济；然而，太艺术化（意思是拿今日有酒今日醉的方法来用钱）不够职业化，也是使演剧永远入不敷出的最大原因之一。

假如每次公演以后能有一次严重的经济上开支的自我批判以审定每项支出之确当与否，也许能比较好些吧？否则戏剧运动的帆篷[5]将永远在逆风中！

从一九三二春秋同人们精神看来，从这第一次公演的种种方面的成绩看来，关心戏剧的人谁都热诚地望着他们第二次的接连努力；然而，大概就是经济原因吧？春秋终于在一九三三的上半期中也只像昙花的一现。

接着第二页的一[6]九三三的戏剧史记载，给新起的三三，骆驼，光光，新地等团体占去了。

4. 新起的骆驼，三三，光光，新地和其他

接在春秋后头的是三三，骆驼，光光三剧团的联合公演。

---

① 结：原文作“确”。
② 炒：原文作“抄”。
③ 标：原文作“表”。
④ 分：原文作“份”。
⑤ 篷：原文作“蓬”。
⑥ “一”字为编者所加。

这也是戏剧运动记录中所不常见的形式。平常我们只看见份子和份子的联合组成一个新的名义，却不常见到整个剧团的联合。

剧团的联合公演在戏剧运动的进展上有两种可嘉的意义：

1. 新起的剧团，人才，经济等不够力量，可以借联合的方式来相互补益。

2. 有单独公演力量的剧团，再联[①]合在一起，足以使力量更浓厚。

关于第二种，过去的南国，协社，和辛酉，曾预备联[②]合来演出《群鬼》。当时光华书局就和这三个团体的联[③]络，出一种“新世纪戏剧丛书”，后来三剧团的联合公演未果，“新世纪戏剧丛书”也就此不见再出了，这就是力量影响的一个旁证。

关于第一点，过去也有“文艺新闻社”和大道剧社的旅苏公演，虽然当时的“大道”已不是新起的剧团，但文艺新闻社没有人才要借助他们却是事实。

至于这次的三三，骆驼，光光三剧团的联合公演，大概也是由于新起的原因吧？

不管是哪[④]一种原因，凡是剧团以联[⑤]合方式来演出总是足以使我们喜悦的，其间不仅是使力量集中且加厚，并可以[⑥]显示努力的目标和战线的一致。（关于剧团的联合将在本文第七节剧坛的沙性再谈及。）

这次三剧团所公演的剧目是：

《丰收以后》，《腊月廿四》，《子求医》，《谁是朋友》，《街头的人们》，和《大饭店》。

这一张调和，统一，不炒[⑦]冷饭的秩序单是值得注意的，可惜并没有完全演出。

三个剧团的联合有相当豪大的声势，只可惜他们的筹备还是太匆促，就从他们的说明书上也可以证明，那里声明《大饭店》的剧本不是电影改编过来的，是他们的斗士高原在公演的前几个夜里赶出来的。

一个刚赶出来的剧本，即刻把它搬上舞台，就是作者自己还不够相当的时间作客观的反省，导演和演员更不够时间来研究和揣摹，演出的结果当然也难以有理想的收获，这是无可逃避的，观众的眼力能从演出中估量筹备的时间来的。

所以，三三，骆驼，光光三剧团没有接着做第二次的公演，我们并不像春秋一般地失望，我们倒喜悦他们在做长期的筹备而期待着他们有较充分的贡[⑧]献。

在这三个剧团沉默了以后，新地剧社做了一次公演。

新地所公演的剧目是：

《雪的皇冠》，《淹没》，《日出》，《兄弟》，和《残芽》。

---

①②③⑤ 联：原文作“连”。
④ 哪：原文作“那”。
⑥ 以：原文作“已”。
⑦ 炒：原文作“抄”。
⑧ 贡：原文作“供”。

这也是一张相当调和的节目单，虽然夹着理想的作品《雪的皇冠》。

在新地公演以前，我们看见了两期他们剧社的油印刊物，从这一点上可以看出他们“干”的精神，和困于经济，足以钦佩且同情。

他们公演的结果和上述三剧团的联合公演有同样匆促的流露，譬如提示的声浪高过演员，就可以证明有连剧词都没有记熟的演员。

技巧的太过重视固不必，太忽视也不能把内容传达给观众。这次给与①观众顶深的印象，倒是那用新的形式来表演的有力的跳舞。

愿新地的同志们就如那跳舞所暗示的一般挣扎和奋斗！

除上述四个剧团以外，还有“牺牲剧社”也在这一九三三的上半期中活动过，但是他们只做了半次的公演，在第二天上，因了经济的关系停演了。

由于经济关系停演与由于政治关系停演(如南国的卡门)是同样足以使干戏剧运动的同志们同情的；不过，在观众的立场讲，观众能原谅政治关系的停演，却不能原谅经济关系的停演，尤其是预购座券的观众，因为在经济社会中，戏的公演还脱不了商业的形式，观众们不能不计算自己的损失，和对于剧团的商业上信用的非难。

为戏剧运动的前途计，希望我们的公演不要太草率，更不要有意外的发生，因为要戏剧运动前进，最重②要的前提③是增加我们的观众。

5. 新旧的学校剧团——复旦和暨南

我们不把学校剧团与其他戏剧团体同论，是因为学校剧团多少和其他戏剧团体的性质不同。

第一，因为学校剧团的份子不时更换，团体的 Unity 难免时常有变动。

第二，因为一方面在求学的关系④，团体份子的生活不能以戏剧为重心。

所以，对于戏剧运动进展的使命，我们不能太苛刻地要他们来负担。只要每学期各学校剧团都有一次的公演，已足以为戏剧运动助势了。

中国学校剧团中，独复旦剧社有多年不断的努力，在戏剧史上有相当的记录和功绩。

---

① 与：原文作“于”。
② 此处“重”字为编者所加。
③ 提：原文作“题”。
④ 系：原文作“位”。

仅以他们公演的次数，已有十五次之多，虽然其间把游艺会中的表演也归在内，并不是怎样严格的计数，但是也可以看出他们工作的一斑[①]。一九三二年上，在其他剧团的沉默中，他们也独自地作了一次公演，已详第一节。

一九三三的上春，他们又在校内作了一次公演，剧目是：

《五奎桥》。

这次虽然公演的地点在江湾校内，但是依旧吸引了一般戏剧爱好者，并且连素不观剧的文人们也到了。这一方面固然是一般人对于洪深近作的注意，一方面也足以证实复旦剧社在过去给观众的相当的信仰。

学校剧团因有校友的关系，观众是会不断地增加的，只要不断地努力，使内容和技巧双方不落后。

与复旦公演相去不远时，曾有暨南实验剧团的成立，作了一次校内的公演，剧目是：

《雪的皇冠》，《母亲》，《交换》，《婴儿杀戮[②]》，《月亮上升》，和《一致》。

这也还算是一张相当调和的节目单，虽然夹着 Romantic 的《交换》和《雪的皇冠》。

在这次之后，该剧团又在他们学校的纪念会上，参加了一出《梅雨》。

他们公演时的观众拥挤，可以证实他们有学校剧团存在的需要；同时，他们公演的成绩，因为观众秩序的纷乱，损失了不少，可见观众秩序的维持也是谋戏剧运动的进展所不能不注意的。

我们对于初诞生的暨南实验剧团，不该有太严格的要求，只希望他们继续地努力，与复旦剧社对峙，在上海的边际上，在他们的环境中，有不断的贡[③]献。

熟悉内幕的人，都知道复旦有洪深在教授，暨南有顾仲彝在教授，我们希望这两位戏剧同志多爱护这两个学校剧团。也许由他们两位的关系，可以维持着学校团体所不易维持的 Unity。

愿这两个学校剧团和其他的戏剧团体共同负起戏剧运动前进的使命来。

6. 堂会式的演出

除了春秋，骆驼，三三，光光，新地，牺牲[④]，复旦，和暨南这些团体在一九三

---

① 斑：原文作“般”。

② 戮：原文作“戳”。

③ 贡：原文作“供”。

④ 牺牲：原文作“牺声”，据上文“牺牲剧社”改。

三的上半期中有一点活动以外，很少看见有其他团体的露脸。有时就是私人参加的堂会式的演出。

所谓堂会式的演出，就指某种集会(如游艺会，纪念会等)上为维持时间所参加的演出。例如大同大学的游艺会上就有应云卫，王莹，袁牧之等所参加的《酒后》，光华大学的纪念会上就有左明，陈凝秋[①]，王莹，赵嫚娜，赵丹等所参加的《父归》。

由于这两出戏目来加以研究，我们不能不称这种演出为堂会式的演出。因为《酒后》的演出已有二三十次之多，《父归》则更为演出机会最多的一出戏，用一出并无任何意义的戏来演出，除了替某种集会撑场子以外，演出者自身就和票友的堂会一样没有什么价值的，所以称之为堂会式的演出。

“堂会式的演出”和“流动公演”不同。

流动公演是一个团体的有组织，有计划的公演，这种公演的方式在戏剧运动上有相当的益助：

第一，因为过去公演亏本的重要原因在于戏院租价的昂贵，所以能利用某种集会的机遇作流动的公演，可以少负经济上的危险。

第二，因为我们还没有使一般人认识我们的戏剧，流动公演以演出者去适应某种集群的环境，使一般认识我们戏剧而增加我们的观众。

我们希望有不停的流动公演；但是否认堂会式的演出是在戏剧运动的轨道上。

7. 剧坛的沙性

以上讲述了戏剧团体和各份子在一九三三上半期中活动的概况，这里且把我们的观点移到整个的剧坛上来。

如其我们像坐在飞机里一般地从高处来看望整个的上海剧坛，我们会失望，因为上海的剧坛不仅是碎砖堆砌的，并且是沙砌的，没有团结，没有根基。

各种同业都有公会，京戏也尚有梨[②]园公所(即伶界联合会)，虽然我们的戏剧还没有变为职业，但是一盘散沙的现状终究是戏剧界所可耻的。

为谋剧坛的团结，过去曾有南国，协社，辛酉三个剧团努力过，结果是没有实现，就实现，这三个剧团也不能代表当时整个上海的剧坛。

其后，又有过一次的联盟，范围比较地广大，在形式上似乎有了上海剧坛上不少

---

① 陈凝秋：原文作“陈凝秩”，疑误排。

② 梨：原文作“黎”。

大小的团体，但是这一次失败在突然的严格，使戏剧运动反而冷落了。

剧坛之不易于团结原因是：

1. 小团体的见解太深，并不为整个戏剧运动着想。

2. 目前剧团中的份子多半是票友性质，很少以戏剧为生活重心的忠实同志。

由是，因份子和团体的不为整个戏剧运动打算，剧坛的团结工作也就无形中被阻碍了。

但是为谋戏剧运动的进展，剧坛的沙性是不成的。

第一，沙性的剧坛不能使剧坛上的每个团体和每个份子都走上一条路线。

第二，目前各种商业都用托拉斯来维持，戏剧观众的计算也应该同样，平常公演时的一部分[①]观众是由于表演者个人的家族亲戚朋友们带给表演者所参加的团体中来，如其剧坛能有团结，这些观众也将由团体而介绍到整个的剧坛上，于是所有的观众将不再是局部而是整个戏剧运动的了。

最近有周伯勋等在努力团结剧坛这方面工作，但是否在一九三三年中能实现还是一个疑问。

8. 戏剧文字的寂寥

几年中我们感到出版界的萧条，然而总还有新的书店在开出来，有新的杂志在出版，唯[②]有戏剧文字只是一天比一天地寂寥。

过去曾有一个时期，戏剧刊物还相当的可观，有《南国月刊》及《南国周刊》，辛酉出版的《戏剧的园地》，有光华书局的《现代戏剧》。

其后先后地消灭了，外埠如北平的《戏剧与文艺》和广州的《戏剧》等也相继地绝版了。

最近，简直一本戏剧刊物都不见了，不但如此，连杂志上也不常见到关于戏剧的文字，这是再可痛心也没有的现象。

戏剧文字多少与戏剧工作的疏密这双方关系是相互的：

一方面戏剧文字是集着戏剧工作而出现。

另一方面戏剧工作要有戏剧文字来推动。

这双方是和心与肺一样[③]起交互作用的，目前戏剧文字的寂寥该归罪于戏剧工作

---

① 分：原文作“份”。
② 唯：原文作“维”。
③ 样：原文作“像”。

的零落[①]；同时戏剧工作的零落也该归罪于戏剧文字的寂寥。

戏剧工作的零落是各戏剧的团体不努力；戏剧文字的寂寥是戏剧界各个人的不努力。

团体的不努力在某种情形之下，因经济和人才的关系还可以有相当的原谅；但是个人的不努力是不可放过的。

不问生活的如何忙，多少总应该为戏剧运动尽一点力量的，即使是没有报酬尽义务的。

假如剧坛上的文字还是这般寂寥，那末对于戏剧运动的前途只是绝望的悲观。

9. 人才的新陈代谢

剧坛上的人才也和身体中的细胞一样在作着新陈代谢，一九三三年上，不见了许多旧的人才，可也见到了许多新的人才。

旧的人才的损失是由于：

为生活而到了别埠去，

忙于生活无暇再干戏剧工作，

走上银幕受各方面的限制不能从事戏剧。

除了因兴趣消失这根本就不曾拿戏剧看得严重的以外，其余的脱离剧坛多半是以生活为最大的原因，这便是职业剧团不能实现所给戏剧运动的困难。

不见旧的，本来可以由新的替代，但是观众和读者对于熟悉的旧的人才常怀念的，对于不熟悉的新的人才是不能一时就信仰的。

所以为谋戏剧的观众和读者的增加不减，一方面固然希望新人才的不断出现，一方面还希望旧人才的不要完全把戏剧抛弃。

10. 一九三三下半期的观望

综观上述，我们在一九三三年上所见到的戏剧运动的工作，远不如我们在一九三二年尾梢上所预测的那般完满。

许多剧团停滞着没有动静或偶然作一次昙花一现的公演；新的剧团还不能使一般满意成绩；学校剧团也是那般地稀少；剧坛依旧是沙性而没有团结；戏剧文字几乎看

---

① 零落：原文作“另落”，后文统改，不另作校注。

不见；人才旧的损失甚于新的产生……

这些都不是我们在一九三二所想象[1]的，在一九三二所想象是：一九三三是戏剧的年头，然而一九三三的收成却依旧是：一个荒字。

固然，一九三三仅过了三分之二，还余着尾梢上的三分之一，对于这余下的三分之一的观望有几件工作是可喜的：

戏剧协社的公演《怒吼吧中国》和《钟楼怪人》。

《戏》月刊的出版。

交通大学也将有完善的学校剧团组织。

有陈鲤庭等在筹备戏剧学校。

以上是比较可以肯定有实现的希望的，此外尚有我们所希望实现而不能肯定的，如：

周伯勋所活动的剧坛的团结。

唐槐秋等所组织的"新群"的成立。

这两方面在最近又没有了消息了。春秋也不见了动静，三三，骆驼，光光三剧团也不见活动：新地的《怒吼吧中国》也终于没有吼出来；复旦和暨南两学校剧团也得在开学以后再观望，曾着力努力过的大道也不见一点动静。

总之，我们对于这一九三三剩余的观望，也只能把望在一九三三年上不曾有过记录的团体和份子有一点记录，却不能把望这些团体和份子在这四个月中把一九三三造成我们理想的戏剧的年头。

在失望的退步中唯[2]求：

剧坛团结能实现。

《戏》月刊能集中剧坛上的同志作着力鼓吹。

希望由这两方面的推动在这□[3]个月中打下较基固的根底而向一九三四年进展。

戏剧的年头我们还得期待于"一九三四年"。

九月一日

希望整个的剧坛准备向"一九三四年"开拔的工作[4]

---

① 想象：原文作"想像"，后文统改，不另作校注。

② 唯：原文作"维"。

③ 原文此处空一字距。

④ 文末原有这一句大字书写的口号。

戈登克雷眼中的木人戏①

戈登克雷是英国的名导演，他竭力主张用傀儡当演员，底下是他对于木人戏见解的一斑②：

“什么是木人?”戈登克雷问，并且回答说：“木人就是没有自私心的人。”

“什么是人呢？——自私者。

他们走路——睡觉——写字——娱乐——拜访——喝和吃和工作都为着自私。并且——他们凭着自私思想，感觉，凭着自私看，凭着自私听。他们像海绵③似地吸着自私心，满着每一个空隙，这就是我们所称谓的人。

“一个木人也走路，睡觉，祈祷，拜访，吃，喝，完全和人一样地做着这些事，有什么使它不够活泼和放恣的，就是没有那些我们所看见的真人的可憎和自私心。

“所有这些使木人们这般地气爽，当我们见它们出现的时候，就给了我们惊讶和愉悦的感觉。谁能和它们中间的哪④一个起什么口角呢？它们连我们看着它们都没有感觉到!

“这是特别重要点，因为没有一处舞台上(假如我们除了将来戴⑤面具的演员不算的话)能使我们找到这样最最朴实的一点。

“我有意地把木人和人来比较，并不和演员比，因为演员只有和演员们有相比的可能。

“有自私心的人很可以扮示他们所顶懂得的……那就是，他们自己。没有自私心的木人，是同着我们扮示别的许多事情的。

“你以为我把它看得很严重吗？我还不能把它看得十足地严重。假如在‘人生’中有一桩全然虔诚的事情，是只有木人可以在舞台上扮示的。人们曾说‘真实’是一件虔诚的事情——那末，行，那便是木人能显示的。

“只有一个方法可以帮助使这个世界再变为素朴的——就是让素朴的心去研究所有关于木人的事情。”

---

① 原载《戏》1933 年创刊号，署名“牧之”。
② 斑：原文作“般”。
③ 绵：原文作“棉”。
④ 哪：原文作“那”。
⑤ 戴：原文作“带”。

以上是戈登克雷对于木人戏的含着哲理的言论。当几年前我初开始演员工作的时候，对于这位主张用傀儡来代演员的导演很有点仇视，因为我是站在演员的立场上。渐渐地多认识一点戏剧和更熟悉一点戈登克雷以后，我就自觉惭愧了，虽然我自认还是相当忠实的演员。

《一个女人和一条狗》的自我批判[①]

“这是我给你的一个忠告：一条狗只要主人喂饱了它牛肉，它就会替它主人去拼命；但人呢，人就是主人喂饱了他，他还得想一想，值得不值得为了暂时的饱暖替人去拼命？况且目前，还喂不饱你！”——这是女人的剧词。

当时写作的时候是由于这个出发点的。

我们平常对于警察们常有两种的感想：一种是恨，恨的是他们仗势欺人；一种是怜，怜的是他们盲目顺从。

所以，“我们希望你们不再在大铁门之下替老爷太太们守家，而做了我们的朋友”。这样个主题自以为是还相当的不错，而且这个题材也不曾有人注意过的。

这一个主题和题材用喜剧的方式来讽刺也是比别种方式为妥当的。

听说南京和镇江出演的时候，都引起了警察的交涉，那也可以证实是由喜剧的讽刺所得的反映。不过，也因为有这样的反应，可证明剧本多少写得有一点过分了，多少可以证明那里太偏重了上述所谓对于警察的感想的第一种恨，而失了第二种的怜，即过于挖苦而失了同情。

并且也因了处处顾全了喜剧的趣味性，使失了现实性，这是一个最大的毛病。

关于写作的技巧方面呢，这是多少受些丁西林的影响的。还有从前美国电影在正片以前开演的话剧式的短片也有点影响。其中的变幻曲折是舞台经验帮助我的。

至于只用两个角色，那是我的怪癖，我始终觉得人多的戏没有人少的紧凑。这是我用两个角色写的第五个戏，较以前的几个比较的好。

这出戏里的两个角色的对话很不平均，女人的话太多，警察的话太少，虽然这形成了女人的机灵，警察的呆傻，但是使演出难了不少，因为话少和话多在演员方面都是同样难题。这戏如其找到适合剧中人个性的演员来演，是会增色的，不然，反而还是当读的剧本看要感到兴味。

总之，这戏的技巧方面，写成的超过了我计划的，但在意义方面，写成的却不如计划的，这是憾[②]事。

---

① 原载《戏》1934年第2期，署名“牧之”。

② 憾：原文作“撼”。

辛酉学社爱美的剧团[1]

在少数人所认识中的辛酉剧团，原为辛酉学社爱美的剧团的简称。虽然在中国的话剧史上也应该占有几页的记载，可是因为存在的时期并不怎样长，所得的现象并不怎样广，给与[2]社会的意义也极少，而且三年以来已经无形地消灭了，原没有再做长篇的记载的必要。为了《矛盾》的编者将拿上海的几个剧团作一个集合的记载，并不遗掉了辛酉，故借此为辛酉写一篇历史上的参考物；同时作一番过去的自我的批判。

关于辛酉剧团的自我批判，照理是该我们的大哥朱穰丞兄来写的，就不，也应该是罗鸣凤，庄诚榛，黄培生兄来执笔，我在辛酉既不是发起人或创办人，又是小弟弟，我没有代表辛酉说话的资格，不过因为后者几位忙于职业，已经脱离了文艺生活了，穰丞兄又流浪在西欧迟迟不回，所有怀念辛酉的人们都向我问起辛酉过去的情形，消灭的原因，以及以后的问题，我在口头上总是用“辛酉已经无形消灭了”一句话来答覆，然而话虽这样讲，事实并不是这样地简单的，所以很久就想写一篇东西来记载辛酉的过去。并纪念我们的大哥朱穰丞。

这次也就借《矛盾》的篇幅实现了我的愿望。

辛酉是消灭了——三年来的事实给了证明，所以一般人也就这样地着想；然而，与[3]其说消灭，应当说停顿，至少我们辛酉的份子该这样讲，因为辛酉或者还有复活的一天。

说辛酉有复活的希望，也许会引起一般人的奇怪，一般人的排斥；但这是后话，待底下再提，这里且由辛酉的成立先说起。

看了辛酉这个命名，谁都可以发现是含着封建色彩的。由此也可以推想出社会思潮的历史的转变，和辛酉的份子们的思想的演进。

“辛酉”是封建社会的年庚的算法。虽然那时已经是民国十年，已经是辛亥革命的十年后，然而依旧采用着。所谓辛酉学社者，就在那年所成立，以“辛酉”为名也就是这原因。

---

① 原载《矛盾》1934 年第 2 卷第 5 期。

②③ 与：原文作“于”。

这个团体的发起者就是朱穰丞，庄诚榛，黄培生，罗鸣凤，郁瘦梅，金长康等人。这一群都是热情的青年，因为生活在封建家庭中，前半期又都受着封建的教育，在当时的思想不免是封建的，就如他们的爱好五言，七律，京剧，昆曲，琴棋书画，章回小说，亦可推想带有古风的名士气派。但是因为五四运动后，新思想，新文学的突起，这一群人的思想也受了极大的影响，最明显可以见到的，就是已婚的几个，将过去内心的不满变为明意识地反对强制婚姻了，同时萌下对于封建家庭的反抗，反抗的力量没有，就积下了苦闷，于是厌烦了家庭生活而爱好了团体生活，辛酉学社也就有这一群人组织了起来。

“学社”两字已可以显示当时他们对于新文化的求智欲的旺盛，而且当时图书馆内购置的新书的目录也确乎可以表现他们趋新剧一般；不过有着京剧组，昆剧组等类的附设，只也可见旧的不能完全地丢弃。

当时他们大都已经是有职业者，各人都将工作所得来支持会内的开支，几乎将全部的工资放入不算，还尽力各方设法，除工作间之外，非深夜不回家去，家庭只做了他们的休息所，全部的热情付之于团体，或说是友情。

由于他们的艰①苦经营，不惟租下了三层楼屋子，设备了给团员的各种享受，还出版了刊物，创办了夜校，征得了广多的同志。虽然在当时这团体并无肯定的目标，但若能维持到现在，或许由于社会思潮的推动，由于这一群同志们思想的演进，也许会有点意义也难说。

这是辛酉学社的概况。

由洪深回国，给与②戏剧协社的一个变革，及《少奶奶扇子》的哄动，引起了社会对于话剧的注意，也引起了辛酉这一群人对于话剧的未来的认识。

其时，因团体经济的不易支持，以及几年来由团体的关系多接触了社会，他们的生活圈③中更加重了各种的苦闷，所以爱美剧团的组织，也可以说是一种苦闷的象征，将付与④友情的热情，付与⑤了艺术。

创立的主动人是朱穰丞，及上述的其他几位，并加添了几位生力军如周履安，王遐文，黄玮，王蕴之等。因为如京剧组，昆曲组之同样附属于辛酉，固定名为辛酉学社爱美的剧团，所谓“爱美的”Amateur⑥(非职业的)的译名。

---

① 艰：原文作“坚”。
②④⑤ 与：原文作“于”。
③ 圈：原文作“团”。
⑥ Amateur：原文作“Amauteur”。

辛酉学社爱美的剧团即由是而成立了。

在成立之后，虽然整个的辛酉学社照旧地维持着，组织以及一切都没有什么变更，但是图书馆的目录却多了不少戏剧学识的书，其时中文的戏剧书籍尚可怜得少得等于没有，他们就狂一般地凑钱寻觅英文的书籍。

这一点是应该写录的，就是这一群人为满足求智欲而狂也似地教育自己。辛酉的同志们常因为要速成知晓某项学识总是分门支配了研究的，各人都向纵的方面求专门的认识，我们的大哥则向横的方面求博的认识，这就是穰丞所以能做大哥的原因。

他们对于戏剧的组织，戏剧的意义，共同地得了一个结论，于是就谋作第一次公演的筹备。

第一次公演的剧本是侯曜的《新人的生活》。

这剧本描写一个家庭中的新旧思想的冲突，技巧与内容不由说都是很幼稚的，十年来已没有人再搬上舞台，但当时却正好反照了这一群人的生活的苦闷，第一次出演的剧本选到这剧也许就是这原因，我上面所说他们初步爱好戏剧的动机是因为艺术是苦闷的象征，这也是一个明证。

这第一次公演的筹备很像医生用天平①来称药，大家根据了书本上所得，机械地置备，机械地排演，虽然对于戏剧的严肃重视，已由这第一次中可见，但是因为素无经验的关系，结果总不能怎样如意。

这一次任排演的是朱穰丞，他以他精心研究所得，给与了同志们很多可钦佩的信仰，同时他也由这一次的实验懂了许多。

周履安，黄玮，郁瘦梅，王遐文这几位就在这第一次公演中被发现了他们演戏的天才。

辛酉的同志们在第一次公演之后，对于戏剧的兴趣更浓，但苦于没有经验，因此想以团体名义加入戏剧协社，以谋多得一些学识和经验，这事由应云卫在协社的会议席上提出过，然而被洪深等人反对了。

这一个打击给了辛酉的同志们很大的鼓励，犹如苏秦的刺股夜读，各人又拼命自求戏剧学识的教育起来。

其时明星影片公司开设了一个电影学校，由洪深，谷剑尘，郑正秋等教授，当今的电影皇后胡蝶女士那时正拖着两根辫子也在听讲。辛酉的这一群人也就交了学费，跑去坐在胡蝶女士一个课堂，作着洪深的学生，朱穰丞还代洪深笔记过一篇《动作法》

---

① 平：原文作“枰”。

刊在那时辛酉学社出版的刊物上。

渐渐地对于戏剧的知识多懂了不少，于是一群人又跃跃欲试地想作第二次的公演。

在江浙战争以后，名为天堂的苏杭，也遭受了铁蹄的残踏，因为切近的关系，引起了这一群人对于战争的厌恶，及对于军阀的仇视，陈大悲的《虎去狼来》便被选为第二次公演的剧本了。

《虎去狼来》是一出两幕剧，第一幕描写一家安居乐业的裁缝店因战争而遭受[①]了丘八的捣乱；第二幕是毁后的裁缝店，虽然战争已经平静，然而北兵去，南兵来，犹如一虎去一狼来，同样地遭受。

这剧本的两幕结构是很清洁明显的，只是技巧与对话并不怎样优秀，然而也多少点出了当时一般民众内心的冤忿，在陈大悲的作品中算是比较有意义的了。

这次还是公推穰丞任排演，但他却因为对于戏剧多认识了一点的关系，反而胆弱了起来，就请戏剧协社的应云卫来合作排演，那时云卫已经演了很多次戏，有了相当的经验。

由于这两位聪明人的合作，并上述几位有戏剧天才的演员演出，同志们的精心努力，这次的公演使当时努力戏剧运动的同志认识了辛酉，但是却没有得到怎样广多的观众的拥护。

以上是我没有加入以前的辛酉情形，在第三次公演以前我加入了辛酉，于是对于朱穰丞的认识更切实了。这里就想在写述第三次公演以前，先对于辛酉的领袖朱穰丞作一段的素描。

我在没有加入辛酉以前的几年就加入了戏剧协社，我那时很小，没有在协社演过戏，只是在开会的时候到到会，公演的时候做做招待，这样混在中间一点也没有得到什么戏剧上的智识。后来在一个暑假中，由同学周履安的介绍认识了朱穰丞，其实是早就认识的，不过不十分熟。

穰丞要我加入辛酉，签了志愿书，他常常到我的学校里来，我也常常到他的洋行里去，于是我在他的思想以及一切都渐渐地认识了。

他是辛酉的领袖，但他并不是辛酉的英雄，他并没有英雄主义的野心，至少在过去辛酉的合作时期中他没有暴露过。

他有热烈的情感，他的热情维持了辛酉的组织，因为有许多人不能离开他，除鸣

---

① 受：原文作“变”。

凤，培生，诚棒，履安，遐文等以外，我也就是一个，有一个时期我几乎不能有一天不和他谈话。

虽然他情感是很热，但是他的理智也很强。假如他以为什么是合理，是对的，他就那么做。

他有一个毛病是好辩，这使我们这一群中常像口角似地起争吵，然而真理也常在这种辩论中间而获得。

他什么地方都不好胜，只除了求智欲，譬如我们中间有谁看了一本新书，他也一定要看完那本书，不至于你讲的时候他不懂，看了之后还同你辩论对于这本书的见解，以达到最后的结论为止。

当他新认识一个文艺界里的人的时候，他总是把他所有的著作都研究了一番[①]，然后才有勇气和他作第二次的谈话的。

为了团体，他不惜牺牲金钱，牺牲时间，甚至于家庭，生命他都可以不顾，如其他以为是真理的话。

所有我所说的关于穰丞的话，都是切实的，并没有夸张，叔本华说："人的体格是远看小近看大，人的人格是远看大近看小"，这虽然是一句至理名言，但是我和穰丞也够近了，我倒觉得他比远看的大。

其次该在写述第三次公演以前先得记载的，是辛酉阵线的扩大。

也因为第二次公演引起了一般同干戏剧运动的人们的注意，所以在第三次公演以前，为谋力量的充实，扩大了阵线。征求了许多新的同志。

应该记录的是：

第一，马彦祥，他在第三次公演时加入作演员，第四次公演时担任宣传，第五次公演时担任舞台监督，彦祥是一个戏剧多方面的人才，只是后来因他看了复旦剧社的工作，辛酉没有得他多的帮助。

第二，唐远藩，他是一个具有天才的演员，后来履安得了神经病不能再演戏，辛酉就全亏他来补了履安的缺。

第三，陆庆森，他对于戏剧的忠实态度正和他天性的忠实一样，他加入辛酉以后，不仅是多了一个忠实的演员，还多了一个忠实的办事员。

除上述三位，还多了许多其他的同志们。

也正在这时，周履安加入了明星公司当演员，虽然电影和舞台的性质不同，但是

---

① 番：原文作"翻"。

一推二，他也是进了不少戏剧的智识，所以穰丞得了一个帮手，第三次公演的排演也就由他助理着穰丞。

第三次公演的目的是四出独幕剧：

《获虎之夜》(田汉作)

《亲爱的丈夫》(丁西林作)

《父归》(菊池宽作)

《酒后》(丁西林作)

《获虎之夜》是写一个猎户的女儿和她孤儿的表哥的一段恋爱史，表哥被她的父亲赶出了家，在她将嫁的前几夜，表哥中了捕虎的机关被当作虎似地扛了起来，结果是自杀了。是一出浪漫的而且是感伤的戏。

《亲爱的丈夫》和《酒后》，是两出唯美主义王尔德派的没[①]有什么内容的趣剧。

这次公演中比较值得记载的是《父归》在中国的第一次演出，这剧本由田汉译成中文出版已经很久了，被搬上舞台却是辛酉第一次，而且不像作者菊池宽的那般妥协。大胆地把最后 Cut 了，自辛酉这次演出成功以后，这剧本就依照这个割法在各地演出，成为中国话剧史中演出纪录最高的剧本了。

从第一次第二次公演的剧目和第三次公演的这张剧目来看，可以分出辛酉这一群人对于艺术观点的不同。

当五四运动以后，爱国思想灌输在人们的脑海中，所以学生们常演着爱国剧以激励[②]群众的爱国思想，当时的这一类戏剧虽不能称为严格的话剧，类似文明戏及化装演讲的性质，但是倒和社会的现势很有密切的关系，有许多戏剧人才也由这中间产生，例如谷剑尘，应云卫等最初就是少年宣讲团的份子。不过这些戏剧人才等到真正[③]干起戏剧运动的时候，却反离开社会现势，走进象牙之塔，这是许多团体和个人都经过的路程，有的到[④]后来再退出象牙之塔，有的则始终躲在里边不忍再出来。

同样地，辛酉也走上了这一条路程，第一次公演的剧本虽不能称为 Arts for Arto 的东西，但多少可称为当时这一群人的现实生活的苦闷的象征；第二次公演的剧本，则比较明显是江浙战争以后的影响；可是这第三次的公演，则似乎是走进了象牙之塔了。

这四出戏，共有二十三个角色。用二十三个演员来担任，比起前两次不满十个演

① 没：原文作“後”。
② 励：原文作“动”。
③ 真正：原文作“正真”。
④ 到：原文作“倒”。

员的公演来，可见阵线的扩大了。

这一次公演曾连着三星期复演，然而营业方面亏折了很多，外界的评论虽然相当的好，但是观众的数量也没有比以前增多了多少，还是只引起一般真正[①]爱好戏剧者的注意。其间原因，是因全部的人力都集中到舞台方面工作。没有相当的人才主持事务，宣传得不够，广告的不见，推销不得法[②]，及演出地点的偏僻[③]，都是卖座失败的原因。

就在这个时候，一方面因公演亏本得很多，一方面辛酉学社也停顿了下来，欠下了许多的债。那时的辛酉剧团的经济负责人还是旧有的几个，他们受了双重的担负，不由说对于他们个人的生活给了不少的影响。

同时郁达夫的《沉沦》之类的颓废小说，及田汉的《咖啡店之一夜》之类的感伤剧本，在那时大为风行，于是这一群人也受了影响渐渐颓废及感伤起来。当时新加入的袁伦仁就最足以代表，他在复旦演《咖啡店之一夜》的时候，他那种潦[④]倒感伤的神情获到了非常的成功，且对于达夫的《沉沦》的爱好更无以复加，在第四次公演中，他的名字也由“伦仁”而改为了“沦人”。

其时，北四川路开设了上海咖啡，一群文人雅士都在那里会集，辛酉的多数人也时常沉醉在那里，流连忘返。

大家都感伤颓废，戏剧工作也自然地停顿了下来，于是由穣丞坚决地主张筹备第四次的公演，并且拿教训式的《桃花源》作为公演的剧本。

《桃花源》的作者武者小路实笃的作品都是含着教训的，这场戏也是一样。

这是一出三幕剧，故事是并不写实而 Romantic 的：第一幕写一个世外的桃花源，满山开着美丽的桃花，所有这些桃花都由一个人的手里栽培出来，积几十年的心血才有今日的成绩，栽培这些桃花的人被称叫桃仙，他把桃花当作比自己的生命还重视，他教训他那远方来的兄弟也应当用同样百折不回的精神来处事；第二幕全山荒凉，所有的桃树全被一个有势的人砍了去，于是桃仙心灰意懒[⑤]，憔悴潦[⑥]倒。突然一日，从山上走下一位飘飘若仙的隐者，长篇的教训，唤起了桃仙昔日的精神，信服了隐者的开导，又开始从头做起，重复种起桃树来，假如再被砍掉就再种起来，直到死而已

① 真正：原文作“正真”。
② 不得法：原文作“得不法”。
③ 僻：原文作“闢”。
④⑥ 潦：原文作“聊”。
⑤ 懒：原文作“赖”。

矣；第三幕满山开起比前更盛的桃花来了，正在桃仙与隐者欢饮之际，他的兄弟也从挣[①]扎奋斗中做了军官回来，有志竟成，于是共饮以祝各人之前进。

这一出教训戏不仅振作了一下辛酉内部的同志，并且鼓起了当时的观众[②]的精神，共演三次。报上几乎连着有三星期的批评文章，而且大部都是受剧中的寓意所感动的。

这次公演的地点换到比较交通便利的青年会礼堂，宣传也相当的得力，曾在公演前出过三张专刊，各方面办事的人也较前较多，所以结果观众还相当的多，也受了戏剧圈子以外的人们的注意了。

那时候辛酉学社已经全无希望再恢复，辛酉学社的京剧，昆剧各组也早已停顿，所存的就是这话剧团，于是辛酉学社爱美的剧团这名称，遂由大会通过改为辛酉剧团。

从此，辛酉变做了纯戏剧的团体，在这次公演的特刊前页上就这样地写着：

“本团的使命是：为话剧杀一条血路，把旧有的京戏剧，昆剧，以及其他的戏咸都赶进古物陈[③]列所去。”

第三次公演的结果虽然那使一般认识了辛酉，但是经济又亏了几百块去，这使那些经济的负责者非常潦倒[④]困难。

这一群人的生活方面又同时受到了各种的打击，家庭经济的破产，失业，减薪，以及其他的种种问题，使这些人在《桃花源》的一时振足以后，又重复犯了毛病。

其间最重要的问题是生活上的经济问题，最明显记得的是那时穙丞的洋行已开始办结束手续，鸣凤已失业，我那时也死了仅有的母亲，还有其他的同志们也都在生活中发生了各种的问题。

那时大家都几乎常[⑤]空着口袋的，俄国大菜馆要算是我们那时唯一的享受所了。

也不知是否多走了俄国菜馆的缘故还是什么，一群人都渐渐地像起那些没[⑥]落的俄国人来了，常围着炉子望着，炉火沉默着，或是唱着俄国歌，Vodka 也在那时大家喝[⑦]起来。

一群人形成了俄国革命前的[⑧]没[⑨]落的小资产阶级的生活，最先是穙丞意识地发

① 挣：原文作“争”。
② 众：原文作“苏”。
③ 陈：原文作“成”。
④ 潦倒：原文作“了到”。
⑤ 原文“常”字前衍“昨”。
⑥⑨ 没：原文作“後”。
⑦ 喝：原文作“唱”。
⑧ 原文“的”字后衍“内”字。

觉了出来，是后，耿济之，耿式之等翻译的文学会丛书，如《雷雨》，《巡按》，《三姊妹》，《伊凡诺夫》，《狗的跳舞》，《万尼亚叔父》，《人之一生》等剧本也就各执一卷，轮流着阅读，大家不期然地附和了这一种趣味。

这就酿成了第五次的公演。

那时大家的经济已极困难，而且又各知公演必将亏本，然而还是挣①扎着作公演的筹备，发行一种公债券，由团员五元十元地担任，预备亏本来干。

除经济以外，人才在那时也发生了问题，因为马彦祥，唐远藩，袁伦仁②，陆庆森等，都是复旦的同学，其时复旦剧社已经成立，虽然他们并没有退出辛酉，但多少分了一半精神。

女演员也感到困难，几乎不容易找到。

因了人才的关系，就找了比较合乎条件的剧本《狗的跳舞》。

这是安特列夫的象征主义的作品，一层的灰色，内容描写青年汉礼将与其爱人结婚，第一幕正请了他几位知己来吃饭，突然来了一封他爱人的快信，说她已经和别人结婚了，于是由第二幕起，他心理变态，种种作恶以向人类复仇，但到三年后，终于自杀了。

这一出戏的沉闷可谓无以复加，因此失了一般爱好热闹的观众，甚至于连过去几次公演所得来的观众③也失了不少。

这一次的值得记载的是在话剧中加以音乐，主持者是谭抒真等，选用俄国当时同格调的曲谱，使那种抑郁的气味更深更浓，所以一方面虽然失了一部分爱热闹的观众④，另一方面却刺进了共鸣的观众⑤的心，得到了他们的同情与爱好。

这一次以后，辛酉的团体似乎被一般人看出了特殊的风格。辛酉的分子们也做了一群没落的小资产阶级的代表。

这次的经济又亏了五百多。

是后，一群人对于旧俄的作风更多了一番⑥研究。

在出演了描写旧俄小资产阶级生活的剧本《狗的跳舞》以后，又更进一层拿描写旧俄农民生活的《文舅舅》作为第六次公演的剧本。

《文舅舅》是契可夫的剧本，描写俄国革命前的农民生活，依旧是灰色，抑郁，沉

---

① 挣：原文作“争”。
② 袁伦仁：原文误排为“伦袁仁”。
③④⑤ 观众：原文误排为“现象”。
⑥ 番：原文作“翻”。

闷的格调。

当时辛酉的一群人已意识地感到了个人生活的没落是受到社会经济不景气的影响，这革命前的旧俄生活就反照了这一群人的生活，同时也反照了台下的一群观众[①]的生活，辛酉一群人的灰色，抑郁，沉闷，影响了一般观众[②]，这也是难以逃避的事实。

这一次又亏了不少本。

为谋最后的挣扎，想赚回一点钱，以还欠着的债，于是决议将《桃花源》，《狗的跳舞》，及《文舅舅》三剧作一次联合的公演。因了这三剧在技巧上出演的困难，就命名为“难剧运动”。

其时一群人的手里已各执一卷另一种系统的新书，代替了旧俄的文学丛书，辩论，研究，争执。常在一群人的中间发生。于是一方面因欲赚回一点钱，“难剧运动”不能不实现，但是一方面已明知这种戏剧运动的没有意义的。所以在那次公演的特刊上是这样地宣告着：

“灰色的翟汉礼永远在舞台上给枪毙[③]了，抑郁的文舅舅苏醒起来吧。百折不回死而后已[④]的桃仙是我们的模范。”

结果难剧运动又亏折了本，这一群人也无以再挣扎了。

那时彦祥，远藩等已致全力在复旦社的工作，人力也更少了。

穰丞在那时得了出国的机会，他就想出去多得一点学识。

在穰丞出国前我们曾费去很多的时间讨论辛酉的以后，他最后的答覆是：

“辛酉我是不希望因为我的出国而停[⑤]顿，但若是把我们已经枪毙了的再在舞台上复活，我就在我回国的第二天登报申明我脱离了辛酉。”

至今辛酉已经停顿了三年了，我们同群办对我们的大哥很惭愧，因为我们没[⑥]有桃仙的百折不回的精神，但是我们也没[⑦]有把枪毙了的再复活。

辛酉是停顿着，但并不是消灭，说不定有一天辛酉会复活的，这一篇文章的用意，就希望向关心戏剧运动的同志们先作一个报告：

“如其辛酉有复活的一天，复活的不是灰色潦[⑧]倒的翟汉礼，是百折不回的桃仙!”

一九三三年十二月廿四日

---

①② 观众：原文误排为“现象”。
③ 毙：原文作“整”。
④ 原文“已”字后衍“矣”。
⑤ 停：原文作“下”。
⑥⑦ 没：原文作“後”。
⑧ 潦：原文作“聊”。

道不同不相为谋[①]

彦祥南来，询及我对于王泊生君“剧院设施意见书”之意见，使我很难答覆。当王君的大作在上海的报纸上发表的时候，就有许多朋友同我说，希望我在《中华日报》的《戏》周刊上出一专号来讨论这件事：我觉得这实在是不必要的事。因为一切理论的是非，因各人的教养不同而有所偏执，张三以为是的，李四或以为非，李四以为是的，张三或以为非。只要张三和李四，各人都能说出一番道理来，这是非是永远也说不清的。王君是一个以唱旧剧为职业的人，在我看来，实与一个普通的优伶无甚分别。虽然他会写写文章，开口艺术，闭口戏剧，然而他对于艺术及戏剧并无了解，无非信口开河，随便说说而已。对于他的文字过于认真，实在是太重视了他，他果真能自圆其说，言之成理，未始不可供他人参考，然而事实是：他只是一味无理由地攻击别人，自己并没有理论，即使要驳，也无从驳起。所以自始至终，我是主张置之不理的。在王君的意见书中，除了说了许多武断的话之外，其实并没有意见可言。例如说，话剧不是艺术，这当然是武断，因为他并不能根据艺术的原则来予[②]以阐明。

有人说这个问题，说不定将引起一个论战，但是我觉得，即使成了论战，也是完全浪费的。因为王君根本不够作为我们的对象的，这样的一位对于艺术丝毫没有一点认识的所谓戏剧家！

在可能的范围内，我希望彦祥把这问题结束了吧，他的一些谬论并不能损伤我们什么，我们的宝贵的时间也应该用在有点意义的工作上。

道不同不相为谋，让王君去唱他一辈子的王帽老生吧！

---

① 载《中央日报》1935年4月14日《戏剧副刊》“话剧与新歌剧之争”（专页之三）。

② 予：原文作“与”。

漫谈音乐喜剧[①]

一年前，从一本不知什么杂志上看到，某君的看了几部欧美的音乐喜剧的影片后的感激意见，最后他带一点感喟地说："为什么中国不会产生几部音乐喜剧片来呢?"

真的，为什么中国不会产生几部音乐喜剧片出来呢?

自然，在蜡[②]盘替代声带发音的中国有声电影草创时代要谈声音艺术是不可能的，就连最近的过去，仅把无声片中的字幕改收了声带的幼稚时期，对于声影艺术的运用是还没有达到了一个成熟的阶段。

收音机械的不完备，专门的音乐人才的缺乏，经济的限制，这一切，都是使中国有声电影不能走上完善的路的主因。

在所谓"声片"里——有时默片也同样——生硬地插入了一二支歌曲，有时甚或配上几段已经给人听了几百遍的庸俗的曲调，算是对于声音艺术的运用已经到了"家"，或是已经尽了对有声片的责任，那是对于声影艺术还没有充分地[③]认识与把握的缘故。

有时，眼看到欧美有声电影的观众的日益增加，国产影片的观众的日益削弱；有时，眼看到欧美有声电影的对于声影艺术的超越的运用，自己就感觉到自己的渺小，但是，正因为这样，就更增加了我的勇气——一种逼的[④]孩子般的自不量力的勇气。

一直到最近，中国有声片有了长足的进步，无论在设备方面，在技术方面，因而更增加了我的跟着先进者掘发的途径而努力的勇气。

但是，当反省到了自己的浅薄的智识，自身的低弱的技能的时候，我的孩子般的勇气就自动地悄悄地溜走了。

三个月以前，电通公司马德建先生重又把我的孩子般的勇气不知从什么地方召了回来。当接受他的意见的时候，一年前的"为什么中国不会产生几部音乐喜剧片出来呢?"就立刻在我脑际回旋。

后来，孩子般的勇气支使了我自不量力地决定摄制了一部音乐喜剧片。

音乐，我想不该是几支主题歌或是几支听厌了的西洋老调所独占的，所以，我诚

---

① 原载《电通半月画报》1935 年第 10 期。

② 蜡：原文作"腊"。

③ 地：原文作"的"。

④ 逼的：原文作"遇的"，1936 年 1 月 22 日《益世报》重刊此文，作"逼的"，据以校改。

想着能在这里贡献些其他部门的新鲜的音乐。

喜剧，我想不该是跌跌打打的噱头或是哭哭闹闹的低级趣味所范围的，所以，我试想着能在这里贡献些能在笑里显现出丑恶的笑料。

所以，我就开始写就了《都市风光》。

虽然承许多先进者的巨助，但是，一个智识浅薄，技能幼稚的孩子的成绩是不难为一般人所揣想到的。

但是，我希望能在严厉的指正和批评中找求长进的路。

戏剧与音乐[①]

一般的说法，戏剧与音乐是两件事。但广泛地讲起来，这是二而一的东西。所谓“音乐是世界语”便够说明音乐与戏剧的联[②]系性了。

实际上，近代戏剧(Drama)的分类就有两种：一种是所谓“歌剧”(Opera)；一种就是“话剧”。前者是用诗词体裁谱入音乐歌唱的，我们的“昆曲”和“京戏”就属此类，后者就属以寻常对话来表演的纯粹现代的产物——“话剧”。

但是“话剧”中也有插入音乐的，如沙士比亚的 *Mid Summer Night Dream*(《夏夜之梦》)便是一例。但这不能算为“歌剧”，勉强给它一个名词，称谓“乐剧”(musical Drama)，也许是不会错的。

因为“歌剧”(Opera)这一个名词，溯[③]源于意大利[④]语，最初只是指普通音乐作品而言，并不含有“表演”近代戏剧上所谓(Acting)成分[⑤]的。到了十七世纪中叶后，德人 Gluck 才把它奠定了这个公认的“歌剧”[⑥] 名词。但 Gluck 氏有一句自箴语：“当我提笔起来制谱的时候，我一定要忘记自己是一个音乐家。”这话和意大利弗劳仑斯歌剧先辈 Caccidni 氏的主张恰似：“语言第一，节奏其次，然后讲音调，决不能颠倒。”这些都已证明了音乐的戏剧，和戏剧的音乐的本质。

为了自己《都市风光》——所谓“新型乐剧”的产生，所以稍微涉及到这些研究上去，信笔志之，以实《时代》。

---

① 原载《时代》1935 年第 8 卷第 8 期。

② 联：原文作“连”。

③ 溯：原文作“朔”。

④ 原文“意大利”后有“意”字。

⑤ 分：原文作“份”。

⑥ 原文“歌剧”后有“一”字。

兴趣·志愿·生活[1]

我希望能充满着热情以完成这篇文章，因为我常念念不忘我中学时代的生活，而这里足以引起我的回忆。

当我的第一张影片《桃李劫》公映以后，由于电影比舞台之受空间与时间的约束为宽，令我得到了较多的观察，于是我收到了很多观众和我以前所发表的文章的读者来信。

几乎占着半数的信使我读了难受，他们同一目的地向我要一张相片，说几句他们认为是热情，而我读多了认为是千篇一律的应酬的话。甚至我猜疑他们会不惜邮票，不惜时间，不惜纸张，抄了很多同样的 copy 寄发给各个明星。我难受的就是他们把我当[2]普通明星一般地看待我。

但是其余的半数却使我难以解答而始终认为是一个值得研究的问题。内中除了一部分[3]因于我在《桃李劫》中代表一般失业者发了些牢骚而写信向我发牢骚的真的失业者外，剩下的，就是使我难解的，正在求学而不安于求学的中学生。

他们怀疑着中学文凭的保障，他们惶恐着家庭经济是否能供给到中等教育之完成，他们鉴于社会失业者之日益增多而对自身将来有所畏惧，他们凭着青年的冒险勇气而即欲离弃学校跨进社会，他们凭着爱好艺术的热情和非明意识地理会到电影是一种新起的工业而想投身电影界。

最近，当我已经脱离电影界以后，还接到一封打着十一月十三日邮章的如下的信：

袁牧之——导师：

可怜的我俩在三四年以前使我们的心腔中深深地[4]感觉到最有兴趣的就是这电影艺术。可是我们所支的环境不能使我们所愿[5]，这是我们最悲伤的一页。可是我们的心是永久不灰的。经我历年的奋斗，终于得到父母的应许

---

① 原载《中学生》1936 年第 61 号。
② “我当”二字原文无，为本书编者所加。
③ 分：原文作“份”。
④ 地：原文作“的”。
⑤ 愿：原文作“原”。

了。可是我们怎样才能达到目的呢？我现在只得请求袁导师给我们一个答覆，能否加入贵公司？如果能的，那我们当尽平生之力，努力向前。请袁导师给我一个回信吧。祝您艺术高明！

朱××
沈×× 谨上

通信处麦根路培明女中

由于这信的字面上看来，我敢相信这两位女士虽然在三四年前就有志于电影，而在这三四年中她们并没有做过要达到这目的的修养上的准备，所谓历年的奋斗只是得到父母的允可；但是一件事业的成功，尤其是在艺术方面的成功，是否凭着三四年不灰心的兴趣就够了呢？这是令我怀疑的。我常常读到了这样的信后引起过不少的感想，我想，假如我真有力量能帮助他们达到目的，那反而是我作了孽危害了他们。

自然，脸蛋美的可以成为明星，因失贞而轰动社会的可以成为明星，肯牺牲色相的可以成为明星，反常的胖，反常的瘦，反常的高，反常的矮，都可以成为明星，要做明星是只要逢着机会；但是这有无价值？我想在中等学校的同学，即使是并不了解艺术，也应该能够理会到。

我很了解这一群写信给我要放弃学业而走上银幕的青年们的心。除了爱好虚荣，盲目羡慕，和视事过易，这些罪名该归之①于他们自身外；其他则是属于社会的。譬如教育之无保障使学生们怀疑于文凭之价值，并由于社会经济制度之崩溃影响到家庭经济及个人经济，很多在学的学生们都自己不能预料下学期的命运。据一位朋友的报告，复旦大学这学期的学生名额超过了三十年来的纪②录，其原因是各地中学毕业的学生都没有出路和今年早稻收成尚丰，所以本来已经预备退学的还得继续求学。

社会的情况是如此，则学生之不安于求学是难怪的；但是就因此而放弃中等教育走向社会，尤其是走向电影界，则我将以一度从事电影界的资格而给以消极的挡驾！

反之，积极的，则我将劝勉这些青年们：他们既有这样冒险的勇气，不如以同样的勇气去奋斗，挣扎，刻苦，来完成他们的中等教育。我认为中学教育比大学教育更为重要，大学根据个人的兴趣和志愿而分科，所谓兴趣与志愿则并非在拿到了中学文凭然后决定的，却是在中学教育的六年期间逐渐形成的，所以终身事业的雏形倒是在中学时代所造成；否则，如若等中学毕业再辨别自己的兴趣和志愿则似乎太迟而容易

① 之：原文作“诸”。
② 纪：原文作“记”。

走上歧[1]途，反之在中等教育尚未完成就决定自己的兴趣和志愿，则又似乎太早，也容易走上歧[2]途。

本文就想能尽解释这点的责任，可没有要青年们珍视中学文凭的目的，我自己的中学文凭也早已在拍《桃李劫》前的两三年和《桃李劫》中的一个场面同样地撕碎了。

为解释我的中学教育对于我的知识生活及事业之影响，我得在这里有讲一讲故事的必要：

我没有进过幼稚园和初等小学，这些课程是家庭教师帮我完成的，等我进入高小，正是五四运动以后，学生的演讲与演剧最活动的时候，因是高等小学所给予我的启蒙是使我对于演讲和演剧发生了兴趣。

大概是十三岁或十四岁那年，反正是还没有到中学以前，我加入了洪深等主持的戏剧协社，那时协社演出的《少奶奶的扇子》曾哄动一时，接着又是《黑蝙蝠》《第二梦》等也都极受社会欢迎。我虽然连参加演出的高度都不够，但因为我是社员，每场帮着招呼以及其他的杂干，渐渐地我已懂得这些戏之不同于文明戏和化装演讲，至少在形式上。同时我也明白光理解其形式上之区别是不够的，于是我像饿狗般地搜寻着剧本及其他关于戏剧的读物，例如当时中华书局出版汪仲贤等主编之《戏剧》月刊及北平人艺社出版之《戏剧化装法》等，但也只是得到一个模糊的认识。

不知道是否中国的社会根本矛盾的关系，抑是中国人都需有两种人格的关系，我那时对于戏剧虽已有梗概的认识和浓厚的兴趣，但可没有要做一个戏剧家的志愿，绝对的没有。这原因以我自己的分析，主要在我家庭的环境。我父亲是个商人，我姊夫是个官僚，所以，对于戏剧的志愿，与[3]其说我不曾有，不如说我不会有。

但是若要问我那时的志愿是些什么，那只有天晓得，连我自己都不知道。我也就是这样毫无志愿地进入了中学校，虽然我自己很明白我的兴趣已属于了戏剧。这情景正如一个姑娘坠入了情网而没有想到结婚一样地滑稽。

我进的中学是东吴第二中学，可也不是我自己选择的，因为有一个亲戚在那里念书，是为了便利而进的。

我常常地这样想：像这样的局面，一个人是被命运支配着的；假如我能在那时就进入艺术学校，那末我的造就也许会深些吧？是的，也许；但是我相信，命运——或者说是环境——是只能支配人于一时的，而且，如其志愿是坚强的话，则可能在无论何种的环境之中开掘走向自己志愿的路的，这是我的经验所告诉我，因为我进的中学

①② 歧：原文作“岐”。
③ 与：原文作“于”。

虽然与我爱好的戏剧毫无相关，而我自己可曾在那环境中搜寻过有相关的学识而得到过好处。

最初，像上面说过，我是毫无志愿的，很可笑，读书的方法是以分数做标准。然而，就在那初中一年的时候，凭我记忆所得而自己加以分析，我觉得我那时已经有了文学的欣赏欲与表现欲。足以证明我有欣赏欲的是圣经课，二中是教会学校，初中一年有圣经必修班，我虽非教徒，也不相信圣经，但由于《少奶奶的扇子》而认识了该剧的原作者王尔德(Oscar Wilde)，由于喜爱王尔德而读过了中华出版的《莎乐美》的译本，由于《莎乐美》是从圣经里采取出来的故事，我把圣经也当了文艺品而欣赏了。我的第二个剧本《叛徒》中的牧师和两个教徒的说话能适合牧师和教徒的身份[①]，就因为我读圣经的时候曾发生过兴趣的。又足以证明我有文学表现欲的是作文和英文造句，虽然我那时对于分数很看重，但作文似乎是例外，我总喜欢把些奇怪的思想放进文章里去，往往这样使我在分数方面很吃了亏，因为那位作文教员是曾经教过校长的书而还在履行打手心的老先生，不过我并不因是而失望，正如最近我所编导的《都市风光》没有得到普通观众的理解而我并不引为失望一样；同时我对于英文造句也喜欢运用思想，记得有一次那位叫做杨盘西的英文教员要我用 why 造一句句子，我就造了“I don't know why I am so sorry”这样一句而受到了他的大大赏识，他说一个人在忧郁的时候的确是自己也说不出是为着什么的，后来在几个月以后这位先生突然给火车头撞死了，据他的一位很接近的朋友在追悼会上讲，说他最近几日来好像受了很大刺激而精神非常恍惚的样子，由是我相信他那时之所以赏识我那句造句而并不赏识其他同学所做的“a book”“a dog”是因为我那句句子引起了他的共鸣了。

一无志愿而以分数为目的的[②]读书生活过了一年，第二年我可有了志愿了，我的志愿是想做一个演说家。

二中是东吴法科的附中，为了造就将来律师人才起见，二中的教程很注意于演讲，每星期六有二个半小时是演讲课，我对于这两小时半的功课曾发生过特殊的兴趣，渐渐由兴趣而使我有了要做一个演说家的志愿。

从兴趣到成为志愿的过程间是需要有能够自己确信自己能力的各种实验的，这实验可并不是像上面那两位女士样地历年像父母解释，也不是以三四年的时间来试验自己的兴趣有无变化，而是更具体地对自己的能力有客观的认识。我自己认为我当时那志愿虽然并不健全，但这一过程倒是经过的。当最初几次在初中间的比赛我得了优

---

① 份：原文作“分”。
② 的：原文作“地”。

胜，后来全校比赛也得了优胜，几次代表学校参加拒毒会，全上海和全江苏的比赛也全都得了优胜，在学校中自入学到退学的六年间凡是出席比赛从来没有落选过，但是这些在我当时的孩子心理中很奇怪地毫不认为这是我有演讲能力的证明。我常怀疑评判员是有成见的，即使几次校外的比赛也如此，想，因为二中的注意演讲是有名的，所以我也怀疑批判员会给面子给学校。

我所谓的对于自己能力的客观的认识，倒是我自己的各种实验的证实。当时学校把演讲当作一种课程，所以每一次的讲员虽只有七八人而其余的同学却都得强逼到场做听众，每星期都如此无疑地是使做听众的人最难受，因此就有在那里预备功课的，有看小说的，有私自谈话的，甚至也有打瞌睡的，不撒谎而很坦白地说，当我在做听众的时候有时也如此，但是当我做讲员的时候，我却有一个很大的野心，那野心就是我要想法使他们都发生兴趣听。我常常把题目报告两遍，或甚至三遍，这样使一些预备功课的不能再专心，至少也得抬头望一望我；我又常在开头的时候安置一个可笑的材料以引起一般在听的听众笑，于是在看小说的人会忙着去问旁边听的人，似乎比他的小说更发生了兴趣；我还借用一种问句的方式向听众发问，虽然我知道听众是不会回答的，可是我借这个方法故意冷一冷场，因为礼堂里没有了台上的声音，在台下私自谈话的声音常会感到不好意思而自行消灭，而且那最后消灭的一个声音常会成一种很怪的尾声而引起听众间自身的好笑；要是这样还没有使那些打瞌睡的醒来，那我会在讲到一句激昂的句子的时候拍案狮吼，使他们误会是校长在那里生气而惊醒过来了。

正如我后来出台演剧的时候希望每次有新的东西贡献给观众一样，我当时的出席演讲也希望每次有新的贡献给听众。我演剧的时候总是这样想，我相信总有一部分的观众，至少有一个，是因为上次我给了他好印象信任于我而来的，所以我得勉力有新的创造贡献出来，不致令他们或他对我失望。这就是为什么当我累次被派做老头子的时候，我要那末严格地根据剧中人的个性以创造出各种不同的老头子来，常常在我刚出台的时候，因了我的发音、动作、化装的一切变更而从台上偷听到第一二排的观众翻着说明书找寻扮演者，并且打赌争论着是我不是我的时候，我会引为特殊的安慰的。在当时校中演讲也一样，譬如把题目报告两遍的方法被许多同学采用以后，我就不大应用了，我常在开头先讲一个故事再引出题目来，或者是用另外的方法绕过来，记得有一次我讲“知易行难与行易知难”的题目时候，打头就问了一个很怪而没有人可以答覆的问题，我问的是“世界上到底先有鸡还是先有蛋?”由此而引到了题目上，这也很引起了当时听众的兴趣。

我还有一种特殊的性子，凡事总喜欢尝试难的路，譬如我十九岁的那年就拼命练唱低音而冒险地上演《桃花源》中的老头子，又如我写的剧本有五个之多是只用两个角色的，就最近《都市风光》之所以卖座不佳也在于我这种的特性。这一种特性当时在校的时候就已经有，凭我还能记得的一件事也足以表现的，我对于每次只是空论的演讲使我感觉到厌烦了，我想讲一次科学的材料，所选的是蒸汽机的作用，大概是这样个题目，但这一类的东西如其没有模型、没有图画是不容易向听众解得明白的。我也想用纸做一个模型或画一个图带上去，然而我又觉得用这样的方法是谁都可以解释清楚的，于是想，想了很久，结果是什么都不带，只带我自己的嘴和手，我用同学们所每个人都日常见到的东西比喻，好像记得是用饼干箱子比汽缸，洋火盒子比汽塞，虽然同学们都像在笑我发神经病，但终于我把那机构、效力都解释出来了，至少也使听众能够借形而想象[①]。

由于每次都设法给一些新的、奇突的东西给听众，使一般同学们都多少感到一点刺激而忘了呆若木鸡样地坐着做听众的疲倦，因此当揭示板贴出了我的名字的时候，同学们会像小市镇的戏院门口挂出了一块将要来埠的演员名牌一个样。这一种空气是我引以为安慰的，什么评判员的批评，那正如我现在之对于报上的演剧批评和电影批评同样地不珍视。

还记得，当时我对于演讲并不只承认是一种技术，而认为是一种艺术，我主张演讲是需要有感情的，我以为只用枯燥的理论来说服听众是不够的，还需用感情来打动听众。但很怪，一次在五卅的第二天早上，有一位先生报告那天的惨案情形，讲得涕泪俱全，而我却又认为是不必，这多少有一点像演戏了。我主张演说者自己是应该镇静的，主要的是能运用自己的言词声浪来打动听众的情感。譬如一只凡哑林上的悲调使一个听者感动而流泪，那无疑地是被音乐艺术所感动，但假如那位奏者所拉的调子并非真能感动人流泪的悲调，而因为那调子与他个人生活的悲哀史中有相当的联[②]系使他拉到了涕泪俱全，那末我相信听众是反而会感到滑稽的，即使有人也因此被感动而流泪，那也是出发于对奏者身世同情的感动，而并非音乐艺术本身所感动。曾经有一次，那是孙中山先生的逝世纪念日，我被派为讲员之一，材料是中山先生一生的记略，内中都是某年某月他逃到了欧洲，某年某月又回来，某年某月怎么样，在最后，当我讲到他怎样病死的一段，我胆大地试验了我的声调，我把声调突然地低落到很低，那几分钟的会场空气的严肃我到现在还记得，由那严肃的空气我证实了听众的情感是被我抓住了。

---

① 象：原文作“像”。
② 联：原文作“连”。

有许多零[1]碎的故事我已经模糊而记不起来了，但当时我对于演讲很下过一番[2]苦功而研究过是很确实的，记得那时我还很爱读像林肯之类对于演讲有关的名人传，也搜寻过各种对于演讲的技术理论书，发音原理及音乐歌唱也因了演讲而生了兴趣，又为了要健全我的讲稿的写作，像“文章作法”一类的书都在那时为了演讲而读的，并且还涉及到伦[3]理学与修辞学之类，不问课内或课外所读到的文章我总以研究讲稿的目光去研究它的结构，因为我对于讲稿是非常注重于结构清楚的。诸如此类，虽然都是出发于演讲的研究，可因此而得到了许多对我现在很有帮助的学识。那自然在当时是不会料到的，当时只一味想成就一个演说家，当时还就理论与实践所得，我曾在高中一年的上学期写过一篇一万多字的技术论文，题目是“演讲的研究”，投寄到商务当时出版的《学生杂志》。这一件故事与我以后的生活有很大的影响。

我写那篇东西无疑是由于发表欲的冲动，但在脱稿以后却并不要朋友代我介绍到哪[4]个杂志去，虽然我那时已经有很多写写东西的朋友。这一种心理也犹如我宁愿没有恋爱而从来不要朋友介绍女友一样，我总觉得介绍人常会把一个人真正[5]的人格说成了另外一个人格的，不管是有过或不及。由是我自己直接寄了去，但是我对于编辑人也像对于演讲评判员一样认为他们都有主观的成见，因此我并不写我学校的通讯处而写我姊姊家的通讯处，我以为这样可以由文章的本身让他们客观地定取舍，否则若先预示他我是个中学生，则我怕会有把稿子丢入字纸篓的危险。事情是照我这样做了，可是几个月一点信息都没有，直到大考完放年假的时候，我把钱用过了头，当车着行李出校的时候，我还欠着学校的小店和茶房十几块钱，但当我回到姊姊家，他们的门房交给我一封由商务送来的信和四张五块钱的钞票。这一个意外的兴奋是我难以遗忘的，因为这是我有生以来第一次用自己的能力换来的钱呀！而且我相信，当时若由介绍人手里转交出去的话，我一定多一层疑虑而不会如此快乐的。这一件故事对于我以后会卖文度日，会有勇气脱离家庭，都有密切的关系。

现在，我虽然并没有成一个演说家，而走上了另一条路，可是对于演讲我所曾经努力过的这一课，还有一个未了的心愿。当我的《戏剧化装术》在世界书局出版后，我想继续把动作和发音两项也写出来以完成演员的三部门技术，但是又因为这两项与一个讲员的技术有大同小异点，于是想混在一起而成《演讲与演剧》这样一部书，如其能

---

① 零：原文作“另”。
② 番：原文作“翻”。
③ 伦：原文作“论”。
④ 哪：原文作“那”。
⑤ 正：原文作“真”。

完成而贡献于社会，则亦可算并未辜[1]负我当时之志愿。

至于我怎样会由演讲而转向了戏剧，那是发轫在我十八岁那一年，那年我加入了辛酉剧社，演出了《酒后》，得到了初步的演剧技巧。接着该社演出的日本武者小路实笃之《桃花源》，俄国安特列夫之《狗的跳舞》，和柴霍夫之《文舅舅》都由我担任最要角色。由于这些机会，由于该社领袖朱穰丞氏及其他伙伴之好学精神，深深地感动了我。他们，在初都是些戏剧的门外汉，由于戏剧协社的启示，他们都爱好了戏剧，于是各人都倾囊购买戏剧上之各种中外书籍，轮流着阅读，研究，讨论并实验。记得我对于戏剧各部门中最先发生兴趣的是化装，我翻着字典比功课还当心地读完了 *The Art of Make-up*，又把他们从美国带来的全套化装品借到了学校里，常在散课的时候照着镜子向自己的脸上涂抹实验，我现在演剧时能够解决一切化装上的疑难，就是那时下过的苦功。又写了搜寻动作上的参考材料，我曾拼命地观看外国电影，我当时在学校中是只能一星期出来一次的，所以有一次我曾在一天内看了六张影片，这似乎使在中国的人难以相信，然而是千真万确的事实，那时上海大戏院早上有一班电影，还有那时的共舞台也曾一时放过电影而有一点钟的一班，加之三时、五时、七时及九时各一班，共计六班，那天我拿了面包在电影院里咬而并未吃饭，到晚上睡的时候眼睛已看得发花，几张片子的故事也都混不清楚了。把电影如此看法多少是一种变态，但平常我可把故事、分场、分镜都记得很清楚，每次看了回来我都一个一个镜头地讲给别人听，虽然我当时并不懂得什么 close-up，或 long shot 之类的术语，但我也可全身、半身地解释得清楚，万一讲到一半而忘了，我会下次再去看一遍。这在当时是由于动作的学习，可成了以后我进电影界后所必须[2]理解的所谓 montage 的基本认识了。至于发音部门的苦功，在有声电影成功以前我实在没有方法找到参考，只有暗自摸索，摸索的方法与结果，可借用洪深先生当时的批评抄在这里：

“还有那扮演桃痴的袁君，声音笑貌，都像老者，他的念词，能将著者译者之意，完全达出，有时声音真挚而沉痛，能强烈地[3]刺激观者。我起先不知道他是谁，觉得他好，觉得他有研究、有训练而且富有天才，我十分惊异，到后台去了几次，不敢招呼他。后来戏毕卸妆，一看是一位十几岁小孩子，本年夏间，还打起了小喉咙，扮了女人，在商大扮演《惜春赋》的袁家莱(这是我本来的名字)。据他自己说，他的喉咙音近 Tennor，所以一方面每天吃鸡蛋豆腐浆，一方面练唱 bass，使喉音降下去。他肯如

① 辜：原文作“孤”。
② 须：原文作“需”。
③ 地：原文作“的”。

此刻苦，无怪有相当的成功了。”（录自良友《中国新文学大系·戏剧集》中洪深氏的导言。）

由对于戏剧之兴趣到对于戏剧成志愿之过程间，我同样地经过了对于自己能力的实验，给我以这种实验的是辛酉剧社。在那里我虽不敢说我证实了我在戏剧方面有绝对可以发展的能力，但至少是证实了我并非绝对没有发展的能力。同时我还感到戏剧与演讲并非绝对冲突的而且多少还有一些相同的，至少是技巧方面的一部分。

在那时，我似乎是两种兴趣并行着，也似乎是两种志愿并行着，而事实上则是一个过渡期，那从我当时求知方面的转换倾向就可以看出来。譬如我最头痛是科学的课程，但对于解剖生理学我会发生了特殊的兴味，原因是与演剧的发音、动作、化装都有关系，并且我还因而涉及到课外的各种解剖生理书，由此我后来无论被派到何种老头子，我有办法从剧本中知道了他的年龄而决定他的新陈代谢期，知道了他的生活环境而决定他的营养优劣，我做这些角色的时候很像一个医生诊断病状一样地诊断的，所以我都可以用病理来解释我那些角色的演法，例如《怒吼吧中国》中老船夫的大脚疯是因为终年赤脚涉水使然的，《五奎桥》中周乡绅的握扇颤抖是因为多思索神经衰弱而致然的痉挛，《回春之曲》中华侨胡华生的大肚子是因为生活安闲不事劳动致然的。这是一部分，其他如关节之干涸程度，甚至于一根皱纹的画法我都得到过从解剖生理学所给我的方便。此外，还有化学与物理也是我所讨厌的课程，一年的化学课程中除了是到化验室去看变戏法，否则在讲堂中听讲时我未有不打瞌睡的；物理也如此，但是物理课的最后，讲到光、色、声的时候我却怎样也睡不着了，原因是这些又与戏剧发生了关系了。我那时的课外读物也都是戏剧直接间接的书籍，文学书籍也在那时爱好起来，而且我也时常试写些剧本和文艺品。这样，无形地，把兴趣已由演讲而偏向了戏剧，虽然想做演说家的志愿还并不完全地消散。

接着，我毕业了。

毕业后因于家庭及其他一些关系，不知怎地胡乱地进了法科，于是临时来一个志愿是将来做律师。

这志愿的由来，以我自己仔细地分析，是因为中学毕了业，一切的想念都比较着重于生活，我总想能从事于离我父亲或姊夫不远的事业，事实上也并非是我想，而是环境使然的。

谁知道这是一步错路呢？等我越想越错，自认是错尽错绝的时候，我情愿牺牲家庭以及遗产，由学校里偷偷地搬了出来，隔绝了一切亲戚，开始努力于写作生活了。

这样经过了一年之久而没有饿死，家庭方面当然也不能再有什么威权，于是我现在的名字也不再在亲戚间秘密，演剧也可以公开了。

是后，一直到现在，我的兴趣，志愿，生活是统一的。

一九三五，十二，二

东京之靖国神社[1]

陈列品中有伪满之丰富产品

四月二十七日为日本之靖国神社祭日，学校休假，万户悬旗纪念。神社系一阵亡将士之纪念庙，位于东京神田附近，该日上午有天皇及文武官员来祭，悲壮严肃，市民入门亦必脱帽致敬。

庙旁有战迹陈列馆一所，上悬满洲事变展览会之布条一方，形若临时所挂。入门即见，有明治三十八年日俄战争之大模型一具，表以“俄军奉天总退却”字样，亦似临时所设，测其用意似在借此以唤起人民对于目前日俄战事件之兴奋。该馆共分十余室，中为大兵器之大陈列室，有飞机巨炮及防空听音机等物，其余十余室为自先史原史至德川，以至明治维新前后之各种战用品，由石斧进化至铁剑钢刀以至于枪炮等。

第十二室系明治二十七八年北清事变纪念室，内有撕破之前清龙旗，有撕破之五色旗及前清上官之服装，有中国军舰之舵轮及其他各种战时获得之幼稚军器；第十三室系明治三十七八年之战绩陈列，有俄国白军之军鼓喇叭，及其他战利品，参观者于此二室均徘徊甚久。

数室中尤为触目惊心者，及第十八及十九二室之满洲事变纪念品，室口悬有“忠死者之伟绩与思及满洲事变展览会”字样之标识，入口即见陈列铁道枕木一方，标以“满洲事变发端”字样；继见有白川大将及其他阵亡将士之血衣数件，有日本看护妇血书之长篇盟誓一条，有鲜血染红之日旗及由十二万五千人一人一针刺成之日旗各一方；又一玻璃橱中表以“马占山军讨灭战利品”字样；另一犄[2]角则布一舞台型，日旗及伪满旗相对悬诸左右，台中设模型一具，意为东京欢迎凯旋之马队，形象[3]略与门首之日俄战争模型相似；台之后壁为一满洲地图，与朝鲜紧接一处，图有注解甚详，有满洲事变之战场，有马占山及苏炳文之守地处，有事变前之铁道及事变后之交通新建设，例如新筑铁道公路及未成线、定期航空线等，又有新行政区划及主要物产如豆油石炭林木麦豆之出产地等；室内并有玻璃柜一具，其中陈列事变后移民满洲所获之各种产物，有豆麦等等无数之小瓶标本。

该馆规模宏大，陈列丰盈，惜记者离国前未得机会往首都之北伐陈列馆一观，未悉能与此比拟否？

---

① 原载1936年5月12日《新闻报》。原文只有句读，未有标点，标点为编者所加。
② 犄：原文作“基”。
③ 象：原文作“像”

袁牧之启事[①]

九月八日本埠《大沪晚报》副刊载有署名“牧之”之《现阶段的戏剧》一文，并非拙作，未敢掠美，特此声明。

① 原载1936年9月13日上海《大公报》“戏剧与电影”专刊第5期。

创造者的苦心和观众[①]

“你演的那个革命家的个性曾费了我一星期的构思才创造出来的。”

当《生死同心》开始工作以后，编剧者阳翰笙先生所给我的一封信里曾有过上面这样一句话。

编剧者创造之艰苦由此可见；然而演员的创造有时会比编剧者还要艰苦的！

这因为编剧者的创造尚有主观的自由；而演员的创造则必须[②]受到许多客观理由和客观环境的限制。

譬如：当一出戏完成以后，常常只听见编剧者说，“我原先所创造的并不是这样一个个性”，但并不会听见一个演员说“他写得一点不像我”。这就可见，在戏剧或电影的制作程序上，编剧者是赋有决定事件轮廓的优先权的，他的剧本好像是一张画布上的素描，导演和演员只是完成这张彩画的光影[③]和色彩。由此可明白演员的创造是被这底子的轮廓所限制[④]的，戈登格雷主张用傀儡代替演员，就因为真的演员有灵魂，他们会流露出主观的创造来。

实际上，也因为演员的创造需要是客观的创造，所费的苦心有时也会超过编剧者，譬如我这次《生死同心》的角色，就费过二星期以上的构思，和六七次以上的实验。但是欣赏者，或说是观众们是否能对于一个艺术从事者的创造苦心有十分之一二的理解呢？很难，可以说是很难，不信的话，我们这里就可以用一个[⑤]很小的问题来作一个小小的测验。

我相信，当观众们看完了《生死同心》后弄清了故事的线索，知道柳元杰是像李涛，并不是真李涛，而卢寿永是真李涛，但因为被火烧后所以不像了，观众们在看后能弄清了这些，我相信他们已经满足了；谁会进一步地[⑥]想到，因了这些线索的交错，费了创造者多少的苦心？

就不以几根线索的交错来说，再把问题缩小到那个火烧脸的化装上，观众们曾否想到几个矛盾的要素使创造者累次呆住在化装镜子前而无从着手的问题吗？在剧本的

① 原载《明星半月刊》1936年第7卷第4期。
② 须：原文作“需”。
③ 影：原文作“阴”。
④ 制：原文作“止”。
⑤ 个：原文作“件”。
⑥ 地：原文作“的”。

客观条件上，这个李涛化身卢寿永的火烧脸是不应该再像真的李涛的，否则第二次入狱后，监狱看守不会认出他来吗？然而绝对的不像不变了另外一个人，与情理上不是讲不通了吗？问题是要像原来的李涛，又不能像原来的李涛，这不是一个矛盾吗？再，又因为剧本的客观条件上要使村人和玉华都见了他的脸有疑神疑鬼的怕，但是又要在干革命工作时不失其革命家之尊严，这岂不又是一个矛盾吗？

现在片子已经拍完了，上面这小问题中的两个大矛盾也由我几度考虑以后用现在片子上所表现的方法来解决了，是否合适[①]，我不敢自己说，现在片子尚未演，批评更没有见，这篇东西的目的也并不在自辩自己的对，或自吹自己的好。不过我十分之九地[②]相信，先看《生死同心》后看这篇文章的观众，他们的内心会自己说："上面这个小问题中的两个大矛盾，我看戏的时候倒真的没想到。"不错，就因为问题小，谁会来想到呢？是的，可是我说的"创造者的苦心，观众们是不会理解到十分之一二的"这句话，就可以证实我并没有讲错，我这篇东西的目的也只要完成这样一个小小的测验。

① "适"字原文无，为本书编者所加。
② 地：原文作"的"。

业余剧人们的三言两语[①]

舞台是我的娘家，银幕是我的夫家，嫁后两年未曾回门，怀念之心切切，这一次又因工作在身，只能略尽绵力，抱憾之心耿耿，但请等着这个春天吧，我要回来了！

① 原载1937年1月24日上海《大公报》。原文收录欧阳予倩、沈西苓、章泯、应云卫、宋之的等二十八位戏剧工作者关于业余剧人协会公演的话，现仅摘录袁牧之部分。

一九三七年中国戏剧运动之展望[①]

由一九三七年的整个中国情势来展望中国的戏剧运动，我觉得有造成新的一九三〇年的可能。

① 原载《戏剧时代》1937 年第 1 卷第 1 期。原文收录阳翰笙(署名“翰笙”)、唐纳、徐公美、殷扬、王平陵、西苓、王家齐、李春舫、张庚、尤兢、各剑尘、姚克、袁牧之、余上沅、姚时晓、戴涯、阿英、张鸣琦、陈治策、江菊林、郑伯奇、佟晶心、白杨、许幸之、章泯、凌鹤、陈樾山、常任侠、应云卫、易蕾、沙鸥、梦迴、赵慧深、蓝洋、胡萍、唐槐秋共三十六人的文字，现仅摘录袁牧之部分。

袁牧之启事[①]

《青青电影》第四期载有拙作一篇，实系转载四年前《大众画报》，合亟声明。

① 原载 1937 年 6 月 5 日上海《大公报》。

关于国防电影之建立[①]

在美国，被认为四大企业之一的电影事业，完全是商人投资，他们为了巨大的成本，为了利润，因之便不能不在营业的收入上着眼，对于每一部片子的制作，首先注意的是它是否有“生意眼”，也即是能否吸收最多数的观众。他们利用一切开麦拉Trick，制作离奇的歌舞野兽爱情的影片，以最大的努力去迎合观众的猎奇的心理。而在中国，过去二十年的电影事业，也正是如此；除了少数进步的电影工作者在努力制作较为进步的作品之外，大部分[②]的还是摭拾好莱坞电影的渣滓，在制作低级趣味的东西。

固然，电影之摄制，不能忽略观众的需要，但我们却不能无视于观众这种下意识的低级趣味的要求。而另一方面，过去因为有着种种的牵制，使有一些制片者不敢作摄制比较进步的，正视现实的电影的企图，也是不可否认的事实。因此，当国防文学国防戏剧逐一建立起来的时候，国防电影始终是一个口号，是一种理论，还未能走上实践之路。

神圣的抗战开始之后，我们同时开始了精神的总动员，而电影却正是最伟大的宣传武器。它不像文字那样，限制于智识分[③]子的独享，它不像讲演，常常使听众因语言不同的关系，听了半天还不免隔膜。它是以具体的而且是活动的映像[④]，直接地[⑤]诉诸观众的视觉与听觉，使观众真切地[⑥]看到现实。它可以是记录性的新闻片；它可以是煽动性的戏剧片。这样的电影，正是为我们所迫切需要的，为我们所必须加紧摄制，大量摄制的。但在敌人的炮火已经摧毁了上海的电影事业的时候，我们期望着政府能自出较大的力量来从事于国营的电影事业，召集失业的电影从业员，使他们为神圣的抗战贡献一切的力量。

我们要利用这一武器——“国防电影”，间接地[⑦]打击敌人，歼灭敌人！

---

① 原载《抗战电影》1938 年第 1 号。原文以“关于国防电影之建立”为题，收录阳翰笙、史东山、刘念渠、袁牧之等十二人的相关文字，现仅摘录袁牧之部分。

②③ 分：原文作“份”。

④ 像：原文作“象”。

⑤⑥⑦ 地：原文作“的”。

"旧形式新内容"与"旧史实新观点"[①]

以新的内容利用旧的形式

以新的观点利用旧的史实

在抗战中以新的内容利用旧的形式来作宣传有力的武器是已经很多人的讨论，而且也有了部分的实现，例如平剧，大鼓，小调以及冯玉祥先生所提创的西洋镜等等。但是在量的方面发动得不够，在质的方面尚未利用得至善，也是不可否认的事实，甚至还有走上以利用旧形式为号召而结果被旧形式所利用的歧途(见五月二十九日《新华日报》副刊短论)，那更是应该努力纠正的现象。

这里，因于中旅上演《李秀成之死》，而来谈一谈以新的观点利用旧的史实的问题。

不明了原始社会怎样进入封建社会，不明了封建社会又怎样进入近代的资本主义社会，那就无法看出历史演进的法则，更无从知道资本主义社会再将进入怎样的社会?

不明了过去的革命运动的何以遭遇失败就无以明了目前的民族革命将何以把握胜利。

所以旧的史实之有被利用的价值是无疑问的，就看利用何种史实，怎样利用?

《李秀成之死》取材于太平天国的史实，太平天国的革命运动曾被看作"长毛的造反"，这当然除了甘心投降帝国主义与甘心维护封建势力外，谁也不会再用这样的观点来看。

同时把太平天国的革命运动看作单纯的反封建满清政府的革命运动也是不够的，中国的封建社会闭门自守地维持了数千年，自从一八四〇年的鸦片战事才被帝国主义打开了门，中国是从鸦片战争才开始半殖民地化，而太平天国的革命运动就发[②]生在鸦片战争的后十年，当然有帝国主义侵略中国破坏中国的农业经济的原因包含着，而且由帝国主义的军力帮助封建势力以消灭太平天国革命运动的一点上也可以看出帝国主义与太平天国革命运动的对立。

再说，如把太平天国革命运动的兴起与灭亡当作一个孤立的运动看也是不够的，

① 原载《戏剧新闻》1938年第4期"中华全国戏剧界抗敌协会会报"专刊。

② 发：原文作"没"，疑误。

要是到现在中国还是满清政府统治着的话，那末目前的抗战是不会展开的，满清政府的被推翻虽然是辛亥革命所完成的任务，但是反满清政府的革命运动确是由太平天国所掀起，这也是不可否认的史实。

总之，我们先烈的血是替我们开了怎样的一条路，我们又应该怎样指出我们先烈路线的正确或错误，然后又怎样批判地选择我们的路线，踏着我们先烈的血迹以完成我们革命的任务。这就是我们在抗战中怎样以新的观点利用旧的史实来作宣传有力武器的任务。

阳翰笙先生的《李秀成之死》的剧本，我没有拜读过，但是我知道他是在抗战之前为业余剧团在上海租界中演出而写的，这和为目前抗战作宣传而写的内容一定是不同的，所以我们对作者不能有过高要求的理由。

至于中旅这一次演出中以《前夜》，《夜光杯》，《阿 Q 正传》等作陪衬，而以初次上演的《李秀成之死》作主剧，在这些剧目中我们不再看见卖座最盛的《雷雨》和《日出》，无疑地可以看出中旅已走上新中旅的第一步，我们该为中旅贺。

目前为抗战宣传急需的剧本的缺少，天声舞台之属于法租界，以及其他客观与主[1]观原因的种种，都可谓是中旅的裹脚布，我们希望中旅的同志们能勇敢地打破种种的困难。

① 主：原文作“美”。

中国戏剧的过去目前与今后[①]

袁牧之先生于今春四月绕道晋西北赴晋察冀边区开拓战地工作，路过岢岚时曾主催晋西北各戏剧团体，召开吕梁山区话剧座谈会，会期达三天，成绩极佳，座谈会结束后，本刊特约记者小林同志特请袁先生为本刊撰文，袁先生为戏剧界先进，年来埋头于艺术的实际工作，很少发表文章，这一篇文章承袁先生于旅途与病苦中完成，交本刊发表，材料极珍贵，这里除向袁先生热忱致谢外并负责介绍，以供国人参考。

——编者——

这次在那样局促的时间之内所召集的吕梁山戏剧座谈会，居然能如期开幕，实足令人兴奋，这也可见前方戏剧工作者对于戏剧的热忱和前方工作环境的特殊性；由此我深信晋西北的戏剧工作会很快地走上有统一方针的戏剧运动的轨道。

我这一次能参加这一座谈会，实在无限高兴，因为我可以在这一机会中知道晋西北戏剧同志在抗战一年多的艰[②]苦努力中所得来的宝贵的经验与教训；同时在我能力允许的范围中如能帮助晋西北戏剧同志解决一些困难问题也是义不容辞的。

座谈会筹备会诸同志鉴于晋西北的戏剧努力者多数都是新兴剧人，许多人在抗战前都不是干戏剧的，要我在会上把中国戏剧发展的概况作一个报告，这当然是很好的意见；但可惜我对于这方面也不能有很具体的材料，只就我个人所知道的见到的和想到的分为过去目前与今后三部分，可是这也只足以供各同志作一参考，其中有许多问题还希望这次会上和今后继续提出讨论，修正与补充。

一、中国戏剧的过去(帝国主义打开中国门户的影响)

关于中国戏剧过去的研究，我想是不应该限于话剧的小范围，话剧的发展也不是孤立的，那样的研究是得不出中国戏剧前途的结论的；特别又是利用旧形式的口号提

① 原载《西线》1939年第1期。
② 艰：原文作“坚”。

得很高的抗战以来的现在，要不然我们就找不出何以要利用旧形式的理由，也得不到任何利用旧形式的方针，更看不到利用旧形式的前途与结果。

这里我们且从帝国主义打开中国门户以前看起。

（甲）帝国主义打开中国门户以前——大家都知道当帝国主义打开中国门户以前，中国是一个原封未动的封建社会，其时中国的戏剧也当然是原封未动的封建的东西。这里边依其阶层性来分析有：第一种代表最上层政治中心所扶植而有全国性发展的京戏，第二种代表各地士大夫豪绅等所扶植的类于京戏的地方戏，第三种代表下层民众自己的多半是非职业性的地方戏，另外还有第四种与宗教势力打成一片的代表宗教特殊系统的宗教戏。我们且把它分别概括地认识一下：

a 第一种京戏　京戏虽以北京的地方命名，大革命后北京改为北平又改称为平剧，这就更容易被人误解像一种地方戏了，但它并不是的。京戏的来历据许多人研究是湖北的汉戏演变的。（虽然也有山西人说是晋东南的上党宫调演变的，也有人说是河北的梆子演变的，但这些都不一定可靠，也许是各种类于京戏的地方戏自抬身价的说法，上党宫调进过宫是可能的，河北梆子在河北的历史较京戏久也是可能的，但它们不一定就是京戏的前身，由于汉戏的演出方式和乐器音调等看来，它是京戏前身的说法是比较可靠的，虽然现在存在的汉戏也已经不完全是入京以前的真面目而包含了京戏的反作用影响。）汉戏是一种地方戏，被封建时代最上层赏识，传入京城后，经过改造，而成了代表封建时代全国政治中心的京城中所发展下来的京戏了。（由于汉戏不像京戏那样拘束而自由，较有热情而富于艺术性，也可以看出这一种改造作用的冷酷。）我们认识了京戏的来历，对于它的政治作用也就不难理解了，它的改造就是装进了封建的政治作用。京戏因为是在全国政治中心的京城所扶植，所以它的发展有全国性，但所谓全国性也只限于各地的地方政治中心地及交通便利客商较多的商业中心地。虽然是这样，虽然它的地理分布并不深及小县各村，可是它影响了各地的地方戏，这也就是各地的上层的地方戏都类似京戏的原因。由于京戏本身和它所影响的各地地方戏，封建的政治意识就直接或间接地影响了民众，例如一般民众都能懂得一点历史也就是这一种直接或间接的影响，同时又正因为它里边的历史都是歪曲的，所以一般民众由于这些历史得来的教训是笼络人心的忠孝节义这些道理，而不是历史真正[①]的价值，足以使人类进步的教训。这是京戏。

b 第二种类似京戏的地方戏　在山西梆子应该是这一类的东西，封建时代的地方上士大夫豪绅等是这一种戏的扶植者，据说从前大户人家只准家人看梆子而不准看秧

---

① 正：原文作“真”。

歌道情之类的杂剧，也可见其阶层性的分别。这种类似京戏的地方戏虽然除府县之外，小村中也有敬神凑钱演出的，但那也多半是由村中的富农为主体的。至于有些下层男子对于梆子比他们自己也能演出的秧歌之类更爱好，那也不足为否定这种戏有阶层性的反证，因为一则这种地方戏比下层民众自己阶层的地方戏较为成熟较为隆重而已具有一种大型戏剧的规模，二则在封建社会中下层迎趋于中层，中层迎趋于上层也是一定的现象，只要看以“京试”为最终目的的科举也足以解释这种心理的趋向。这种趋向也可以说明中层所扶植的类似京戏的地方戏之所以类似京戏了。不管各地这种地方戏是先有而后受京戏影响，或是由京戏传入而受地方影响演变成功，都同样由于地方上的士大夫豪绅之类他们自身矛盾的结果，这种矛盾就是一方面由于士大夫豪绅原为封建的维护者而迎合京城来的京戏这一主流的趋向，另方面又因各地方言语的不同及地理自然环境关系而生的不同音乐爱好(听说雁北多大风，歌声如风吼，同样各地的乐器也不同)这等等原因而具有其地方特性。但是它虽然有其地方的特性，其内容还是和京戏合流，还是忠孝节义这一套。

c 第三种下层民众自己的地方戏　这种地方戏不像京戏或类似京戏的地方戏那样多半是科班的职业性，这种地方戏虽然也有少数职业班子，但多半是非职业而由下层民众自己演出的。这种演出与农事有密切的关系，例如农闲时的娱乐及丰收时的庆祝；同时又与崇拜自然有密切关系，例如遇旱或下雹时以之求神，丰收时以之酬神。这种戏既非走江湖的职业班子，而是由民众自己演出，且又与农事有密切关系，他之有地方性是无疑问的。这种地方戏的内容也有以社会时事自编的，也有从大戏中模仿或采取其若干部分的，而多半是淫荡的。这种戏之多淫原因也许是封建时代性道德的压力过重的反动力(例如我们宁波，性道德的压力可谓不能再重了，未满二十岁守寡至六七十岁的不足为奇，贞节牌坊也到处林立，但下层民众的戏却淫得不堪)。这或者正如厨川白村所讲艺术是苦闷的象征，是白日的梦的说法吧。这种戏的内容是显然不统一的，有些地方是人言亦言，为亦为，有些地方却又是他们自己的创造，这也许是因为他们所知有限且非专业，所以这样拉拉杂杂了。内容既是拉杂演出的，形式也必然是东拼西凑的拉杂了。同时却正因为它的拉杂，不论内容与形式都比一切戏为自由，这是它最重要的一个特点。正因为它是最自由的一种戏剧，所以大户人家才不准家人去接触它，甚或它还要被统治者所严禁。自然，我们大家都知道它的被禁的理由是淫(同样一个历史剧，汉剧中还保留着它的淫的动作，而京戏中却看不见了，这也足证京戏是曾被改造，而比它前身汉戏更冠[1]冕堂皇得多，至于下层民众的地方戏那

---

① 冠：原文作“官”。

当然有更多淫的东西，所以它该是“有伤风化”而必得被禁的东西了），但其实，下层民众的地方戏中也未必除淫之外就再无其他的东西，淫只是它所表现的这种戏的自由的一方面，我们不要因为被强调了这一方面而忘了封建的统治者对于下层民众一切的自由都是害怕而要严禁的。

d 第四种代表宗教特殊系统的宗教戏　这种戏大概现在已多半没落或消灭了，但有些落后地方或者还可以看得到。如我们宁波，佛教势力甚大，因此这种宗教戏还看得见，名为目莲戏，但与京戏中的目莲救母不同，其中有许多鬼神出现，演者吃素，演时在台上念经超度，据说最早还在荒野坟堆中演出，现在多半是“许愿”“还愿”和七月地藏节演出以超度各种游魂冤鬼，它每次演出都同样是那一套，也许就只有一出戏。这里晋西北听说也有一种比梆子较小的戏叫道情，不知到底是否道教的宗教戏？据说这种戏也演修道成仙一类的戏，也演男女情爱一类的戏，这样看来道情二字似乎有两种解释了，依前一内容该是道教情节的戏，依后一内容则是道情说爱的戏，不知究竟何解？根据道情演出的服装有类似梆子一样隆重这一点来看，也许可能先是宗教戏，而后因为宗教戏的娱乐性较差而参入言情小戏以争取观众，这就成了目前的两重性了，否则则是倒过来发展而成，其可能性似乎较少。如其道情确是道教的宗教戏，那末由以上二例也可看出宗教戏是因宗教的宗派而有宗派的，不知古时这里的道教势力如何？又因于每一宗派，不论佛教或道教，在各地发展又有所奉之神不同及仪式等不同而有各种支派，于是这种戏，可能因为宗教支派不同，同时它虽是演给神看，但也不会不顾到看的活人的言语等之条件，所以它也是地方性的东西。然而在整个宗教系统看，宗教迷信原和封建势力分不开，宗教的发展能及于全国，则宗教戏也可能随宗教系统各别散布于全国。同时这种戏专为求神祈鬼之用，在封建时代人们愚昧，它又可能被各阶层应用，因此它又不限阶层性。如其这些分析是对的话，则当时它的势力也就不小了。更值得注意的，是封建时代遗留下来的舞台都是与庙不可分离的，像晋西北就三五里有一村，每村平均有一台，每台又必对着庙造，这也不知是否宗教戏势力的遗迹？据说现在这里敬神多用梆子而并不全用道情，但这也很难作为这些戏台与宗教戏无关的证明。如果我们可以肯定道情从前确是一种宗教戏的话，那么它现在已经参入言情小戏在作最后挣[1]扎，这种戏的班子当然也快没落完了，因此梆子来起而代之也是不足为奇的事。宗教戏原来就偏重于宗教宣传而娱乐性是较差的，梆子虽然和京戏一样也含有若干宗教要素，但到底宗教性弱而娱乐性强，由于这两种分别，晋西北现在以梆子敬神而不以道情敬神，实际上也许已只残留一种敬神的形

① 挣：原文作“争”。

式，其敬神的真正[①]内容已改变了，已是为神着想少而为人着想多了，因为梆子偏重娱乐性。当然，倒过来，当人开始以戏敬神时本来就是以己之心度神之心，以为自己爱好戏剧神也爱好，故不论何戏都可敬神，而后再因为以戏敬神之风甚而产生一种专门的宗教戏，这也是可能的。这问题就像世上先有鸡还是先有蛋的问题一样有趣，然而我们现在暂时也可不必追其究竟，因为宗教戏既是宗教性强而娱乐性弱，故无观众基础而没落到将要消灭之势，所以虽亦属旧形式之一，实无利用之必要，且其娱乐性既弱，亦即艺术性弱，也无甚遗产可以接受。倒是遗留在全国各村的戏台，我们戏剧的努力者应该将其全部占有以作我们对民众宣传的炮垒，特别是像蒋委员长所说的我们争取抗战胜利的中心不在于城市而在于全国广大之乡村与强固之民心的现在。

以上我们看到了一种代表宗教特殊系统的戏，和三种代表上中下各阶层的戏，这样的认识方法是否对，是需要对大家提出讨论的。当然每种戏都有相互影响作用，不是很明显地划分出界限来的，例如汉戏既可能被上层赏识而改造，则下层民众的某种戏也可能被地方上士大夫之类所赏识而改造之；又如道情的两重性，不管它是如何发展起来，总是宗教戏与下层民众的地方戏的相互影响也是无疑的；像道情那样还是很明显地可以看得出它两种之间的界限[②]，另外也可能有内容形式上都起了变化而不容易从现在存在的东西上来找出它的分别的。

每一种东西在特殊条件之下就一定有它特殊变化，好比我们说京戏的发展有全国性，但并不深入下层，我想这是不会怎样错的，然而在河北，山东和东北，京戏却是很普遍地发展，这就可能因为京城在河北，所以河北能普遍发展，山东也许是临近河北，又有运河的交通便利关系，京戏才能普遍，从走江湖这个名称也可以说明从前这种卖艺戏班都是沿着江湖发展的，至于东北则也许是清朝满洲人的本乡的关系，看东北的言语与京语无异也可证明京戏在那里普遍之有利条件了。

总之，我们[③]对于旧的戏剧的认识，一方面要认识它的发展的一般情形，就像从一般情形中我们看到了京戏的发展虽全国性但只限于各地的政治中心及商业中心地，由此我们可以断定抗战以来在利用旧形式的口号之下而以京戏为唯一的利用形式是城市知识分子的偏狭成见，特别是各地政治中心及商业中心地都已落入敌手，而我要以乡村战胜城市的现阶段更足证明是一种错误。另方面我们认识旧剧发展的一般情形之

① 正：原文作“真”。
② 限：原文作“线”。
③ 我们：原文作“我”，当为“我们”。

外，又同时要认识它的特殊情形，例如河北、山东、东北等地如果京戏已普及得使下层民众自己的和士大夫之类的地方戏都已没落而近于消灭，则我们当然可以利用京戏而不必去复活那些近于消灭而失了群众基础的凤毛麟角的地方戏了。我认为我们对于旧的戏剧是需要一番[1]新的认识的，这对于我们利用旧形式有利，同时对于我们新的戏剧之接受遗产而中国化也有利。

（乙）帝国主义打开中国门户以后——现在我们再来看一看帝国主义打开中国门户以后的情形，这当然还是中国戏剧过去的一部分。大家都知道，帝国主义打开中国门户的影响是促进中国的社会渐渐走向半殖民地化，这样，中国的戏剧也就不会还是原封不动，也必然起了变化。中国的门户既被打开，新的东西就渐渐传入，新的戏剧也就传入了，这就成了中国戏剧的新的势力，但是在半封建半殖民地的社会中，新的东西不容易无阻碍地很消化地普及，同时旧的东西也不会不顽强地挣扎而能很快地移[2]交到新的时代中，这又成了新旧两种对立的势力了。这里我们且先来看看新的戏剧吧。

a 新的戏剧的产生与发展　中国以鸦片战争及历次对外战争之失败受了极大的刺激，于是有人知道非产业革命不足救亡，而派青年放洋留学。特别是甲午年的中日之战失败受了更大的刺激，新学识的需要更显得普遍地迫切，出洋留学的也就更多了。这些出洋的人在出去时是为着某种目的而回来时却可能又变了另一目的了，例如成仿吾想学枪炮以图强，鲁讯想学新医药以服务社会，但结果回来后都干了文学；同样当时虽不一定有专门出去学新戏剧的人，然而却把新的戏剧也带了回来，那就是三十多年前由日本留学生回国后所开始有的春柳社。当时一开始就在上海以职业剧场的姿态出现，演的也都是翻译的外国戏，虽然也曾受一时注意，但到底只是昙花一现，很快就倒台了，因为它活吞地把外国东西介绍过来在中国的那样社会中是打不下基础的。随后就顺着这一系统流入迁求观众的，随波逐流的文明戏了，一般都把文明戏看作低级庸俗也就是这原故，但是在整个中国新戏剧的发展上，它却是一个不可遗忘的过程与阶段，它虽是低级而庸俗，然而对于新戏剧的发展有不小的影响，最初的学校剧的盛行是受文明戏的影响而不是受话剧正统的影响是无疑问的。（最早的学校剧恐怕就是辛亥革命前汪仲贤在上海民立中学的时期了，依其时间之接近春柳社，他也可能是受春柳社的影响，但当时文明戏的势力如已很大的话，他也可能是受文明戏的影响，汪本人后来也变了一个文明戏者。当时他在学校中演暴露社会的戏而结果逃往日本这

---

① 番：原文作“翻”。
② 移：原文作“遗”。

一点，却是中国新戏剧引起政治斗争的最早一例。）学校剧的最大气势表现在五四运动中，当时全国大中小各学校都以演戏向民众宣传，演的是打倒卖国贼抵制日货一类的戏，这种戏就并非话剧正统的影响而是文明戏化的东西，也正因为如此它才可能有那样大量的[①]演出和大量的[②]观众能理解接受。从五四开始了新文化运动，五四以后的正统的话剧也就继春柳社而复活。当时大概分北平与上海为两中心，两地虽有小别，但大体上都是欧美或日本的话剧剧本，理论及技术的介绍与实验工作。接着去美国专学戏剧的洪深回国了，遂把话剧的技术理论与技术实验都提到较高的程度，内容方面也不是活吞，而用调和的方法，不是直译而变为改译的方法，例如洪深的《少奶奶的扇子》及《第二梦》在改译的方法上讲都是很好的。加上由五四以来的创作剧本也渐渐产生，于是在上海获得了大量的智识分子的观众，和新的干部，也影响了上海以外的其他大城市。这一系统是以重技术的特点发展的，而它的技术发展的缺点也就是活吞外来的东西。（例如现在新兴剧人中也都染到了这种气息，每演戏时必把眼睛化深把鼻子化高等。）大革命后，由于时代的苦闷，出现了感伤的田汉及其南国社，因为感伤抓住了时代的特点，获得了所有知识分子的观众以及店员之类的小市民观众，不仅是哄动了上海，也大大地影响了全国。这一系统发展的特点是重感情而轻略技术，它的缺点也就是过分夸张情感作用。（例如目前新兴剧人也染到的“能使观众流泪就是戏的成功”这种观念等。）田汉与其南国社的功绩是提高了创作剧本的重视，并争取了所有小资产阶级的观众。我们可以说从春柳社经洪深到田汉，中国资产阶级自己的戏剧形成，然而是只限于小资产阶级的智识分子的。在大革命以后的没有几年中，上海有了代表左倾的艺术剧社产生，于是中国的新戏剧又有一个新系统，直到一九三〇年达到了最高峰，领导起全上海的剧坛，但不久艺术剧社被解散，这一系统的威声也就减弱了，后来有大道剧社等继之，也有过工人剧团的组织，有若干干部甚至为努力戏剧而受难。在内战的十年间，×军中又由苏联传来了一种活报，这东西依其留下的成绩看，也是并未完全消化成为中国的，传入中国的历史只有不到十年的短时间，就是苏联也是革命中产生的东西，也不过二十年的历史，它当然还不像话剧那样大型，也没有完全成熟，然而它因为是无产阶级的艺术，它必然比话剧更自由，更尖锐是一定的。从一九三一年的“九一八”及一九三二年的“一·二八”后，有田汉等的国防剧本产生，中国的新戏剧又走上了国防线上。由以上这些，我们可以看到，中国新戏剧的发展，不是单纯的戏剧革命，而是与中国整个革命运动分不开的，最显著的是辛亥革命以前汪仲贤等的暴露满清社会，五四时代的反日反汉奸，大革命后的左翼戏剧运

①② 的：原文作“地”。

动，内战中的×军活报，及“九一八”以来的国防戏剧等，虽然戏剧这一宣传工具的力量都还未充分地发挥。“九一八”以后的几年中，经济恐慌影响了全国，农村都市的不景气，失业问题的严重，使戏剧干部无法再以非职业性质来从事戏剧运动，为求生活关系大批地走上了银幕，一时有从舞台到银幕这样的口号，当然除了单纯为求生活解决以外，也因为看到了电影比戏剧有更广大观众是更好的工具这一点，所以中国的电影历史虽仅短短的二十年，却由于话剧干部的打入，使电影界也起新旧的分化作用，新的阵线中也产生了许多国防意识的电影，然而因为当时检查之严，内容非常之晦。中国的电影势力，其实更大的是外国的电影势力，给予中国新戏剧发展以夺取观众的打击影响不小。从一九三〇年后话剧虽还有继续演出，但作为一个运动来看，终究是在一个停滞的状态中。(抗战前二三年间有中国旅行剧团成立，以职业性质流动国内，由于职业[①]演员不支薪金，经济方面尚可勉强支持，但演出方面却因迁就观众而流为高级文明戏化。“八一三”前两三月在上海出现了固定的职业剧团业余实验剧团，是洪深以后在技术发展上之又一高峰，因近年中国电影卖座有低落之势，故虽演员都支薪，出入还勉强可相抵，然因时间太短也不能断言中国的话剧职业剧团已到成熟时期。)以上是帝国主义打开中国门户以后，引起中国社会的变化而产生的新的戏剧。新的产生，旧的也不能不变化，我们且再看一看旧的。

b 旧的戏剧的变化与没落　在半封建半殖民地的中国社会中，封建遗孽依旧非常浓厚，资本主义无其前途，这也是我们大家都知道的。所以在帝国主义打开中国门户以后，中国的旧剧，就落在如进如落的状态中。譬如京戏，它一方面由封建势力极力地维扶它，只看梅兰芳之类的撑腰者与捧场者的卖力，亦可见其无意识地维护的热忱。但因为社会性质的变化，各种条件与前不同，所以京剧虽有封建势力极力维护，到底也只能维护极少数的似乎没有走宗的所谓京派(还是以北京为中心的)京剧。(实际上它也多少有些变化。)另一方面又像文明戏一样地迁就观众，随波逐流地低级庸俗化而走向所谓海派(以上海为中心的)京剧。海派的发展似乎有走向资本主义化的状态，例如组织方面由奴隶式的学徒制而变为合同制，用数千元的布景，巨额的广告，利用许多电学光学智识作机关布景，数百或近千人的登台等，其全盛时候大有把上海四马路要造成纽约百老汇的形势，然而这只是外表上像资本主义化，实质上还是完全封建的一套，可以说是一种畸形的发展而很快的又消落了，同时外国电影的侵入发达又夺了它很多观众去，这也正是半封建半殖民地社会的特性。京戏的没落，使京派的变为海派，使不出京城的名角开码头到其他大城市，大城市的名角又开码头到小城

---

① 此处“业”字为编者所加。

市。这样，在表面上看来似乎是京戏的繁衍，而实际上是它的没落。交通的便利，使地方的音乐爱好打破，加上主观地提倡国语使京话普及，言语的隔膜消除，所以地方上层可以放弃自己的地方戏而接受京剧。这一方面说明了京戏繁衍式的没落的有利条件；另方面也说明了类似京戏的地方戏之被地方上层放弃而从小城市开码头向村镇没落。这在表面上看来也似乎是向下层深入，而实际上层是它的没落。农村的破产促成它更速走向消灭的途上。农村之破产是帝国主义打开了中国的门户，促起中国社会的变化，破坏了农村自然经济的缘故。这一方面足以说明类于京戏的地方戏深入似地向下侵入村镇而结果淘汰的原因；另方面也说明了下层民众自己的地方戏剧趋向消灭的最要理由。因为农村的自然经济被破坏，农民都不足自给，于是除农忙之外，抽空找些短工以补不足，除了全年唯一休息的正月几天外也就无所谓农闲了，更想不到娱乐了，这是下层民众地方戏没落的最要原因；其次是智识增加迷信减弱，求神酬神也不是那样热烈了，即使还存在敬神的形式，也不一定用戏而用其他更经济的办法代替了。这又同时说明了宗教戏之容易没落可以无疑问了。

总之，各种旧的戏剧都在没落是无疑问的，然而因为中国社会的半封建性，除了直接维护梅兰芳之类的封建上层外，一般民众也不是马上就抛弃它，它也有广大的群众基础，特别是它在没落前又像繁衍又像深入这一回光反照阶段，所以我们有利用这些旧形式为抗战宣传的必要。

c新旧戏剧的相互作用　在新剧产生与发展及旧戏剧变化与没落的过程中，彼此的相互作用是不会没有的，但很少，而且多半是表面上的。例如，新戏剧系统中，文明戏由春柳社而脱胎时就一方面迁就观众，一方面探取旧戏的许多东西，像文明戏虽有布景但上下场的死板也无异于出将入相的两个门，进门关门等的象征动作，独白旁[①]白固定角色为老生小生悲旦之类，都是受旧剧的影响，也曾用京戏的服装演京戏式的历史戏盛过一时。旧戏系统中心的海派也用幕布写实的背景，也采取文明戏的分场，也演过时装的文明戏式的但依旧敲唱的似旧似新的戏。也曾经有过欧阳予倩及汪仲贤[②]等像新舞台那样似乎有沟通新旧企图的组织，里边的演员能演旧戏也懂得新戏也曾演过易卜生的《华伦夫人之职业》[③]一类正统的话剧，但出演关公走麦城一类的旧剧，有时也一新一旧同时出演，但这也只能算是一个班子新旧兼备而已。真正有想在艺术上沟通，说得确实一点是有新戏剧智识的人想改良旧剧的，是欧阳予倩等也还曾经试作过，王泊生等也曾在山东办过戏剧学院，但也没有大多结果。

---

① 旁：原文作“傍”。
② 汪仲贤：原文误排为“王仲贤”。
③ 原文误，《华伦夫人之职业》系萧伯纳作品。

(丙)到抗战前的新旧形势——上面我们看了帝国主义打开中国门户以前与以后，在中国门户未被打开以前中国是一个原封未动的封建社会，我们分析它有四种封建时代的旧剧，当中国门户被打开之后中国社会走向半封建半殖民地化，我们也看到了新戏剧的产生与发展和旧戏剧的变化与没落。局促之间，无卷可查，错误遗漏是难免的，希望大家来修正与补充。

这里，我们再把新旧戏剧发展到抗战以前的形势来看一看，作为我们对于中国戏剧过去的认识之总结。

上面已经讲到了，中国新旧戏剧的二系统，虽然也好像有人想沟通过，但是只是表面的，虽然也有个别想以新戏剧的认识来改良旧戏剧，但也没有什么大结果，所以大体上讲来，新旧戏剧的二系统是背道而驰的，在背道而驰中，新旧戏剧的正面斗争也很少，除了各自争夺观众之外，相互批判探讨的理论也可以说是近于没有。

至于新戏剧的产生与发展虽然与中国革命运动分不开，虽然也起过好多次政治斗争的作用，但是直到抗战为止，可以说并未充分发挥这一宣传有力武器的功效，也少有作为一个运动推动的强有力的组织，多半是无政府状态中发展的，其间不管明意识或下意识，为艺术而艺术的倾向还是占着大部分，而且又多半[①]是把西方的东西不消化地活吞而并未中国化，争夺到的观众也只限于小市民层，再上与再下的阶级都没有争取到，尤其最近几年的电影，特别是外国电影，在夺取观众方面占着很大的优势。

至于旧剧，虽然起了若干变化而趋向没落，但因为社会的封建势力还相当浓厚，它还是有广大的观众，它的变化虽然五花八门，但本质上可以说是毫无变动，还是完全封建的一套，它的回光反照作用可能给它获到一些新观众，但是电影对于观众的大量吸收对它有更大的影响(因为它是职业性而话剧还是非职业性)，特别是不景气影响的近年(因为电影比它不便宜)。

以上可以看出半封建半殖民地的中国戏剧发展的情形了。其中不仅新旧戏剧在争夺观众上，都被电影，特别是外国电影占了优势。(据有人统计，一部不好也不坏的中国电影要两年才可以收回四五万块钱的成本，最好的也只有十七万块的全部收入，但一张像卓别麟或《泰山情侣》之类的电影，片子还在美国而全中国戏院预付之定片押柜已有一百万之数的巨额，这也可以看到中国资本主义事业的中国电影之无前途，仝时也可看到新旧戏剧在争夺观众方面的障碍。)

所以到抗战为止，中国戏剧发展存在着新旧共仝的困难是争取观众的障碍。不同的困难是，旧戏剧如何割除其封建意识及其他渣滓，而保留其民族历史遗物的精华，

① 半：原文作“般”。

使之成为中国现代的戏剧；新戏剧所存在着的困难是如何消化地接受这一世界艺术，有组织地走上运动的规律，提高其政治作用，深入广大群众，使之成为非活吞外来东西，而是世界东西中国化的新戏剧。

这些困难的存在，虽然一方面中国戏剧的从事者不能不承认是自己主观努力的不够，但是客观条件的不成熟却也是一个很大的原因。

这里，我们应该结束中国戏剧过去的部分了，其中许多困难的解决将有待于抗战的到来。

二、中国戏剧的目前(抗战所给予的客观有利条件)

为什么抗战以前所不能解决的问题，要目前抗战中才能解决？抗战到底给予中国戏剧发展以哪[①]些有利条件？这问题我们且暂时慢点讲，这里先让我们来讲一段电影与戏剧的插话。上面已经提到，在抗战以前，外国电影的侵入夺取了大量的观众，使中国戏剧发展有很大的障碍，所以这一段插话是有必要讲一讲的；同时我相信，凡是爱好戏剧的同志，也一定爱好电影的，对于中国电影的现状与前途也是很关心的，并且中国电影的将来还需要抗战中起来的新兴剧人来支持也是可以看定的，所以这一段插话更有一讲的必要。大家都可以很明显地看得出，抗战以来大的城市都相继落入敌手，中国电影的发行网被完全打破，中国电影的发展自然受到了极大的打击。但这是不是说中国电影就不能制作了呢？绝对不是的，不仅是制作还是完全可能，如其能组织大量轮回放映队，放映也可能在乡村中流动放映。自然，要组织大量的放映队需要大量的款子去买机件，这在目前一时做不到，然而制作则不然，中国电影有了二十年左右的历史，已有相当量的摄影工具，只要国际交通不完全被封锁，底片也可以来，所以制作是完全可能的。但是，城市的发行网既被敌破坏，乡村的轮回放映队又没有组织起来，制作了电影有什么用处呢？这问题如其近视的看法是会对于中国电影的前途悲观的，然而我倒觉得中国电影却因抗战而有非常乐观的前途。大家既公认电影是最好的宣传工具，则我们不仅不应该受了某些打击而放弃它，反而应该在抗战困难中不浪费而抓其要点地善于利用它。电影之所以为最好的宣传工具，是因为它不像戏剧那样有时间与空间的限制，它既无时间与空间的限制，则目前电影宣传的目标应该把枪口对外瞄准国际，特别是抗战的国际援助还很不够而需要加紧宣传争取的现阶段。但这里又存在了问题了，抗战以前，在中国自己地方，中国电影尚且抵不过外国电影

① 哪：原文作“那”。

的势力，现在还要打到外国去是可能吗？不错的，外国电影的势力非常大是不错的，但所谓外国电影势力，百分之九十是美国电影的势力，美国电影以绝对资本主义的形态侵占着全世界市场，然而除了它的资本宏厚可能有各种新的科学方面改进的尝试，如无声变有声，有声变色彩，色彩变立体，这些新的贡献以争取观众外，它在艺术方面，虽然电影这二十世纪的新艺术连发明仅有短短四五十年的历史，但美国电影却由于它的资本主义社会环境所决定，已达到最高峰而凝固化，这只要看其技巧的烂熟而刻板，内容的千篇一律大同小异，且专门在几部文学名著中累次的抄袭而没有新的创作等，也可见其将要没落的前途了。（这也可附带可以说明我们抗战胜利城市收复后，外国电影，亦就是说占着十分之九的美国电影不可能再和中国戏剧来争夺观众而给中国戏剧发展以阻碍了。）同时，不论西方或东方，法西斯蒂的疯狂行为证明了第二次世界大战已开了端，全世界人的政治警觉都提高了，并迫切想预知这一混乱状态的前途，于是，占有全世界四分之一人口的中国，为着世界和平而抗战的情形，是他们极想知道的，所以只要不是在电影场的象牙之塔中所空想或含着空想的东西，而是能够真正尽事实报道任务的电影，是全世界其他四分之三的人们所等着接受的。（这里也附带可以说明中国电影的现阶段应该特别强调政治作用。俄国电影在其革命前也和中国抗战前一样，是活吞欧美东西而模仿的，革命中，虽在国际封锁材料困难的情况之下，电影却起其政治报道的极大作用，列宁也说了电影是我们最重要的艺术这样的话，革命后的初期故事片中还遗留着强调政治宣传这一作风，直到近年夏伯阳这一类作品产生才达到艺术与政治的真正统一，这样也就不再是革命前的那样模仿欧美而是代表其民族性的别具风格的一种电影了，这才奠定了它在世界电影艺术中的特殊地位。我认为中国戏剧的现阶段也必须[1]走出摄影场的象牙之塔，为政治尽最重要的报道任务，也就是使摄影机面向真正的现实，而深入地认识全民族在抗战建国这一伟大的过程。我认为中国电影必须[2]经过这样一个阶段，才能于将来产生代表自己民族性而占有世界地位的中国电影。在这一过程中，中国电影的旧有干部要淘汰，新的干部要补充，所补充的就是目前真正实地为抗战向大众循循善诱而从大众中起来的新兴戏剧家，这些优秀的新兴戏剧家将来会大批地走上银幕，少不了再要提出一次从舞台上银幕的口号。）上面我们讲了许多关于电影的话，但多半都是讲到它的优点，还没有指出这一宣传有力[3]武器也有它的死角。我们拿电影来比之大炮是很恰当的，它和大炮一样有射程远威力大的长处，但同时它的缺点也正和大炮一样，是近的地方完全失了

①② 须：原文作“需”。

③ 力：原文作“利”。

作用，例如我们在很短期间可以完成话剧宣传但不能完成电影宣传。这样的相比，话剧就好像是手提机枪一样的方便了，但是到肉搏的时候却又是刺刀比手提机枪有用得多，这也就是话剧虽比电影容易争取时机，却又不如活报那样当天也可完成任务的尖锐敏捷。所以我们在抗战中负宣传责任的人是应该看不同的情况来选择我们的武器的，即使像矛子土枪那样旧得不堪的武器，如果利用得好也可以发展起一个游击队来，这已经有很多事实在。（照这样，那么在为抗战宣传这一共同政治目的之下，不论电影与戏剧，或新戏剧与旧戏剧，就再不像抗战前那样分立发展或互认敌对，却是同一阵营中相互呼应的不同武器，这也可以解释中国新旧戏剧及电影发展前途的相互关系之疑问了。）

好了，我想应该在这里带住这一段插话了。

至于在抗战前所存在着的中国戏剧发展的许多问题何以要抗战中才能解决？抗战到底给予中国戏剧发展以哪①些有利条件？这就是我们要来研究的中国戏剧的目前部分了。

从过去的历史可以见到，如果不是帝国主义的影响所引起的中国社会变化，中国戏剧是只有那旧的几种，新的不会生产，旧的也不会变化，所以中国戏剧的发展决不能离开中国社会的变化而存在的。直到抗战以前为止，中国戏剧发展上还存在着许多不能解决的问题，那是因为过去的中国戏剧发展没有与中国的革命配合得很紧，也因为中国的革命累次地遭受到挫折。目前，全民族在统一战线的口号之下团结为一体，动员起全国的人民，要使这一个半封建半殖民地的中国经过抗战建国的路程而达到独立自由幸福的三民主义新中国。这是一个伟大的社会变化，在这一伟大的社会变化中，中国的一切都得到摆脱旧的奔向新的促成进步的有利条件，中国戏剧的发展自然也在抗战中得到了有利条件。

这些有利条件表现在哪②些地方呢？据我个人所看到的，主要的有下列这几方面：

A 由于抗战宣传的需要，全国各地都大量地出现了成人的或儿童的剧团（听说晋西北一地就有五十个以上），同时成人的或儿童的新干部也大量地起来了（像晋西北的歌剧团最少有十来个人，多者有六七十人）。这是抗战所给予中国戏剧发展的第一个有利条件，因为中国这样的大国如其戏剧运动还像过去那样只限于几个剧团与少数干部，那就绝对无法普及全国并深入下层的。

B 这些大量剧团的组织都附属在军队，政治机关或群众团体中（像“八一三”后由上海出发的十几个剧团现在已多半加入了政治部第三厅，晋西北也就全部是军政民各

①② 哪：原文作“那”。

组织所附设)，以营业方法维持的剧团因于大城市之相继失陷而无法存在(如中国旅行剧团在“八一三”后移往武汉又于武汉退却前移往香港，结果听说在香港有解散的消息，即使现在尚能勉强支持，其前途亦必趋于解体)，这使中国剧运的开展摆脱了商业路线的羁绊，走上为政治服务的路线而得到军政民各组织的支持。这是目前中国剧运的另一个有利条件，因为这样，大量剧团的生长有了支持者，戏剧演出的对象不再限于有“购买力”的城市小市民观众。

C 由于上述大量剧团及干部的产生，并有了组织的支持而摆脱了商业路线与跳出了城市小市民观众的小范围，加上一切都以乡村对城市这一总方针的现阶段，使戏剧工作能全国普遍地接触了下层的民众。这样，一方面由于军政民各领导机关的督促，另方面由于在广大民众前的实践，中国戏剧的政治使命必然会提高。这是一个很重要的有利条件，因为从过去的历史已可得到教训，要不是以政治使命为前提，则无论民族遗产的旧剧如何现代化也好，世界艺术的新剧如何中国化也好，都不会得到结果。

D 由于提高了戏剧的政治使命，使中国戏剧的努力者感觉到只用话剧一种武器的力量太薄弱，于是打破了过去唯话剧独尊的观念，对旧形式和活报等都有利用的尝试。这也是一个有利的倾向，使戏剧工作的范围扩大到整个戏剧的领域，新戏剧的范围中也尝试起活报，有新戏剧认识的人也去利用各种的旧形式，这样，就可能在服从政治使命的同一前提之下，得到相互的渗透与推进，不论新旧的各种戏剧都会起质的改变是必然的。

E 目前存在的大量剧团中，为了扩大抗战宣传的效能，多半除戏剧工作之外还包含着壁报，歌唱，音乐，绘画，街头诗歌，跳舞等的姊妹艺术，这一倾向也可使戏剧这一综合艺术的前途有更丰富的综合内容。

F 又因为目前大量剧团的组织都归入军政民各机关，于是除宣传工作之外，还有动员民众或劝募新兵等实际工作的实践，并为了这些实践工作及本身宣传工作的有效，又不得不为了理解抗战的全面及其前途等等而对于政治军事经济和一切有关学识的追求，这样，在中国戏剧家的培养上又有了好的条件。

我能一时举出的目前抗战所给予中国戏剧发展的客观有利条件就这些。

但是不是还让它无政府状态地自然发展就可以得到中国戏剧新的成果了呢？不，那样还是不行的，因为虽有那些有利条件却还存着许多的困难与缺点，例如：

A 利用旧形式的口号提得很高，各地尝试也相当热烈，但旧形式到底该如何利用也没有理论上方针上的确定，因此不仅并没有因利用旧形式而增加宣传效能，反而浪费时间与精力。(例如上面所说的以京戏为唯一利用的旧形式而并不注意最自由的下层民众自己的地方戏也并没有利用民众自己的演出来尝试等。)

B新戏剧的话剧本来应该是比旧形式自由的东西，各地演出的也以话剧居多数，然而却被已习惯了的几种方式限制住（如布景非写实不可，剧本有五幕以上就不以为是话剧等），而没有敢为着抗战宣传的需要，并以这一需要为前提而大胆地尝试，充分地发挥它的自由的特点。至于活报则更是比一切戏剧形式为自由，是尖锐而敏捷的最便利的宣传工具，然而也限止在×军遗留下来的那旧的一套，并没有很好地利用它来发挥这一最自由形式的特点。（如其因为活报是无产阶级革命中所产生的新艺术，而存在着是否适合目前革命阶段应用的怀疑的话，那末只要一看无产阶级革命中所产生的游击战术已被全国应用这一例，就可知道不管是封建遗产也好，无产阶级的创造也好，只要有利于目前的民族革命就应该利用之。）

C为着某一政治使命而集体创作的临时剧作非常少，多半是用的后方写的现成的剧本，而那些剧本又一般地犯着概念及公式化的毛病，且对于前方情形的不了解而有很多不符处，因此宣传的效果也就不能尖锐敏捷而正确。

D儿童剧团的数量是那样地多，儿童的天真本来是最容易感动观众的，加之以他们的智识程度去教育老百姓是最适宜的，不像智识分子那样脱不了一口术语，每讲一句话都与老百姓划着一条鸿沟，然而因为没有人去注意他们，也就没有使儿童剧运成为整个中国剧运中的一支别动队，同时又是将来成人戏剧工作的后备军，而只看见他们跳跳舞唱唱歌成为一种点缀的用处。

E旧的戏剧干部大部分都留在大后方，到战地工作的多半也是由旧干部与旧干部组成的团体，很少个别分配到各地去参加新兴剧人的队伍中而将三十多年来中国新戏剧已有的一点成绩传达给他们并向他们获得新智识；因此新干部尽摸索之苦，而旧干部也难以进步。

F新的戏剧干部呢，他们本是最有希望的中国新兴戏剧家，但因为从来没有干过戏剧，又没有理论方针给他们做向导，他们就只根据所能得到的一点材料来自己撞，没有机会去接受三十多年已有的遗产，有机会时也不会用批判方法去接受。（例如戏剧艺术理论，编剧，导演，演技，装置等的技术理论等都无从得到参考材料，可能得到材料时又因为战时戏剧总方针的未确定不知该从何批判接受之。）

G不论新旧的戏剧干部，除了儿童干部外，都是智识分子的干部，智识分子总容易有意识或无意识地有偏爱智识分子观众的倾向，不能真正低就大众的观众。

H为艺术而艺术的倾向虽然不会再主观地或明意识地犯，但下意识地客观上还有很浓厚的气氛，这妨害了宣传的政治使命。

I全国的发展还是在无政府的状态中的没有统一的组织也没有统一的理论方针，这样就不能成为一个强有力的运动，充分发挥戏剧宣传的效能，目前这样的发展是迟缓而有浪费，甚至有冲突。(例如今天这个剧团下乡演《放下你的鞭子》，劝老百姓即使日本兵来了也不要逃，明天那个剧团又去演空室清野的戏，叫老百姓在日本兵来的以前要先走，这样老百姓就不知道应该走还是不应该走。)

J 剧运本身不能统一起来也没有统一的理论方针，则各剧团自然只有所属的军政民各领导机关来督促，因此就存在着各机关的政治部或宣传部感觉到剧团太重艺术忽略政治，而剧团则又感到上属领导部门只讲政治不懂艺术，存在着这样不调和的现象。

K 由目前这样的状态发展下去，则不仅与戏剧工作接触时间较短的新兴干部会感到这一工作的无前途而从事别的工作去，就是旧的戏剧干部也会反省到自己在虚度时间，对于抗战尽力太少而也放弃改行了，这样，这一宣传有利武器的戏剧工作就会大批地减少了干部。(大批的戏剧干部放弃戏剧而去从事别的工作，在整个抗战力量上，是补充了别的部门，这些戏剧干部也可能从事别的工作更为适宜，所以我们当然不反对戏剧干部去从事别的工作；但是，为了戏剧工作不能合于规律地发展而使从事戏剧适宜的干部也放弃戏剧工作去从事不能发挥他的所长的工作，这却是整个抗战力量的损失，因为有效的戏剧宣传也是抗战的一个重要力量。再一方面，去从事别的工作的戏剧干部如其他真的爱好戏剧，到某一时期又必然会回到戏剧来，那时他更充实了抗战的实践生活，这些实践生活反映到戏剧上来是非常需要而宝贵的，所以我们更赞成戏剧干部去从事别的工作，但是却不是剧运刚才得到客观有利条件而尚未走到一个运动轨道的现在，因为从现在到走上运动轨道的阶段是需要大批对戏剧有热情的干部，来共同艰[1]苦努力以促成全国统一的组织，得出统一的理论方针来的。)

L 大批干部要是脱离戏剧工作，大量的剧团也就趋向于退潮或是质的降低，退一步说就是干部并不脱离而戏剧还是目前这样状态发展下去的话，则军政民各领导机关也会感到这一工作的多余无意义，因此可能解散这些剧团调迁这些干部到别的部门。这因为抗战中这些剧团与干部的大批产生都不是正常发展，是一种量的突然发展起来，所以含着这种危机。

以上是我所看到的目前中国戏剧发展上的许多困难与缺点。

中国戏剧的发展既于目前抗战中得到许多客观的有利条件，同时又存在着许多困难与缺点，则我们为要使中国戏剧理想地发展，就必须设法保持这些客观有利条件，并克服这些困难与缺点，这就是中国戏剧需要今后主观努力的。

---

① 艰：原文作“坚”。

三、中国戏剧的今后(主观努力的前途)

中国戏剧今后该主观努力的最主要的工作，我想是要急不待缓地促成统一的组织。当武汉退却的半年多以前，曾由各地集中在武汉的戏剧家发起，有了全国性的戏剧界抗敌协会的组织，田汉，洪深以及许多戏剧上努力多年的戏剧家都是当时的发起人，中央要人而十分爱好戏剧也多次有编导实际工作的张道藩先生也是发起人之一，该组织也曾立案，也发过宣言号召全国戏剧家为抗敌救亡而团结。这是全国性的一个上层的组织，现在各地都继续组织了它的分会，闻晋东南也已经成立了它的太行山分会，我想这都是非常乐观的现象，如其晋西北，晋西南，晋东北，不论前方或后方，或敌人的后方，只要交通条件允许使组织能发挥其效能，则每一个地方都需要有一个统一的组织。

各地有了统一的组织，则各地的每一个剧团的经验教训就能相互交换，困难也可共同协助解决，相互批评与共同研究的制度也可建立起来，在同一个特殊环境之中的戏剧工作的方针也可由共同来得出，同时又是总会的一个分子，总的方针又与全国一致，全国各地的经验教训也可由此交换，较大的困难也可以由总会解决。总会则需要切实为各地服务，综合各地的经验教训得出全国统一的理论方针，发挥上层组织之最大效能，领导全国戏剧工作，纠正错误，帮助各地解决困难，供给研究材料，调节干部，平衡各地的发展。

有了全国统一的组织，又有了全国统一的方针，则今后的戏剧发展就不再是无政府状态而走上运动的轨道。

这个运动的目的是要充分发挥戏剧这一宣传武器的最大效能，为抗战宣传尽最大之努力，以宣传协助抗战一切其他工作的顺利进行，使抗战建国的途程缩短，早日达到粉碎敌人的目的及三民主义新中国之实现。

在这一运动的过程中，因于剧运的走上轨道，戏剧工作也就会被全国所真正的重视，剧团与干部的量还有增加的可能，其他方面的优秀人才也可能对于戏剧工作发生兴趣而参加到阵营中来或附带帮助这一工作。戏剧的政治作用必然会提高。艺术的质虽然是暂时的降低，但会跟着大众鉴赏水准的提高而渐渐地提高。这样发展的戏剧必然不再是智识分子或小市民层的戏剧，而是大众的戏剧。由于以政治使命及大众观众这二要点为前提，中国戏剧必然会接受民族历史的遗产也接受世界艺术的遗产，然而都不是原来的面目，而是现代的，中国的。各地特殊环境的特殊方针在现阶段是尽其政治使命的较高效能，但在艺术上的前途是尽其归纳作用而于将来综合之。

至于这一运动的结果，在将来艺术上的收获是如何？是新旧戏剧的混合物呢？是以新戏剧为基础来吸收旧戏剧的优点呢？是以旧戏剧为基础来吸收新戏剧的优点呢？还是新旧戏剧依旧是新旧两个系统呢？

我的意见是不会混合起来的，因为新剧是话剧，戏剧是歌剧，话剧与歌剧是两种不同的戏剧艺术，不会混合的。

这问题的确定是有好处的，因为要确定这问题，必然要研究到两种不同的性质与特点，这样的研究可以帮助旧形式利用方法的确定，可以知道话剧是否有接受旧剧优点的可能与必要，也可以知道新旧戏剧之间相互渗透作用的限制。

然而对于将来成果的问题看得太高，而要迫切地促其实现，那又会移动工作重心的。有人认为我们一方面为抗战，另方面也要为建国，建国不是到抗战完了再来建的，而是要在抗战中仝时建的，所以就主张一方面做为抗战宣传的戏剧工作，另方面做探讨较高艺术的工作，这在表面上看来好像言之有理，但实质上是把抗战与建国分为二元的看法，这会分散力量，使一部分人离开抗战而去从事为艺术而艺术的工作，他也可以说是为建国。现阶段中，在一切服从抗战原则之下而推进的进步现象都是建国的收获，我认为我们对于抗战建国的服务是应该这样看法的，抗战建国是一件事情的两面，目前的戏剧为抗战尽最大的任务，也就是为建国，而收获更高的新中国底戏剧之成果。

关于电影事业报告(一)[①]

东北局宣传部　并转

中央宣传部

关于中宣部电询东影工作概况及我个人对解放区和全国电影事业的意见事，兹按前后两问题报告如下：

关于第一问题——东影工作概况，将以过去阶段、目前阶段，及明年计划三部分呈述之：

（一）过去阶段——基本是搬家安家和工作中培养干部的阶段。

这一阶段的时间，共两年，从一九四六年五月由长春搬家到今年六月“三化立功运动”的提出。

这一阶段的方针，基本上是从工作中来培养干部，新干部学政治，老干部学技术，前一年以学习第一，工作第二，后一年以学习与工作并重，工作以较易做的新闻纪录片为主，艺术片只是酝酿准备和试办。

这一阶段的出品，甚少，前一年只做了准备工作，后一年平均两月一个出品，共七个出品，计有《民主东北》六辑及俄语国际宣传片一辑，每辑长度自六千余呎到一万二千呎，即一小时以上到二小时的节目，共印拷贝四十六个，其中戏院用三十五毫米拷贝二十三个，及流动放演队用十六毫米拷贝二十三个。

这一阶段的材料，前一年均是长春搬来的存货。后一年只胶片一项有一半用苏联来货，其他灯泡、药料等也均是仓库存货。

这一阶段的经济，无疑是亏本的。收入方面，十六毫米二十三个拷贝只供放演队义务演出，全无收入；三十五毫米二十三个拷贝中，除一个送国际外，剩下二十二个拷贝的全部收入约计十一万斤粮食。（收入少的原因：首先因拷贝数量是逐渐累进的，例如每一出品各印三四个拷贝，则最初只三四个，到最近才达到二十二个，故收入是愈往后愈累进的。其次是戏院均非本厂直营，一半以上的收入归了戏院。其次是地区小，市场狭以至在同一戏院多次重演。其次是新闻纪录片远不及艺术片受观众欢迎，其次是方针上以宣传为主营业为副，故请客招待减价等，也减少了很多收入。）支出方

① 初收《人民电影的奠基者——宁波籍电影家袁牧之纪念文集》，宁波出版社 2004 年 10 月版。

面，从开始到现在，也是因人员的逐渐增加而逐渐扩大的，以今年八月份已达最大数字为例，则700人的工资、津贴、伙食、被服、妇婴及日用品等费合计120565斤粮食，而办公杂、支运费、路费、水电、邮政、补充材料及临时等费合计只41353斤粮食，共合161918斤粮食(今年度苏联来的胶片及仓库存货未计在内)。收支相比，则一年收入不够一月支出，但人员在兴山的生产条件下已近饱和，而收入将愈往后愈累进。

这一阶段的干部，除绝少数从事电影外，绝大部分系二年中培养或还在继续培养的。计“摄影”，原有五人，现有十九人，其中老党员十人，新党员四人，均已独立工作(第一批四队已进关，长春战役后将调第二批进关)。另有老党员十三人作后备培养中，待定货之摄影机一到即将交于独立工作(其时再从前十九人中抽调进关——第三批)。计“放映”，原有三队，现有十五个正式队及二个后备队，每队二人至四人，其中老党员四人。计“录音”，原有一组，现有四组，每组四人，其中老党员三人。计“洗印”，原有一班，现有日夜两班，每班十人，其中新老党员四人。计“剪接”，原有二人，现有八人，其中老党员二人。计“新闻纪录片编辑”，原有一人，现有五人，均老党员。计“纪录片采访”二人，均老党员。计“艺术片导演”八人，均老党员。计“艺术片编剧”三人，均老党员。(这是最弱之一环，剧本产生之困难，编剧应超过导演之人数。)计“教育片编导”两人，一老党员。计其他美术作曲乐队演员修理等人员，质量上数量上尚不够要求。另有第三期训练班一百四十三人将于本月底毕业，拟向各科补充。

总结这一阶段前后两年，最初的搬家安家获得了生产工具，两年来从工作中培养获得了初步的人力，但这只是生产力的一方面，而生产的另一方面，新的生产关系的建立则作为目前阶段的课题。

(二)目前阶段——建立新的生产关系，企图向有计划生产尝试的过渡。

为解决上面提出的问题，于六月份中宣部发表《重印左派幼稚病第二章前言》后，即发动了全厂“三化立功运动”，根据厂内情况拟从这里做起，建立新的生产关系及提出新的生产计划。

首先，开展了酝酿已久的立功运动，党员带员订立了并推动了全厂订立个人立功计划，由此测验了群众的积极性，奠定保证“三化运动”的基础。

其次，在立功运动的基础上，开展了“三化运动”，即“正规化”、“科学化”、“统一化”，具体的实施是群众性地推讨合理的分工及工作方法，逐渐订立成文的制度和用卡片制之类的科学管理等。

其次，在“三化”精神下，各部门订立了保证生产的公约，首先是艺术片的编剧与导演、新闻片的编辑与摄影、作曲与乐队等，公约的作用在于代替旧社会的合同，作为新的生产关系的制约。

其次，在上述三化、立功、公约的基础上，初步订出“七片的生产计划”（详见“明年计划”）。

最后，为切实保证生产，全厂机构人员作必要的调整，照原有增加会计、资料两科，调整后的机构及主要的负责人如下：“厂长室”厂长袁牧之，副厂长吴印咸、张辛实，秘书长田方。厂长室下设三处一室，十八科。“秘书室”主任赵伟(西北来)，下辖秘书、会计、干部三科。“艺术处”处长陈波儿，副处长钟敬之(西北来)，下辖编导、新闻、音乐、演员、编译五组(同于科)。“制作处”处长张辛实兼，秘书白大方，下辖摄影、洗印、录音、美工、修理五科。“管理处”处长何文今，副处长张可奋，下辖剧务、总务、资财、发行、放映五科。上述除张辛实为东北新干部非党员外，其他均为关内来党员。十八个科之正副科长共 24 人，其中非党员五人，新党员两人，余皆老党员(又今年三月党的文工会后，文学、戏剧、音乐、美术各艺术部门组成了委员会，参加文委电影在东北只此一家，因由凯部长指示在厂长领导下加设管理委员会，共九人，为袁牧之、吴印咸、田方、陈波儿、何世德、许珂、王滨、钱筱璋、伊琳等，现拟向上级建议再加批钟敬之及沙蒙两同志参加)。

以上为目前阶段概况，此阶段预定到年底完成一切准备以期保证明年度之提高生产计划。

(三) 明年计划——走向有计划生产的尝试。

过去阶段，方针上是以新闻纪[①]录片为主，故基本上只是新闻纪[②]录片的生产，仅尝试了一个小艺术片，一个小教育片，一个小木偶片和编了若干套照片。

明年度，方针是有重点地加强“七片生产”，所谓“七片”即艺术片、新闻纪录片、教育片、美术片(卡通及木偶)、翻版片、幻灯片和照片(前四种是创作，第五种是翻译，后两种不是电影而是电影的副产品)。“七片”中的艺术片及新闻纪录片为重点，而艺术片的方针因编导工作者大多数都是新手，为防止冒险起见拟从小做起。

过去阶段，前一年无出品，后一年平均两月一个出品。

明年度，拟尝试比去年增加一倍，前四种创作片期平均每月有一个综合节目，希望全年有 12 个出品(每一出品以一小时半之节目计)。第五种翻版片不在 12 个出品中，拟于年内试作一片再定数量。第六、七两种副产品中，照相只每月编印几套供前后方展览的用。而幻灯片之生产虽也属副产，但将尽力发展之，本厂修理科已实验成功，

①② 纪：原文作“记”。

能自磨镜头、自制机身、分制强光灯泡、汽车灯泡及臭石气灯三种机子，已决定十月底完成一百架用汽车灯泡的幻灯机发给各师一架，明年两月底再完成300架用臭石气灯的幻灯机发给各团一架，然后再继续制造供后方农村工厂学校机关等用，这是幻灯机，至于幻灯片则已确定用“莱卡”大小二三十张连环照或连环画为一套。先从每周一、二套做起，渐渐增加，此计划如无障碍则其前途将比电影更易普及，因为镜头机身可以自制，买不到灯泡或无电处可用臭石气，而胶片之消耗量则较电影殊远，例如两小时节目之电影每套需片一万呎，而印五呎一套的幻灯片可成2000套。

上述计划如要切实做到，则琐碎零星之幻灯片及照相生产且不计，仅前五种之电影片生产，艺术片就得三组同拍，新闻纪录片得三组同编，再加上教育片、翻版片、美术片各一组，共计九组同时工作。而艺术片要做到三组同拍，在兴山只有一个摄影场的环境下，不仅已到了饱和度，而且要用战时的紧张度。

上述计划虽是繁琐复杂，但只要掌握艺术片及新闻纪录片的两重点的生产，出品节目就有保障，过去因全部只有新闻纪录片，取材甚难，要有重量，要不重复，否则难受欢迎。今后要以艺术片压台，则新闻纪录片只是附送加演，因而取材反较易，产量反提高，故问题焦点在于能否保证艺术片之生产，而保证艺术片生产问题之焦点在于剧本，从发展观点来看，有较久的历史的文坛尚如此沉寂，若要求新生的电影和新手的编导更严，则艺术片将难产和流产，若艺术片无法生产而仍以新闻纪录片为主，则明年产量将比去年反降低。因为长春战役后，东北有重量的新闻材料更少，为此对艺术片剧本审查方针，祈上级考虑(从宣传意义来讲，关内外解放区及日益扩大之新区观众，正热望着“雪里送炭”，从生产意义来讲，除解决工具人力和新生产关系之外，剧本问题就是劳动对象问题，否则生产问题尚未完全解决)。

关于第二问题——我个人对解放区及全国电影事业的意见，尚不够成熟，姑分“点”、“三角”、“面”三个概念呈述如下：

(一)“点”——是以长春厂为“暂时重点”来培养新电影厂的典型，以供将来全国公营制片厂参考。以东影迁回长春厂址后为“暂时重点”，有如下诸便：

其一，长春厂址如不被战争破坏，就有现成的专门设备，摄影场就有六个，只要剧本能供应编导能增加，生产可比兴山再高一倍。

其二，东影已有的器材，二年多的发展厂史、干部、经验、制度等，已略有基础。

其三，东北向苏联定货较便，且交通、工业、电力等物质条件较好，如能迁回长春则东北战局已定，可顺利工作。

但这也只是“暂时重点”，得中央定都后，长春只作分厂而重点应移至京都，直属中央，成为中心，暂时当为重点是有上述诸便，较易培养典型来突破一点普及全面。

（二）"三角"——是将三个现成据点形成鼎足，照顾老解放区各地。

黄河以北共有三个现成据点，除东影及由此分去之石家庄厂外，北平尚有一厂，系日伪财产可以没收。长春及北平均有专门厂址设备。如不被战争破坏，移动可惜，而石家庄尚无专门厂址，可随便迁移。此三据点该在互相便于联络之铁路线上形成不等边三角，照顾老解放区各地。

例如：艺术应提倡到原地摄取外景，既[①]真实又节省，如《晴天传》由甲厂派往山东摄取，《白毛女》由乙厂派往晋察冀摄取，《吴满有》由丙厂派往陕北摄取，以及其他老解放区各地之作品也同。

又如：新闻纪录片应将摄影队于老解放区各地布置摄影网，划分地域由三厂分任领导，以便于指挥供应及修理等（各厂也可定期出版地方性之新闻片，但各厂应规[②]定任务每月有若干全国性主题交"暂时重点"，以便汇编作全国性及国际性之宣传，待重点移至京都时，这类材料将集中中央作为永久厂史文献并可随时重编）。

（三）"面"——是在全国胜利后应将该清算的制片厂及电影院没收而组成统一的国营电影企业。

（关于提高私人营业出品为宣传服务则当用审查制度和组织其厂内前进分子等措施，下面只提供经济战线上问题。）

电影事业除文化斗争的任务外，还有经济战线上的斗争任务。经济战线上的胜利是文化战线扩展的物质基础，而要取得经济战线上的胜利，首先要将应归国有的电影生产机构及市场统一。

全国制片厂方面，应该清算的除上述北平厂外，还有曾迁成都的阎锡山西北电影公司，现在上海的国民党军事系统的中国制片厂及国民党党部的中央摄影厂等，此外有无日伪及官僚资本的零星电影器材分散各地尚无调查，不详。

即使全国被没收的制片厂在比重上还弱于全国私营制片厂之总和，但只要统一就形成一条有力的大鱼，而私营制片厂只是各个分立、彼此矛盾的小鱼。

全国电影院方面，根据"八一五"前日本的材料，东北共有电影院 218 个，其中日伪财产约计 142 个，华北共有电影院 107 个，其中日伪财产约计 41 个，其他南方电影院情况尚无材料参考，不详。即使全国被没收的电影院在比重上还弱于私营影院之总和，但要统一就形成另一条有力的大鱼，私营影院也只是各个分立、彼此矛盾的小鱼。

假如，全国电影院中的三分之一由国营电影企业统一管理，那就是掌握了三分之

① 既：原文作"即"。
② 规：原文作"归"。

一的全国电影市场，也就是掌握了各私营制片厂出品推销的三分之一生命，而各私营制片厂间为争夺市场矛盾百出，客观上将给予国营电影企业以有利。

又假如，全国制片厂中的三分之一由国营电影企业管理，那就是掌握了三分之一的中国片商品，而且是最进步的最合于观众需要的商品，这也就是掌握了各私营电影院最迫需的最广于推销的商品，各私营电影院间为争夺主要商品也将矛盾百出，这在客观上也将给予国营电影企业以有利。

但是，国营出品虽是市场中主要商品，在初期若干年内，电影创作干部难以一下培养大批，故初期若干年内国营出品不仅不能供应全国私营市场，也难于供应被没收的国营影院。为此只有求得苏联片的协助，否则私营市场既[1]充塞旧片，而国营影院将无片上演而停业(因即归国营，旧片当然不演，而自制片又不够)，更谈不到大鱼走向企业化。

以上呈答中宣部电询二问。

后一问题中存在的困难，是经济战线上的困难，即商品不够供应的问题，但这还不是目前急于解决的问题。

前一问题中存在的困难，是文化战线上的困难，即剧本难供应的问题，则是目前急于解决的问题。

最后，关于干部及经济的问题，特提供上级参考：

电影的干部培养需要长期，因电影之复杂是综合艺术和综合科学二者之综合，干部非一时所能成熟，特别是电影创作干部，如编剧、导演、新闻摄影与编辑、作曲等，尤以编剧与导演更为困难，此外行政、组织、经济等干部也是这一事业中必不可少的，而且是一般艺术工作者很少愿做的。

电影的经济周转需要放长本，例如抗战前上海一部中等好坏的艺术片约两年收回成本，故资本要长，过去最进步的电通公司，就因为没有长资本不能周转而倒闭。故望于企业化前每年能拨出一定经费作为成本，至少每年必需之定货能不打折扣，并所定之货能肯定来到以得补充。

以上报告于匆忙中写就，不妥之处请予指正。此致

布礼!

袁牧之

1948年9月

---

① 既：原文作“即”。

悼词[①]

新闻摄影师王静安、杨荫萱、张绍柯三烈士的血和全体战地摄影队同志的汗记录了东北解放战争的伟大历史，烈士的英灵将与历史的记录永存人间永垂不朽！

袁牧之　一九四八年十一月

① 原载《新闻摄影通讯》1948 年 11 月第二辑。

关于电影事业报告(二)[①]

东北局宣传部　并转

中央宣传部

中央前后电示均已奉悉。

兹按中宣及东宣的指示，我们的主观力量与客观条件诸方面，综合汇报上级，以供参考，待得批示，将切实执行。

形势开展的突飞猛进，使我们这一事业的发展，在时空上具现了很大的矛盾，时间上是如此之快，而空间上却立刻就要到达全国之广。

由此而从生了人力条件的成熟远远落后于物力条件成熟的很大矛盾。

关于获取物力问题，不知应否积极准备在全国范围内电影企业的接收工作，以便首先获取并保全物力基础(根据上海最近来人的材料，国民党的中央摄影场仍迁回南京，其中国制片厂则分为二厂，均在上海，敌区最大资本之厂，系大汉奸张善琨所办，在香港阎锡山之厂则原有规模极小且不知下落)。

关于补充人力问题，不知能否以宣传的作用出发而暂时有重点地来发展党的工农兵文艺运动，抽调相当数量在毛主席文艺方向下努力有年的各姐妹艺术干部如文学、戏剧、音乐、美术等创作干部，以及艺术部门中行政组织干部以补充电影事业，当为重点开展。

至于这一事业的筹划提供如下，未悉妥否：

(一) 各地的接收工作

1. 北平：东影已奉命派秘书长田方率十余人南下接收(惟接收对象除中央已具体电示者外，可否加批唱片灌音工厂及管弦乐队，以便减少各厂配音时间，提高新闻片生产速度，小机器厂——以扩大幻灯机生产，印刷厂——以付印刊物丛书及全国发行与制片上之用品，以及照相器材行及放映幻灯等图材)。

2. 南京：可否由石家庄厂派员赴徐州方向随军进城。首先保全器材再说(南京厂直属敌中央党部，一贯反动，迟恐失散，将难以追获)。

---

① 初收《人民电影的奠基者——宁波籍电影家袁牧之纪念文集》，宁波出版社2004年10月出版。本书据袁小牧提供的报告底稿整理。

3. 上海：可否在地下党领导下由该地的电影工作同志负责接收（以节省老区之人力并对上海同志的尊重）。

（至于上述各地之影院最好亦由各方面同时接收，而其他城市之影院则暂无人力顾及，待日后再说。）

（二）接收后的力量比重

接收后以厂的数量来讲则国营厂就有东影、北平、石家庄[①]、南京及上海两厂合而为一，共计五厂。张善琨和阎锡山厂姑暂且不计，此外之私营厂上海还有六个，香港约有二个，共约八个。

至于所制的影片内容在文化斗争上的比重则除沪港进步电影工作者外，旧电影界中却包括着殖民地封建及资产阶级的各种复杂的思想，要使电影成为新民主主义的文化部分组成而为全民族中百分之九十以上的工农劳苦民众服务，要使工农兵的电影取得优势，则必须经过各种方式的斗争。在这一斗争中大致的力量配比将可能如下，国营厂的最初阶段也可分为二种：

第一种如东影、北平、石家庄、南京，基本上将以老区干部为骨干，其作风等也将为老区的，其出品的将以反映工农兵及其干部的主要生活占重要比重，其他只占次要。这些厂里的创作干部以及领导和保证的主要行政组织干部，都需要长期在工农兵文艺运动中成长的老区干部，老区的诸厂都应该是这类的厂，但南京似有必要比石家庄更先建立，以便就近影响南方的电影界，这类厂的增殖将期待着老区各姊妹艺术干部来补充目前的东影，而抽调东影已获初步经验之行政干部分殖出去建立新厂。如此则对新调出之干部成熟较快而对新厂之建立也快，这类厂及其干部的质与量将对工农兵电影运动有决定作用。

第二种，如上海及香港。基本上将以沪港的进步电影工作者为骨干，且事实上也必然会多数，虽然一部分可能转入上述第一种厂，但以沪港电影界的特殊复杂情况，必须并也必然将留下一部分熟悉当地者组成第二种国营厂，与私营出品作文化斗争前哨，并便于就近影响私营干部逐渐争取私营中之进步者。这类厂的作风等至少最初阶段必然是新区的，其出品虽也应该以工农兵电影为努力目标，但不一定开始就占主要比重，可以暂时适应沪港一般进步电影工作者之特殊情况。要从其习惯于反映小资产阶级生活的作品立刻转到反映工农兵及其干部生活的作品，在思想感情生活及创作方法等都会有困难，故可暂时以其熟悉描写的对象而为工农兵利益的作品占相当比重，则不至于顿感难于措手而可继续工作可有出品，并将以此在舆论上及争取观众上战胜

① 石家庄：原报告均作“石庄”。

私营中的同类对象而无思想之出品。当最初阶段流动放映队还远远落后于新解放区的城市影院发行网时，这些出品可暂时占一定的比重。

对清算之后而合法存在的私营厂，总的道路将是渐进与改良。国营与私营在经济上力量比重之转移已大致述于第一次报告中，将经过合法的商业斗争。至于文化上力量比重的转移，则须组织其厂内进步分子并须改造其落后分子而成为国营的外围，如外围坚强到可以代替上述第二种国营厂的任务时，则第二种厂可转为第一种厂。在私营厂中外围力量之增强对于文化斗争无疑是有利而对于经济斗争则因提高了私营出品质量将相对地巩固了私营，但私营干部既被改造到思想上靠近国营而成为外围，则已是国营的外围干部，这又将是国营对私营的绝对优势。

（至于全国影院在最初阶段，当国营发行公司掌握的影片及经营的人力尚不够时，将分国营、私营及各地公营三种，待影片及人力已够，则各地公营之影院应归属国营而统一之。）

（三）中心与重点将暂分后合

北平解放后，当奉示即于中宣部领导下，建立电影事业的统一领导机关，成为日后国营电影企业的中心，并掌握上述国营、私营生产市场的力量比重之转移。

关于中心的组织与任务等将另行专门筹划，再作呈报。

在中心领导下，应有一直属厂，使中心不脱离生产太远，并随时总结全国各厂经验交付该厂实践，当为重点来培养该厂为第一种国营厂中之典型，以便再推广到全国各厂，故北平厂之前途应是这样的重点。

但要同时建立中心与重点两个单位，需要二批干部，若都从东影抽调，则第一年的有计划生产将完全破产。

为此，只有一方面祈请上级能很快分配干部补充东影，以换防东影干部调往北平，另方面干部调来也不能立即换防，故北平二单位之建立只能从小到大逐渐充实。

在最初阶段，领导中心虽在北平，而制片厂重点将看北平厂之整顿组织等所花费时间长短，以决定重点转移之快慢，可能最初还以东影为重点，或同时二个重点，最后才能将重点完全转到北平。

（四）石家庄与北平最好暂合再分

形势开展之快而人力未得补充之下，石家庄建厂的时间以及将来地点问题祈中央考虑。

首先是目前到石家庄制片的困难，东北摄影队虽即将进关（详后），但立刻到该地制片还有困难。第一，现在存底片仅二万呎，供进关摄影队及即将上手之艺术片还不够，副片现存仅六万三千呎，只够付印第八辑拷贝，已无余力接济关内。第二，这里的新闻纪录片[①]工作由钱筱璋[②]负责，另有四个编辑是他的徒弟，现正加紧突击培养，但立即派去独立处理问题尚不够成熟。第三，明年度纪录片计划虽还只订出半年(详后)，但如能完成很有作用，若派钱筱璋去石家庄则又顾彼失此，这些纪录片仅靠徒弟们将难完成。第四，这些纪录片均需从大量自拍底片及“满映”底片中挑选利用，若全部搬去，则现时交通困难，遇有意外，损失太大。故多方考虑，目前只有暂时从关内送来编制，且战地摄影决定于客观条件，有时无旧片掺入补充难以编成。待北平解放后，因新闻纪录片之生产尚不如艺术片之繁杂，其重点可先转北平，东北只作新闻分点，其明年计划可于北平完成。

其次是北平解放后石家庄的建厂问题，石家庄厂的物力可成为北方鼎足之一，只是目前人力条件尚不够建立北平第二据点时，这第三据点只得暂缓，又北方之“三角”应照顾到老区全面，而石家庄与北平相近，似无必要于该地花费建设，故最好与北平暂合再分，待人力足够时，或该暂设北方之“三角”或该先设南京，其时再由中央决定。

如中央同意石家庄与北平暂合再分计划，则我或吴印咸及其他技术人员就暂不离此，而对该厂的处理，最好派一部分人员及技术内行赴南京接收。凡能拍新闻片的人力与工具则勿荒废，及时拍摄历史材料，除胶片外其他器材可暂时存库，由妥人保管，设立交通站，补充摄影队用片及接收其已拍材料转送东北，其他剩余人力随军去平，在田方总指挥下，协助接收工作。

如此妥否则请中央及华北局考虑为幸。

(五) 东影的任务

北平解放后，东影干部可能坐立不安，尤其关内干部，但在整个计划未定以前，当说服全体，仍旧继续如下诸任务：

1. 坚持生产应是第一个任务。据调查材料，一般影院约五天换一片，全年需七十二部片，明年度东影如能完成十二片计划加上已有出品共二十片，上下半年重复一次可抵四十片。再有三十部苏联片，则不演旧片也可勉强有重点地供应国营及公营影院，这是一方面。其次，东影能走向有计划生产的尝试曾经过长期的酝酿，并经过与自由职业者无计划生产思想的斗争，最后才认识一致。特别在收到中央批准并鼓励这一计划实现的来电后，同志们更坚定了明年度奋斗的计划，且这是第一次尝试有计划的生产，如半途破产则以后就少信心难以动员，故必须取得明年度的胜利。东影之由

---

① 纪录片：原文均作“记录片”。
② 钱筱璋：原文均作“钱小章”。

兴山搬回长春时间也将决定于长春修理等条件能不至于停工或甚至有利生产(重点由东影转向北平的时间，也同样将决定于不降低生产或反而有利于生产的条件)。

2. 建立雏形应是东影第二个任务。如生产能按计划则整个生产过程中各环节的联系合作方法及制片等将有新的制片厂之初步雏型，这对于分殖新厂有所帮助，不必再另起炉灶从新摸索(待重点移至北平后则这一任务也移交北平厂继续发展之)。

3. 培养干部是东影第三任务。只有在生产实践中干部才能最快成熟，故在北平尚不能生产前，各姊妹艺术中调来之干部将先来东影，这是老干部。关于新干部之培养则现第四期训练班，已批准四百人，招生两月。政治训练三月，要半年后再学技术，故如认为供应关内各制片厂及发行之人力应从速更多培养时，则只要批准，再增加一倍还能担负。

4. 组织发行，暂时也先由东影试办。按中宣及东宣指示成立新华影片发行公司，受厂领导，但对外暂时独立，先行试办，待北平总公司成立则东北改为分公司。关于全国官僚资本的影院将有多少可以没收尚无调查，若仅以日伪影院计，则东北最多有一百多个，地区集中，只要有足够影片及人力就容易统一管理，故取得苏片发行专利权问题实为发行工作及影院上最大关键。因为只有用苏片及自制片来占领影院才使我们的经济斗争与文化斗争不致矛盾，如要用旧片则经济上虽也获利，而文化上的目的未达，甚或有害。因旧片之绝大部分含有毒素，如为经济而给予合法上演，则各机关对领导及国营企业之意见殊多，且要审查如此之旧片需抽调若干能掌握政策之干部，倒不如把这样干部放在生产战线多生产新片，故国营企业对旧片之审查最好采取消极被动地位，当由合法之私营制片厂或发行公司正式请求审查时，则不得不予审查，通过者并发给上映执照，此外只好暂时置之不理为妥。即使暂时各地方政府对旧片处理有些差次现象，总比统一机关给予正式执照为好，而国营企业的积极方面最好是集中干部增加出片及争取苏片发行之专利权。关于苏片专利权问题下层无法解决，最好由上级与苏方正式接洽有效，苏联在北朝鲜①与东欧各国均早已交其政府，并有一定的办法，我们可按其一定条例执行，如这一环能早获解决，则全国影院能很快统一，而经济及文化斗争均能早获优势。

5. 催促定货，目前也只好暂由东影负责。今已年底，而本年度定货之大部分尚未来到，并无确息。如年内不到则新片难能开工，甚为严重。这一任务虽由东影负责，也只能奔跑催问，不起作用，故望上级与苏方接洽苏片问题时，能同时接洽保证定货问题为幸(又明年度定货仅供东影范围，如要供给关内诸厂则急需另选定单，迟则不

① 北朝鲜：原文均作“北鲜”。

及，请予指示）。

（六）困难的二环

上述一切中，如二大困难可得解决，则其他均可努力克服，这二大困难是左右这一事发展的关键，而且下级无能为力，只得请上级帮助解决：

其一，是向苏方接洽的问题。即上述苏片及定货之问题，如苏片发行专利权不能如东欧及北朝鲜一样托付我们，则全国市场无以掌握，如定货不能按时按数来到，则生产计划无以保障，且致停工。

其二，是从工农兵姊妹艺术中抽调干部问题。除苏片及定货之外，干部就是决定一切的问题。电影厂不如其他工厂，只要少数甚至一个干部去接收领导，原班职工就可生起产来。电影是思想的生产品，尤其是工农兵思想的生产品，诚如毛主席所说，文艺工作者要从小资产阶级方面转到工农兵方面来，“非有十年八年的长时间不可”，故若要电影部门培养新人到可以创作与领导，则全国范围内所接收的生产工具将荒废很久，若靠上海的电影的创作者，则除少数例外，一般的虽熟技术，但思想感情要转到工农兵方面也不是短期，只有在毛主席文艺方向下，努力多年的姊妹艺术干部转入电影，在思想感情生活上都较有基础，至于不晓电影，那只是从内容采取形式的问题，倒可以较快，而且无旧技巧桎梏的妨碍，反可能摸索新的风格，故这一事业在干部问题上的关键将是能否以电影为重点来发展工农兵运动。骤然看来，各姊妹艺术少了干部，似乎损失，但电影既集中了优秀干部而为重点，则必然又将反过来影响示范并推动其他姊妹艺术的发展，也可以说在全国范围内通过银幕来掀起更广泛的工农兵文艺运动，且电影之无时空限制，不仅直达全国而且国际，对整个党的文艺宣传工作将有利而无损，诚如列宁同志指出“在所有艺术中对我们最重要的是电影”。

作初步的估计，要建立统一领导机关之干部并不很多，但要分殖北平、南京工厂为工农兵电影厂之行政、编导、编辑、摄影、美术、作曲、演员等干部，又看对该工厂生产要求之高低，约需要一百名到一百五十名老区的创作及行政干部，而其他技术与一般行政及绝大部分演员均可吸收或培养新人。北平的第三据点也暂时不计，这一百余名干部加东影已有之老干部将是北方二厂、南方一厂三个第一种厂的骨干，骨干的质量又将决定主力的质量（中央由西北调来之干部，已绝大部分成为重要骨干，尚望能类如此批的质量）。

以工农兵电影为主，第一厂骨干的质与量占有全国电影界力量的一定比重时才能奠定工农兵电影运动的基础，然后第一种之扩与增多将逐渐吸取第二种厂或私营厂中的外围而不至于变质，由是而转变干部力量对比的优势，但是而生产可增多且市场可扩大，由是而转变国营电影在文化及经济斗争上力量对比的优势。

这一事业的使命是如此之重，犹如斯大林同志指出，电影是最大的群众宣传工具，则这一事业至少是文化斗争中的主力之一。

犹如苏联电影已是国家最大收入之一项，则这一事业至少又将是经济斗争中有力的一环。故上述困难之环祈上级能予解决为幸。

以上是这一事业范围内提出的问题。

此外，关于东影的几项具体工作，有所请示。

1. 明年度的艺术片及新闻纪录片的具体生产计划呈报如下，请予批示。

艺术片的具体计划：

《桥》，于敏编，王滨导，已于本月十日开工。写在十分困难的条件下，由于发动了工人群众，终于克服一切把桥修起，恢复了军事运输支援前线。

《回到自己的队伍来》，成荫编导，下月十日开拍。写敌我军民关系之对比，老百姓认识到我们好处后，促其被迫参加敌军之子回到自己队伍来。（成荫系西北调来，从未干过电影。但于五月底到厂，七月终即交予编导《东影保育院》之纪录片任务。在集体帮助下于十月完成，博得好评。待完成艺术片后已有初步经验，可向另厂分殖再探求理论，继续摸索。由此可证明，有工农兵戏剧修养而不晓电影并不困难，并可证明重点分殖办法，干部集中互助较大，容易成熟，也可从工农兵戏剧中调来编导越好越多，则工农兵电影生产可越好越多。）

《独胆英雄》，下学伟编，拟交自导。曾由今年五月开始编写，以一纵队得毛主席勋章之班长白志贵为典型，因再去搜集修改材料，尚未回厂。

《电》，陈波儿编，原系舞台剧，本月底可改编完，将由许珂①导演。写工友们在党领导下发挥了自己的智慧，修复了破旧的发电机，供给全市动力电，使工厂复工供给了军需民用，工友们也成了劳动英雄。

《秘密》，伊明编，定本月底脱稿，拟交自导，写反特问题。

《八女投江》，颜一烟编，写作中，拟交沙蒙导演。系抗联的英勇故事。

《异途同归》，冯白鲁编，已写成送审，拟交自导，写我军压力下敌军之起义。

《恢复》，于敏编，采访中，写敌军溃退时，工人保护工厂，迎接我军恢复生产。

《海澜江》，伊琳②编，已有故事，将再去充实材料，拟交自导。系抗联故事。

《白衣战士》，王震之编，已写成，并审，需有录乐后才能开拍，拟王滨导之第二片，写战地医疗队刻苦奋斗的生活。

---

① 许珂：原文均作“许可”。
② 伊琳：原文作“伊林”。

《塞北春光》，王震之编，将即去采访，拟交许珂导演之第二片，反映解放后之蒙民生活及汉蒙亲密团结，共同建设新塞北。

另有沙蒙、孙谦[1]、李牧等在收集此次秋季攻势解放东北材料。

尚有麦收、汉民翻身故事，赵一曼及毛泽东勋章等暂时还只作写作对象。

以上计划之片名、导演者均可能有变更，且编剧过程中所遇的困难，及制作过程中之天时、地利、人和种种困难也一定会有变更，但这要调度到在其他摄影场等条件允许下，能同时摄制片越多且每片摄制时间越短，则生产效力越高。而全年之总合加新闻纪录片所担负的一半共有十二个出品，明年计划就能完成，现有陈波儿专门负责计划与调度。困难的是专门编剧只有于敏、孙谦、李牧、王震之、颜一烟五人，又是初试，无多余的剧本积蓄，故大部分导演也去从事编剧，不能分工。

新闻纪录片的具体计划：

因新闻纪录片主要是时间性材料，故仅订半年计划。

《解放全东北》，从“八一五”苏军及八路军共同光复东北到今年的东北完全解放，三年过程中各个战役的历史纪录片。

《富饶的东北》，介绍东北丰富的地下资源及各种轻重工业。

《铁路一万里》，记录密如蜘蛛网的东北铁路恢复建设工作，并提出打到哪里修到哪里，向关内修筑。

（以上系卅分钟到五十分钟的大纪录片。）

《森林》，介绍东北森林采伐工作，以及木柴在工业上的伟大作用。

《无上光荣》，军人家属在民主政府照顾下，安家、代耕，解决各种困难，及前方立功，后方报功、庆功，军人家属深感无上光荣。

《长白山》，用地质学的科学知识介绍长白山的自然。

《人民政权的诞生》，东北人民代表会议和政府委员选举，县区村及东北统一与政权建设工作的记录。

《春》，走向机械化的工营农场及春季农业中互助的生产记录。

（以上系廿分钟左右的小纪录片。）

此外，尚拟利用新闻片材料以音乐为主，按歌词内容配以画面的歌唱片，如《翻身大合唱》及《七枝花》将试作一片或二片，又每月尚有十分钟左右的新闻简报一号。

2. 摄影队因调回修整延误，现已不及绕道，有一队已随军去平，三队前日出发，待北平战役后再由中央重新分配。另有二队因技术训练关系及等待苏联胶片将稍迟出

---

[1] 孙谦：原文均作“孙千”。

发，请指示日后该先至中央或由华东直赴徐州（又，急需之胶片未来，但今年度所定之二十个新闻摄影机却于昨日全到，人力之成熟又追不上物力，只有一方面我们突击训练准备第三批进关，另方面祈关内有照相基础的干部能很快调来）。

3. 东影全部出品七套，已由东宣部转呈中央审阅，望示知分发机关内各区每一出品该印几套。

4. 五万呎副片早于八月份交董老财经机关派来之李克伯同志带去，以上关于东影工作。

最后，关于我个人暂时的岗位，如石家庄可以不去，则一方面加紧突击巩固东影上述诸任务的基础，另一面关于总领导机关之如何设立先由下而上交换意见以便提呈计划，北平解放后待中央电召当即去听命。

以上报告惟恐延误时间不及周思，虽经留厂之少数同志传阅商讨，但错之处尚在不免，祈上级纠正为幸。此致

布礼！

袁牧之

一九四八年十二月十八日

一九四九年二月向关内老党员的讲话[①]

我们的事业已发展到一个新局面——它的特点是从点到面，东北由厂已发展到发行公司，北京的厂已接收，上海与南京马上要去接收。

我已经接到指示，要离开这里，以后我们常在一起的时间就少了；故走前需要向厂内，及哈、长、沈各地老区干部谈一谈。我们已有了一二〇多名关内来的、党培养了十几年的党员，比《水浒传》的一〇八将还多些，这是我们这一事业的本钱。

二年多的建厂，全体老同志在基本上都团结一致，忠实于党的这一新事业，在奠定这一基础上，大家都尽了力量，都是有功绩的。

今天，我们大家所爱护的事业，又更向前发展了，而且不是局部地发展，是全面地发展。我想大家一定很兴奋，一定感到责任更重，因之更努力。我相信在我们大家的共同努力下，再吸收以关内老区干部及沪港的进步分子为骨干，在党的正确领导下，我们的事业在不久的将来就会出现新的面貌，见到成绩，获致胜利。

但是，我们不能仅从乐观方面来看，也要估计到在这局面下发生的危险，这是我离此前所感到不安的。

我研究一下，在这新局面下有三种危险的病：一种像鼠疫，一种像白喉，还有一种也许像霍乱。这三种病的菌苗已在潜伏着，一俟开冻化雪，春暖夏初的时候，就要发作，并可能传染到新干部身上。这是我们新事业的致命危险。为此，在我离开前，想替同志们打三针预防针，希望不要有人病倒。我走后，希望留厂的同志继续领导防疫；但最好的方法是本着对党对事业负责的态度，自己时刻预防。

三种病是些什么？怎样预防？现在我来讲一下这三种病的防疫针。

第一针，是统一集中思想。

我们的“三化运动”（统一化、正规化、科学化），是根据当时厂这一个点的发展情况而提出的。但是从点逐渐扩大到面时，首先要向这里抽调干部，这对各处科都或多或少的增加困难。本位主义的病菌在这时就要乘机发作。要知道，一切工作及事业，都是在克服困难中成长的。如果只注意本单位，而不顾整个事业的发展，整个事业得不到营养，就无法壮大。这是事业的根，从这里才能生长。其次，老干部都是关

---

① 初收《人民电影的奠基者——宁波籍电影家袁牧之纪念文集》，宁波出版社2004年10月出版，题为《向关内老党员的讲话》。本书据袁小牧提供的讲话底稿整理。

内来的，东北已住厌了，都想入关，并打起“地方干部回地方”，“关内干部回关内”的大旗，大道理一篇——其实是只顾个人，不顾全局。大家都进关，东北厂交谁管呢？第三，是分散以后，各有各的王国，向外各抓一把，对内抱得很紧，游击主义、本位主义、无政府、无纪律的状态，都可能出现(以沈阳为例)；而且分散到大城市，旧社会的影响，自己原来出身的阶级意识死灰复燃都是非常危险的，特别是与商人周旋的发行工作者，更加需要警惕。这点应该回忆“八一五”解放后，那种混乱，不要再重复。第四，是在新局面下，行政、创作、技术三种干部的发展有不平衡现象。行政干部先提得快，其他干部可能慢些，如录音科长可以不升。不要只近视地注意内部暂时差别，要团结内部，只有加强组织观念，统一意志，统一行动，统一纪律，才能保障我们事业的成功。创作、技术另有一面，作品至全国，各有千秋，行行出状元，要看到整个斗争的任务。

第二针，是反对经验主义。

我厂的老同志，教条主义表现不多，经验主义却不少，我也是其中之一，正在极力争取解放中。如果我们不能从经验主义的窠臼中解放出来，没有理论的指导，我们只是盲目地干，那我们的事业就不会有成绩，就会有危险。在反对教条主义之后，大家对马列主义的学习有不正确的看法，认为学理论就像是犯教条。大家对政策学习还相当重视，有些同志执行得很好，如田方等在长春接收时的表现，这些是很好的，但我们要求不仅如此，还能从自己的业务实践中用马列主义的思想方法、观点来寻出规律，并用马列主义理论来指导实践。经验主义是实践脱离理论，教条主义是理论脱离实践，两者的本质都是主观主义。

反对经验主义，不是不要经验，经验是宝贵的，但何时何地应用哪种经验，要有理论的指导与掌握，否则就可能退[①]步，可能保守，或左或右，事务主义，忙忙碌碌，只见局部不见全面，这就会妨害统一集中，就是因为没有共同的理论认识的结果。

另外，对“民主集中制”的了解，也有偏差。有人以为只要把到会人的意见集合起来去做，就有了民主，也有了集中。这是非常普遍的思想，其实，不一定全是这样，否则领导就变成了尾巴。领导不仅是综合到会人的意见，还要从理论上掌握这些意见，看看是否合于事情发展规律，并加以可否，可则吸收，否则说服。应该研究是否符合发展规律，而不只是看赞成的人多少。群众程度不齐，观点不一，两次会可以有两次结果。毛主席叫那些有教条主义的人向实际发展，有经验主义的人向理论发展，我厂内存着的缺点既然是经验主义，那我们大家就应该学习理论。这次反经验主

① 退：原文作“进”，疑误。

义的学习中，有人说，“学了理论用不上”，并希望中心小组同志做启发性的报告。这种要求，我深切地体验到其中的苦恼，我很想收集学习中的材料，做一次报告，因材料少，只能联系自己，与经验主义斗争中的经验在后面谈一谈。

第三针，是批评与自我批评。

大家都知道，老干部的自我批评不如新同志，它的原因，就是“老”字作怪。老的相对是新，今天的新局面是需要我们探求新的，学习新的，研究新的和履行新的，否则就不能完成党与人民给我们这一新的任务。今天，正是需要我们用列宁主义的工作作风——俄国人的革命精神与美国人的实事求是的态度相结合的作风，用前者不断地排除旧的，用后者不断地钻研新的；只有用对党、对人民事业的负责态度来经常地进行批评与自我批评，不断地克服旧的、不好的，推动新的、好的，才能使我们骨干分子，发挥推动事业前进的动力。

以上是三种预防针的内容，第二针保证第一针，第三针保证第二针，三者不可或分。下面我把中央的前后指示、我二次报告的主要精神及中央的批示，向大家简单传达一下。可以使大家对厂、对事业的发展，有一致的认识与了解，藉以求得意志的统一，然后达到行动与纪律的统一。同时我附带告诉大家，在我初做行政工作的时候是经验主义加事务主义。例如职工会(经验主义)、厂长室内打麻将(事务主义)等事，虽与当时情况有关，但自己应负思想上的责任。后来，我渐渐从事务主义中解放出来，但还未由经验主义中解放出来，就是说不会联系理论总结经验，直到去年夏天，编导同志外出，我才研究了厂的中心任务，结论是生产。其他的都是围绕着这一中心而进行的，如何组织生产、如何计划生产、如何保证生产、如何改进生产、如何提高生产，我们搬家是解决生产工具，二年中的学习，是初步培养掌握生产工具的人力，也就是劳动力，这二者合并就是我厂生产力的初步成熟。这是生产一方面，另一方面是生产关系，如六月起的立功、三化、公约、计划、机构建立等。这过程中我依靠了理论的指导。

最后，除上面所讲的，我还应更深检讨，因为上面的缺点，许多工作，离得自己与大家的理想还很远。例如，对学习我就不会领导，只会自己摸索，从未在延安正式入学，故走之前，将自己克服经验主义的经验介绍给大家，供给大家参考、研究，以补遗憾。到北京后我还要继续研究。此外，我性子急躁，脾气不好，大家给我的批评，我都接受，并继续克服，希望大家对我的意见能及时提出。今后我们虽不在一处工作，总是在一个事业范围内工作，望大家互勉努力。不久的将来，四万万七千五百万人的电影文化生活的普及与提高，这一重担，将落在我们的肩上。我们要努力地改正这些缺点，力求进步，承担这个重担。

对全厂同志的讲话①

同志们：我还记得很清楚：远在三年以前的五月，我曾与从延安来的四五个老同志一起和当时“满映”留下来的一两百个同志，由于当时的军事情况，从这里把器材搬到了兴山，今天在座的同志有的开头就参加的，也有的是三年来陆续参加的。一直到今年二月十四日我才和大家分开到北平去了。这次回来恰巧是六月十四日，算起来整好是相别四个月又和大家见面了。这之间，同志们关心时局的开展和整个人民电影事业的发展，也正像我在时时刻刻关心东影厂的工作一样，心情一定都是最殷切的。因此我今天分两个大问题，来和大家谈谈。

第一个问题：关于人民电影事业发展的概况

一、四个月来人民电影事业的发展

四个月以前——在兴山时代人民电影事业在全国范围来讲只有一个据点，二月十四日前一天我在全厂大会上讲过：今后要从一点向全面发展。在此四个月中一方面是东影本身这个点的壮大，另一方面是由点向面发展：在东北范围来说，三月初在沈阳成立了东北影片经理公司；在关内也建立了华北影片经理公司，都和苏联订立合同，今后全权代表发行苏联影片；开辟了人民电影事业的另外一条战线——发行战线。北平电影制片厂于四月二十日正式成立，那里包括三部分干部：从东影抽调出的一部分（这一点我们去年已有精神准备，从去年下半年在各处科培养了副职干部），准备了一个厂架子，干部不全的处科，由另外两部分补充——由华北军区电影队二十余人，和北平原来“中电三厂”的两百多人中抽调补充。平影成立之后，第三天就开始制片，仅仅一星期就出了《毛主席朱总司令莅平阅兵》，现在他们正在赶一部整个节目的出

---

① 原载《东影通讯》1949 年 7 月 4 日第 41 期，标题为“袁牧之同志离厂回平　六月二十七日对全厂同志讲话”，文前有编者的话：“中央电影管理局局长袁牧之同志于六月十四日来厂，二十七日离厂回平，是日早晨八点半钟特向全厂同志讲话。在长达三小时的讲话中，同志们都聚精会神聆听着袁牧之同志扼要地总结了这四个月的人民电影事业的新成就，和展示了将来发展的辽阔的远景。同志们有时异常静穆，生怕遗漏了要点；又不时热烈地喊起响亮的口号，表示响应袁牧之同志的号召。袁牧之同志会后特向编者谈：来厂后本想过几日到各处科去看望同志们，但忽然身体不舒服起来，终于未能如愿以偿。编者除转达袁牧之同志向同志们的致意外，并将袁牧之同志的讲话发表于此，以供同志们仔细研读。”

品——淮海、西安、南京、上海等新解放地区的新闻纪录片。

南京和上海方面的情况是：在离开兴山之前，曾接到中央通知派人准备去接收，当时估计先接收南京各厂，过一时期再接收上海各厂，于是就经中央批准决定由钟敬之同志带十余人去，但是到了北平之后情况变了，应准备同时接收南京和上海，结果共拼凑了二十几个人，由黄灿同志负责接收南京，由于伶、钟敬之二同志负责接收上海。在我来长春之前，曾接到南京两次电报，只知器材和人员均很少，接收了几个戏院，清单尚未收到，还不知道详细情况。据侧面了解：南京解放前，已将从美国运来大批新式电影器材，运往台湾，[①] 上海的器材也可能运到广州去了。总之南京各种条件不够，暂时不设厂。上海据事前了解：共有五个制片厂接收对象，七八个摄影场，都比较分散……上海几年来有很多进步的电影工作者，演剧队有很多干部，估计在两个月内外，建立我们第三个制片厂，将那里分散的厂归总成立一个总的机构，其下设第一、二摄影场。广州方面，虽然很有可能在今年之内打到那里，但国民党一定很快地把器材搬到香港和台湾去，那就要等到明年了。发行方面，上海接收了国民党的电影服务总社后，也要成立华东影片经理公司；此外若干部够的话，在武汉也要成立华中影片经理公司，干部不够时，由上海分设办事处，将来还要到两广去成立华南影片经理公司，然后再成立总的机构。

摄影队和放映队的散布情况也是大家所关心的事情：摄影队在解放太原之前的散布情况是：北平四个队，太原两个队，上海五个队，武汉五个队，南京三个队，西安三个队；放映队是：第一二三野战军各二个队，四个队随去京沪接收。我们的出品在解放平津以后，已发到唐山、张家口、石家庄、济南、青岛、太原、宣化等地，将来还要发到西安、郑州、开封一带。另外由延安来人说：在那里也看到我们的出品了。随同接收上海、南京的人员已带去了第十号以前的全部出品，最近又来电报要十一号和《桥》。第四野战军也把全套出品带到了武汉。我们的出品最远的地方，已发到了湖北省。将来成立经理公司之后，更要扩大发行地区。这也就在说明着：大家辛辛苦苦，兢兢业业制成的影片，不仅在东北而已，是在全国各重要城市放映了；首先是全国各大城市，然后是第二、三等城市，直到放映队把它们带到乡村去放映；大家的工作得到的效果扩大了，同志们可以从这里得到安慰，受到鼓舞。

另外一个发展特点是：我们不仅发展制片厂——制片的生产战线，同时也发展了第二条——发行战线。我们为了达到出品的宣传目的，把它们广泛传播到全国各地和国际上去，必得要通过这样的一个机构，有这样的一个发行网。从经济方面讲，它可

---

① 此处逗号原文作顿号，据上下文意改。

以增加收入，克服制片上的支出，并且收入多了，还可以超过支出，获得收益。我们现在是支出大大地超过收入，将来努力的第一步是减少支出，第二步是克服支出，第三步是收入超过支出。

四月来在生产战线上也获得了新的胜利：以前我们在生产方面已起了一定的作用，获得了一定的胜利；三年来共出《民主东北》好几辑，其中的《解放东北的最后战役》，某些民主人士看过之后说：在中国历史上的纪录片当中是空前的成就，第四野战军总部说：从部队下层一致向上反映，都认为是很大的成功。但也提出了一个不算小的缺点：里面没有表现当时的司令部，没有表现指挥战斗的领导机构。当时我们曾特派张绍滨同志去拍，但因故没拍到。另外，第九号出品以前，我们把所有的片子都送到了中央，据中央办公厅杨主任告诉我说：那时毛主席身体不好，所有的戏都不看，但是《民主东北》却一定要看，并且有一个晚上一共看了四辑——六小时。总之一直到第九辑，毛主席都看过了。这次到北平不久看到毛主席，谈到电影，毛主席说：我们出品的方向是对的。两三年来我们摸索了如何在毛主席的方向下摄制人民电影，现在毛主席说“方向是对的”，这可告慰全体同志。此外，四个月中又有新的胜利：除了第十、十一号出品之外，还出了大型艺术片《桥》，在东北及关内各地都起了很大的作用，北平和天津的报纸都给了我们很大的鼓励。虽然还有好多缺点，但在立场、方向、风格上，是基本上成功的。完成了第一部翻版片《普通一兵》，据苏联代表和东北局首长告诉我们说，是成功的。前天晚上又完成第二部艺术片《回到自己队伍来》，昨天已由导演成荫同志送往东北局审查，并决定参加全国文化大会。《桥》六月初在平津放映，《回到自己队伍来》七月初就参加大会，这也是一个胜利。同时第一部是以工人，第二部是以——军民关系为主题。在《桥》出来之前，关内社会上听说我们能制新闻片，不可能制艺术片。但是现在告诉社会，我们不但可能制艺术片，而且仅仅相隔一个月又出来了第二部，这是人民电影生产方面的一个新的胜利。

最后，四个月中初步成立了人民电影事业的统一领导机构——中央电影管理局，目下由中央宣传部领导，将来可能由联合政府领导。因为现在我们的事业不是点而是面，不是分散而是统一的了。同时，第一条——生产战线和第二条——发行战线也不是矛盾而是互相配合的，所以要成立统一的领导机构。

二、下半年和明年的发展方向

下半年和明年我们更要扩大，更要发展，充实管理局内部，在生产战线要继续获得胜利。同时我们下半年不是孤军作战了：有蒋管区多年艰苦奋斗的进步电影工作者和我们合作，这是两大巨流的汇合，只要我们团结一致，在毛主席的正确方向下前进，前程是远大的。此外，下半年中还有一个特点。去年下半年走向今年有计划生产的一个过渡时期，如何走向有计划生产的一个过渡阶段；而今年的生产就是有计划的，这生产计划是去年下半年酝酿讨论又经东宣部及中宣部批准的；而今年下半年又是走向明年企业化的一个准备阶段。因此生产所需成本与收入等相互关系，都要试做科学的计算。另外在制片方面，以前是以新闻纪录片为主，从去年下半年又过渡到今年的新闻纪录片与艺术片并重；而今年下半年就要准备和计划明年以艺术片为主新闻纪录片为副的生产方针。艺术片今年是从无到有的第一步，明年度除继续发展艺术片——以它为主之外，更预定尝试戏剧、小说等名著的改编摄制工作，《白毛女》现已在进行……这样我们的宣传力量和所起的作用及影响就更会扩大。《桥》在技术方面有许多缺点，今年下半年如何过渡到技术的提高和改进，也是一个重要问题，因此要多加研究，例如这次《普通一兵》接受经验教训，互相商量在录音方面的改进和成就，应该作为大家研究技术的一个参考；另外一方面去年我们向苏联订的器材，今年下半年可能到货，技术好了对改进技术方面，当然也是一个优良条件。同时明年还能把香港、台湾等地国民党的美国新式机器接收来，武装我们自己。但是我们绝不能等待，而应该抓紧时间，虚心，在现有基础上发扬集体研究精神，钻研技术，像我们的新闻纪录片一样，逐步提高。我们在各方面提高之后，改编名著也在有了一定把握时再进行尝试，因此在某种意义上也就是质量提高了。明年度的生产量，比今年还要提高，一方面在国内更深入普及，另方面还应该选最好的作品送到国际去，如现在要拍的《草原风光》，除中文版之外，还应有蒙文版，送到蒙古人民共和国去，《白毛女》等可做俄文版英文版，开辟国际路线。

在目前情况下，北方两个厂分工和任务：因为上海厂还没有成立(上海是否下半年能制片，还得等到九、十月才能确定，等那时再在北平召集各厂负责同志及发行和艺术、技术主要干部开会决定明年的生产计划)，目前东影和平影两厂要有暂时分工，使得大家更明确自己的任务。

去年秋季经厂内讨论和上级机关批准的一九四九年东影生产计划的七片——艺术片、新闻纪录片、教育片、美术片、翻版片、幻灯片、照片的生产中，前面属于创作的四种主片，今年要有十二部出品，每部出品平均八千呎，十二部合起来是九万六千呎，其中教育片因题材困难，美术片也很少，因此主要由艺术片和新闻纪录片来共同分担，各负责四万八千呎。目前虽然多了一个厂，表面看来产量应该增加，但制片厂和火柴厂、肥皂厂不同，它是制造思想生产品，新参加的工作人员要先学习，因此不仅不能增加生产量，相反地又分散了力量(同时到新区的干部还要做教育组织工作)，另外，摄影队都调到北平去了，东影厂无法完成新闻纪录片的任务，因此只有两厂分工共同完成九万六千呎出品。另外七片中也要分工，东影厂一千二百人，经验多，北平厂还是小弟弟，所以东影厂要多负担一些，新闻纪录片(四万八千呎)、幻灯片、照片由北平负责，东影厂则负责艺术片、翻版片、教育片、美术片，现在主要的是搞艺术片和翻版片(四万八千呎)，教育片、美术片也要摸索，研究和发展。艺术片已完成《桥》和《回到自己队伍来》两片，再完成四部就完成生产计划了，除《光芒万丈》、《白衣战士》在拍，《没有战线的战争》马上将拍没有问题之外，再完成一部——或《中华女儿》或《赵一曼》或《草原风光》，三部之中有一部能在明年元旦放映，就算完成任务了。因此，我希望东影厂和北平厂开展竞赛，三部艺术片千万不要互相以为“我不完成别人还能完成”，因此也都要互相争取完成而在互相帮助的前提下开展竞赛。

第二个问题：东影的壮大和我的希望与感想

同志们在这四个月中间，好比小孩子长大一样，自己不知道，甚至连在一起的保姆也不觉得。我和大家离开四个月，回厂来一看，就感觉是一变，实际是壮大了、健壮了。首先和兴山比一比，我们搬进了全国最大的厂，听说上海的中电一厂最大，但据见过的人讲和北平厂差不多，北平厂比东影厂还是小得很多。另外在干部方面，除陆续增加的干部而外，第四期训练班经过半年时间，在白主任、葛炎同志领导及全体人员努力下，毕业了二百五十多人。在出品方面，第一部艺术片与翻版片出现，在生产方面壮大了。东影的壮大，可以说明将为争取全国解放及新民主主义建设贡献更大的力量。苏联电影东方部长听说我们有六个摄影场，好几部片子在拍和准备拍，表示很惊奇，别说革命初期，就在苏德战争时，才只有两架米契尔，以前根本就没有，因为战前他们根本不买美国货，条件比我们困难得多，他们经过三十年的艰苦努力，才有今天的成绩，我们仅仅三年就有现在这样多的干部，这样多的器材，我们的条件是幸福得多了。所以我们责任很重大，就更应该努力。我第一天回厂碰到了许多的同志，非常亲切，使我有一种回娘家的感觉，四个月来全体同志们在吴厂长与张厂长的领导下，做了很多工作，搬到这里来，器材没有受到损坏，尤其在搬家过程中也没有停止生产，是最不容易的，我们已学习了苏联在苏德战争时工厂搬家的经验，全厂同志都有很大的功绩，特别是搬家中积极带头的同志们的功绩。同志们现在可以管理一千多人这样大而复杂的厂，是很不容易的。在兴山时讲笑话，怕同志们到这里来像“刘姥姥”进“大观园”，怕进入大城市受影响，但据了解没有发生耽误拍片的事情，这很好。另外还在短期筹备中成立了职工会。在录音科不幸的失火中，许多同志奋不顾身保护器材、保护厂，而受了重伤，因为这些同志救火积极，厂才会继续存在，应该向全体救火同志，特别是几位受重伤的同志致敬。一般的讲，我这次回来东影厂给我的印象很好。

最后在临别的时候对同志们有几点希望：

（一）随时随地提高警惕性，注意防火，保护全中国最大的电影堡垒。三年前我们离开这里很留恋，三年中间很耽心厂会被蒋匪军破坏，回来一看，虽然住宅破坏无遗，但基本阵地还留着，这是人民电影的侥幸，如果我们自己起火烧掉，怎能对得起人民？另一方面我们也进行了党团登记，许多同志自动坦白，我们应该欢迎，更庆贺他们认识了真理，改过自新走上光明大道。同时我们也要警惕，不要以为登记完了就万事大吉，天下太平了，要认识到反动派在今天甚至全国解放后也要用特务暗中破坏我们，只要全体同志把警惕性提高，反动分子一定逃不掉群众的眼睛，我们为了保护人民电影堡垒，随时随地都要提高警惕性。

（二）用一切力量保证生产，完成计划。方才讲过保护我们厂的存在，就是为了生产，发挥力量为解放战争为新民主主义建设发挥作用，过去任务比较繁重，有发行、放映等，今后将只管生产，我们要学习社会主义国家的有计划生产，今年是尝试有计划地完成生产，今年能够有计划完成，才能保证明年的计划，我们国营企业已具备了社会主义性质的特点，没有剥削与被剥削，大家都是主人。年底完成第六个出品，希望大家互相勉励，互相督促，来完成计划，其他一切工作，都是为了保证完成这一工作的，保证生产是中心任务。

（三）加强政治学习和业务学习，改进工作与提高质量。电影企业是最伟大最有力的宣传武器之一，如果我们不学好业务，不能掌握马列主义，就很难完成任务。应该很好地执行东宣部有关学习的指示，互相帮助，积极提高。

（四）三化问题，再一次向大家解释，正规化，科学化，统一化。当时统一化是第三，是准备着全国电影的统一。比如东北厂调到北平一批干部，有了一个厂架子，才建立了北平厂。又如这次吴厂长去信到北平，拍艺术片要大录音机野外录音机与米契尔灯泡等，虽然北平厂机器不好而且也需要用，但首先为了艺术片就都拿来了。这都是统一观点，东影、平影的负责同志在这统一观点上是值得表扬的。由于这次的分工，东影厂的干部还可能减少，要调到北平兄弟厂。这种为整个着想的精神，应永久贯彻下去。正规化，须要科学化的正规化，这里包括合理化，一切制度不是为制度而制度，而是为了保证和提高生产的。一般同志对制度还很重视，但还要好好从小地方检查一下，艺术部门技术部门和行政部门的互相联系，及各种制度在保证与提高生产上是否还不够科学的地方。生产战线是我厂的前方，一切工作都要支援这个前方。过去为了培养干部，在人员配备上并不合理，上海一个摄影师只一个助手，我们是两个甚至三个，今后要合理化，两个助手要明确，一个是助手，一个作为培养干部。

（五）发扬厂的优点克服缺点。我们还存在些缺点，我们应发扬优点克服缺点，使厂成为更完美更典型的，使别的厂向东影老大哥学习，上海厂的干部，由一些进步电影工作者组成，统一组织起来后，可能互相调换，假如我厂能不断发扬优点克服缺点，我们就可以把合理的工作方法，带到关内厂去相互交流，同志们有这个责任。

（六）厂内三年发展的历史，基本上是团结的，今后任务扩大，人员增多，将来还有蒋管区多年艰苦奋斗的进步电影工作者来此工作，各种生活习惯、工作方法、历史发展都是不同的，可能会有些矛盾，但要共同摸索，在毛主席方向下，共同发挥力量，更好地团结起来，更扩大团结的范围，来发挥人民电影事业的作用。

欢送苏联文化代表团
你们以事实证明了苏联人民热爱中国[1]

苏联文化艺术科学工作者代表团于中华人民共和国宣告成立的前夕到达北京，留在中国一个月，现在就要回苏联了。

这一个月间，苏联代表团的同志们曾不辞劳苦地[2]参加着中国人民的种种活动，给与我们在建设工作上种种鼓励与指导，以事实证明了苏联人民对于中国人民的热爱。我们为了中苏人民的传统的真正友谊感到欣悦与感激。

仅仅一个月的时间，是太短了。我们不能不惋惜于他们不能较久地[3]留在中国。但是，我们相信，当代表团的同志们把新中国的情况带回苏联之后，一定的将有更多的苏联朋友们不远千里而来，而且，代表团的同志们也还会再来的。我们随时准备着欢迎苏联朋友们的光临，给我们帮助与指导，使我们把经济、文化建设工作做得更快更好些！

---

① 原载1949年10月29日《人民日报》。

②③ 地：原文作“的”。

贺电[1]

于伶钟敬之厂长并转全厂同人：

庆祝你厂成立，希全体同人在于钟二厂长领导下团结一致，加强学习，打好基础，为建设人民电影事业而共同奋斗。

---

① 原载 1949 年 11 月 17 日《文汇报》。

关于解放区电影工作[①]

一 抗战时期

解放区开始有电影工作是在一九三八年秋季，在延安八路军总政治部领导下成立了电影团，下辖一个摄影队和一个放映队，当时技术人员很少，摄影队的六七个干部中才只有三个电影专门工作者。

一九三九年一月，摄影队从延安出发到华北敌后，拍摄了第一部解放区的历史纪录片——《延安与八路军》。

一九四〇年以后摄影队回到延安，在国民党反动派物资封锁下，继续拍摄了：《延安第一届参议会》[②]，《十月革命节》，《边区工业展览会》[③]，《生产与战斗结合起来》等片。这些影片都是在缺乏近代水电设备的困难条件下制成的，我们在无声片放映时用留声机配音及扩大器说明的方法来完成宣传任务。因为当时根本没有录音设备。

二 “八一五”至东北及华北解放

抗战胜利以后，一九四六年四月下旬我们接管了长春伪“满映”制片厂，五月上旬因为战争情况将该厂器材及部分旧有人员迁至北满合江省兴山，开始建立人民的电影厂——即现在的东北电影制片厂，同时拨出重要器材的三分之一及少数技术人员进关交予华北解放区，拟在华北另外建立一个电影工作的据点（后来成立了华北电影队）。

当时我们虽然有了器材，但如何建立起为工农兵服务的人民电影，仍是一个十分困难的问题。

建立东影厂，首先是忙于搬家和安家，从长春搬到了距离佳木斯东北一百余里的矿区——兴山，除了器材之外，一切都要重新着手建立，当时的工作人员大部分是旧

---

① 原载《中华全国文学艺术工作者代表大会纪念文集》，1950 年 3 月中华全国文学艺术工作者代表大会宣传处编辑出版。

② 中国电影出版社 1962 年出版的《解放区的电影》一书中，此处改为《陕甘宁边区第二届参议会》。

③《解放区的电影》一书中，此处改为《边区生产展览会》。

满映的人员，如何改造他们的政治认识是当时首要的课题，而解放区的绝大部分干部，都是从未从事电影工作的，如何动员他们去学习并掌握电影技术，也成了建厂初期的最重要的关键，同时另一方面，又必须吸收广大青年用以培养大量的技术的和其他的干部，来适应当时与以后的需要，这样，我们便从有了器材，学习政治，掌握技术，培养新的干部来构成东北电影制片厂的基础。

制片是从一九四七年开始的，初期的制片方针，是先从新闻纪录片做起，从一九四七年五月一日出第一个作品到一九四八年底止，共出了九个出品。平均约两个月制成一部出品。

这一阶段前后共二年时间，最初的搬家与安家获得了生产工具，又从工作中培养获得了初步的人力，这是新的人民电影厂中生产力的初步成熟；接着来到的问题是如何健全新的生产关系，并尝试有计划的生产。

为此，遂更进一步开展了“正规化”，“科学化”，“统一化”的三化运动，订立了保证生产的公约，然后在这样的基础上订立了一九四九年的生产计划，任务较前一年增加一倍，即平均每月一个出品，全年制片十二部，共十万呎成品的计划，其中新闻纪录片与故事片各半(随着东北的全部解放，东影厂已于本年春迁回长春“满映”旧址，最近因东影厂干部部分调北平成立北平电影制片厂，新闻片纪录片的计划将由平影厂完成，东影厂只完成故事片的任务)。

关于华北电影队，于一九四六年原拟在张家口成立一个制片厂，但当时亦因张市的战事关系，不得不暂时地①迁至山沟里，在华北军区政治部的领导下成立了华北电影队；而他们所遭遇到的困难，无论从人力、物力来说，比起东影厂的条件，则更为困难，得不到制片的发展。在客观条件的限制下，他们将大部分器材藏在山洞里而将必要的制作器材装备在一辆大骡车上，在任何的情况下他们完全同战斗部队一样，可以随时随地转移，他们发挥了高度的热情和创造去克服种种的困难，以坚持工作，所以大多是用手工业方式来完成了一些新闻纪录片。例如要从三里外挑水来冲片子，天气热大家就用扇子扇片子，录音依靠摩托车发电，拷②贝机则用旧的摄影机，不能调光，没有自动回转；总之，一切一切惟一的办法只有用手来解决困难，但也终于先后完成了两号新闻纪录片(今年四月华北电影队的制作部门已合并于北平电影制片厂工作)。

根据上述情况，解放区的电影事业从两手空空发展到有规模的制片厂的建立，这

① 地：原文作“的”。
② 拷：原文作“考”。

之间曾与种种的困难作斗争，但更重要的是与思想作斗争，这是人民电影事业成长起来的主要因素。在思想斗争的过程中，不断地[①]克服了小资产阶级的思想意识与爱好，而逐渐摸索着建设为工农兵服务的电影。

我们在这几年的过程中，不仅在为建立工农兵电影的理想而学习，同时也从行动的实践去服务。我们的编剧，导演，演员等创作工作者，轮流地[②]深入农村，深入部队，深入工厂去体验生活，搜集材料，摸索着工农兵电影的内容与表现方法。例如第一部故事片《桥》，一方面虽然还存在了很多缺点，但另一方面也可以看到我们创作工作者所要共同追求的方向。

我们的摄影队（已从最初的三个队发展到现在三十多个队），特别是其中大部分的战地摄影队，雨淋日晒，风吹雪打，在最艰苦的条件下长期地随着部队行军作战，他们不仅意识到作为一个人民电影摄影员的光荣任务和作用，并因为每到一个部队，就提高了该部队的战斗情绪，因而更意识到自己是一个极有作用的政治工作者，更有了不顾一切，英勇牺牲的精神，随着尖刀连，尖刀排，以至尖刀班，突击进到敌人的腹地，作战地摄影工作，也由于这样而不幸牺牲了我们三位优秀的共产党员，全心全意为解放战争流尽最后一滴血的摄影师张绍柯，王静安，杨荫萱同志，也由于他们伟大的自我牺牲的精神，而获得了在中国电影史上空前的纪录片：《解放东北的最后战役》。

三　目前阶段

在解放战争胜利的开展下，长春，北平，南京，上海等地各敌伪制片厂已先后接管，根据新的形势，及今天电影管理工作的繁重局面，业已成立了中央电影管理局，它的任务是管理全国公私营电影事业及对国际上有关电影事业之一切联系。

管理局目前直辖之国营电影事业暂分为制片及发行二大系统。

一、制片厂已有东北电影制片厂及北平电影制片厂，上海方面俟接管完竣后，即将成立上海电影制片厂。

二、发行系统现已成立东北影片经理公司及华北影片经理公司，上海方面亦即将成立华东影片经理公司，此后并将在全国范围内建立发行机构与发行网。

---

①② 地：原文作“的”。

四　主要的经验教训

人民的电影事业，在几年来摸索过程中所遇到的问题与困难和获得的经验与教训确是多方面的，目前尚未得机会从事全面的整理总结；为便于在文代大会上作一个简略的报告，这里只提到三个主要的经验教训。

第一，从一九三八年到现在这十二个年头里，我们从两架敝旧的放映机，一架三十五毫①米的古老的"矮摩"和一架十六毫②米的小摄影机起家，随着人民解放战争的胜利，发展到目前马上就要成立国营第三个制片厂——上海电影制片厂，并将同时成立全国各地发行机构与发行网的今天，并在此过程中能够使我们在方针和方向上未绕大圈子与走弯路，这首先是由于中国共产党对这一新兴事业的正确领导，热诚的爱护与大力的支持，从党中央直到各级地方党和部队中的党以及各级政府，部队，机关，团体，在一切与电影事业有关的问题上，全做了充分负责的领导与帮助，这就使人民的电影事业获得了有力的依靠，否则解放区电影事业能有今天的局面是不可想象③的。

第二，解放区现在已经有了一千多个电影工作人员，这包括了最早延安电影团的人员，伪满映的人员，党中央从西北各单位调来的人员，东北文工一团全体人员，华北电影队的一部分人员，和正在从学习与工作中改造的伪中电三厂的人员，以及由我们所办的第一、二、三、四期训练班毕业的学员们，总之是从许多不同的单位合并的。但在每一单位合并之前，我们都首先相互提出警惕并共同抱下决心，以毛主席整顿三风的精神来彼此防止宗派主义，山头主义，与小集团主义，并在一边工作一边学习的过程中不断地与小资产阶级思想意识作斗争，这样，我们才达到了基本的团结，由于团结才有了力量，这是发展过程中给我们的第二个经验教训。

第三，由于上述依靠了党的正确领导和基本上团结一致的干部条件，我们才能够全体一致以民主集中的精神，忍受了并克服了一切困难，坚持了并摸索了如何走向毛主席所指示的文艺方向，创造以工农兵为对象，为工农兵服务的电影。远自一九三八年起，以及在一九四六年建立东北电影制片厂的初期，都是先用摄影机直接反映工农兵斗争生活的新闻纪录片做起，然后再过渡到加工较多的艺术片。我们的艺术干部们一方面直接地④走向工农兵群众学习与采访来寻求他们创作内容的源泉，另一方面又

①② "毫"字为编者所加。

③ 象：原文作"像"。

④ 地：原文作"的"。

间接地从新闻纪录片获取了经验。我们的新闻纪录片和艺术片在立场上和方向上曾走了一条基本上是正确的道路，在风格上即使还是粗糙的，然而也已否定了传统的抄袭，初步地摸索了新的风格。

但是我们还是锻炼得很不够成熟的，我们马列主义的理论水平还很低，掌握政策还很不够，创作方面也还残留着有自然主义的倾向。以上是经验教训的第三点。

五 结语

十二年来解放区电影事业的发展，仅仅只能算是万里长征才开步，尚在幼稚状态中。随着人民解放军的胜利和解放区的扩大，解放区的电影事业也随之扩大到全国范围，而成为人民国家的国营电影企业，这一国营企业又将在全国电影事业中居于领导地位。今后任务的繁重与前途的困难当比过去更甚，但只要按照上述依靠领导，紧密团结，坚持方向这三个主要经验教训所告诉我们的，更依靠于即将形成的人民民主政权的领导，更依靠于马列主义和毛泽东思想的领导，开诚布公地与最近会师的长期在国统区艰苦奋斗的进步电影工作者合作，虚心地相互学习，不断地以批评与自我批评的精神来加强团结，继续摸索主要为工农兵大众服务的电影，我们相信，上述三个主要的经验教训既曾引导我们从几架旧的机器起家而发展到今天解放区电影的胜利，我们也相信这三个主要的经验教训将引导我们到明天国营电影企业与全国电影事业的胜利。

向苏联电影工作同志们学习[①]

——文化部电影局局长袁牧之在文化部庆祝《中国人民的胜利》摄制完成大会上的讲话

同志们，正如沈部长已经讲过，这部五彩纪录片是一部成功的作品，它将给全中国和全世界爱好和平民主的人民以极大的鼓舞，它将起着极大的宣传鼓动作用，这是无疑的。关于它的成功之点，沈部长已讲过，我不再重复。

我要补充的，是在这部影片与苏联同志的合作过程中，值得中国电影工作者学习的几点。苏联同志值得我们学习的优点很多，但这里我只举突出的几点：

首先，值得我们学习的是以瓦尔拉莫夫同志为首的苏联电影工作同志们的高度的马列主义的修养，否则在极短促时间内，要使一个外国人能本质地了解中国是不可能的，要正确地在艺术上反映是更不可能了，从这个影片的完成与成功可以证实这一点。这是我们中国电影工作者应该首先向瓦尔拉莫夫和其他苏联同志们学习的。

与此联系着的，是在合作过程中，处处使我们感到瓦尔拉莫夫同志和其他苏联电影工作同志们，以艺术服从政治的原则，尽了最大努力，想了一切办法，来实现领导的要求与意图。从这部影片现有的内容可以证实瓦尔拉莫夫同志和其他苏联电影工作同志在这一点上的最大努力。这也是值得我们中国电影工作者学习的。

与以上相关联[②]的，是使我们感到瓦尔拉莫夫同志和其他苏联电影工作同志们的高度的任务观点。正因为如此，他们绝大部分[③]的人在国内放下了一半的工作而调来接受这个任务才成为可能。正因为如此，他们才能够以最大的责任心来克服拍制中的一切困难。也正因为如此，他们才能够按着计划的时间来完成了这部影片。这也是值得我们中国电影工作者学习的。

由于瓦尔拉莫夫同志为首的苏联电影工作同志们的以上特点和还有其他的许多优点，保证了这部影片的完成和成功。

此外，苏联的和中国的文艺工作者，西蒙诺夫同志、刘白羽同志，以及部队的文艺工作同志们，帮助了这一电影工作，和中苏两国同志的亲密合作，也都是保证这一影片完成与成功的重要条件。

---

① 原载1950年9月30日《文汇报》。

② 联：原文作“连”。

③ 分：原文作“份”。

最后，我代表电影局和北京电影制片厂，为这部影片的完成与成功，向瓦尔拉莫夫同志和其他参加这一工作的苏联电影工作同志们和文艺工作同志们致谢。向大力支持这一工作的苏联电影部长波尔沙可夫同志和苏联文献电影厂厂长致谢。向指示摄制这一影片的史大林同志致谢。

中苏两国亲密合作万岁！

致田、汪厂长转新闻摄影队全体同志[1]

田、汪厂长转

新闻摄影队全体同志：

接到你们全体签名的来信，并诚挚地赐我一个光荣的任命——担任你们的名誉总队长。这使我回忆起在十余年前，还在一九三八年的抗日战争初期，所成立的第一个人民电影新闻摄影队的情况，好像我又回到摄影队来了。就让我与你们走在一起吧，这是我最大的愉快与光荣；同时也由于你们赐我这一任命而加重了我的责任：要更多地关心你们的工作，以回答你们的盛情。

人民电影先锋队——我们的摄影队——是随着人民解放斗争的胜利与发展而成长发展起来的；从抗日战争初期成立第一个新闻摄影队，到如今即将扩展到八十多个新闻摄影队。它参与过抗日战争、解放战争，如今又为抗美援朝而志愿赴朝，更将为反对美帝侵略与保卫世界和平而支援一切兄弟民族的斗争。

新闻摄影队的工作是繁重而艰苦的；在摄影队本身兼任着创作、技术与行政工作；且为完成工作任务而长途跋涉，爬山越水，出入于枪林弹雨之中，我们曾有三位摄影师——优秀的共产党员——为工作而贡献自己的生命；也有不少摄影队同志曾一再遇险或一再负伤。

我们的摄影队是有着光荣的传统的；我们的摄影队对人民对国家是有贡献的；我们的摄影队是有光辉的成绩的；我们的摄影队是在党的领导下和解放军的教育下发展过来的；我们的摄影队是在追随了坚持毛主席的文艺方向下成长起来的；愿你们永远保持这些光荣的传统与优点，并很好地总结这一年来的工作，以便更好地为完成今后的任务而斗争。

我将与你们走在一起，为共同的事业而并肩奋斗。

致以

敬礼！

袁牧之

元月二十六日

---

① 原载《北影通讯》1951年2月30日第41期。

写在前面[①]

还在一九四一年苏德战争前数月，我在莫斯科买了这本《党论电影》的原文，在苏德战争最残酷而生活最困难的时候，我几乎把所有战前买的书都陆续卖回给书店了；但当时曾不只一次地想过：至少这本书要带回祖国来。

回国后，也曾不只一次地想过：想借助于辞典抽空把它译出来；但终因行政工作和俄文程度的关系，未能实现这愿望。

现在已由局里的几位翻译同志给译好，并将于七月一日中国共产党的三十周年纪念前出版。

这是很值得纪念的！

苏联电影在列宁、斯大林和苏联共产党(布尔什维克)的正确领导下，三十年来已成为全世界最先进的电影。

我们学习苏联电影，应当首先研究苏联共产党(布尔什维克)对苏联电影的领导方针，和学习苏联电影工作者如何把电影视为党的助手而遵循着党的方针前进。

我们中国的人民电影，在中国共产党的正确领导下，数年来也已初步奠定了毛泽东文艺方针的工农兵电影基础。

中国的人民电影能否起着党的助手的作用，当视我们贯彻[②]毛泽东的文艺方针是否忠诚与坚决。

对一切不从工农大众出发而只从小资产阶级出发，来降低、冲淡或曲解党的方针——毛泽东的方针的论调与意图，必须进行严肃的批评，不能允许自由主义态度的存在！

我们纪念党的三十周年，要承继党的战斗的传统，为坚决贯彻[③]毛泽东的文艺路线而斗争！

一九五一年六月十五日

---

① 录自《党论电影·序》，时代出版社 1951 年 7 月版。

②③ 彻：原文作“澈”。

两年来的电影工作及今后任务[①]

（一九五二年一月五日在北京中央电影局整风学习学委上的发言）

工农兵电影赢得了主导地位。新兴的人民电影事业，已形成为我国文化生活中年青的积极力量。

全国解放后，党中央和人民政府交给我们的任务，是在全国范围的电影事业中，来贯彻毛泽东文艺路线。自从人民掌握了全国政权后，我国电影艺术的发展，就从解放前的旧时期，进入了一个完全新的时期，就是曾经以革命小资产阶级进步电影为主导的旧时期进入到以工农兵电影为主导的新时期。现在，以毛主席文艺路线为指导的工农兵电影事业，已赢得了主导的地位，取得了重大的胜利。

人民电影这种胜利，对于消灭美帝电影在中国的统治市场，以及摧垮其他反动电影的残余地位来说，是具有决定性质的，这个胜利本身，反映出全国进步的电影从业员的努力，反映出我国人民（电影观众们）空前的思想觉悟，同时也反映出：我国人民民主制度的优越性，正是它——正是由于中国共产党的坚强领导，由于我中央人民政府对于电影事业的扶植重视，以及毛主席和周总理对于人民电影亲切的关怀，使人民电影的生长与发展，得到了一切可靠的保证。

一九四九年以前，原在延安、东北和华北老解放区的人民电影工作，还只是处在一个雏形的状态，这处在雏形中的人民电影作品，就如像在中共东北局领导下摄制的《东北解放战争》等纪录片那样。其后，人民电影的故事片，就是在这种密切反映现实斗争的纪录电影风格与基础上发展起来的。一九四九年在我解放军获得全国胜利的条件下，党和国家又将一批来自各个老解放区的文艺干部拨入了电影部门，这批干部与来自新区的大量电影工作者举行会师后，共同组成一支新的大军。这支电影方面的军队，一上阵就面对着美帝电影在市场片量上的绝对优势，因此他们必须要马上担负起紧急的作战任务，以扭转电影市场的情况。

当时的作战任务是什么呢？

首先，必须肃清统治中国电影市场有四十余年历史的美英帝国主义有毒影片，和

① 初收《人民电影的奠基者——宁波籍电影家袁牧之纪念文集》，宁波出版社2004年10月出版。本书据袁小牧提供的发言底稿整理。

有三十余年历史的中国封建落后以至反动影片，为年青的人民电影扫清道路。同时，又必须与具有二十年历史的革命小资产阶级进步电影合作中，保证以工人阶级思想领导的工农兵电影为主导。为完成这艰巨任务，就必须按照当时敌、我、友的力量对比，确定作战的计划和步骤。我们对当时力量的划分、力量的部署、力量的争取，都概括在电影局一九四九年底所制定的并为中央人民政府文化部所批准的两条口号中，就是："争取进步片优势，保证工农兵电影主导。"

前一条口号，说明了与进步片结成一个阵营，向中外消极片做斗争，以进步片逐渐代替消极片，以达到肃清这些消极片的目的，这是一种思想战线上界限的划分。

后一条口号，是说明在进步片这个阵营的内部，也必须从思想上划清界限，即以工人阶级的立场观点与革命小资产阶级的立场观点的划分。

要争取进步片的优势，换句话说，我们就是要与国内革命小资产阶级进步影片联合并结成阵营，以驱逐中外消极影片。要保证工农兵电影主导，这就是说，在战胜中外消极影片斗争的同时，还要在进步片的联合战线内部首先赢得工农兵电影，亦即是赢得工人阶级自己的电影起主导的作用。

两年来，由于人民群众本身觉悟的提高，由于我们正确地划分了敌我友力量及斗争的步骤，我国进步电影的阵营和人民电影事业取得了预期的胜利。新兴的工农兵电影，联合了如《我这一辈子》、《乌鸦与麻雀》等这类较好的进步片，并译制出大量的苏联片，建立起强大的革命阵营，做到了美英帝国主义有毒影片的全部肃清，国内消极片的残余也转瞬即将肃清，这是一方面。

另一方面，在进步电影阵营内部，尚处于萌芽状态的工农兵电影，与革命小资产阶级影片进行了竞赛，也取得了显明的主导的位置，在中央文化部与上级党的正确领导之下，在陈波儿同志的具体组织领导下，忠实坚决地坚持了电影为工农兵服务的方针，出现了以《钢铁战士》、《白毛女》、《抗美援朝》、《红旗漫卷西风》、《中国民族大团结》、《边疆战士》等等有代表性的、成功的故事片和新闻纪录片，这些成功的与其他较成功的工农兵电影，广泛地表现出中国人民的斗争生活，赢得了国内外观众的喜爱，特别是在新片展览月的展览演出后，在毛主席文艺思想指导下制作的人民电影，已在全国广大人民群众中进一步地奠定了它的信誉，并初步地赢得了它全面胜利的基础。

所有这些，就是全国电影工作者的成绩方面。两年来，人民电影不仅占有、保持，并行将扩大城市影院的阵地，并且通过年来发展起来的一千五百个放映队，在工农兵群众中巡回普及放映的结果，一九五一年观众的总数可达到三亿六千万人(其中城市影院观众只占二亿二千万)。这些事实正在说明：新生的人民电影，已形成为我国人民文化生活中年青的、积极的力量。同时，如算上城市影院观众中的工人成分，干部成分，那么，就可看出：今天人民电影的观众成分已经发生了根本的变化，工农兵及其干部在全体观众中已经占了主要的地位了。

但我们电影工作者绝不能因前面获得的成绩而带有丝毫的自满。我们应该时刻牢记，电影方面所有做过的工作，就如前所列举的那些成功的影片包括在内，和我们祖国人民的伟大革命事业的成就相较起来，也都是颇不相称的。因此，我们绝不能把群众对于人民电影的喜爱和中国电影艺术在国际上所享到的荣誉，看成为自己的包袱。

我们应看到，全国的电影事业中还存在着很多严重的缺点。

首要的缺点是对全国电影事业范围中的各种非无产阶级思想倾向，没有展开积极的批判，还没有全面坚强地树立起无产阶级的思想领导。

电影局这两年在领导电影事业中的严重缺点，首先是还没有积极地面向全国，对于全国电影界所存在的各种浓厚的非无产阶级思想倾向，没有展开积极正面的思想斗争，没有及时地给以批判。换句话说，就是还没有在电影部门全面地、坚强地树立起无产阶级的思想领导。

这种缺点，首先是表现在对待有关执行毛泽东文艺路线问题的若干重大争论上。两年以来，电影界曾经发生了一连串与毛泽东文艺路线的基本原则有根本抵触的小资阶级思想与主张。例如：在电影艺术的创作思想上，我们电影界实际上是存在着严重分歧的，一种是坚持无产阶级的思想领导，坚持为工农兵服务的方向，按照毛主席所指出的，我们的电影，第一，是为工农兵，第二，才是为小资产阶级。主张用工人阶级思想去教育和提高改造小资产阶级，首先以全力去描写工人阶级所领导的工农兵群众的伟大斗争。在这当中，也需以无产阶级立场去描写其他阶级的人物与生活，力争我们的作品不仅为工农兵基本观众所爱好，而且也能教育及争取城市的市民观众，但防止因此而迁就或迎合城市市民。而抱有小资产阶级见解的同志们，却提出这样的主张，他们要“对毛主席延安座谈会文艺方向应该要发展地扩大地去理解”，认为“表现现阶段四大阶级——工、农、小资产阶级、民族资产阶级——人物的事情，就是毛主席的文艺方向”，或者说是“毛主席文艺座谈会讲话是在延安发表的，不一定适合于全国”……这种提法与主张，实质上是对各个阶级同等看待的立场，如果按照他们的办法去做，就会模糊、歪曲以至于取消了以工人阶级思想为领导的文艺方向。也有人认为目前阶段的电影，仍应以小资产阶级为主要观众，主张对小资产阶级的观众“步步为营”，将积极面向工农兵基本观众的任务，看作为遥远的、消极的“守株待兔”的行为，这都是错误的。产生这些错误的根源，就正如胡乔木同志在《文艺工作者为什么要改造思想》一文中所指出的，是一部分进步的革命小资产阶级的电影工作者，虽然在一九四九年文代大会上曾经举过手，但他们没有真正了解毛泽东同志关于文艺工作指示的内容，他们对于新的历史条件下的电影工作，仍抱着自己小资产阶级的见解。

电影工作中的这种小资产阶级的见解与思想倾向，在我国电影的发展过程中，是有它深刻历史渊源的。因为在从前国民党统治区，革命小资产阶级的进步电影，在长久时期内曾起过主导的作用，进步的电影工作者，曾以他们的影片暴露了当时社会的黑暗，揭发了国民党统治的罪恶，进行了反帝反封建的斗争，这些，对于当时国民党各个统治时期内的城市市民观众，尤其是青年知识分子观众，起过很大的教育作用，是必须充分估计并予以肯定的。但是，也就是由于当时的历史条件，观众对象及工作者本身阶级观点的限制，这种进步电影，按它根本性质来说，只能是革命小资产阶级思想范畴的，他们不可能越过这个思想范畴。他们的作品内容，只能停留在宣传当时进步的小资产阶级的世界观与人生观。并且因为这些进步的电影工作者本身小资产阶级思想的弱点，他们在跟大量美英帝国主义影片及中国封建影片斗争的过程中，也就有意无意地从敌人影片中受到了美国电影和带有封建思想内容的所谓国产电影的影响。这种帝国主义的、封建主义的，以至资产阶级电影艺术作风的影响，一直到今天对某些电影工作者来说，还是深入骨髓，要用大力改造才能摆脱的，因此，进步的电影工作者不能把这种影响，仅仅认识为当时必须从敌人手中夺取争取观众的“武器”这一客观原因所致。尽管这样，我们对于当时历史条件下的革命小资产阶级的进步电影，是不能要求过高的。否则就等于取消它。但在这两年来，当历史已经大大向前推进，而必须要以工人阶级思想领导的工农兵电影起主导作用来贯彻毛主席文艺路线的今天，原来革命小资产阶级进步电影阵营中的同志，假若只是留恋自满于过去，对过去采取一种因袭保守的态度，就必然会停留与坚持在原来的革命小资产阶级进步电影的范畴以内，而对于毛主席工农兵文艺路线的理解与贯彻，就必然会有所抵触和违背。两年以来，在我们的电影界，在我们某些重要的领导人员自己发表的个别言论和较有系统的见解中，正是发生了这种情况。

对于这种情况，对于这种错误的言论，以及与这种错误言论相伴而来的，各种错误思想以至于反动思想的电影出品，两年来在电影局的领导工作中，是怎样去对待它们的呢？

基本上，我们是极其错误地采取了一种缄默的，自由主义的态度。就是说：一方面，我们是感觉到这种小资产阶级思想倾向的严重性，同时在当时国营厂的制片计划上也尽力不依照这种错误的主张去做。因为依照革命小资产阶级的办法与主张去做，那就是将新时代的、以无产阶级思想为领导的人民电影拉回到旧时代的革命的小资产阶级进步电影的时代去。这是正确的。但另一方面，在电影局的领导工作中，却没有向全国全体电影工作人员大力积极地宣传正确的主张与办法，大力积极地去扶植全国电影界中正确的意见，以便对于毛泽东文艺路线的认识，能在全国电影工作者的范围内及早地统一起来，使全国范围的电影工作者能在这方面及早地得到益处，这是我严重失职的地方。

我在电影局的工作中，一方面是面对着一系列有关重大原则性的错误意见保持沉默，不在所属系统中展开思想争论，自己也从不发表有系统的关于电影事业的全面性意见；另方面在长久的时期内，对私营电影事业的实际制作情况，也没有做到起码程度的关心注意，从未在这方面正式地提出过有系统的意见与思想指导方针，一直到对于传播反动思想的《武训传》的上演并反映出电影批评界方面混乱的情况，我都没有作过任何一点正式的批评与自我批评，这些方面，实质上是严重地放松与放弃了无产阶级的思想领导，由此而招致的严重后果，一方面是使电影界一部分言论或理论，长期存在着混乱(这种长期的混乱也引起了电影界内部另一部分积极正确意见方面的重大不满)，另一方面，这种思想理论与领导方针的混乱反映在实际制作问题上，就是继《武训传》之后还有着《关连长》、《夫妇进行曲》、《我们夫妇之间》等影片的连续出现，就是在党与国家现实生活直接影响下，某些进步的电影工作者解放后虽有或大或小的进步，但由于小资产阶级人生观与世界观与艺术思想的限制，曾经使得我们电影界中的不少人员在前此时期进步颇为迟缓。对于这些严重的缺点，我个人是应负到重大和主要的责任的。

电影制片工作中的思想领导还很薄弱。反映在作品中，是很大部分作品不能与人民今天的要求相称。对于教育短片与新闻纪录片均重视不够。

电影局领导上的第二个严重缺点，是对于创作工作的思想领导还很薄弱。特别对于新闻纪录片的领导更是薄弱，对于及早应多制作广大劳动人民，特别是农民需要的短教育片生产任务，曾重视不够。这一制片工作中思想领导薄弱的情况，在此以前是较凸出地反映在国营制片事业上，即在正确的方向上制出的一部分故事片作品，不能与人民今天的要求相称，个别作品甚至有了严重的思想错误。

前面说过，一九四九年全国新组成的人民电影大军，一上阵就面临着美帝电影在市场片量上的绝对优势，他们必须在市场上联合其他进步的影片，自己又马上全部投入生产战斗中去，这样做，是完全必要的。党和国家交给了国营电影制片厂制作大批故事片及其他各种片种影片的大量生产计划，这要求是完全正确的。两年来，国营制片厂一共出品了故事片××[①]部，纪录片××部，定期的新闻周报一百三十四期(不定期的新闻简报尚未计算在内)，美术片××部，翻译片××部，正是这样一大批出品，成为驱逐中外反动消极片的胜利支柱。

而我们的问题是在全国范围内，除了前举的成功与较成功的人民电影外，除了某些较好的电影出品外，还有着《荣誉属于谁》、修改前的《内蒙春光》这样一些歪曲现实生活或违反民族政策的出品，这种出品中的重大思想原则错误，都是经过国家的首长及时地给我们指出或纠正过来了。但这就同时表现出，我们自己不能有效地掌握出品的政治思想。在此以前的私营厂影片中，也有很多像《女儿春》这样宣传阶级调和，模糊了阶级关系，以及像《鸳鸯剑》、《彩凤双飞》这样传播小市民落后趣味的影片，对于这种恶劣倾向的影片，我们在领导工作上却很少发出有组织有系统的思想批判。

值得重视的，在国营厂的故事片出品中，还有一些这样的影片：如有的作品实际上是表现了农民阶级的“发家致富”思想，如《农家乐》；有的作品实际上是并不符合于现实生活的规律，表现了作者们相当低的思想水平，如改编成电影的《红旗歌》；有的作品，还依旧表现了严重的小资产阶级的思想感情的残余，如《无形的战线》、《大地重光》；有的作品，与我们伟大祖国人民的英雄业绩极不相称，如《刘胡兰》。以上种种作品，特别是还有些比较概念化、公式化的作品，他们的缺点在某一时期内可能是暂时受到工农兵基本群众的原谅的，工农兵群众及其干部，带着满腔热情和饱满的政治情绪，来看我们的电影，当他们看到影片中反映出来的现实生活，如果不及他们本身伟大的斗争经历的时候，他们有时由于人民电影是新生幼芽的缘故，在爱护的心情下而不作过多的责备了。他们有时候把完全满足他们对于电影艺术的希望的要求，去放到将来。有时候，他们又因为本身的政治热情而对影片发出了鼓掌声。我们的电影工作者，不能够为这样好心的掌声而自我陶醉，应看到人民电影的出品大体上是方向正确但又有缺点的。

但也有另一部分人，他们对为工农兵服务的人民电影，根据自己小资产阶级的见解提出了要求，他们根据自己错误的角度来看待新生的人民电影的缺点。比如：认为目前电影创作有两种偏向，一种是“只顾噱头”，一种是“思想、思想”(按：前者指私营厂一部分落后的影片，后者指国营厂的影片)，认为思想性与艺术性结合最好的“人民电影”是《万家灯火》、《我这一辈子》等，显然，他们是在错误地把这些革命小资产阶级的进步影片，当作新的人民电影的最高标准，他们有的认为：新的人民电影缺乏“伦理道德”“人情味”“挤眼泪”等，或者说：只要将过去的进步电影作些改良，

---

① 原文此处为空格，用“××”表示。后同。

只要把其中美国毒素影响去掉，同时再用正面手法去描写敌人就是好的人民电影，而今天的做法是一种“自立门户”，有的甚至提出主张，要给落后的市民以“大打出手”“机关布景”“生活琐事”“滑稽”等等。这种人对于人民的电影现今缺点的看法，及所提出的所谓改正缺点道路，都是错误的。

是的，年青的人民电影出品是有着缺点甚至错误的。但我们是站在严格的新现实主义的立场来批评人民电影的缺点和错误，并反对这种缺点与错误的。我们要给人民电影创作部门的同志们严正地指出来：人民革命事业和祖国的建设在飞速地前进，好心的观众，也不会久久原谅我们的缺点的。我们要指出：如果我们创作者的思想水平不提高，那我们将是不能很好地坚持完成在普及的基础上逐步提高的任务的。但是，我们同时也要说明：为什么年青的人民电影会产生这些缺点和错误呢？主要的原因，是作者们政治思想、艺术修养，以及其斗争实践方面的弱点，是由于他们不曾深入群众，大力改造自己所致；是由于作者们，还不能够很好地、经常地以工人阶级先进文艺思想为指导来进行自己创作的缘故。是我们在组织创作中，还没有明确地强调加强学习，改造自己、深入生活、深入实际的缘故。而改正人民电影出品中缺点与错误的方法，除了应加强创作者本身的实际锻炼与思想武装，并适当地改进他们的创作的条件(如给以足够的时间、配备以足够的人力)外，在我们领导方面说来，就是要努力加强创作思想的领导，帮助作者与作品的逐步提高，除此以外，再没有别的途径。

此外，我们今后将要采取各种办法，加强对于新闻纪录影片的领导及创作实力，并迅速建立专门机构，制作向工农兵群众直接解释重要政策、传授生产科学知识的教育短片。这是为了在电影事业以全面贯彻毛泽东文艺路线的重大步骤，此点当在后面一并论及。

电影艺术干部的思想状况，存在着程度不同的严重缺点。解决所有问题的关键，在于领导着他们大力进行自我改造。

与以上所指的作品缺点或错误的状况相联系的，我们电影局创作同志，年来有大部分文学剧本或故事梗概之被否定成为“废品”主要原因，也是因为内容落后于现实，作品不能饱满地表现伟大现实中新的人物，新的人物生活，及新的国家面貌。又一部分文学剧本或故事梗概之被否定，是因为这些作品表现了作者是用小资产阶级的思想方面观点来观察现实，用臆造的戏剧性来代替现实生活中的发展规律，因而歪曲了现实。这样在某些作品中，就很自然地表露了小资产阶级甚至是资产阶级的思想和观点。如有两个同志合作写成的儿童剧本《小百灵》(已被否定)，就是一个宣传了资产阶级的儿童天性论的作品。

为什么这些情况能够发生呢？为什么在我们电影局的直接领导之下，能摄制出如像《荣誉属于谁》这样用小资产阶级的思想感情来描写革命干部，并企图用小资产阶级的观点来评价革命的反现实主义的作品呢？为什么我们有三位同志合作的、以暴露蒋美阴谋的中美合作所为题材的剧本《魔窟》(已被否定)，会反映出作者们对一个在政治上失足的青年学生的无原则同情呢？

以上情况的发生，除我们电影局领导上的责任外，从事情的根源来说，是证明了我们的创作干部中存在着根本性质的问题，这就是一部分同志严重地脱离了祖国在工人阶级领导下的人民沸腾的斗争生活，对祖国人民的伟大斗争事业，尚没有具备充分热情，并与工农兵劳动群众继续保持密切的联系。另一部分同志，他们还保存着非无产阶级的，主要又是小资产阶级思想立场观点。所有情况证明了在我们很多同志中，都是相当普遍地忽视了思想改造的问题。

原来我们来自老解放区的部分同志，在一九四二年整风运动后，本来是有了初步和实践结合的革命锻炼的。但他们对于和工农兵群众结合，改造自己的思想感情的理解和实践，有很多人还仅是处于比较朴素和简单的阶段，也就只是初步认识到了要与工农兵群众打成一片并向他们学习，一般地都缺乏系统的马克思列宁主义的修养，不能时时用马克思列宁主义——毛泽东思想分析现实，认识现实，并时时警惕和认识自己和工农兵劳动群众的距离。相反地，近两年来，却是相当普遍地忽视和放松了自我改造和思想意识，革命品质的锻炼，忘记了这是自己艺术创作实践中的根本关键。为什么和实际结合的过程中，不能经常积极自觉地学习和运用马克思列宁主义——毛泽东思想呢？这得追究它最后的根源，就是因为没有无产阶级的高度的阶级觉悟，没有以真正的布尔什维克的标准来要求自己，没有具备认识与改造世界的充分的热情、决心和气概，这当中甚至有的同志还没有下决心根除自己的小资产阶级思想感情，有把自己逐渐降低到一个普通的“自由职业者”的危险，抱着一个采访、调查材料的心情到实际生活里去，站在群众之外，没有把自己投入到群众的火热斗争中去，从而有意识地继续长期地改造自己，有的同志又由于进入城市以后，逐渐习惯和留恋于“安逸”的生活，就使自己与群众的结合发生更大的障碍，甚至于过去辛辛苦苦得来的改造以及与群众的初步联系，也慢慢地消失掉了。实际上这是开始受到了资产阶级思想影响的表现。

我们还有一部分原来在老解放区的同志，因为过去就没有经过很好的改造，他们和群众的联系是极其薄弱的，他们的思想感情和小资产阶级还有着千丝万缕的联系。所以入城以后，受到了资产、小资产阶级的思想侵蚀，在人生观、世界观和艺术观各方面都清楚地暴露出他们的思想本质，他们盲目地自满，颠倒政治和艺术的关系。把艺术作为追求个人名利的工具，这竟成为某些同志的主导思想，反映在他们的作品里，或者是滋长着单纯技术观点和形式主义的倾向，或者是盲目地崇拜西洋，其中有的在劳动态度上产生了严重的怠工或无纪律的现象。

另外一种情况，在这儿应该特别指出的，有少数同志，在资本主义思想的包围下，已经逐步丧失了党的意识和革命的意识，思想上开始腐蚀和蜕化；最严重的是在朝鲜那样神圣的战斗环境中，产生个人生活道德严重的败坏堕落现象，如像孔厥那样。这种人有一种理论，说“生活可以是资产阶级或小资产阶级的，作品可以是无产阶级的”。实际上忘记了文艺工作者首先应该是一个具有崇高思想与道德品质的无产阶级战士。

这里，我们要向老区来的同志提起警惕的，就是由于忽视自己的改造，相当多的一部分同志，已经发生了政治上停滞不前的现象。另部分同志，则已经明显地表现出政治上的衰颓和思想上或轻或重的腐朽状况。

原来在国统区的电影工作者，情况又各不一样：他们有人长期参加过中共地下党的工作，或在党的领导与影响下，参加过进步的电影工作，在过去的工作环境中，他们是冒着危险不避艰难，而且在反帝反封建反对国民党统治的文艺工作上是有不小的贡献和成绩的；解放后，在党的领导下，在全国的电影事业上，做了不少有益于人民的工作，他们努力工作的精神，富有业务方面的经验，是值得大家学习的。但他们有一共同的弱点，由于历史条件和他们本身阶级观点的限制，他们过去的创作实践，如前所述，是并没有超越革命的小资阶级的思想范畴。由于他们在全国解放后还没有用无产阶级的立场观点来对他们的过去的创作实践作一番阶级的分析和清醒的估计，也由于他们本身的思想感情还没有经过根本变化，因此他们口头上对毛泽东文艺方向虽然也表示赞成或拥护，但是对其根本精神和实质，都还缺乏真正的理解，有的甚至作了歪曲；他们更不了解，不经过深刻的、具体的思想斗争——认真改造，就不能够认真地为工农兵文艺服务，这部分同志，如果经过改造，也一定会在人民电影事业中，发挥更巨大的作用。

另外我们要指出的，还有一部分解放前就没有具备进步的，革命的思想和实际的旧有电影工作人员，解放后参加新的电影工作，在党的领导下，一般说来在学习上有了进步，也为人民或多或少地做了工作，但他们今天首要的问题，是要批判过去在半封建半殖民地的国民党统治下形成的各种错误甚至反动思想，如像殖民地的，封建的，资产阶级的，流氓的，以及混饭吃的雇佣思想。他们应该了解，只有经过痛切的改造，建立起革命的人生观，建立起真正为人民服务的正确态度与正派作风，才会有远大的前途，否则将会为人民唾弃。

以上种种干部思想，仅就电影局北京整风材料所分析的情况，就很严重。说明我们的电影工作虽然有成绩，但缺点也是严重的；虽然取得了一些胜利，但是，这些胜利还极不牢固，值得我们严重地警惕。

我们应该看出：所有以上的情况，将会严重地阻碍，而且事实上是已经阻碍了我们事业的前进。同时也可看出：我们那一批思想艺术水平不高的出品，或落后于现实甚至有错误的废品，也正是以上情况反映到创作上的必然结果。

所有以上情况，也都可以看出我在电影局的领导上的又一重大缺点。这就是我们相当严重地忽视了思想领导与干部的思想改造问题，这说明我对毛泽东文艺路线的理解和执行还是极不够深刻和颇不全面的，没有将全体干部的思想改造问题，看成为贯彻毛泽东文艺路线的根本关键，没有有系统地有计划地教育干部，因此使得我们干部中很多严重思想情况，不能够及时地得到改造、提高或解决。也由于这样的原因，使得我们整个事业发展和出品的水平，受到重大的限制。

与上面严重缺点有联系的，是我在有些工作中有着相当多的事务主义作风，还没有很好地发扬电影事业部门中党的组织力量，发挥党员和群众的积极性，从思想上保证党的文艺路线的深入贯彻。因此，这就形成我们事业部门中，弥漫着自由主义的空气，赏罚是非不分明，没有在各方面运用及时的、公开的表扬与批评，来建立起严格的、政治的、道德的权威。

所有以上严重的缺点，反映出我在领导工作中还缺乏完整的群众路线，缺乏从群众中来到群众中去，集中起来，坚持下去的全面科学领导方法，因此就必然是会带有浓重的手工业式的零零碎碎的领导方式，没有及早地有意识地建立起这个事业的领导核心，以致整个电影局的思想领导较长期地存在着弱点，同时也使得有些正确的领导意图，不能很好地和群众结合，不能更好地发挥群众的积极性和创造性。从思想意识上来检查，我是缺乏群众观点的。所有上述缺点，都需要在今后我的工作中从根本上改正。

今后的任务——改进全国电影事业的几项重要措施。

今后的任务，即改进全国电影事业领导的具体办法，应该如何呢？

（一）必须加强电影事业中的工人阶级思想领导

在电影部门的各级领导机构中，必须建立坚强的领导核心，同时加强党的工作，提高党对于毛泽东文艺路线具体执行中的领导与保证作用。各级领导应把思想领导放在首位。在电影事业中的党员，需在改造自己的运动中身为先锋与模范，展开经常的思想斗争，以肃清资产阶级的思想对于党员在文艺思想和道德意识上的侵袭。

加强全体电影工作干部的思想教育。确立工人阶级的立场和观点，坚决反对艺术创作中的资产阶级和小资产阶级的倾向。以前经过整风与初步改造的干部，必须对自已用大力继续长期地改造；未经改造的干部，必须经过彻底的根本改造。因此就必须：首先是加强马克思列宁主义——毛泽东思想和党的政策方针的学习，经常地展开积极的批评与自我批评。同时有计划地组织创作干部，与群众斗争和劳动人民建立长期的密切的联系，参加实际工作和斗争；并把这些订出成为培养干部的一种制度，坚决执行。

有领导有步骤地加强电影艺术思想理论的建设、介绍与指导；为此：

1. 首先应充分运用《人民日报》及各地党报，有领导地开展电影批评活动，同时充分运用《文艺报》上一定的篇幅，使它成为目前电影事业中进一步贯彻毛泽东文艺路线有力的、战斗的、指挥的武器。此外，应立即出版《电影艺术资料丛刊》，以便有计划地介绍苏联及新民主主义国家先进的电影艺术理论及经验。

2. 今后对于我国每一部电影作品，必须及时地逐级地作出思想的艺术的鉴定，以便统一艺术思想，改进出品质量，加强电影工作中各部门总结经验的工作。

3. 改组和加强《大众电影》的编委会，使之成为密切联系人民群众，为全国电影观众服务的宣传刊物；委托《大众电影》杂志编辑部回答所有人民电影观众的来信。吸收他们正确的意见，改进我们的作品与工作。

4. 为帮助全体放映员解决技术上的困难，供应时事宣传材料，报道基本观众对人民电影的反映，同时将出版《放映员手册》。

5. 各电影制片厂厂刊一律停刊。

（二）全面地重视和建立各种片种。坚持制片工作上普及为主，并在普及基础上逐步提高的方针

明确今后制片方针：除继续用大力摄制故事片外，同时应迅速建立教育短片的摄制机构，并加强对于新闻纪录片的领导与创作实力。

首先必须认识：新闻纪录片是电影战线上的轻骑队与前哨兵，是最具战斗性的，能迅速为政治服务的武器。任何轻视新闻纪录片的思想，以及把新闻纪录片工作看成为作为故事片工作的过渡桥梁的想法，都是不对的。我们领导工作的职责，首在调配以足够的人力，加强新闻纪录电影的创作人力与创作领导，使它成为迅速地宣传我国新生活、新面貌与新人物和对人民群众加强时事宣传的有力工具。

同时，要采取紧急措施，迅速果决地拨去一部分适当人力，成立专门摄制教育短片的生产机构。需知为广大工农兵劳动群众摄制解释重要政策、传授生产知识的教育短片，是光荣的任务。所有在这岗位及新闻纪录影片岗位上的同志，应把这两部分工作也看成是终生的、高尚的任务。不允许用脱离劳动群众，脱离现实斗争的观点来漠视此项工作。此外，应专为农村摄制内容形式都通俗朴素的短故事片，并编装故事片

及纪录片的普及版，以解决为数最多的农民观众对电影一时不习惯的矛盾。

最后应说明：故事片仍是国家制片生产计划中主要的片种之一，故事片剧本创作中的困难，仍不容忽视。在这方面仍应明确坚持普及为主，并在普及基础上逐步提高的方针。评判电影作品除首先在政治标准外，在艺术上要求作品通俗化和民族化，使工农兵群众易于接受。为达此目的，将组织编导、演员及《大众电影》的编辑、记者等人员经常地同观众、同工农兵群众及其干部联系，认真地吸收群众对于电影出品的批评意见，以改进电影的内容与表现手法，提高思想性与艺术性。

保证电影故事片生产及其思想艺术质量的中心环节在于电影剧本的组织工作。在这方面，必须加强选择题材的计划性。而为了保证各片主题的正确性，必须在电影创作与制片工作上与各实际部门密切联系。此外，还应采取一系列的措施使这方面的缺点能迅速地得以改进。如建议在全国文协下，设立电影剧本创作组，广泛有效地组织作家创作出更好的电影剧本，以提高人民电影在思想上和艺术上的内容，等等。此外，在组织剧本工作上拟建立明确严格的审查制度，规定以第一年的创作剧本作为第二年的生产任务；即以第一年的创作计划，作为第二年的制片计划，坚决克服制片工作上无计划、无组织的状态。

（三）在发行工作上继续贯彻电影为工农兵服务的方针

首先，重视流动放映队有计划的发展。更大规模的发展需待自动洗印厂修建完成后，各方面的影片供应问题可得基本解决，始有可能。因此，放映队目前的发展必须有计划地加以控制，以免电影拷贝供应不及。此外，应同时在中小城镇、在工矿区，创办与发展十六毫米的小型电影院；其次，拟将城市中百分之六十的公营电影院组成统一领导的影院联营公司，以带动私营影院，从而更进一步地在电影市场上改变资本主义的经营方式，使能服从政治宣传任务。把电影院变为城市中文化宣传的据点。加强对放映队工作人员的政治领导，使之成为时事政治的宣传员。最后，应统一全部影院的领导，提倡好片不断复演的社会主义影院的电影发行方式，改变只以新片号召的资本主义电影市场的旧有发行恶习。为适应华南、华侨和兄弟民族的需要，译制粤语和若干种兄弟民族语言的翻译片。

（四）实现电影生产事业上的全面国有化

我国电影必须是在党的领导下，成为以工人阶级的思想教育人民的有力武器。因电影给予人民思想和道德上的重大影响，所以必须使电影的摄制，完全掌握在党和国家的领导之下，有计划地来进行。

现上海所有电影私营企业的资方已自觉到了私营企业性质来制作作为人民大众思想教育工具的电影的重重困难，自动提出要求政府领导联营，并继而要求根本出卖生产工具完全交由国家经营。这联合电影制片厂即将于本年一月间成立，从此全国电影生产已全部走上国有化性质，为贯彻毛主席文艺路线准备了新的条件。今后，上海联合电影制片厂在全国电影厂的统一分工下，将可以多拍摄历史片、童话片，并将古典名剧、“五四”以来文学名著改编成电影。上述剧目在全国制片计划中，将占有重要的地位。

（五）贯彻增产节约精神，实行定期奖励的制度

为保证以上工作方针与生产计划实现，还必须改进生产制度，清理积压资材，贯彻增产节约精神，健全财务会计制度，力避制片工作上人力、物力、财力的浪费。这是一方面。

另一方面要认真地在电影部门实行奖励的制度，要定期地、适当地奖励那些优秀的、成功的各种类型电影作品，奖励那些劳动模范，和在电影部门有显著功勋与优异创造的模范工作者、艺术工作者和组织工作者。奖励那些电影技术上的新成就与优良的贡献，奖励那些廉洁奉公、刻苦朴素而在工作上又有特殊成绩的各种工作人员；奖励那些具有充分的党性的电影批评工作以及具有优异成绩的电影思想理论战线上的活动分子。只有如此，把批评与鼓励经常地结合起来，把惩办与奖励都适当地运用起来，把领导的方针、意图通过典型事例而宣传出去、坚持下去，那么我国的电影事业，将能在蓬蓬勃勃的群众劳动热忱下更快地前进。

我们相信，人民电影过去在毛泽东文艺方向的指导和党与政府及人民的培养下，在电影市场上已经取得了基本上的胜利，今后如果能够实现以上这些改进办法，我国的人民电影则一定可以很好地适应国家和人民事业的需要，继续取得更大的胜利！

袁牧之遗稿片断[①]

我当时认为是国共合作一致抗日的局面，就参加演出阳翰笙写的《八百壮士》，该片内容是写国民党的一个营在上海四行仓库内坚持和日寇作战的故事……但问题在于该片还没有拍完，那个营就在上海租界上英帝国主义的所谓“调解”下都关进了英租界的监狱中。这使我感觉到故事片很虚假，没有意思，认为纪录片对于宣传抗日作用更大，于是我就向武汉八路军办事处提出建议，由周恩来同志批准，买了批电影器材去拍摄延安与八路军的纪录片。

这部片子在延安拍了几个月就到华北敌后拍片。1940 年又返回延安。同年 5 月，我在延安入了党。接着组织上就派我与冼星海到苏联去完成这部片子。

1945 年 12 月中下旬之间，我离开哈萨克的阿尔马阿答电影厂，回到莫斯科。当我刚搬进原共产国际招待所的时候，杨至成同志见了我第一句话就告诉我说：毛主席、党中央有电报来，要一批中国同志回国，名单中有他也有我……

在 1946 年 4 月底，当长春南面的四平街正在进行激烈战争的时候，被称为长春文化四宝之一的电影厂，面临着这样两个前途：这个厂还有没有和这个厂属于谁？如果……把长春变为西班牙的马德里，化为一片废墟，那么就压根儿没有了这个电影厂！我当时听了……心里却引起许多疑问。而对于伪“满映”的这批电影器材，觉得要全部保全它就只有搬。

1948 年冬，我收到东北局宣传部转来中宣部的电报，问我两个问题：1. 明年(1949 年)东影的生产计划；2. 全国形势开展后，你有什么打算？我就写了两个报告，经东北局宣传部转中宣部。后来又收到中宣部回电，其中有一句话说：“等北平解放以后，请你来北平主持全国电影工作。”这样，我就在 1949 年 3 月来京主持电影局的工作。

靠建立良好的市场机制而不是靠行政权力手段来争取进步电影的优势地位。

---

① 此为袁牧女刊发在 2009 年 8 月 20 日《文艺报》上的《袁牧之与中国电影的诸个“第一”》一文中摘录的袁牧之遗稿中的部分内容。

将来国营电影事业，肯定是国家的一项很大的收入，听说苏联的电影事业就是国家最大的七项收入之一，我们将来也肯定会向国家上交。

国营电影事业必须实行企业化，以节约国家文教经费，并从企业化打下人民电影的经济基础，使电影事业能在这基础上更好地发展。

《戏》月刊编者言

《戏》月刊，系由袁牧之主编的戏剧刊物，创刊于1933年9月，但仅出两期。

《戏》月刊第 1 期

为戏剧运动前途打算[①]

全国看不见一本纯戏剧的刊物！

——要想得一点戏剧上的知识无从获得，

——要想说几句关于戏剧的话无从说起，

这是要有这本刊物的动机。

过去也曾有过戏剧的刊物；但是

——由书局出版的，因销路不佳而停版了，

——由团体出版的，因团体消灭也不见了，

这是所以个人来独干的苦心。

由个人来独干能比附在书局或团体的刊物更长命是难以相信的事实，暂且以编者过去对于戏剧不曾苟且的一点微薄信仰先作一年的试验吧。这一年中将用“卖拳销膏药”的方法，向国内可以作戏剧运动的各地作公演，用游击的推销方法来谋刊的生存。

刊物的生存虽然不附书局不属团体而由个人来担负；但是刊物的立场却是属于整个戏剧运动的！

——属于整个戏剧的努力者！

——属于整个戏剧的爱好者！

不受偏狭团体的拘[②]束；却接受所有爱好戏剧者的指摘和督察。

戏剧刊物是戏剧运动工作的一部分；也是戏剧运动工作的全部分。

在目前戏剧刊物的缺乏中，本刊将负起推动戏剧运动前进的使命。

---

① 原文标题文字最后还有冒号和破折号。

② 拘：原文作“据”。

初步的计划是：

整理已有的剧本之是否适合于时代和舞台并鼓吹新的剧本多量地产生

中国戏剧界所不曾尝试的各种戏剧工作的提倡

鼓起已有戏剧运动的各地的戏剧热潮，向未有戏剧运动的各地拓荒

集中剧坛的同志

谋剧坛与文坛的沟通

联络戏剧的姊妹艺术

以戏剧的立场，研究，批评，和指摘其他一切现有的“戏”

尽力增加戏剧文字的读者和戏剧演出的观众

本刊是更重于实践而为戏剧运动前途打算的。

愿关心戏剧运动前途的同志和爱护戏剧的人们尽量地协助！

编者

编后[①]

从有出这本刊物的动机直到付印不到二十天，能够有这些篇幅已经是很足以自慰了，这得感谢几位在匆促中替本刊写稿的朋友们。

所可惜的沈端先，孙师毅几位朋友的稿子还不能来。

内容如何，是渴望着所有朋友和读者在第二期付印前就赐以批评和建议的。

曾有一位外埠的不相识同志，见到了宣言写信来拥护，很感谢；他建议变作半月刊，可以和读者见面的机会多一点。这也是所想到的，但是目前办不到，等销路超过了付出时，原预备由月刊变为半月刊，可能的话再变周刊。

第一期中替戏剧协社编了特辑，编者又是协社的一份子，或者会使一般人误会到本刊与协社有[②]什么特别关系，这是得声明的，本刊并不属于任何团体，每一个剧团公演时本刊都乐愿服务宣传，只看演出的内容如何。在目前没有戏剧刊物的时候，本刊可以供任何团体说话，如其努力的方向是相同的话。

有几位朋友是得竭力感谢的：不怕麻烦答应为本刊担任发行的包可华，作封面的

① 原载《戏》月刊第 1 期第 19 页。

② 有：原文作“又”。

张云乔，饿了肚子校对的王遐文，徐绪昌。

悬赏办法[①]

本期第十面有美国电影明星速写画二十六个，有二十六个英文字母注着，每一个人的名字拼法中就一定有他边上注着的字母，例如 Z，是 Schnozzle Durante（注：Schonzzle Durante 即最近与裴斯脱开东合演《酒与女人》的大鼻子 Jimmy Durante，因为要凑足二十六个人，有 Z 字的又很少，故用了他另外一个名字，其余二十五个都是照常的，怕读者猜不到，所以将 Z 是作一例）。

悬赏应征的方法是把二十六个字母列出，再在每一个上注上名字全部，拼法不准，看译名是否和平常电影广告上相仿。

截止时期是十月五日，相同的以信到最先作准。

发表则在十月中旬本刊第二期上。

函投上海吕班路中外书店转。请于封面表出悬赏应征，以便编号。

悬赏赠品

第一名　一人　《良友》月刊及《时代月刊》各全年一份

第二名　一人　《田汉戏曲集》一至五各一集

第三名　二人　戏剧协社十月份公演《钟楼怪人》剧券各人二张

第四名　五人　非定户赠阅本刊全年，定户赠阅袁牧之作《戏剧化装术》及《演剧漫谈》各一册

附启：本期因匆促中将从前搜集着的现成材料应用了，但使悬赏太偏于电影[②]观众，且多少须懂些英文的读者，这是自觉不满的，以后每期中将采取更富兴[③]趣及大众化的材料。

---

① 原载《戏》月刊第 1 期第 38 页。

② 影：原文作“响”。

③ 兴，原文作“性”。

《戏》月刊第 1 期悬赏的美国电影明星速写

为组织木人戏的剧团致中华职业学校同学们[1]

中华职业学校同学们：

以一般看，一个职业学校是不和戏剧发生什么密切关系的；然而，贵校是该例外的。

贵校在最近虽没有参加戏剧运动上的什么工作；过去可的确有过相当的功绩。历史最久的戏剧协社是从贵校分化出来的一点，已多少是贵校在戏剧史上所不可磨灭的记录了。

协社脱离了贵校走向社会，几年中完成了相当纯熟的技巧，如今负起了重大的使命在为“中国”而“怒吼”了，这在居于发起者和创办者地位的贵校是该喜悦的。

因了上述的历史，我们才首先推动贵校来组织木人戏的剧团，这是所以请贵校组织的第一个理由。

贵校是男女同学的，贵校又有了工厂，假如木人戏的剧团由贵校来创办，那末有许多女同学可以帮着替木人们做各种的衣帽鞋袜，而许多男同学可以利用工厂的工具制就木人戏的小舞台，小布景小道具等等。这是所以请贵校组织的第二个理由。

当然，以几年中的情形看，贵校的同学们对于戏剧已生疏，对于这戏剧的新形式木人戏无疑是更生疏；然而，只要贵校同意组织这样一个剧团，本刊定当以全力来协助。

本刊既然提倡，宣传是理当尽力的。此外编者个人可以帮忙的是：

代请对于木人戏有研究的顾问。（至少竭力提倡木人戏的陶晶孙先生是逃不了的。）

代请雕刻家负责木人的脸相。

代为搜集木人戏的书籍和图照。

即如组织的经费有问题的话，也可以由编者个人邀戏剧界的同志们为木人戏的剧团组织演一次戏来募款。

至于将来公演时的宣传，以及请舞台人来代木人发音等，则更将代为拉拢戏剧的同志们来一同尽力。

目前我们仅只希望于这个戏剧的新形式的实现，关于应该把木人装进什么灵魂进去的问题，暂时放在第二步。

---

① 原载《戏》月刊第1期第39页。

希望职业学校的同学们有一个答覆给本刊。如其有组织可能的话，则一切疑难问题，都当尽力代为解决，因为本刊的每一种提倡都不仅是纸面的，而要希望于实现的！

编者

关于研究院[①]

本刊上的研究院一栏是专为同志们研究所辟，无论团体或个人，凡关于戏剧上的一切问题，理论的或技巧的，从剧本到观众，广至于极广，细至于极细，我们总设法请各项研究的专家来答覆。

脱烈泰郭夫的新作摄为电影[②]

《怒吼吧中国》的作者脱烈泰郭夫的新作《介绍》(*Introduction*)，被认为最近苏联最佳的剧本。

曾由名导演家梅霍尔特(Meirhold)导演，在舞台方面甚为成功。

该剧内容述一德国工程师来中国参观工厂，对于中国工人的待遇深感不满。但是他回到德国之后，看见本国工人的生活也是如此，才知道全世界的劳动者都同样处于惨苦的境地并不止中国。

苏联已将此剧摄制电影，导演者为被希特拉驱逐出境的德国大导演家莱因哈特(Rein Harolt)。

《怒吼吧中国在广东上演记》编后[③]

本文原请唐槐秋写的，槐秋也答应了，但他迟迟不返，稿也不寄来，等不及只得在《东州戏剧》杂志的二卷二期中把予倩的这篇转登一用。予倩留法出国，最近又上美国了，闻不久即回，等他回来后一定请他写一点游中的见闻给本刊，他这次到的地方

① 原载《戏》月刊第1期第43页。
② 原载《戏》月刊第1期第51页。
③ 原载《戏》月刊第1期第52页。原文刊欧阳予倩文《怒吼罢中国在广东上演记》后，无标题。

很多，大概总有些奇异的新闻可以带给读者们。

编者

《国际文学》关于《怒吼吧中国》的译论[①]

国际文学 *International Literature* 第二期载：

《怒吼吧[②]中国》于一九三二年十二月一日，在阿索尼亚(Esthonia)的丽繁尔(Reval)戏院上演，得了惊人的成功。

该剧曾引起报上的许多批评。

在该剧将出演的晚上，所有的报纸，给以简短的预先品评，讲出剧的内容和描写出某种戏剧的要点。

"这戏肯定地变成了戏剧界中最大的事迹。"

到十二月三日，出现了许多革命立场的评论，连资产阶级的报纸也如此。

Rakbva Sena 这样地写着：

"作者是很对地划分了一种戏剧，一篇戏剧的报告文——一出的确有的事实明显地写真了出来的戏剧。这不是一出寻常的戏。这是我们已经从日报上所熟悉了的中国人生活的一面。它的坦白的写实主义是足[③]以惊骇的。作者客观地描写两种人种间的斗争，但是他的同情是付于落后的中国人一面，而不是他们的欧洲开拓者。"

Lostimee 在十二月四日这样写：

"苏俄作者曲烈泰郭(S. Tretyakov)的戏剧《怒吼吧[④]中国》的上演，最先引起了戏剧电影化的方法。这第一次的试验把一个事实的题材带到了舞台上来，而且用很快的速度表演，这就令人联[⑤]想到电影了。

"总之这戏是受了注意。戏院塞满了观众。采声哄着。"

---

① 原载《戏》月刊第1期第55页，原文无标题。

②④ 吧：原文作"罢"。

③ 足：原文作"作"。

⑤ 联：原文作"连"。

《戏》月刊第 2 期

答对于本刊第一期的批判[①]

本刊以十二分的诚意感谢任于人，郁文，及马彦祥三位先生，尤其是任君的那般精密的批评。（任君的稿子原投现代预备出版的《舞台与银幕》的，由我和编者商量了拿了过来，并未得到作者的许可，这是该在这里附带道歉[②]的。）

底下将把三位提出的几点作一讨论；

第一期的《中国剧作家及其作品》一文是预备把旧有的剧本全部络续整理一下的，《虞姬》和《村长之家》的评是关于新的批评，所以这一点是已经有了，当然所有计划要同时实现是不可能的。

郁文君的意思要有些创作，这问题是曾经多次考虑过的，但是感到困难的有两点：

一方面是作者方面的，因了写文章的人都是这般穷，写了一个剧本总想换几个钱，这是谁都这样的，但本刊不能给稿费，所以也很不好意思向朋友们出口。

另一方面是本刊本身方面的，本刊篇幅狭小是不能常登剧本的一个困难，而且为了剧本在别的杂志也登载，那么这在整个戏剧运动上是一样的，虽然知道登了剧本或者会使本刊的销路好一点，但是这些少的篇幅似乎有比登剧本更重要的用处。

虽然是这样，不过郁文君的提议是感谢而接受的，总尽力地设法能有剧本刊登。

彦祥兄的批评是态度不一致一点，这是自身也感到的，待看以后吧。

以后还希望读者们和同志们随时地指摘。

编者

---

① 原载《戏月刊》第 2 期第 16 页。

② 歉：原文作“谦”。

两记空手拳

几点声明[①]

当本刊未出之前，曾印过五百张宣言，寄发了朋友，等创刊号出版了以后，倒觉得发刊词的话太简单了一点，不够使外界明白，引起了多种的误会。

因由于中外发行的关系，使人误会了这是中外出版的，因创刊号首先在《怒吼吧中国》出演时发卖，使人误会了他是戏剧协社出版的，因了发行人是包可华，使人误会了他是这本刊物的后台老板，更因于我个人的东奔西投，使人误会我是将借此营利的，且曾听见过如下的善意劝告：

"如能以广告费来抵偿[②]支出，那末销卖得来的钱也可以作你辛苦的补偿[③]了。"

这种善意是衷[④]心所感激的，然而这样的误会是痛心的，所以不得不在这里作一声明。《戏》的零[⑤]件如定单之类是中外承印的，书是竞新承印的，这双方均因朋友关系并未在事前付过半个定洋，是打的一记空手拳。

但谁知空手拳打落了空，以致第一期的账至今未清，第二期迟迟未出，使对于合作者和读者双方都失了信用，这除抱歉而外，别无他言。

没奈何，只有烦劳同志们为这本刊物演一次戏以谋生存。然而演戏也是需要经济的，如其有这些钱可以演戏，那末第一期的账也可以清，第二期的书也可以早出了，这一点若不作声明，也许又有人误会这是矛盾的事。但原来这又是打的一记空手拳。

这次我们把推销的票子发得早，将络续收入的现款[⑥]遗东补西地作为公演的用途。结果的成绩如何现在是难以断定的，不过因各方面的节省，大概多少可以盈[⑦]余些，并且自出版以后从来未登过广告也许是销路受影响的主要原因，所以这次的公演这也是一半的意义。

照预期，这次以后总可以略为补救些，希望读者们勿为本刊的前途悲观，无论怎样也得竭力挣扎[⑧]以谋生存的！

编者

---

① 原载《戏》月刊第2期第26页，归入"为本刊主催公演特辑"。
②③ 偿：原文作"赏"。
④ 衷：原文误植为"哀"。
⑤ 零：原文作"另"。
⑥ 款：原文作"欵"。
⑦ 盈：原文作"赢"。
⑧ 挣扎：原文作"争札"。

编后[1]

脱期了这么多天，是第一应该致歉意的。

还有篇幅比第一期少了一半或许也是读者和定户们所要引为不满的，不过这倒不是因经济的关系，是原就这样计划的。

本来的计划，想每期有一种提倡，这一期本来是预备提倡“户外剧”的，但因为编了特辑，篇幅不够了，姑留在下一期吧。

关于这一次的特辑与《怒吼吧中国》的特辑，在意义上是相差甚远，但一则因为是本刊本身主催公演的关系，二则预备在剧场上卖，可以当作说明书的补充，所以也编了一个特辑，虽然是不能与《怒吼吧中国》同日而语。

《现代》四卷一期中有杨邨人君的《上海剧坛史料》一文，记载三四年来的剧坛状况甚详，但说我的《一九三三之上海剧坛》中故意把过去的史迹埋没，是杨君过敏，[2] 我疏忽或有之，故意埋没是不至于的，这也附带在这儿声明一句。

《中国剧作家及其作品》一文本期因忙于公演，没有空写，请读者原谅。

这一期的出版，几位帮助公演筹款的同志是应当十二分的感谢的，此外，王遐文君的爱护本刊之心也是不可多得的，在这次公演中，从前台到后台，并且连本刊的校对之类，他都负责帮了不少的忙。

---

① 原载《戏》月刊第 2 期第 31 页。

② 此处逗号为编者所加。

《戏》周刊编者言

《戏》周刊，系《中华日报》副刊之一，由袁牧之主编， 1934 年 8 月 19 日创刊，至 1935 年 4 月 28 日，共出 36 期。

戲週刊

每星期日出版

爲接近大衆而檢討各種的戲，憑努力實踐以推進戲劇運動！

關於報頭

這報頭還是舊戲月刊作封面的張雲喬君所作，張君從事戲劇多年，不可能易演出之怒吼吧中國即由其製景，爲不埋沒舞台後戰士，特順便介紹。

這字體是有過歷史的，從不鳴一文而爭扎出兩期月刊及一次公演，結果是不幸地夭折，以致負債至今未淸，誰誤會很多，然事實終究可以明證，現在是月刊不能復活之前的第二次的爭扎，但月刊還是等待着有復活的機會，離讀者們諒解，過去來信恕不一一作覆，借此附帶聲明。

舞前的跳加官

爲接近大衆而檢討各種的戲！

憑努力實踐以推進戲劇運動！

這是本刊的口號

也是本刊的方針

外此的話………

且待諸事實證明

不過目前的初步計劃是…………

認識話劇以外的各種戲

實現大衆語的實驗公演

大衆語和戲劇對話

洪深

問——你是贊成大衆語的麼？

答——我們幹戲劇的人，寫出對話，最要緊的是叫人家聽得懂；而且，聽一遍就懂，當然不會贊成「小衆語」的罷。

問——你以爲觀衆聽得懂的，就是大衆語了麼？

答——不，我以爲大衆聽得懂的還是大衆語。這個須要兩個條件，一是說話的方式，的確是大衆的說法；二是說話的內容，的確是大衆生活裏眞有的東西。

問——那一種說話不是大衆的說法？

答——一面有典型化的文言文，他們用從前人說話的說法，要把他們的文字，放在唐宋人大家裏看不出分別；一面有外國化的白話文，他們用英國人或日本人的說法。結果是大衆不懂！

問——那一種內容又不是大衆生活裏眞有的呢？

答——某種字句所代表的東西，是不在大衆生活閱歷之內的。不致遠說，祗說「旖旎風光」這四個字所代表的意思和情緒，不是大衆所會有的，在現下這種社會裏 他們沒有也就罷了。

問——那末，照你說來，凡不是大衆本來有的東西，對他們說話的時候，都不應該用在話裏麼？

答——這又不然，凡是於他們有利益的東西，雖然原來他們所沒有的，正不妨說給他們聽，使得他們懂得這句話，認識這樣東西，如「傳染病菌」，如「收音機」，如「計劃經濟」。

問——無論如何，說話受了這個限制，說話就難了。

答——我們有些時候，祗對一部分大衆說話，我們不妨使用祗爲這一部分大衆懂得的話；電燈匠對他的同事說「方棚」汽車夫對他的同事說「車胎」，我過在這篇談話裏和我的同事也說些什麼「典型化」「唐宋八大家」；這就是所謂「術語」；等到術話所代表的東西和大衆的生活有關係了，譬如人人都有汽車坐了，這個汽車術語，自然會大衆化；即如公路通了之後的內地鄉下人，從長途汽車上跳下來，也曉得「車胎」壞了是怎麼一回事了。

問——你主張戲劇對話，全用大衆話麼？

答——不盡然；戲劇對話還得將日常的大衆話美化一番。譬如一個哲學家和一個人力車夫講價錢，哲學家說話得像哲學家，人力車夫說話也得像人力車夫；可是對話裏，但人力車夫要比他尋常說得好，哲學家也要比他平常說得好。

問——你豈不是說戲 劇對話是大衆語而又不 是大衆語了麼？

答——大衆語在戲劇裏是經過美化了的。

問——你加些什麼作料使得它美化的呢？

答——不能從外面加入東西去的；那樣就是離開現實了；那樣，哲學家便要不像哲學家，人力車夫不像人力車夫了。

問——你用什麼法子美化呢？

答——藝術是有它的要求的，也有它的方法的；選擇，集中，經濟化，旋律化等等，都是戲劇美化日常的大衆話的方法。

問——戲劇也能將大衆本來沒有但是應該有的東西給與們他麼？

答——能够的。看好的戲劇，等於是多經一次人生閱歷；大衆本來沒有而應該有的東西，現在在他們的閱歷裏也有了。這樣，戲劇就把一個語「大衆化」了！因爲戲劇把這個「語」背後的東西，先弄入大衆的生活裏去了！

北平將上演「怒吼吧，中國！」

新舊戲劇家合作？

聞最近北平新舊戲劇家擬合作上演「怒吼吧，中國！」由余上沅任導演，程硯秋飾商家，周俊芳（即麒麟童）飾艦長，又得馬彥祥從旁幫忙，初擬九月前後出演，但排演數次，結果每次均不能到齊演員，故是否能如期演出，尚屬疑問云。

《戏》1[①]

关于报头

这报头还是替《戏》月刊作封面的张云乔君所作，张君从事戏剧多年，不可轻易演出之《怒吼吧，中国！》即由其制景，为不埋没舞台后战士，特顺便介绍。

这字体是有过历史的，从不鸣一文而挣[②]扎出两期月刊及一次公演，结果是不幸地夭折，以致负债至今未清，虽误会很多，然事实终究可以明证，现在是月刊不能复活之前的第二次挣[③]扎，但月刊还是等待着有复活的机会，望读者们谅解，过去来信恕不一一作覆，借此附带声明。

《戏》前的跳加官

为接近大众而检讨各种的戏！
凭努力实践以推进戏剧运动！
这是本刊的口号
也是本刊的方针
外此的话……
且待诸事实证明
不过目前的初步计划是……
认识话剧以外的各种戏
实现大众语的实验公演

北平将上演《怒吼吧，中国！》

闻最近北平新旧戏剧家拟合作上演《怒吼吧，中国！》由余上沅任导演，程砚秋饰商家，周俊芳（即麒麟童）饰舰长，又得马彦祥从旁帮忙，初拟九月前后出演，但排演数次，结果每次均不能到齐演员，故是否能如期演出，尚属疑问云。

---

① 原载1934年8月19日《中华日报》。
②③ 挣：原文作“争”。

《戏》2[①]

致读者

一，本刊上期被手民所误，把一块不预备登的铜版刊了出来，因此也没有了说明，该图为欧阳予倩及王莹在日本与秋田雨雀氏之合影，特此补注。

二，本刊自下期起还想把篇幅扩大至全页。

三，本刊十二分地欢迎检讨话剧以外各种戏的文字。

《戏》刊欢迎投稿

一，不论有名无名作者一例[②]每千字一元

二，每期刊出后即将稿费领取单邮寄，[③] 作者可随时向营业部领取

来稿请于信面书明《戏》周刊或编者姓名

《戏》

为接近大众而检讨各种的戏！

凭努力实践以推进戏剧运动！

附《阿Q正传》后[④]

请读者特别注意这个新形式的剧本，[⑤]希望随时提出意见来讨论！编者

① 原载1934年8月26日《中华日报》。

② 例：原作“列”。

③⑤ 此处逗号为编者所加。

④ 原文刊袁梅所著“大众语的实验剧本”《阿Q正传》后，无标题。

《戏》3[1]

独白

上期已经对读者说是这一期把篇幅扩大的，但是这一期还难能办到，大概下一期有希望可以实现，望读者见谅！

《戏》声明

本刊上期欢迎投稿之广告中把稿费定例刊误为每千字一元，应该是："不问有名无名作者一例[2]每千字两元"，[3] 特此声明。

征求《阿Q正传》各登场人物之典型

"凭努力实践以推进戏剧运动"正是本刊对于话剧所负的使命，故将于《阿Q》登完以后集合同志作一次大众语的实验公演，今为提高读者们的兴趣所见，在本文刊登期内，拟每期刊登剧中人物典型的图照一个，不问化装，速写，均所欢迎，尤其需要的是实际人生中摄来的照相，惟需于每个图照之下注以解释，说明理由，录取者每人赠稿费二元，并赠《中华日报》全年及《阿Q正传》剧本一册，待上演前更将作一次典型图照之选举，上演之化装即依据得选这图照，其时该图照之作者当另有重酬。

---

① 原载1934年9月2日《中华日报》。
② 例：原作"列"。
③ 此处逗号为编者所加。

《戏》4①

独白

很安慰地，总算没有欺骗读者，这一期果然达到了扩大篇幅的目的，不过我们的责任也同时地加大了，就希望读者们不放松地随时批判。

感谢联华二厂

本刊自篇幅扩大后很辛苦了副刊的排字工友，最近承联华二厂允许赠了《渔光曲》戏券六张，使工友们得到了精神上的娱乐机会，这里代表工友们致谢！

编者

① 原载1934年9月9日《中华日报》。

《戏》5①

独白

为了行将赴俄的梅兰芳君又来申作出国前的最后一次上演，本刊就想借此时机编一个特辑，但是凑巧这一期的出版日将近“九一八”纪念，我们就得留出篇幅注意于三周年②纪念的国难日，梅兰芳君赴俄问题的特辑且等下一期吧。

征求电影从业员的生活告白

本刊第七期的“电影专号”中，我们将把登载女明星照片的地位省下来给所有电影从业员们(不论演员，导演，发行，摄影，木工以及其他)一个公开说话的机会，字数限三百字以内，须具真实姓名，注明在哪③个公司中任哪④种职务，于九月二十六日前寄下。

《戏》第七期电影专号预告

本刊自创版以来已经出至五期，却从未谈及电影，这并非是将电影弃之“戏”的范围以外，原因是想比较严正一些地谈，不想零碎拉杂，无疑地电影也是“戏”的一种，所以将在第七期编一个专号，大概的内容有：

一九三四年上半期的检讨及下半期的展望

近年中国电影代表作的选择

一九三四年中国电影代表作的选择

中国电影导演的个别访问

上海电影刊物的总检讨

电影从业员的生活告白信箱

---

① 原载1934年9月16日《中华日报》。

② “年”字为编者所加。

③④ 哪：原文作“那”。

临时演员介绍所访问记

“天涯若比邻”

——记《怒吼吧，中国》作者亲手拍的一张照片

这里发表一张值得纪念的照片。

被摄入的人中间有中国名画家徐悲鸿夫妇和苏联剧作家特莱查珂夫的夫人及女公子。摄影者为特莱查珂夫自己。

在许多优秀的苏联剧作家中特莱查珂夫氏对于中国人是颇为亲密的，这原因很简单——他便是那震撼世界的名剧《怒吼吧，中国》的作者。

《怒吼吧，中国》一剧还是特氏早年的作品，实则他不仅是一个优秀的剧诗的作者，还是一个好的理论家。本刊当介绍他关于社会主义写实主义的论文。但是没有想到他还是一个很不坏的摄影家。

徐悲鸿先生虽是一个画家，他却和中国新剧坛颇有因缘。记得一九二七年上海艺术大学假座天蟾舞台演欧阳予倩氏的大作《潘金莲》时他还写过一个长篇的批评。同意予倩先生对于力的赞美，和对于被压迫的妇女的同情的观察。悲鸿先生在苏联之三个月中观剧印象当不在少，届时当请他发表。

我们在“九一八”国难三周年[①]纪念发表这照片所引为恨事的是中国民族危机日益严重的今日，而中国广大民众却没有能大大地怒吼起来。

---

① “年”字为编者所加。

《戏》6[①]

独白

关于梅兰芳的问题，这期原预备出个专刊，然而因为慎重起见，想多准备一下，且待他临别的时候再来个全版的专号替他送行吧。

介绍卡尔登照相馆

本刊承卡尔登照相馆答应供给照相材料，对于今后的照片收集当有不少便利，故特介绍于读者。

该馆开设静安寺路赫德路口。

《戏》下期电影专号征求电影从业员的生活告白

本刊下期将以全版篇幅出一电影专号，需要电影从业员们各来一段简短的生活告白，令一般观众及读者得以了解电影生活的内幕的一斑[②]，字数每人三百左右，希于本月二十六日前投下。

感谢华东通讯社

承赐下共舞台《红羊豪侠传》试演参观券一纸，甚感！本刊第八期上将有周伯勋君关于二本《红羊豪侠传》的批评，请注意。

编者

① 原载1934年9月23日《中华日报》。
② 斑：原文作“般”。

《戏》7[①]

独白

这一期除了长篇《阿Q正传》外，把全面的篇幅编了这电影专号，我们的希望是以整个儿影坛为着眼点，但是这小小的篇幅容不了这么许多，所以预告里的近年代表作的选择及本年代表作的选择只能失信没有了，而且一九三四年上半期的检讨及下半期的展望也只有了一半，这些，以后是将补充的，希望读者们见谅！

临时演员的生活，是所有电影刊物从来不曾注意的问题，我们想开一个锣，一方面本刊自身还将作其他介绍所及临时演员个人的访问，同时也希望大家一同来注意。

关于中国电影导演的漫谈，一九三四年出品的一览，电影刊物的调查，虽然已经相当的详细，但还难保有遗漏，也希望读者来补充。

我们对于别人的批评是非常客观的，我们希望别人对我们的批评更严格而不放松！我们希望大家相互督促而进步！

《电影从业员的生活告白》编后[②]

以后我们想每期留一些篇幅给大家说话的机会。还把这一栏继续下去，希望电影从业员们络续来稿！

编者

《临时演员介绍所访问记之一》编后[③]

这一期临时演员介绍所访问记一文中的插图为张云乔先生所绘，中国电影已出及未出两张表由芮士奇君代为绘制，此外李北华先生周勋先生都帮了不少的忙。

编者

① 原载1934年9月30日《中华日报》。
② 原文刊《电影从业员的生活告白》后，无标题。
③ 原文刊《临时演员介绍所访问记之一》后，无标题。

《戏》8[①]

独白

为着戏剧和电影是姊妹艺术，而这半殖民地影坛恰在畸形的发展中呈着一种转换期的混乱，所以我们决定每月——即每三期出一次“电影专刊”。在第一期编出后很期待着电影乃至影评界的朋友们对于我们提出的理论有一种热烈的讨论，对于我们戆直的批评更能虚中接受，或是为忠实的指正。因为我们对于人生和艺术虽各有不同的态度，[②] 而求进步的心应该是一致的。

但是不幸得很，第一期出后由纸面的口头的得到的反响大约如下：第一，因专刊中文字有评骘各导演各刊物处，乃疑心本刊为某个别公司宣传（不知说某片引人“注意”并非就说某片“好得了不得”），因而迁怒某公司；第二，疑心编者与某君有隙，因而故意激起反效果；第三，对于某文中偶然的事实的或植字上的错落做夸大的歪曲的指摘，而对于本刊提出的“革命的民族电影运动”与“把眼光由明星移到临时演员”的题目下，除了许多“不在言”的朋友外却未见批评者们接触。

对于这一联的反响和有意的中伤颇引起我们深刻反省：我们的刊物替某个别公司做过宣传吗？对于某些导演家及其作品，电影刊物等做过无原则的攻击和谩骂吗？我们以公报私仇的有计划地中伤过谁吗？我们忘了民族危机中当前火急的任务，忘了大众的利益，而替某些人，某些“明星”作过无聊的吹捧吗？……

我们没有那样想过，也没有那样做过，以后也不会那样想那样做！我们只觉得目前电影界还充分需要“直言敢谏”之士继续的努力。孔子曰：“自反而缩，虽千万人吾往矣！”我们虽不是“尊孔”，[③] 却愿意学孔子这种精神。

本刊上期电影专号重要误植更正

“也是一条出路”误“出一样”。（第一篇）

---

① 原载1934年10月7日《中华日报》。

②③ 此处逗号为编者所加。

“这一后起的艺术”误“这一般演起的艺术”。

“从京戏文明戏……来的人们”误“演京戏来”。

“此外是他的学生史东山，与马徐维邦……辈”。史东山下落与字。

“对于事象的正确的观察”误“事业……”

“对于他作为导演家的前途”误“对于他们为……”（以上第四篇）

又吴村非复旦大学出身而曾为前复旦公司导演。所称“校际”误。

又新上海编者为朱曼华，误为钱台生。

感谢大世界及汪优游先生

承赐下大世界入场券八纸，已全部赠送本刊排字工友，特此致谢。

代邮

之敏兄：下期是“梅兰芳赴俄问题专号”，足下如有答覆舒湮兄的话，请早些投下或先来函示知，以便计算篇幅。

编者

《戏》9[①]

独白

一，梅兰芳赴俄问题专号正是为的更正确地估价梅兰芳，分析中国旧戏，和讨论苏联究竟是否盛行象征主义或写实主义，清算因梅兰芳赴俄问题提起的一些问题。这并非捧个别的演员，更非投降旧戏。（对于胡君批评本刊另有答覆。）惟以专号文字篇幅过长而有时间性的其他稿件过多，决延至下期以全幅纸面，贡献于那一问题。

二，再下一期又是“电影专号”了，在本刊同人当竭力使其更丰富，更公正，同时望电影界，影评界，广大艺术界以及我亲爱的《戏》的读者多多地赐稿予以有力的支援。

附欧阳予倩《所谓“非常时日本”的剧坛现状》后[②]

本文因篇幅关系略为删去一二节，全文请读十一月一日将行出版之《话剧》创刊号。

编者

附胡今虚《对京戏投降是新剧运动者的耻辱》后[③]

由《动向》转来胡今虚先生的文章是在本期稿将要付排的时候，为着尊重读者的意见我们尽先发表胡先生的文章，但是胡先生在此文中能发表的意见虽则嫉恶腐旧的东西和爱护新兴艺术的热情是非常可佩服的，而对于新旧戏剧及其艺人所取的态度显然是有些误的，而且是比较肤浅的。但虽则胡先生的话有许多缺点却又是代表了比较一般的意见。能以不避繁复的匆匆答复如下，其他的话留在专号谓说去。

---

① 原载 1934 年 10 月 14 日《中华日报》。

② 原文刊《所谓“非常时日本”的剧坛现状》后，无标题。

③ 原文刊《对京戏投降是新剧运动者的耻辱》后，无标题。

1. 京戏是封建社会的产物，它会随着封建社会的崩溃而没落。但封建社会有几千年的历史，其中一切产物都经过了一个长期的发展过程。旧社会的崩溃，决不会将它的一切产物通通带到坟墓中去。即是说，它还得将一部分发展的东西交给新社会。一种社会的革命，也并不是将整个旧社会及其产物完全消灭，另外再凭空创造出一个新社会来。反之，倒[①]是要赖着旧社会的遗产来作为基石。对于随着封建社会有过长期的发展的京戏，我们也应该以这一种见地来理解。

2. 许多新戏运动者向京戏投降是一个事实。这等于许多过去的新文化运动者现在又复古起来一样完全是由于社会的剧变中引起的中间层的动摇，先驱者的颠落，决不是用“眼红”，“发狂”这些从个人心境上的估计所能说明的。京戏一方面自然有许多政客，官僚，大亨流氓在捧场扶助，但广大的劳苦群众又何尝不是它的爱好者和支持者。小达子已经在被人称为“最伟大的大众艺术家”了，演过几年的《狸猫换太子》究竟是哪[②]些人支持下来的？从这里，不能不使我们深切注意到京戏乃至其他戏剧所以为广大的劳苦群众所爱好和支持的原因而去研究它。对于旧的东西的注意和研究，没有理由说就是对于旧的东西的投降。我们能够说对于中国过去社会的分析和估计以决定现在和将来的道路是对于旧社会的投降吗？实则无视旧社会的一切文化对大众的影响，不去细心地理解它的发生发展乃至没落的规律，因而扬弃它的毒素，继承它的优点，使它成为崭新的组织大众的东西，那才是客观的向旧社会投降哩。我们对于中国过去的艺术乃至于全部文化的研究是与胡适之们的整理国故有本质的区别的。目前关于艺术的大众化问题差不多已经没有人再否定对于旧的艺术形式的利用了。连环图画和唱本等等都在被利用着，为什么我们完全抛开这还有广大群众爱好和支持的戏剧而不屑加以注意呢？对于旧的东西投降自然是新剧运动者的耻辱，对于一切旧的文化遗产的注意，和虚心坦怀地去理解研究如梅野荷德[③]们对于东方戏剧及苏联民族戏剧之所为，却是新兴戏剧运动者目前所达到的新的阶段。

3. 对于梅兰芳我们既不因为他得了美国人送的什么博士而“重视”他，也决不因为我们自己是智识分子出身而像从前封建贵族对于所谓“戏子”那样的“轻视”他。自从赴俄演戏消息发表以来社会上对于这个问题引起甚大的注意。南北各刊物多有关于这问题的文字。假使说苏联剧坛欢迎梅兰芳便是苏联戏剧界对于东方封建艺术的投降，问题就简单了。但事实上问题是没有这样简单，这里要求我们对于中国旧戏及梅兰芳的“再考察”，要求我们普及对于现代文艺思潮特别是苏联社会主义写实主义的

---

① 倒：原文作“到”。
② 哪：原文作“那”。
③ 梅野荷德：现译“梅耶荷德”。

新认识。况且在关于这问题的许多文字包含不少的错误也要求我们艰苦的论证，所以本刊才决心以全幅纸面贡献给这问题。但我们是想要写得很慎重而周到的，[①] 两周前曾请伯勋先去访问过老板，提出了十几个问题，伯勋的文章也写得非常客观的，没有故意糟蹋谁也没有怎样“捧”谁，至于本刊出“梅兰芳赴俄问题专号”便是胡先生所谈的向旧戏的“投降”，乃至“求荣”之类，这只好说完全是神经过敏的，可笑的“猜测”和造谣。在上海滩上要听这类的话大约是不会“缺货”的。但是这都让“梅兰芳赴俄问题专号”去回答吧。

① 此处逗号为本书编者所加。

《戏》10[①]

独白

喊了很久的梅兰芳赴俄问题专号终于和读者见面了，是篇幅过长本期仍只能发三分之一。以下预备连续出两期以讨论许多实际问题。电影专号不能不延到三期以后。

陆寒松君的来函是热忱的，当然诚意地授受。注意各种有广大群众拥护的戏，是在局部地实行了，无线电播音的检讨也在筹备中，虽说听无线电的一部分群众都是[②]有播音机的购买力的小布尔乔，但是商店门口的播音机下挤得阻碍交通的听众也不少，这应该是付以注意的。

同人等都以业余的时间来维持这刊物，所以实际工作是比较困难的，然而不做实际工作仅喊不实际的口号我们是不会的，大众语实验公演我们是预备在最近的机会促其实现。并且也希望大家来拥护这运动。

我们很希望读者随时赐教甚至严厉地[③]指摘。

---

① 原载 1934 年 10 月 21 日《中华日报》。
② “是” 字为编者所加。
③ 地，原文作“的”。

《戏》11[①]

独白

上一期的梅兰芳赴俄问题专号出版以后，肃清了对于我们这一举的疑云，但以全幅纸面贡[②]献给这问题不免单调一点，所以这一期虽是在继续地讨论，但不用专号形式，使它多方面一点。

又上一期专号错落颇多，本刊拟不待全文登出即刊行一种小册子，如其我们的计划顺利的话。

以后我们想把本刊编得更活泼紧凑以切合广大读者要求，凡爱护本刊读者有什么意见请随时[③]赐教，我们可以尽量地采纳。

代邮

胡今虚君：在上期梅兰芳专号出版之前又从动向转来足下大稿一篇，但是我们的态度谅[④]已在专号的文字中可以见到，故足下的大稿拟不再刊登。

舒湮君：大文《再说一次话》收到，诚如足下所言“我不愿意把《戏》的宝贵篇幅浪费在无谓的论争上，这比不得理论的论战，事实终究是事实……”故拟将足下及之敏兄双方来稿都不再刊登，望见谅！

编者

本刊创设研究室预告

本刊为便利读者及同志研究起见，[⑤] 特于下期起创设研究室一栏，凡关于戏剧上问题，[⑥] 不论任何部门，[⑦] 均可来函询问，由编者代邀该问题之专门研究者详细答覆。

---

① 原载 1934 年 10 月 28 日《中华日报》。

② 贡，原文作“供”。

③ 请随时：原作“时请随”，疑误植。

④ 谅，原文作“量”。

⑤⑥⑦ 此处逗号为编者所加。

《戏》12[①]

独白

这一期的材料我们自己认为是比较多面的了，但是还不曾做到我们理想所要做的，今后来稿都希望能在一千字以内，则编辑方面才能够以“戏”的范围而各方面顾到，同时读者们的意见也请随时赐教。

许幸之画展中将有阿Q参加

本月十一十二十三三天在八仙桥青年会九楼将有许幸之的绘画及吴印咸的照相之连合展览，闻许君将赶作阿Q一幅以应本刊之请并了其数年来之心愿云。

致补报的读者们

近日接到特来报馆补买本刊前几期而不得的读者来信很多，因与营业部曾有一番[②]接洽，据云因补报者不知某期为某日出版故无法查寻，现已由编者将每期出版月日立表存营业部收发处，是后当可便利也。

代邮

夏征农君：大稿关于梅兰芳问题的申明收到已迟不及刊出。

苗子兄：孔乙己方步来迟，已被阿Q捷足先登，只得请其十四期登场，因下期正值许幸之画展，秃儿阿Q又想凑凑热闹，望致意孔乙己先生，幸勿见气！

---

① 原载1934年11月4日《中华日报》。

② 番：原文作“翻”。

《戏》13[①]

独白

《戏》周刊到这一期已经出了第十三期了，十三是被欧化的绅士们认为一个不吉之数的，然而我们却要在这一期上报告读者几个喜讯：

1. 本刊为求读者更广起见，已决定于一月内发行单行张，每星期除附本报出版外，[②] 另有数千份由书局代理发行。

2. 本刊已决定每年出丛书十二种，即将付印的有《梅兰芳赴俄问题研究》，《阿Q剧本》，《阿Q画集》等。

3. 本刊已请赵邦鑅先生负责编制戏图书馆目录，向全国图书馆，书局及个人调查全国所有戏剧书籍，该图书目录之编制法将请杜定友先生审定以求全国通用，一按单行张出版，[③]即将于文字反面另辟地位以图书馆，书局或个人，以藏书者作单位按期发表书目。

致鲁迅[④]

鲁迅先生鉴：

《阿Q》的第一幕已经登完了，搬上舞台实验虽还不是马上可以做到，但我们的准备工作是就要开始发动了。我们希望你能在第一幕刚登完的时候先发表一点意见，一方面对于我们的公演准备或者也有些帮助，另方面本刊的丛书计划一实现也可以把你的意见和《阿Q》剧本同时付印当作一篇序。这是编者的要求，也是作者，读者和演出的同志们的要求。祝健！

编者

---

① 原载1934年11月11日《中华日报》。

②③ 此处逗号为编者所加。

④ 原文无标题。

许幸之画《阿Q》说明①

右面的画是许君在最近特为赶作的一张水彩画，可惜我们不能用彩色印出来，且待诸我们的丛书《阿Q画集》出版时再用三色版来印吧。本埠的读者如欲先睹为快则请今日，明日，后日三天到八仙桥青年会参观许幸之吴印咸的绘画照相合展会。

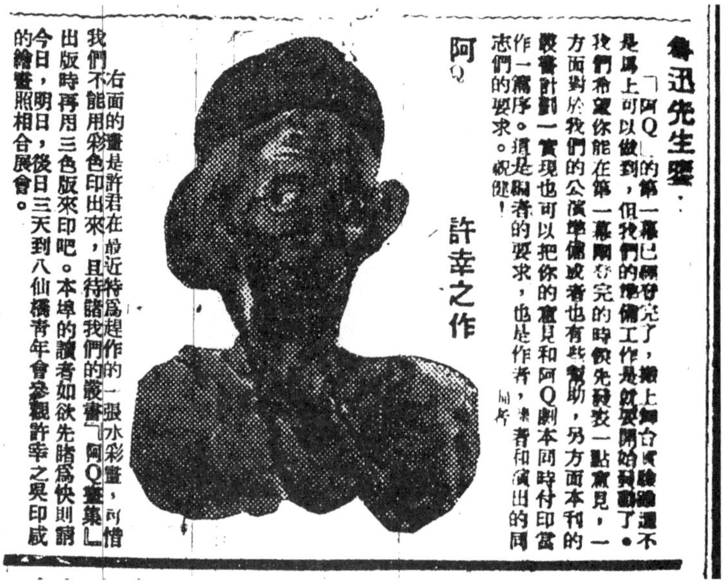

魯迅先生鑒：

「阿Q」的第一幕已經寫完了，搬上舞台實驗還不是馬上可以做到，但我們的準備工作是就要開始發動了。我們希望你能在第一幕剛寫完的時候先發表一點意見，一方面對於我們的公演準備或者也有些幫助，另方面本刊的叢書計劃一實現也可以把你的意見和阿Q劇本同時付印當作一篇序。這是編者的要求，也是作者，讀者和演出的同志們的要求。祝健！

同人

阿Q　許幸之作

右面的畫是許君在最近特爲趕作的一張水彩畫，可惜我們不能用彩色印出來，且待諸我們的叢書「阿Q畫集」出版時再用三色版來印吧。本埠的讀者如欲先睹爲快則請今日，明日，後日三天到八仙橋青年會參觀許幸之吳印咸的繪畫照相合展會。

① 原文无标题。

《戏》14[①]

独白

这一期上我们很抱憾的是鲁迅先生对于阿Q剧本的意见并没有来，只得待诸下期了。

本刊原定每月出电影专号一次，但自第一期出后，第二期至今尚未出现，这或许会引起许多人的误会，事实上我们因为日报的发行隔天就不容易再觅，以致第一期出后使许多读者很难购买而纷纷来函，故预备等单行张出版后再出，今单行张的计划已将实现，第二期的“电影专号”也已在筹备中，希望踊[②]跃来稿。

信件两封[③]

秋农先生：

足下的提议非常感谢。两星期前听见许幸之君说起在南京民教馆服务的洪叶君正努力于雕刻阿Q的连环木刻，因此就请许君去函去要，据说洪君的函覆已来，可以给本刊发表。

此外，许可君也答应于联华和电通的字幕做完后抽空塑一个阿Q像，可能的话或者再来几个浮雕。还有吴印咸君也答应于拍外景的机会中到乡村去寻觅阿Q剧中人物的典型拍几张照。

所以，假如读者们真是这般对于阿Q发生兴趣，而同志们也真是那末热诚，那末本刊一定负责在阿Q公演以前，先开一个阿Q展览会，这或者是许多读者都赞成的吧？

我们还希望读者们也寄些作品来，不问雕刻，木刻，照片，或化装像。都是欢迎的。

编者

① 原载1934年11月18日《中华日报》。
② 踊：原文作“勇”。
③ 原文无标题。

洪叶君：

幸之已请朋友寄快信给你，谅知悉。

阿Q的连环木刻承答应给本刊发表，很感谢，但望早日投下以应读者的热望。

如其数量相当多的话[1]，或者把足下的木刻不归入丛书中的《阿Q画集》而另行单独印行也作为丛书的一册，于阿Q公演前出版。未悉尊意如何？候覆祝好！

编者

席勒百七十五年祭

十一月十日为德国狂飙时代的大戏剧作家席勒(T. Schiller)一百七十五年祭。席勒与大诗人歌德齐名。在中国读书界虽不为歌德获得广大读者，但《威廉退尔》(*Wilhelm Tell*)一剧在民国元年即曾由马君武氏译登大中华杂志，后在一九二五年又经某君译成白话，他那一种爱自由的热情也鼓动中国民族起来追瑞士革命家之遗则，虽说这一革命至今未能完成。

本年的席勒纪念，北方学界甚为热心，开过几个纪念会，出了一个专号。但中国新兴戏剧家在郝普特曼投降希特勒的今日，应该以怎样的态度来纪念席勒呢？应该以怎样的尺度来重新衡量席勒呢？

为着增进中国戏剧界对于国际戏剧家的理解，与戏剧遗产的继承，我们要求读者供给关于席勒纪念的文章，在下一期登出。

---

① 话：原文作“画”。

《戏》15[①]

独白

上一期我们抱憾[②]于鲁迅先生的文章没有来，这一期可同时收到了他两篇，并且还寄来了十张木刻，那且等下一期起我们络续地发表。

周伯勋君的游艺场巡礼的续稿没有来，只得向读者们通歉，以后有长篇的文章我们总设法收到全部再发表，免得再失信。

研究室所接到的读者来询的信件有好几封，但都是关于化装的，辛汉文君今日结婚，暂时无暇答覆，且待下期了，同时我们还希望读者来询的范围更广一点，不问[③]是装置，灯光，演出，作剧，以及其他的问题我们都尽力设法请专门研究的同志来解答。

---

① 原载1934年11月25日《中华日报》。

② 憾：原文作“感”，疑误植。

③ 问：原文作“向”，疑误植。

《戏》16[①]

独白

在上一期伯鸿君的《苏联为什么邀梅兰芳去演戏》那篇长文刚登完，接着又收到了秦素君的《梅兰芳博士到苏联去的检讨》一文，我们就把它在这一期上登了，算是把梅兰芳赴俄问题的研究告一段落，而从事别的问题的研究。

刊行单行册的计划，将于一九三五年一月本刊第二十一期开始，已出之合订本则将于年内印就，丛书计划当待单行本刊行以后了。

为了单行本计划的延迟，我们将把第二期电影专号提前于年内第十九期，来稿请于十二月十二日前寄到是幸。

信件一封[②]

云鸿先生：

所询陈大悲领导之观音剧社系所谓无线电播音戏，“观音”之名许是“灌音”之别，与汪仲贤领导之大众剧社不同，大众剧社乃于舞台上演出。此指其形式上之不同而言，至于内容，本刊早就打算对于此两组织作个别的批判，这里就顺便地向同志们征稿。（按大众剧社在大世界演出，观音剧社的播音时间可参阅各报之播音节目。）

编者

① 原载1934年12月2日《中华日报》。

② 原文无标题。

《戏》18[1]

独白

最近我们收到读者们寄来的稿件很多，真使我们雀跃得很，但为篇幅的狭小，不能一时刊登，深感抱歉！

本刊第廿一期开始的单行小册已决定由上海杂志公司代理发行，订阅全年连寄费大洋一元五角，本外埠一例[2]，读者可直接向上海杂志公司订阅。

---

① 原载 1934 年 12 月 16 日《中华日报》。

② 例：原文作“列”。

《戏》19[1]

独白

自从改版以后，在形的方面既不如以前，在量的方面也轻了很多，但为了便于单行册的印刷形式方面是除了这样是没有别法了，量的轻则待新年廿一期起就可补救的。

错字的多是我们自己也感到极大的不满的，从这一期起除报馆原有几位校对外，再请李厚坤君负责复校一遍，那或则可以少些了。

关于本刊的不善处，请读者们不客气地指教，我们总尽我们的能力以改善。

最近寄来的稿件很多，不能一起刊出，甚对作者们抱憾，但稿子太长也是一个原因，如来稿都在一千字以内，那就不致使编辑人有这样困难了。

代邮

蚁蜂戏剧图书馆鉴：对于贵图书馆之组织甚表同情，愿尽力助其进展，希望最近能有一次互谈机会。

山人君：大稿评《临时演员》已拜读，本该于本期刊登，惟于大文后半之对于剧本理解上，尚略有误会，例如认这一群临时演员为真正[2]东北农民或义勇军[3]，即与剧本原意不同，这一群虽然服着军装，却是来做临时演员而生活在上海的小市民，临时演员C就是一个中学毕业而曾当过教员的智识分[4]子，足下似未听清剧词而仅以形式下断。故不刊并无他种用意，祈勿误会。

---

① 原载1934年12月23日《中华日报》。
② 真正：原文作“真真”。
③ 义勇军：原文作“勇义军”。
④ 分：原文作“份”。

《戏》21[①]

独白

在各种困难中，总算是没有失信而果然在这二十一期上实现了我们的新计划，把扩大和单行本的计划都同时实现了。

此后我们是更需要爱好戏剧的同志们和读者们的协助和指摘。

最近的两期，尤其是这期，几乎形成了国内外各地剧运调查的专号，这是因为去年底由各方来的存稿很多，我们就趁这机会把它们集合在一起，算为一九三四年的一个总算，虽然还有来不及发表的。

中华日报《戏》周刊征求定户

本刊自一九三五年一月六日第二十一期起，除每星期日附报出版外，每星期二另印单行小册，每五期用精美封面合订，欢迎全国爱好戏剧同志们订阅。

定价　单行册每期零[②]售大洋二分订阅全年五十期连邮费大洋一元五角，本外埠一例[③]。

发行　本刊委托全国发行最广之上海杂志公司代理发行，寄送迅速，信用卓著。

保障　本刊如遇中途发生意外停刊等情，由上海杂志公司发还定户定费。

待遇　凡本刊定户得以特价购买本刊丛书及本刊所推动之公演剧券。

---

① 原载 1935 年 1 月 6 日《中华日报》。

② 零：原文作“另”。

③ 例：原文作“列”。

《戏》22[①]

独白

在本刊单行册发行了的一星期中，我们已调查过，各方面都相当顺利，只待于我们更加鞭地努力，使这小小刊物能效螳螂当车之勇，以推动戏剧运动之巨轮，向着一九三五年进展。

最近的几期，都是凑集来稿而编辑起来的，虽然与从前的格调略有不同，但是供给大家说话的态度都可以由此看得出来。

同时，因为由于这样的方法编辑的关系，使关于苏联的文章多于国内各种戏剧研究了，虽然对于苏联戏剧的动态是读者们都很有兴趣要知道的，而这些文章又都是很和平的学术态度，但是对于国内各种戏剧的检讨和研究却也是十分重要的，希望读者多多来稿。

这一期的阿Q先生到城里去了，要向读者请假。

更正

上期《提起南国的戏剧》的作者旅冈误植为族冈，特此更正并向作者致歉。

① 原载1935年1月23日《中华日报》。

《戏》23[①]

独白

本刊征求如下的文章：

各种戏的研究和检讨

对于中国剧作家或剧作的批评

各地的剧运

演剧的消息

欢迎在以上范围内的稿件多多地惠赐

《戏》月刊定户诸君公鉴

自戏月刊停刊已来，已历一年有余，使定户诸君引为失望，殊深抱歉。

今戏周刊单行本计划已经实现，凡戏月刊定户将订单寄下本刊，当赠阅戏周刊全年一份，以补偿损失，并得与戏周刊定户享各种同样优待权利。

戏月刊周刊　同启

① 原载1935年1月20日《中华日报》。

《戏》33[①]

袁牧之启事

鄙人近因电通公司连日赶摄《风云儿女》，不克顾及本刊编辑事务，现托李厚坤君暂时代理负责。[②]

编后

有许多热心的读者常常写信或寄稿子给本刊，总希望有一个回覆，但结果一方面由于编者实在事忙，一方面也有些实在没有法子回覆。比如好多公演批评或是长篇译稿，自然有的是失掉了时间性，有的由于它们的内容使编者没有胆量去决定，这是个人引为遗憾的事。从现在起，尽个人的力量切实整顿一番，以后总可以使朋友们不太失望吧。

本期起连载灵武先生译的《斯坦尼斯拉夫斯基自述第一次的导演经验》，这对于我们戏剧工作的同志当有些益处的。

王泊生先生的《革新戏院改良刍议》发表后，平，津，宁，沪各地都有反响，本刊也打算在下期刊登讨论的文字，除特约几位朋友写一点而外，欢迎读者们踊跃参加，来稿盼于礼拜五前交到。

另外还有章泯先生译的《哈孟雷特忠告演员》(莎士比亚表演技术)，是一篇在演剧艺术方面极有价值的文章，还有何洛林先生译的《普力汗洛夫论易卜生》，都只好移到下期去发表了。

---

① 原载1935年4月7日《中华日报》。

② 本则启事原无标点，标点为本书编者所加。

书信

致李匀之信①

匀之：

两期《山雨》都已收到了，穰丞的两份也专诚地替你送去。我们同时谢谢。

这两本册子就是你和王君结婚后的产儿，他们虽不像天仙般使人迷恋，却也没有什么胎疤残疾，这就是很足庆贺的一点。

在第一期的目录中见有达夫先生给你的一封信，那自然使我首先读完的，但是我很不满意它，因为我怕它已浇了盆冷水在你身上了。

他说：“我想现在如西门书店的某某及你老弟之流，是决不能干这一种勾当的，你们非但不能开书店发财，我怕一不小心，你们简直要把老婆儿子都赔贴下去。”

他是一位有阅历的前辈——这在他自己的口气里也默认着的——他的话你当然是十分崇拜的，所以我怕你已经胆怯了！

但是你不要因为医生说你不能怀第二胎，就连第一胎也制了育；也不要因为天文家说明天地球要毁灭，就今天先去投了黄浦。

固然，医生和天文家的话是足以信仰的，但是有时医生会把动脉静脉也弄错；天文家会把小数点也算错。

现在你们的《山雨》杂志不是已出了两期了吗？你们的山雨书社不是也成立了月余了吗？虽然我确信《山雨》杂志总有一天要停刊；山雨书社总有一天要解散；你和王君总有一天要离婚，但是在现在——至少是今天——已是可庆的了！

倘若我们怕明天书社要解散就连今天也不办；怕第二期杂志要停刊就连第一期也不出。那真和怕明天地球要毁灭今天先投了黄浦；怕第二胎不能怀孕就节制了第一胎的生育同样的愚蠢了。

我们不能因为怕死就不生；因为要静就不动；因为要饿就不吃；因为要醒就不睡；因为……就不……所以我们也不能因为明天要失败就连今天的成功也不要！要是那样那岂不是释迦牟尼的思想了吗？啊！这种思想是青年人所不应有的！即使“老人”也不应有的！

讲到想从开书店发财，我想你总不至于吧？要真是这样想法，那末我劝你还是拿

① 原载《山雨》1928年第1卷第6期，题为《放在手里与放在脚里》，署名“家莱　任叔　匀之”。落款“家莱”的信后有落款“王任叔、李匀之”的复信，现以附录形式附后。

着锄头到先施屋顶花园里去掘横财；或者到外国坟山里去剥尸的好！

我很知道你们自己也很明白想开书店发财是缘木而求鱼的，所以你们的发刊词里说："只想说些自己应说的话！"对呀！这才对了！你们就诚实地说你们自己要说的话吧。发财的念头把它丢了，赔贴老婆儿子的警告也不要顾它！

至于说了以后要伤感情；多是非；吃巴掌；打官司；坐牢监；甚至于吞卫生丸，都无须顾及，因为我们想说的话终于先说了。

也许我的话太叫你动了；达夫先生的话太叫你静了。虽然二十世纪是应当动的时代，不是静的时代，但是他的话你也不能忘去。

我希望你把他的话放在你的手里；把我的话放在你的脚里，因为脚的前进是要勇敢的；手的处治是要谨慎的！

还有一个解释是这样：放在手里的东西是高贵的；放在脚里的东西是低微的！

九月七日，家莱。

附：王任叔、李匀之复信

看了像家莱先生那样的信，是会使我们要非常感激的。虽然他对于我们登了郁达夫先生的信，似乎在猜疑到我们借幌子，开书店发财。但我们总接受了他那个"动"字，奉命维谨地[1]放在脚底，跑去。同时，把家莱先生底信也登了出来，借一会幌子，来作倒闭书店赔贴老婆儿女的张本。读者们，在这一点上，也可以看出我们为什么要登达夫先生底来信的意思了吧。

其实，说话是难的，听话却也未必就怎么容易。达夫先生底话，虽然是怎样说，意思却也未必和家莱先生有[2]什么不同。我们对于别人底话都有相当的尊重，同时也有相当的崇拜，家莱先生和达夫先生还是一样。

而且退一步讲，开书店，发财，[3] 虽然不是本心，但比革了人家的命，发了自己的财，[4] 多少要好一点。而况在"时局扰攘之秋"，我们一批无聊之徒，生活上，思想上都找不到出路，自己来开辟一条，也未必就会怎样罪恶。既不想在文坛上像有枪阶

① 地：原文为"的"。
② 此处"有"字为编者所加。
③④ 原文此处逗号作分号。

级割据些地盘的造成自己一派的局面，也不想到先施屋顶花园里去掘横财，到外国坟山里去剥尸体。这[①]，也还请家莱先生放心。

本来这些话让匀之一个人来说好了。可是我们既然说是结了婚，便也不得不共同具了名。虽然，写上了“先生”二字，在家莱先生会要感到太客气。

王任叔

李匀之

① 原文“这”字后有“著”字。

致欧阳予倩信[①]

……不知我们所信仰的事业还能回复到当时之盛否？……

① 《中华日报·戏周刊》1934 年 9 月 16 日第 5 期《欧阳予倩先生来函》中引用了此句。

致史岩信①

史岩兄：

来函敬悉。兄欲编一刊物，弟甚为钦佩之至。近来弟因种种关系不得空闲作稿，请兄原谅。望创刊后，第二期再当赐下，为荷。耑此

刻安！

弟袁牧之上

九 廿八

電通股份有限公司

史岩兄：

來函敬悉。兄欲編一刊物，弟甚為欽佩之至。近來弟因種種關係不得空閒作稿，請兄原諒。望創刊後，第二期再當賜下，為荷。耑此

刻安！

弟袁牧之上

九 廿八

① 据袁牧之手稿录入。

致东影吴印咸张新实厂长信三封[①]

吴、张厂长转翻译片组全体同志：

在这次行政会议的艺术小组会上，提出了嘉奖《桃李满天下》与《他们有祖国》的译制工作案，小组一致同意应予表扬，以资鼓励。

对于《他们有祖国》片，除一般工作都很均匀外，张桂兰所饰的伊娜与刘群饰的吴普马斯尼，都有相当的成就，应特别予以表扬。

特专函表扬，并向全组同志深致敬意。

此致

敬礼

袁牧之

十月十六日

吴张厂长并转翻译片全体同志：

兹接上影翻译片组四十二位工作同志签名应战书如下："这是我们向东影六个翻译片工作组的应战书，在时间上是晚了一些。那是因为我们接到你转来东影六个翻译片工作组的挑战书后，在非常兴奋和热情中，同时我们又很冷静地周密地通过工会小组，发动大家，考虑了我们当前的困难，经过酝酿和讨论，将我们人力、物力，和困难重新估计了一下。

现在我们向您保证，一定克服困难，完成今年的生产任务，并有决心争取超任务一部，不但保证数量，也保证质量。同时，并希望知道东影六个翻译片工作组今年超任务完成的数量。"特抄转你们，希将你厂六个翻译片工作组今年超任务完成的数量告我，以便函告上影为盼。

此致

敬礼

袁牧之

十月十六日

① 此三信刊载于《东影通讯》1950年10月21日第121期，标题为编者所加，第一封信刊发时原有标题《袁局长来函鼓励〈他们有祖国〉》。

东影吴、张厂长转制片处全体职工及美工科布景股、录音科、音乐科、洗印科、摄影科照像股全体同志们：

接到了你处全体向北影的应战，并向上影厂挑战的信，甚为感动；特别是布景股一百余工人同志们“在许多困难条件下，决不向困难低头，同时要节省人力、物力，保证质量，争取提前完成任务”的信心与决心，更值得大家学习。

今年的生产任务是繁重艰巨的，工作中的困难也是多方面的，但在全处各科，各股全体同志们的高度热情，一致团结，相互保证克服困难，我相信你们是能胜利完成任务。除将你们的来信全部转致北影、上影以资两厂全体向你们学习外，特向你们致敬并预祝你们胜利。

致以

敬礼！

袁牧之

十月十六日

致东北影片经理公司函[①]

我局1950年度重要任务之一是：争取进步片优势，保证工农兵电影主导，1950年度，东北、北京、上海三制片厂，都以最大努力完成了制片计划。这一计划的完成对工农兵电影主导具有决定性作用，但三厂所出影片，大部分还未与观众见面。虽然1950年度在发行战线上，进步片已在全国范围内争取到优势，并已肃清了多年来占绝对优势有害的美英片，但如何在发行上保证工农兵电影主导，则有待于这次国营新片展览月之成功与胜利，以利国营各片今后在广大群众中的发行，并从而奠定发行上工农兵电影主导……此次举行新片展览月的意义既如上述，故除希望各厂尽力保证拷贝洗印质量并按时寄发外，并希望各地公司及办事处以最大努力争取这次展览月的空前胜利，以奠定毛主席工农兵文艺方向在中国电影上的胜利基础。

① 此为1951年1月31日袁牧之为举办新片展览月亲自给东北影片经理公司所发函件内容，录自邵功游刊发在《当代电影》1999年第5期上的《袁牧之与人民电影事业》一文。

致陈明信[1]

编剧科转

陈明同志：

1. 写码头工人题材我是同意的，但可否写码头工人与海员联合，拒卸美帝运来助蒋之军货之类的斗争，则比日帝对今天的反美侵略更有意义，不知然否？

2. 如上述可肯定的，那末现有材料所写码头工人的落后一面可避免，而反之变为工人首当其冲的反美运动，且大连也不必大连，可换为另一海口，苏联人可换为共产党员，工人翻身前的对照可用国民党，因为苏联人在这个戏里出现不是太必要，也不是太好。（他是以一个行政管理人出现的事，不太好。）

我仅提供你参考

敬礼

牧之　24/8

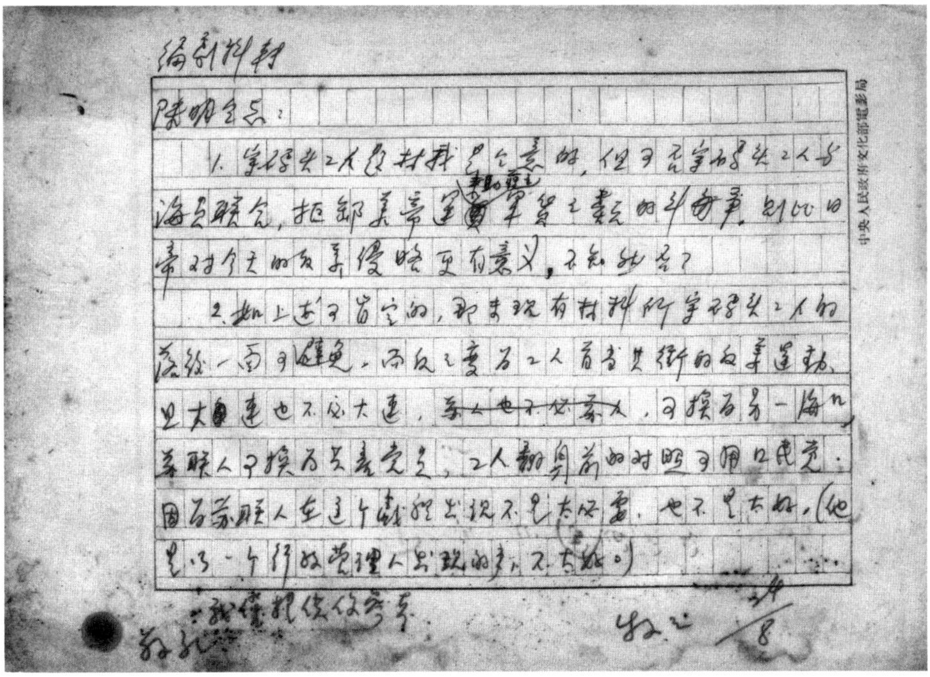

① 据袁牧之手稿录入。按：信中提及的剧本于1953年4月摄制为电影《六号门》，此信当写于1952年。

附：电影局艺术处编剧科致袁牧之信[①]

袁局长：

陈明同志写了一个以码头工人生活斗争为题材的剧本梗概，已经蔡楚生同志看过，并提了意见，基本上是同意写这样一个剧本的。现特送上，请您看一下，以便决定陈明同志是否于最近一二天随冼群等去大连。请及早指示。

此致

敬礼！

电影局艺术处编剧科(公章)

八月廿四日

① 据手稿录入。

附录

悼鲁迅先生[①]

在这一星期里面，文化界所发生的最大的变故，像一个晴空的霹雳，震[②]撼着每一个中国人，乃至全世界的文化人的心，使他们震惊，悲悼，太息，并且深切地[③]受着像失去了什么似的空虚之感的，是鲁迅先生的溘逝。

这十几年来，中华民族所遭遇的是一个空前苦难的时代，到了今日，且已经来到生死存亡的最后关头。作为民族先觉的文化工作者，时代所给与他们的感觉特别敏锐，黑暗所加于他们的压迫也异常沉重。在今日与明日的战斗中，我们看到了许多渴慕光明的人吃苦，受难，被害；也看到了一些卑怯者的投降，屈节，出卖。鲁迅先生以英勇的战士的姿态在文坛上出现，以不屈不挠，始终如一的坚贞，执行着争取正义公道的任务，同一切传统的，封建的，黑暗的势力搏斗，直到停止呼吸。这种伟大的精神，实在是替文化斗士建造了一个最美丽高洁的典型！

鲁迅先生的死所给与我们的，又岂止是失去了一位文学导师的悲戚呢。这损失是整个中华[④]民族的，也是全世界的被压迫人群的！

鲁迅先生和我们服役的文化部门不同，然而他的伟大坚韧的斗争精神，却应该是全人类的表率；对于从事于电影和戏剧工作者，尤其是我们努力的最后的昭示。——民族危机是这样急迫了，而这位文化巨人的死去偏又在这种时候。现在我们觳觫地借了这篇短文来纪念鲁迅先生，我们的悲悼的心情，却不足以表达于万一。但我们愿意借此自励，依着鲁迅先生的奋斗的足迹，继续他未完的任务。

“鲁迅先生不死，中华民族永存！”假如我们相信这挽语的铁一般的声音，那么，让我们祝福这一位苦斗了一生的战士的幽灵，静静地在地下安眠罢。

胡　萍　陈波儿　蓝　蘋　赵　丹　郑君里
章　泯　史东山　吴永刚　费　穆　蔡楚生
贺孟斧　司徒慧敏　欧阳予倩　沈西苓　应云卫
柯　灵　袁牧之　唐　纳　施　超　李　清等[⑤]。

---

① 原载上海《大公报》1936 年 10 月 25 日“戏剧与电影”第 11 期。
② 震：原文作“振”。
③ 地：原文作“的”。
④ 华：原文作“国”。
⑤ 原文“等”之前有省略号。

艺人访问·袁牧之[①]

马 翎

谈起咱们中国艺坛上的几位化装大王，除了马徐维邦以外，恐怕就排到这里的袁牧之了！他是不一定会有很好的化装成绩给我们瞧，而且是演起戏来也是顶好的。

有一天，本来是到新南剧社去看梅熹的，可是凑巧得很，碰到了他，便随便给他谈谈，算是访问的材料。如下：

“怎么？今天倒有空在这里吗？《马路天使》如何？”我问他，他费了一时的思索，好像很唐突。

“是的，近来比较闲一点，《马路天使》马上可成功了！只有几个镜头便完了！”他答。

“袁先生：是宁波吗，故乡？”问。

“是的，和应云卫先生是同乡。”答。

“是演过《怒吼吧中国》算你的处女上舞台吗？”问。

“比较起来是我成功一点儿的，可是并不是处女上舞台的戏。”答。

“以前一直是干戏剧的吗？做过生意没有？”问。

“没有，初中时代就干戏剧这玩意儿了！”答。

“甚么学校念书？”问。

“宁波，上海也进过专科学校。”答。

“近来参加过剧社团体吗？”问。

“没有，因为《马路天使》的缘故。”答。

“你以为舞台生活比较适意一点的呢？还是电影生活？”问。

“都是很吃力的，讲适意吗。这种生活都是不易干的。”答。

“《大公报·电影与戏剧》你编的吗？”问。

“以前几期，近来是唐纳先生。”答。

“应云卫先生，好像是你的难兄难弟，你们总是干在一起。”问。可是他笑着点点头，没有回答。

“明星公司近来范围改小了吗？”问。

---

① 原载1937年4月5日上海《大公报》。

“不知道，我除了《马路天使》负责之外，一切公司里的事，我都是不问底细的人。”答。

“你生平演过几个剧本，哪[1]一个比较兴奋?”问。

“算不完，记不清，可以说都感兴奋，只[2]是有个没有演好罢[3]了!”答。

以后都是关及私人的谈话，但是笔者这天碰到他的时候，几乎不认识他了！他本来是长发的艺人，现在却理得光亮了！而且脸部的骨骼[4]也很像转瘦了许多，他的性情很像田汉，是一个肯为中国剧运牺牲到底的勇士，而且中国艺坛，袁牧之确是一个不凡的人，他会做戏，写文章，绘画，一切都很精巧啊!

---

① 哪：原文作“那”。
② 原文“只”后有“有”字。
③ 罢：原文作“吧”。
④ 骼：原文作“格”。

悼聂耳先生[1]

我们提议——七月十七日作为中国音乐节

聂耳先生，这一位年青的划时代的作曲家，离开我们已经有二周年了。纵或少数音乐“专”家们对于聂耳先生歧[2]视，然而他所给予中国音乐界，中国电影戏剧界，不是整个的中华民族的功绩是不朽的，是不可磨灭的。

他所谱写的歌曲，是那样通俗，而又那样热情呵，凭了他的谱写的天才，救亡的歌声响遍了每一个城市，每一个村落，每一个街头！凭了他所谱写的雄歌，学生，兵士，店员，工人，农民，集合起来了，统一起来了！向前迈进起来了！我们要坚定地说，聂耳先生为我们民族建立下不朽的功勋！

我们要纪念他，我们要永远纪念他，在他逝世二周年的今天，我们提议，就把今天，七月十七日，作为中国音乐节，让我们，每当这一天，永远，永远纪念这一位年青的划时代的作曲家——聂耳先生。

阿英　郑伯奇　孙师毅　许幸之　夏衍　吕骥　塞克　宋之的　陈白尘　尤兢　凌鹤　冼星海　陈波儿　关露　赵丹　袁牧之　郑君里　唐纳

“听万千人唱着你谱写的雄歌，
你应在九原含笑！”

——赵丹

“听吧，满耳是大众的嗟伤，
看吧，一年年国土的沦亡！”
当敌人的炮火又作之际录此二句歌词以悼聂耳。

——牧之

多听一次炮，
多一阵记起你的歌声，
我们的民族歌手呵，

---

① 原载1937年7月17日上海《大公报》。
② 歧：原文作“岐”。

愿你永生在中国海！

——君里

“高歌尚待惊天地，
小别何期别死生。”
录寿昌悼聂耳诗。

——夏衍

这里不要眼泪，
不要花圈，
要拿我们的努力来纪念死者。

——塞克

“……即使周围是秋虫啁鸣，或是落叶的嗟叹，我不会感到寂寞。因为，有你的影子，在永远环绕着我！”

——唐纳

伊文思答袁牧之先生所问[①]

问：《怎样保卫马德里》一片曾否受西政府检查？

答：未，但于事先曾与西政府教育军政当局接洽，并对之将在西工作计划作详细解释。

问：《怎样保卫马德里》一片在西用片多少，在美剪接时实用多少，在美有无补摄？

答：在西用片二万二千尺，实用六千尺，无补摄。

问：在对外宣传影片上，采用充分暴露敌人残暴的手法是否可收到理想效果？

答：我以为不。我在西班牙所摄取关于法西军轰炸的片子是这样的：一个被炸死的女人的美丽的脸静静地睡在那里，一个小孩子抱住她，摇撼她，想使她醒来，配以富有反抗性的强有力的曲子。我认为这种摄制法比专拍被炸人士的断肢残腿要有力得多。用在国际方面的宣传片，本来也需要注意到，各国的电影检查委员会对于恐怖的场面大都是不肯放过的。

---

① 原载1939年7月1日《救亡日报》。伊文思，全名尤里斯·伊文思(1898—1989)，荷兰导演，纪录电影大师，拍摄有《西班牙土地》《四万万人民》《印度尼西亚在呼唤》《愚公移山》《风的故事》等影片，其中《西班牙土地》(1937)就是反映西班牙内战中共和政府军抵抗叛军，保卫马德里的影片。

救救灾难中的华北同胞！[1]

——袁牧之先生访问记

刘文怡

袁牧之先生于去年一月，由大后方路过延安赴华北敌后考察戏剧运动，收集戏剧材料。一年来袁先生遍历冀晋各省考察，工作极为努力，且颇多成绩。现为整理材料，特由前方归来，于二月初返抵延安，记者于日前往访袁牧之先生于寓所，晤面后，记者即以前后方曾盛传袁先生遇难谣言之真相[2]相询，袁先生以笑置之，但对后方友好人士对伊之关怀，极表感谢之意。据云，此次返回延安系暂时性质，最近仍拟去前方或返重庆尚未确定。最后对此次华北遭受之水、虫、病、兵四大灾害之惨状，及当地党政军民合力救灾之情形等，均详为见告，兹特志于后，以供关心敌后抗战及华北灾情人士之参考，并引起全国人士之注意。

（一）受灾惨状

华北此次遭受灾害之严重，实为空前所未有，不但有水灾，相继而来的并有虫灾、病灾和兵灾，人民在天灾与敌人的危害和蹂躏下，损失颇为重大，生活更加艰苦。四大灾害中，水灾最为严重，据云是自民国六年以来所未曾有过的。灾区之广，包括晋东北、冀西、冀中、鲁西和察南，将近一百县的地区，遭受了大水的侵袭，人口死亡以万计，财产损失达数千万之多。四省中以晋冀察边区受害最大，只平山、灵寿、行唐、井陉等四县的财产损失即达四百六十七万元，房屋被冲掉者有三万六千余间，被冲走之粮食达三十二万石之多(已收未收之粮食均在内)。平山、灵寿、行唐、浑源、灵邱、井陉、蔚县、曲县、易县、唐县、定县、阜平、正定、孟县等十四县的田地，被冲毁者计共有五十八万四千九百九十亩，被淹没的有四十一万五千八百四十二亩。死亡只浑源一县即有三千人。灵寿一县冲走了树木十万株，平山一县即淹死牲畜八百头。

酿成大水灾有两个原因，第一是天然的原因，从去年“七七”以后即夏雨绵延十

① 原载1940年3月22日《新中华报》，文中错误已据1940年4月2日《新中华报》第三版的《启》更正。
② 相：原文作“象”。

余日不停，以致山洪暴发，水从山西高原地带向冀中平原，沿滹沱河、唐河、沙河、大清河等河流两岸遭害最大。在平汉路以西高地，水自山上流下，水势最急，所到之处不用说人是很难跑出，即房屋亦被冲走，在冀西北之军城整个城都被冲走了，房子样大的石头，亦由山上被水冲到平地，整个村子被冲掉的更不可胜计。在阜平与灵寿之间有一村庄里的一户人家，全家十一口人，大水冲至，只有一人逃出，其余全被水卷走了！阜平的北沙梁村，房子被冲走了大半，几十个居民被淹死了，有四个人见大水来了，便爬上树去，以图幸免，哪[①]知无情的狂涛将大树连根拔掉，他们只好紧抱着树随波飘流，冲至阜平城脚下的河流转弯处始停下了。他们抱着树向岸上城里的人呼救，岸上的人从震天的水啸声中，听到了这四个同胞的微弱的呼救声，大家都无限地[②]同情，当即募捐款一百余元，号召会水的人下河去救，救起一人赏洋三十元，自告奋勇的人很多，但当他们走近河边，那样海洋中浪潮一样的惊涛□□[③]阻止了他们，都感到自己"心有余而力不足"，如果冒险去救，必会遭受白白的牺牲，与那抱树的四个人同做波臣。直到第二天水势小了，他们才下水去救，但那四个人已有三个被水吞没了，剩下一人，经大家救起后，又只有奄奄一息了！

第二是因为敌人决堤，使洪水泛滥更为汹涌辽阔，无异火上加油。敌人在华北最惧愤的是八路军和民众，两年多以来，民众配合八路军坚持敌后抗战，给予日寇很大的打击，使华北大好河山仍能飘扬国旗，一万万民众不受敌人的奴役，并且动员组织武装起来坚持"华北是我们的"！敌人也就处处想打击我们，这次大水为灾，又正当是麦子黄熟要收割的时候，正是敌人进攻我们的一个机会；它将堤挖断了，使大水冲至冀中平原，毫无阻挡地到处泛滥，千百个同胞被淹死了。靠以生活的田地和庄稼被冲坏了。敌人更梦想着淹死冀中的八路军及其领导的抗日游击队。但它的毒计并没有实现，在大水中，它也遭受到很严重的损失，平汉路被冲断了，几个月没有通车，切断了敌人的联络。大水把敌人挤到较大的城市里，被淹死的也不少。天津的敌人更遭受到更大的损失，无数的军火粮食被洪水冲到渤海里沉入海底。

住在冀中的八路军，很多曾是在二万五千里长征中，用震惊世界的神秘[④]似的英勇姿态横渡过汹涌澎湃的长江巫峡与大渡河的急流的英雄，这次的大水，对他们已不是稀奇的事情了。民众帮助八路军用木船，木筏离开了水的危害。敌人在此时又用□[⑤]艇载了兽兵来袭击，于是，历史上空前未有的"水上游击战"便在冀中平原的巨

---

① 哪：原文作"那"。
② 地：原文作"的"。
③ 原文此处二字不清。
④ 秘：原文作"密"。
⑤ 原文此处一字不清。

浪中展开了！敌人终于被打败，千百万民众也在八路军的卫护下，脱离了敌人的蹂躏和水灾的侵害。八路军的血混合在北国原野的洪水中，交成了一幅壮烈的惊天地泣鬼神的画面！

水灾[①]过去了，千百亩良田变成了几年不能耕种的沙滩，肥沃的土质被大水洗去了。这还不够，继大水之后又发生了虫灾。没有被水冲走的麦子和高粱[②]，由于被水浸湿了，不腐烂就生了虫，老百姓都叫它做“青虫”，种子全被青虫吃掉了。洪水卷走了无数粮食，可恨的青虫又来吃掉了一些，这使得粮食更成了问题。

同时，水灾也给人们带来了病灾，在水灾后，疟病与痢病成了最流行的疾病，病菌夹在秋风里，猛烈袭来，只在晋察冀边区的八路军，就有五千人患疟疾和痢疾。民众患此种病的更指不胜屈，计不胜计，共有几十万人患了这两种病，死亡率也不小，因为没有防止传染的药品。在冀西有一家村子曾一连死了五六十个人。

兵灾(指敌兵的蹂躏)，抗战一开始就有了，但遽在水，虫，病三大灾害一齐袭来的华北，敌人的残暴横行，更加深了灾情的严重，在大水时，敌人退守城中，深沟高垒，强迫民众为其作苦役，平汉路被大水冲断，敌人交通运输断绝，乃愈加残暴，四出抢夺粮食。

抗战进入相持阶段，敌人除加紧政治进攻外，在敌后加紧“扫荡”，尤其企图消灭八路军及抗战根据地，对民众则采取“怀柔政策”，欺骗麻醉民众，但华北的民众尤其是在晋冀察边区，民众已经有了自己坚强的组织，并在抗战烽火中锻炼提高了自己的政治文化水平，不受敌人的欺骗，始终坚持抗战团结和进步。这样一来，敌人伪善的假面具便揭穿了，青脸獠牙的凶残狰狞的真面目便现了出来，在水灾前，即已到了麦收的时候，也是“青纱帐”变成了“黄纱帐”的时候，敌人便开始大举进攻，同时进行其固有的烧杀政策。但因为八路军与民众英勇抗战，又逢山洪暴发，大水冲至，敌人只好暂时停止了进攻，到水灾后，未被水冲走及高原地带的庄稼进行收割了，并准备装仓收藏，敌人即开始“冬季扫荡”，向各抗日根据地进攻，并仍继续其烧杀政策，进攻中沿途烧杀抢掠奸淫。如定襄县的炭窑沟，当敌人突进村子时，许多人尚在睡觉，兽兵们逢人乱砍乱杀，纵火打劫，机枪刺刀同时并用。敌人走后，这个只三十多户人家一百多人的村子，变成了人间地狱，情况的凄惨，真是惊心动魄惨不忍睹。未死的人全逃光了，找不出一个人来，到处躺着死尸，男的女的老的少的，有的死在被窝里，有的死在路旁。一个五岁的小孩子也挨两刀一枪，喘喘一息地[③]躺在

① 水灾：原文作“灾水”。
② 粱：原文作“梁”。
③ 地：原文作“的”。

地上用低哑的声音喊叫着：妈妈！该村村长全家十三口人，逃出血腥的屠杀幸存的只有三个人。据统计全村遭难的达五十人之多，受伤的也有十几个人。人，牛，羊，猪，驴马的尸身和血迹混杂在烧焦了的地上的瓦砾堆里，绘成了一幅人类空前未有的惨景！

敌人这次进攻有很多特点值得注意，那就是它比从前更毒辣了。第一，这次敌人专门组织有“放火队”，进攻到一个村庄就防火，一方面烧民众的粮食，那广漠的黄熟的麦田，一着火即火光冲天，顺风蔓延，只平山一县，即被敌人烧掉粮食十万石，在弥天的火原中，成千成万的粮食变成了焦土。另一方面就是烧房子，整个村子被敌纵火烧掉的非常多，在榆次与寿阳间的村子，一连被烧了三次。敌人这次放火，也是有分别的，它专烧穷人的及八路军住过的房子，有钱人的房子不烧。这里也可以看到敌人的阴谋，它企图藉此挑拨离间，破坏贫富和军民间的团结，以削弱抗日力量。

第二，敌人之进攻也常于夜间出动，并走小路和山路，而少走大路避免与战斗部队的正面冲突，而注意袭击我方的后方部队比如供给部队，卫生机关和学校等，企图先截断我军前后方的联络，再消灭我正面的战斗部队。虽然敌人的这些阴谋，都被我们粉碎了。

（二）党政军民合力救灾

因为水、虫、病、兵四种灾害相继袭来，致灾情极为严重，晋察冀边区当局，动员了一切的力量来进行救灾工作。水灾发生后，边区政府立即拨出第一批赈款十万元，按各县受灾轻重施以急赈。同时决定各机关学校部队团体一律每天只吃两顿饭，节省的粮食即捐给灾民。更通令各县进行募捐，并向民众解释这次受灾并不是“一定的劫数”，而是因为敌人的残暴所致；敌人决堤冲坏了我们的田地、淹死了我们的父母妻室儿女，冲走了我们的粮食，它烧毁了我们的房屋，屠杀了我们的亲人和无数的同胞，才使得我们不但受到水灾，并且更严重地①受到虫灾，病灾和兵灾。并向民众说明：这次灾害当然增加了我们的困难，但只要大家一齐努力，困难一定能克服，大家不应悲观失望，应齐心努力救济。

募捐分两种：一种是劝募粮食，号召每人每天节省一钱（一两的十分之一）粮，捐给灾民。另一种即未受灾的及有钱人应捐钱赈灾。民众的确响应了边区聂司令员“发扬同甘苦，共患难，共存亡的精神，积极救济水灾”的号召，各县纷纷成立了水灾救济委员会，以互相帮助打破困难的精神，踊跃捐募，只易县一县即捐了二万多块钱。

---

① 地：原文作“的”。

各级党政军学校及救亡团体的工作人员首先起了模范作用，捐自出自己半月、一月或数月的津贴，充作赈款。

被水冲过了的土地，成了一片沙洋，八路军也帮助民众尽可能地①将沙层去掉，以救出一些田地，而利春耕。

军区聂司令更号召“用人民的汗和战士的血保卫秋收”。八路军在前方抵抗敌人，政府及各机关团体人员便帮助民众在后方加紧收割，实行武装保卫秋收。

对于贫苦的灾民，设立了灾民工厂，收容灾民参加生产，即“以工代账”，给灾民的长久生活之计。如平山的灾民工厂，已有好几千元的资本。

麦子高粱②潮湿了，生长了很多虫，不少的粮食被它们吃掉了。当地政府特减少了民众自卫军站岗放哨的工作，使民众有更多的人力和时间去田里捉青虫，军队于战斗之余，亦帮助民众消灭虫灾。

病灾的危害也不小，特别是因为敌人也同样遭到病灾，药品被它封锁了，更难运到抗日根据地里去，而使我们的药品更加缺乏。边区政府发动一切医务人员替灾民难民治病，并尽量设法用中药代替西药，以抗拒病灾。

对兵灾的救济办法是：一方面八路军坚决地③粉碎了敌人的围攻，另一方面号召民众“快收，快打，快藏”，在武装保卫下，帮助民众很快地④将庄稼收割下来并打好，更迅速地⑤把粮食藏起来，以免遭敌人烧毁及资敌食用。八路军及工作人员更积极地⑥帮助民众解决住的问题(因很多民众的房了被敌人烧了)，尽可能地⑦找山地打窑洞住，不能打窑洞的地方就盖房子，在党政军民的协力下，太行山的山上山下，又重新建立起了新的房舍。

以上是华北地方当局救灾的情形，下面要讲到外边对华北灾害的救济和帮助。首先是国民政府的赈济，在水灾发生以前，行政院赈务委员会委员郝瑞真等六位先生，即已奉命携款十万元，于廿八年五月到达敌后赈济晋冀察边区的难民，到边区后即受到全边区一千二百万民众的热烈欢迎。不久夏雨绵延，发生水灾，郝委员等又电请国民政府再拨巨款至华北赈济灾民，边区政府及军区聂司令亦电呈国民政府，速拨巨款赈灾。据中央社廿八年九月八日重庆电：“此次华北水灾，现据各方报告，情势日益严重，灾区广大，蒋委员长及孔院长极为轸念，特决定发行华北水灾救济公债三百万元，俾资救济。”华北一万万民众正如大旱之望云霓，希望这一决定能很快地⑧实现，而早日得到救济，以更增加抗战力量，坚持敌后苦战。

---

①③④⑤⑥⑦⑧ 地：原文作“的”。
② 梁：原文作“粱”。

加拿大共产党派遣来华，帮助中国抗战之世界名医白求恩大夫，当水灾时适在华北我军服务，他为了更有效地[①]救济华北灾民，曾拟向全世界呼吁，进行募捐运动，不幸白求恩大夫于去年十一月十三日与伤兵施手术中毒身死，致这一呼吁未能实行。

袁牧之先生当时亦与陈波儿女士联名致电重庆戏剧先进张道藩、田汉、洪深、阳翰笙、郑用之、应云卫、史东山、沈西苓、郑君里诸先生。请他们在重庆发起救济华北水灾公演。因以前在“救国献金”及为《救亡日报》募集基金的时候，重庆戏剧界曾举行过几次公演，每次公演均募得捐款三万到五万元，如果能为华北水灾公演几次，则华北几千万灾民当受益不浅。且能藉此将敌后抗战情形及敌人的残暴介绍和暴露于大后方同胞之面前。

在延安，自闻得华北同胞遭受空前大水灾后，即发起全边区之募捐运动，并先由陕甘宁边区政府兑去赈款一万元及附函慰问，华北灾民受之非常感激。

（三）对全国之希望

在这里应该指出，华北军民虽然遭受到几千年空前未有的大灾难，但一万万抗战军民并不悲观绝望，仍充满着抗战胜利的信心。敌人决堤冲坏了他们的田地，放火烧毁了他们的房屋粮食，却冲不坏也烧不毁一万万颗抗日救国[②]奋斗到底的决心！正因为敌人的残暴，更激起了万千人民走上抗敌决死的战场，武装保卫自己保卫家乡全中国。华北的民众将用也正在用自己的血肉，去向万恶的敌人——日寇讨还所积欠的血债，在冲坏了的烧焦了的土地上，开放自由之花，建立新的中国。

但，仍应向全国呼吁，希望全国仍继续给华北灾民以有力的援助，因为水灾虽已过去半年多了，但水去灾存，很多田地被水冲坏了，几年之内都不能耕种，很多的粮食被大水冲走和敌人烧掉了，粮食仍然供不应求，且抗战进入新的阶段，敌后战争加剧，民众更会常遭受到敌人残酷的蹂躏，民众生活仍极艰苦，非常迫切地[③]祷望全国各界人士给予最大的援助。

三，七日，一九四〇

①③ 地：原文作“的”。

② 原文“抗日救国”后有“了”字。

袁牧之带着摄影机从敌人后方来[①]

殷 参

大谈纪录电影与边区剧运

袁牧之先生，一九三九年一月底，和吴印咸等，渡过了黄河。他们带着摄影机，进入敌人后方。一年来，他们辗转在晋东南，晋西北，晋察冀边区，冀中，一直到北平西郊，卢沟桥的边沿上。他们不避一切困难，危险，从事电影工作，徒步跋涉万余里。

“袁牧之”，是每一个爱好电影或戏剧的朋友[②]所熟悉的名字。看过《桃李劫》《生死同心》或《八百壮士》的人们，谁也不会忘记银幕上他的受难的人底痛苦的表情和含泪的微笑。今天，他回到国防的西北前线——黄河西岸。他的脸被风沙和阳光吹得挺黑，嘴角溢着愉快的健康的笑。劳苦艰辛的工作使他对抗战胜利极[③]有自信，更艰苦地从事抗战电影工作。

他没有拒绝我们的请求，和我们畅谈抗战的电影和戏剧的问题。他简明扼要地叙述他的意见，用活生生的现实例子来证明，是那样清晰地印在人们的脑际。“这仅是我个人的一点意见，不过给大家参考。”他常常谦逊而恳切地补上这一句。

纪录电影

他先谈到电影上“纪录片”的特点。

纪录片(Document Picture)不是故事片(Feature Picture)，也不是新闻片(News Picture)。用文学作品打比方，新闻片相当报纸的新闻，把握住时间性的此段消息底报导，保持百分之百的真实性；故事片相当于小说，描写一个完整的主题的文艺形式，但不如新闻片的尖锐；纪录片[④]内容可以有完整的主题，但表现或强调的方法不是想

① 原载《中国电影》1941年第1卷第2期，文中“××”“×区”指“边区”。
② 原文“朋友”后有“们”字。
③ 极：原文作“及”。
④ “纪录片”三字原文无，为编者所加。

象[①]，一切材料，背景都是真实的现实。它[②]的特殊任务是报导系真实现实，所以有强烈的政治作用。它的艺术性比较差，正和通讯带有文艺性而不是真正的文学作品一样。

中国从来没有过纪录片。在资本主义社会里，开麦拉对正现实是不被允许的；因为这种会暴露了社会的黑暗，给统治者增加困难。它创始在苏联十月革命时代。

拿电影的发展讲，苏联革命前，电影完全在资产阶级手里，在欧美电影的影响[③]下，演员，导演，手法，化装，大部分都是摹仿的。革命后，红军夺得照相[④]机，大量地[⑤]摄取新兴力量的新闻片。浮笃夫(Vertov)在坚定的政治立场和显明的主题之下，整理和剪接许多新闻片，创造了“纪录片”。列宁死后，一九二五年出现的《列宁三部曲》，可算是纪录片的顶点。它最适宜于动乱的环境和困难的物质条件下所运用的艺术武器，实质上，它正是创造新的艺术的准备阶段。革命成功后，新经济政策实施，较稳定的建设时期，人们要求较高级的艺术作品。出现了故事片。《夏伯阳》就是茁长在新的基础上光辉的艺术成果。欧美的人们一向认为苏联的电影都是“红色宣传”，但看了《夏伯阳》之后，就一致地[⑥]认识和承认了新的无产阶级的艺术。

中国在抗战前，电影走着欧化的道路。抗战中，中国的电影界勇敢地参加抗战工作。如“八一三”淞沪之战，台儿庄会战等，都制成影片，虽然它仅照恬静的场面，武器，一些片段的新闻。如果能够事前有周密具体的计则，或者事后从丰富的材料里集中一个主题剪接，在中国的电影界将是一个创造。它适宜于华北，江南各战场，并且，它应该和政治形势密切地配合，如汉奸汪精卫逃跑的当儿，立刻可以作“反汪运动”的有力的宣传武器。

目前，电影工作服从抗战，纪录片的任务是军事，政治，经济，文化等的报导，而客观的也正是新的电影的准备时期，打下创造伟大的电影作品的基础。这一运动，需要全国的电影工作者的推动，从抗战的各方面反映这苦难中的伟大的中华民族。

剧运的新方向

我们的民族解放战争，帮助了戏剧运动的发展。剧运有它[⑦]的新的发展前途。现

---

① 象：原文作“像”。
②⑦ 它：原文作“他”。
③ 影响：原文作“印象”。
④ 相：原文作“像”。
⑤⑥ 地：原文作“的”。

在正是它[①]转变的阶段。如果今天有人要求伟大的“成果”！是过于性急的；今天是新作品的准备时期，伟大作品的酝酿期。我们说纪录片不是艺术，主观上作着现实的报导，而客观上将获得新的成果，戏剧是如此，今天有它[②]的特殊的新的形式与手法。

电影在现阶段的特殊形式是纪录片，戏剧在现阶段的特殊形式，应该是报告剧。像苏联作家写的《怒吼吧，中国!》虽然因事实的限制，艺术性差一点，但它是有力的宣传武器。

中国戏剧协会晋察冀××分会成立后，竭力提倡报告剧是非常有意义的。去年六月正有敌人进攻平山，焚烧粮食，实行封锁的时候，政府提出“快割，快打，快藏!”和聂司令员的“用战士的血，用民众的汗，保卫丰收!”等的口号之下，戏剧工作者们集体地[③]编了《丰收》(五幕剧)。之外，还编有《曲阳惨案》等。它的优点是根据当前的政治形势，很快地[④]配合政治的需要，反映到戏剧上，加强宣传工作的效能；缺点却是因为这样的剧作大多不是在作者内心的冲动下写成，缺乏热情，尤其是作者生活经验及社会观察不够，很难把握剧的微妙的发展，可能走向公式化。

因此，戏剧(电影、文艺也是一样)工作者应该加强现实的观察和生活的体验，来充实自己；一面抓紧当前的政治形势，迅速地反映现实，今日的艺术工作者，对艺术成就的企望不可过高，把反映(或传达)真实现实当作我们的第一个任务。

边区的剧运

晋察冀××的戏剧团体都拥护中国剧协边区分会。一般地[⑤]讲：它在戏剧理论上还较差，但对于××剧运的推进和正确决定的执行是刻苦而且坚决的。

在成立会上，有关于创作路线的决定。原则上不反对作者的自由创作，却应该把根据迫切的政治任务，集体搜集材料，创作报告剧摆在第一位。

和别的抗日根据地相同，×的剧运也是集中注意在两个问题：第一，如何发展戏剧理论，加强领导工作，第二，如何广泛发动剧运。关于第二个问题，边区剧协计划“子弟班运动”。在民众中组织秧歌班，部队中成立“戏剧组”。而且大量地[⑥]开展儿童剧运动，一方面儿童具备许多优点，天真，纯洁，无成见，他们也是成人演员，最可靠的后备军。现在的戏剧工作者，也是将来的新的电影演员；现有的落后的明星们没有参加这伟大的民族战争，将来扮演抗战的民族英雄是不可能的。

①② 它：原文作“他”。
③④⑤⑥ 地：原文作“的”。

去年十一月，×区有五个剧团参加竞赛，显著的成绩是：过去都是等待后方的剧本，时间性差，也不一定适合边区情况，而这时都是自己创作了(集体的)，中国化和大众化却能很好地①做到。其中还有一个描写小孩子放哨的儿童剧。

×区的剧团在敌人围攻时，也是参加反围攻的。例如“抗敌剧团”到了前线上，用各种形式做动员工作，“西北战地服务团”参加前线宣传。从前舞台上的演员和台下的观众间有一条鸿沟，战争时剧团总是在后方，使宣传效能没法充分地②发挥。现在他们跑在前面，和大众在一起，破除了旧有的障碍。同时，过去犯的公式，尾巴等缺陷，必然的会彻③底地④克服。

×区剧运已走上新的阶段。

---

①②④ 地：原文作“的”。

③ 彻：原文作“澈”。

与汤晓丹的谈话[①]

一九四九年时，工农兵主题的电影在许多消极影片泛滥的地方还处于劣势。五〇年应该是个转折点，通过我们的努力，变劣势为优势，这是我们的希望，也是我们大家应该努力争取实现的目的。

工农兵是我们的基本观众，要争取得到他们的爱护和支持，我们不要做小市民的俘虏，暂时还容许有个小市民的尾巴。

一九五〇年计划拍摄故事片廿六部。北影四部，上影八部，东影十四部。新闻纪录片十九部。

以上总计四十五部，每部片子完成后编、导、演，都要跟片子和放映队出发，听观众反映，接受他们的批评，藉以改善工作方法，提高影片的艺术技术质量。

摄制过程中要开源节流，开辟全国放映市场。成立华东、华北、中南、东北、西北、西南等地的发行公司，加强企业收入。达到经济自给自足。

新老区的同志要团结。行政与技术队伍要团结。摄制组内要团结……像保育院里的保姆与产妇一样，团结起来抚育我们的新生婴儿。

① 此文为汤晓丹日记中记录下的一段袁牧之的话，标题为编者所加。录自《路边拾零——汤晓丹回忆录》第186页，山西教育出版社1993年版。

电卓别麟祝贺①

欣闻你荣获一九五三年度国际和平奖金，特致电向你表示衷心的祝贺。四十年来你坚持不渝地以卓越的艺术创作启发人们的良心，认识战争的罪恶，对维护世界和平的事业做了可贵的贡献。目前战争对全人类的威胁仍未消除，全世界爱好和平的人民正以更大的努力来捍卫世界的和平。面对着进步人类这个共同的伟大任务，请允许我们预祝你在未来的维护世界和平的工作中获得更大成就。

蔡楚生　司徒慧敏　史东山　王阑西　袁牧之　陈荒煤

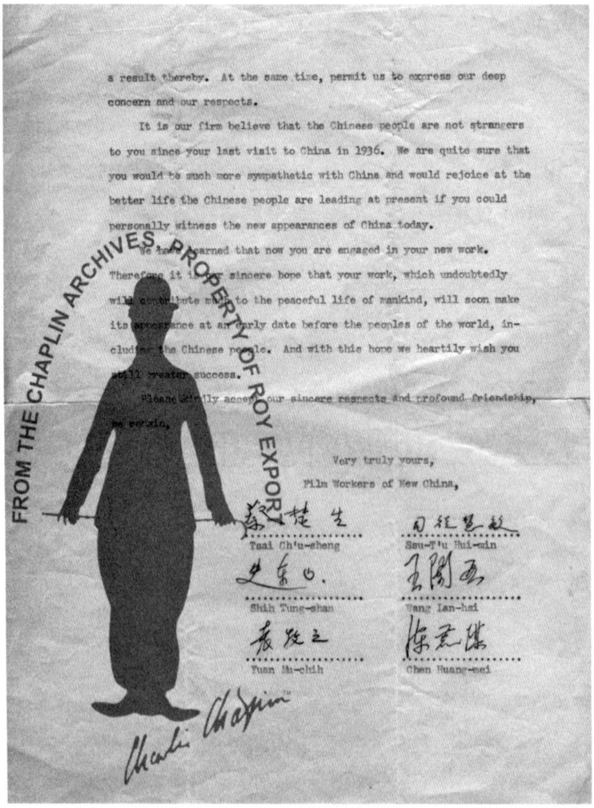

a result thereby. At the same time, permit us to express our deep concern and our respects.

It is our firm believe that the Chinese people are not strangers to you since your last visit to China in 1936. We are quite sure that you would be much more sympathetic with China and would rejoice at the better life the Chinese people are leading at present if you could personally witness the new appearances of China today.

We have learned that now you are engaged in your new work. Therefore it is our sincere hope that your work, which undoubtedly will contribute much to the peaceful life of mankind, will soon make its appearance at an early date before the peoples of the world, including the Chinese people. And with this hope we heartily wish you still greater success.

Please kindly accept our sincere respects and profound friendship, we remain,

Very truly yours,

Film Workers of New China,

Tsai Ch'u-sheng　Ssu-T'u Hui-min

Shih Tung-shan　Wang Ian-hsi

Yuan Mu-chih　Chen Huang-mei

FROM THE CHAPLIN ARCHIVES, PROPERTY OF ROY EXPORT
Charlie Chaplin™

① 《文汇报》1954 年 6 月 18 日载新华社供稿《蔡楚生等电卓别麟祝贺》一文，本文为此文所刊电文内容。所附图片下载自“卓别林在线档案馆”（http://www.charliechaplinarchive.org/en/），据该网站称，电文第一页遗失。